선교를 위한 복음서

선교를 위한 복음서

초판 1쇄 2012년 9월 20일
2쇄 2014년 4월 3일

김득중 지음

발 행 인 | 전용재
편 집 인 | 손인선
펴 낸 곳 | 도서출판 kmc
등록번호 | 제2-1607호
등록일자 | 1993년 9월 4일
(110-730) 서울시 종로구 세종대로 149 감리회관 16층
(재)기독교대한감리회 출판국
대표전화 | 02-399-2008, 02-399-4365(팩스)
홈페이지 | http://www.kmcmall.co.kr
디자인 · 인쇄 | 리더스 커뮤니케이션 02)2123-9996/7

ISBN 978-89-8430-576-2 03230

값 13,000원

예루살렘에서 땅 끝까지!

사도행전 해석

선교를 위한 복음서

김득중 지음

kmc

머리말

누가복음과 사도행전을 기록한 누가란 인물은 2000년 동안의 기독교 역사 가운데서 요한이나 바울과 같은 인물의 그늘 밑에 가려진 채, 거의 그 중요성을 충분히 인정받지 못했던 인물이다. 그런데 늦게나마 20세기 중엽에 이르러 그의 중요성이 새로이 인식되게 된 것은 여간 다행스런 일이 아닐 수 없다. 사실 누가는 신약성서를 기록한 저자들 중 가장 많은 분량을 기록하여 양적으로 가장 큰 공헌을 한 사람이다. 비록 그가 신약성서 27권 중 단지 누가복음과 사도행전 두 권만을 기록했지만, 그러나 누가복음은 복음서들 중 가장 큰 분량의 복음서이고, 사도행전은 신약성서 27권 중 가장 큰 책이다. 실제로 누가복음과 사도행전을 합치면, 신약성서 전체의 사분의 일이 조금 넘는 분량이다. 따라서 신약성서 저자들 중 누가복음과 사도행전을 기록한 누가보다 더 많은 분량을 기록한 사람은 없다고 말할 수 있다. 우리가 누가를 결코 무시할 수 없는 가장 중요한 이유 가운데 하나이다.

더구나 누가는 예수의 사역(복음서)에 이어서 그의 제자들의 사역(사도행전)을 기록했다고 하는 점에서 다른 복음서 기자들 및 서신 기자들과는 분명히 다른 점을 보이고 있다. 신약성서 저자들 중 오직 누가만이 제1권 누가복음에서 다른 복음서 저자들과 마찬가지로 예수의 사역에 관한 기록을 남긴 이후에, 그러나 다른 복음서 저자들과는 달리, 예수의 제자들이 예수의 부활 승천 이후 예수의 사역을 어떻게 이어갔는지에 관한 기록인 제2권 사도행전을 남겼다. 특히 제1권인 누가복음이 갈릴리로부터 예루살렘에 이르기까지 복음이 예수에 의해 전파되는 과정을 소개했다면, 제2권인 사도행전은 그의 제자들인 사도들이 예수의 명령에 따라서 예루살렘으로부터 땅 끝까지 이르러 복음을 전파하는 과정을 기록했다는 점에서, 사도행전은 가히 기독교 복음의 세계화 과정에 대한 첫 번째 기록, 혹은 기독교 선교의 초기 역사에 관한 아주 중요한 기록이라고 말할 수 있다. 바로 이런 점에서 초대 기독교의 역사 또는 초기 기독교의 선교사(宣教史)를 올바로 알아보기 위해서도 사도행전은 아주 귀중한 일급 자료다.

복음서 연구에 평생을 헌신해 온 필자로서는 무엇보다도 누가복음과 사도행전 연구를 위해서 일찍이 출간한 「누가의 신학」이란 연구서에 이어서 이제 늦게나마 다시 사도행전에 관한 독립적인 연구서를 단행본으로 출판할 수 있게 된 것에 대해서 매우 기뻐하며 감사한 마음 또한 그지없다. 이 책을 집필하고 출판하게 된 데는 2012년 6월에 인도네시아 한인 선교사 협의회에서 사도행전에 관한 특강을 부탁받고 강의를 준비하게 된 것이 중요한 계기가 되었다. 해외 선교에 나선 선교사들을 위해 사도행전의 연속 강의를 준비하면서, 사도행전을 특히 선교의 관점에서 다시 깊이 연구해볼 수 있게 된 것은 필자 자신을 위해서도 큰 소득이었다. 이 책의 제목을 「선교를 위한 복음서: 사도행전 해석」이라고 붙인 것도 사도행전을 기독교 복음의 선교라는 관점에서 해석한 것이기 때문이다. 따라서 이 책이 신약성서를 연구하는 학도들은 물론이고, 선교사역의 꿈을 가진 사람들에게도 적지 않은 도움이 되었으면 하는 바람과 기대가 간절하다. 그래서 필자는 이 책을 기꺼이 해외 선교의 사명을 갖고 헌신하고 있는 해외 선교사들 모두에게 바치고자 한다.

2012년 가을

저자 김득중

차례

1부

서론

1 사도행전과 누가복음의 관계

누가는 신약성서를 기록한 사람들 중 오직 두 권의 책, 즉 누가복음과 사도행전만을 기록했지만, 누가복음은 신약성서에 포함된 복음서들 중에서 양적으로 가장 많고, 사도행전은 신약성서 27권의 문서들 중에서 가장 큰 책이다. 이런 점을 감안한다면 누가는 신약성서 가운데서 가장 큰 두 권의 책을 기록한 셈이며, 신약성서 기자들 중에서 양적으로 가장 큰 공헌을 한 셈이다.[1] 실제로 누가복음과 사도행전을 합치면 바울의 이름으로 기록된 모든 서신을 합친 것보다 많으며, 요한의 문서들(복음서와 서신들과 요한계시록)을 다 합친 것보다도 많다. 신약성서 가운데서 누가의 문서는 우선 그 분량 면에서 결코 무시되어서는 안 될 중요한 부분을 이루고 있다고 말할 수 있다.

최근 들어 신약성서를 연구하는 데에서 누가의 중요성과 함께 누가복음과 사도행전의 통일성이 인식되고 강조되기 시작하였다. 신약성서, 특히 복음서를 연구하는 학자들 가운데에는 누가복음과 사도행전이 별개의 책이라고, 그래서 누가가 서로 다른 두 권의 책을 썼다고 생각하는 사람은 거의 없다. 누가복음과 사도행전은 "데오빌로"(눅 1:3; 행 1:1)에게 헌정된 한 책의 제1권과 제2권 혹은 한 책의 전편과 후편에 해당되기 때문이다(one book with

---

1) Neil Richardson은 "누가복음과 사도행전을 기록한 사람인 누가는 신약성서의 4분의 1 이상을 기록하였다(Luke, then, wrote over a quarter of the New Testament)." 고 말하고(Neil Richardson, *The Panorama of Luke*, p. 1), Donald Juel은 "누가복음과 사도행전이 신약성서 전체 구절의 거의 4분의 1을 포함하고 있다(They comprise almost one-fourth its total verses)." 고 말한다(Donald Juel, *Luke-Acts*, p. 1).

two volumes). 누가는 처음부터 예수의 사역을 기록한 뒤에 예수가 부활하고 승천하신 이후 그의 제자들이 예수의 사역을 어떻게 이어갔는지에 대해 '하나의 이야기'로, 즉 연속 작품으로 기록하려고 마음먹었던 것으로 보인다. 그래서 제1권 누가복음에서는 예수의 탄생부터 그의 부활과 승천까지, 주로 팔레스타인에서 예수가 유대인들을 대상으로 복음을 전파한 것을 다루고 있는데, 그 속편인 제2권 사도행전에서는 예수가 승천한 이후부터 바울이 로마로 들어갈 때까지, 예수의 제자들인 사도들이 주로 이방인을 대상으로 땅 끝까지 복음을 전파한 이야기가 다루어지고 있다.

누가복음과 사도행전에서 볼 수 있는 이 같은 연속성을 지리적으로 말한다면, 제1권 누가복음은 갈릴리에서 예루살렘까지가 예수 활동의 지리적인 범위이고, 제2권인 사도행전은 예루살렘에서 로마까지가 사도들 활동의 지리적인 범위이다. 그래서 제1권 누가복음을 "예루살렘으로 가는 길"이라고 부른다면, 제2권 사도행전은 "로마로 가는 길"[2]이라고 부를 수 있다. 실제로 예루살렘과 로마는 누가가 기록한 제1권 누가복음과 제2권 사도행전을 하나로 연결시켜 주는 두 개의 지리적인 축(軸)이다. 또 "예루살렘으로 가는 길"과 "로마로 가는 길"이라는 주제에서도 드러나듯이 누가복음과 사도행전에서는 각각 '여행의 주제'(the travel theme 혹은 the journey motif)가 중요한 역할을 하고 있기도 하다. 누가복음에서는 예수의 예루살렘 여행 부분이 복음서 전체의 거의 40%를 차지하고 있는데, 사도행전에서도 사도들, 특히 바울의 전도 여행 부분이 사도행전의 상당 부분을 차지하고 있다. 이런 특징 때문에 셀비(D. J. Selby)는 "예수의 예루살렘 여행은 바울의 전도 여행을 위한 준비"라고 말하면서 각각 누가복음 9:51과 사도행전 13:1에서 시작되는 예수와 바울의 여행 설명이 서로 평행을 이루고 있다고 말한다.

뿐만 아니라 누가복음과 사도행전이 각각 서두에서 서로 비슷하게 "데오빌로"에 대한 헌정의 말로 시작하는데, 제1권과 제2권이 이렇게 시작만 비슷

2) B. H. Streeter는 사도행전을 가리켜 "로마로 가는 길"(the road to Rome)이라고 부르는 것이 좋겠다고 말한 바 있다. Cf. *The Four Gospels*(London: McMillan 1956), p. 532.

한 것이 아니라 끝도 비슷하게 끝난다.[3] 즉 제1권 누가복음이 예루살렘을 언급하는 것으로 끝나는 것("returned to Jerusalem", 눅 24:33, 24:52)과 마찬가지로, 제2권 사도행전도 로마를 언급하는 것으로 끝난다("came to Rome", 행 28:14; "came into Rome", 행 28:16). 결국 누가가 누가복음과 사도행전을 기록할 때 그의 머릿속에서는 이미 '예수의 활동'을 넘어 '제자들의 활동'을, 예루살렘을 넘어 로마까지를 하나의 연속된 이야기로 내다보고 있었던 셈이다. 누가복음과 사도행전의 통일성과 연속성을 전제하고 있다는 말이 아닐 수 없다. 헹겔(M. Hengel)이 사도행전을 가리켜 "예수로부터 바울까지"(From Jesus to Paul), 그리고 부제(副題, subtitle)로 "예루실렘에서 로마까지"(From Jerusalem to Rome)라고 붙이는 것이 좋겠다고[4] 말한 것도 바로 그런 의미라고 생각된다. 다른 한편으로 캐드버리(H. J. Cadbury)가 "사도행전은 예수와 바울을, 그리스도와 그리스도교를, 그리고 예수의 복음과 예수에 관한 복음을 이어주는 유일한 교량이다."[5]라고 말한 것도 제1권 누가복음과의 연속적인 관계를 지적하는 것 이외 다른 것이 아닐 것이다.

그 밖에 니클(Keith F. Nickle)은 한 사람의 저자 손에서 나온 제1권 누가복음과 제2권 사도행전의 전체적인 구조적 통일성을 다음과 같이 요약한다.[6]

(1) 데오빌로에 대한 헌정의 말(눅 1:1~4; 행 1:1~5)

(2) 성령의 충만(눅 3:21~22; 행 2:1~4)

(3) 공개적인 사역 이전의 준비 기간 40일(눅 4:2; 행 1:3)

(4) 공적인 사역이 배척당할 것이란 설교로 시작됨(눅 4:16~30; 행 2:14~40)

---

3) J. B. Lightfoot는 누가복음과 사도행전의 마지막 구절들을 비교하는 가운데 두 문서의 계획에 있어서 놀라운 유사성이 있음을 보고, "두 문서는 같은 식으로 시작한 것처럼 같은 식으로 끝나고 있다(They end alike, as they began alike)."라고 말하였다. Cf. *St. Paul's Epistle to the Phillippians*(London: Kessinger Publishing, 1968), p. 3.

4) M. Hengel, *Between Jesus and Paul: Studies in the Earliest History of Christianity*(London: Fortress Press, 1983), p. 2.

5) H. J. Cadbury, *The Making of Luke-Acts*(London: Macmillan, 1927), p. 2.

6) Cf. Keith F. Nickle, *The Synoptic Gospels: An Introduction*(Louisville, KY : Westminster John Knox Press, 1980), pp. 127~128.

(5) 권위 있는 교훈과 능력 있는 행동으로 인해 다툼과 불신이 생겨남(눅 4:31~8:56; 행 3:1~12:17)

(6) 이방인 저명인사에 대한 선교(눅 10:1~12; 행 13:1~19:20)

(7) 예루살렘 여행과 고난 및 순교(눅 9:51~23:49; 행 19:21~21:17)

이런 구조상의 통일성은 누가복음과 사도행전이 같은 저자에 의해 기록된 한 작품의 두 권, 즉 제1권과 제2권, 혹은 제1부와 제2부, 또는 전편과 후편이라는 생각을 강하게 뒷받침해 주고 있다.

바로 이 점에서 누가의 기록은 신약성서의 다른 문서들과 분명히 다른 점을 보여주고 있다. 다른 복음서들은 오직 예수의 사역에 대해서만 관심을 보인 반면, 누가는 다른 복음서나 서신 기자들과는 달리 예수가 부활 승천하신 이후에 그의 사역과 함께 예수의 사역을 이어간 제자들의 사역을 염두에 두고 하나의 연속된 작품으로 기록하려고 했다. 이런 이유로 누가가 본래 의도했던 한 권의 책의 명칭이 무엇이었는지는 전혀 알 수가 없지만, 누가가 연속 작품으로 기록한 그 한 권의 책의 본래 명칭을 다시 찾든지, 아니면 보다 적절한 명칭을 붙여야 한다는 지적이 계속 제기되었다. '누가복음' 이나 '사도행전' 이란 책의 명칭 자체가 본래 누가에 의해서 붙여진 것도 아니고, 또 그 두 권을 아우르는 하나의 명칭을 찾아 붙여야만 누가복음과 사도행전이 별개의 두 책이 아니라 한 책의 두 권이란 생각을 제대로 가질 수 있기 때문이다.

그래서 유럽 학자들 중에는 일찍이 누가복음과 사도행전을 하나로 묶어서 "Luke-Acts"[7]란 명칭으로 부르는 것이 좋겠다고 제안하여 이미 그렇게 사용되고 있기도 하다. 일단 Luke-Acts란 명칭을 붙여놓고 제1권 누가복음, 제2권 사도행전으로 부르는 것이 좋겠다는 생각이었다. 그러나 앞에서 언급했듯이 누가복음과 사도행전이란 명칭 자체가 누가에 의해서 만들어진 것도 아닌데다가 그런 명칭을 그대로 사용할 경우, 제1권과 제2권의 연속성과 통

7) 최초로 이 명칭을 사용하기 시작한 사람은 H. J. Cadbury로 알려지고 있다. Cf. *The Making of Luke-Acts*(London: Macmillan, 1927).

일성에 대한 생각이 분명해지지 않는다는 점이 문제로 지적되었다. 그래서 두 권의 연속성과 통일성을 강조하기 위한 시도의 일환으로 누가복음과 사도행전이 모두 '데오빌로'에게 헌정된 문서 형식으로 기록되었다는 점을 토대로 하여 수신자 중심의 '데오빌로전서'와 '데오빌로후서'라고 부르든가, 아니면 반대로 저자를 중심으로 '누가 상(上)'과 '누가 하(下)'라고 부르는 것이 더 좋겠다는 의견도 제기되었다.

이렇게 생각할 경우, 지금 우리가 사용하고 있는 성경에서 누가복음과 사도행전이 하나의 책으로 묶이지 않고 요한복음에 의해 분리되어 있는 것은 여러 가지 점에서 문제가 아닐 수 없다.[8] 제1권과 제2권의 통일성과 연속성을 단절시키기 때문이다. 누가복음과 사도행전이 한 책의 전편과 후편이라고 생각할 경우, 당연히 사도행전을 누가복음 바로 뒤에 편집하든가, 아니면 누가복음을 요한복음 뒤에 편집하여 누가복음과 사도행전을 연속으로 읽게 해야 한다. 다만 그럴 경우 너무나 오랫동안 사용되어 온 기독교의 관례로 말미암아 또 다른 불편이나 불필요한 문제를 야기할 수 있기 때문에 감히 그런 시도가 구체적으로 실행되고 있지 않는 것뿐이다. 따라서 한 책의 전편과 후편이란 인식을 일반화시켜, 누가복음을 읽은 후에 곧바로 사도행전을 읽도록 교육하고 지도하는 편이 더 나을 것으로 생각되기도 한다.

본래 하나의 책으로 기록된 누가 문서가 지금 우리의 성경에서 요한복음에 의해 갈라지게 된 것은 아주 초기부터인 것으로 보인다. 제1권 누가복음과 제2권 사도행전이 함께 연속으로 묶여 있는 초기 사본들이 거의 발견되고 있지 않기 때문이다. 초대교회가 일찍부터 누가복음과 사도행전을 지금처럼 분리시켜 편집한 데에는 나름의 이유가 있었을 것이다. 누가복음이 주로 예수의 행적과 교훈을 다루고 있다는 점에서 다른 복음서들과 잘 연결될 수밖에 없고, 사도행전은 신약의 다른 문서들과 아주 성격이 다르기는 하지만, 오히려 신약성서의 서신들과 잘 연결될 수 있고, 실제로 바울 서신들에 대한 서

8) H. J. Cadbury는 두 책의 분리가 '오해' 때문에 생겨난 '불행한' 결과라고 지적하면서, "분명한 교정이 필요하다."라고 말한다. Cf. *The Making of Luke-Acts*, p. 10.

론으로도 아주 잘 어울려 보이기 때문이다. 사도행전은 바울의 로마 입성으로 끝나고, 바울의 서신들은 일반적으로 로마에 보낸 편지로 시작되고 있다. 그래서 현재 사도행전이 복음서들과 바울 서신들 사이에 편집된 것도 나름 의미가 있는 것으로 생각된다. 이럴 경우 누가복음과 요한복음의 순서만 바꾸면 될 것처럼 여겨지지만, 그러나 요한복음이 누가복음보다 후대에 나온 기록이라는 점 때문에 지금의 순서가 유지된 것이 아닌가 싶다.

다른 한편으로 스트론스타드(Roger Stronstad)는 제1권 누가복음과 제2권 사도행전의 관계를 완전히 다른 관점에서 독특하게 설명한다. "바울의 동행자이기도 했던 누가는 개인적으로 바울의 선교 여행에 참가했다. 따라서 누가가 이 선교에 대한 이야기를 기록하고자 했을 때 그는 다른 참가자들과 협의할 수 있었을 뿐 아니라, 자신의 일차적인 경험을 가지고 그대로 기록할 수도 있었다. 그러나 누가가 이 선교에 대한 완전한 이야기를 기록하기 위해서는 성령이 오순절에 제자들에게 주어졌다는 사도들의 이 증언의 기원에서부터 시작해야 했다. 더구나 오순절을 설명하기 위해서는 어쩔 수 없이 이 사도들의 증언에 앞서서 예수의 이야기인 복음서를 첨가해야만 했다."[9]는 것이다. 바울의 선교 여행을 기록하려다 보니 예수의 사역에 대한 이야기가 불가피했다는 말처럼 들린다. 누가복음이 사도행전의 서론에 지나지 않는 듯이 이해하는 입장이라고 말할 수 있다. 이런 관점에서 본다면 우리는 일단 누가문서 전체와 제1권 및 제2권에 대해 각각 다음과 같이 흥미 있는 명칭을 붙일 수 있다.

누가 문서 = 선교 이야기(Luke-Acts = The Story of Mission)
제1권: 예수의 선교 이야기(The Story of Jesus' Mission)
제2권: 그 제자들의 선교 이야기(The Story of His Disciples' Mission)

스트론스타드의 주장이 비록 누가의 기록을 '선교'의 관점에서 일관되게

9) Roger Stronstad, *The Charismatic Theology of St. Luke*(Massachusetts: Hendrickson Publishers, 1984), p. 33.

보려는 장점을 갖고 있지만, 누가의 본래 의도가 사도 바울의 선교 활동 이야기를 기록하려고 했고, 따라서 예수의 사역 이야기는 오히려 그것을 위한 부수적인, 서론적인 기록에 지나지 않는 것처럼 말한다는 점에서 문제가 있고, 그래서 논란의 여기가 있다. 그의 생각대로라면, 누가 문서의 제1부에 해당하는 누가복음은 독자적인 의미와 중요성을 갖지 못하고, 제2부인 사도행전을 기록하기 위해 불가피했던 부수적인 기록이 되어버리는 셈이다.

따라서 우리는 오히려 다음과 같이 이해하는 편이 누가의 본래 의도에서 크게 벗어나지 않을 것으로 생각된다.

누가 문서 = 예수와 그 제자들의 행적
제1부: 예수의 행적
제2부: 제자들의 행적

이것을 페린(N. Perrin)의 의도에 따라 표현한다면 다음과 같이 말할 수도 있다.

누가 문서 = 성령의 사역(The Ministry of the Holy Spirit)
제1부: 성령을 통한 예수의 사역(The Ministry of Jesus through the Holy Spirit)
제2부: 성령을 통한 교회의 사역(The Ministry of the Church through the Holy Spirit)

이런 페린의 관점은 일반적으로 누가복음을 "성령의 복음"[10]으로, 사도행전을 "성령의 행전" 혹은 "성령의 복음"[11]으로 이해하려는 관점과 일치한다.[12]

---

10) "A Gospel of the work of the Spirit", Cf. G. W. Lampe, "The Holy Spirit in the Writings of Luke", in D. E. Nineham(ed.), *Studies in the Gospels: Memorial R. H. Lightfoot*(Oxford: Basil Blackwell, 1955), p. 165; "The Gospel of the Spirit of God", C. K. Barrett, *Luke the Historian in Recent Study*, p. 34; "The Gospel of Holy Spirit", C. K. Barrett, p. 35.

11) Cf. Justo L. Gonzalez, *Acts: The Gospel of the Spirit*(New York: Orbis Books, 2001).

12) J. Fitzmyer는 "성령"이 "누가복음과 그 속편의 중요한 특징"이라고 말하고(*The Gospel according to Luke*, p. 227), G. W. Lampe는 성령이 누가복음과 사도행전 "두 부분을 꿰뚫으며 연결시키는 실마리"라고 말한다("The Holy Spirit in the Writings of Luke", p. 159).

2 사도행전의 문학적 구조

누가 문서의 제2권에 해당하는 사도행전 자체의 문학적 구조에 대해서는 다음과 같이 몇 가지 방법으로 다룰 수 있다.

첫째, 사도행전의 구조를 주요 등장인물을 중심으로 크게 두 부분으로 구분하는 방법이다. 사도행전에 등장하는 가장 대표적인 인물은 베드로와 바울이다. 물론 스데반과 빌립과 같은 인물도 있지만, 사도행전 전체는 베드로와 바울을 중심으로 구성되어 있다.[13] 즉 사도행전의 전반부는 주로 베드로를 중심한 베드로에 관한 이야기이고, 후반부는 주로 바울을 중심한 바울에 관한 이야기이다. 그래서 흔히 사도행전을 "베드로 행전"(행 2~12장)과 "바울 행전"(행 13~28장)으로 보는 견해가 있다.

둘째, 사도행전의 구조를 지리적으로 세 부분으로 나누는 방법이다. 누가 문서의 전체 구조를 언급할 때, 누가복음은 "갈릴리에서 예루살렘까지", 그리고 사도행전은 "예루살렘에서 로마까지"의 내용을 다루고 있다고 말할 수 있다. 이것은 곧 사도행전의 구조를 이해하는 데에서 지리적 구분이 중요한 역할을 한다는 의미이기도 하다. 이 지리적 구분에서 사도행전 1:8("성령이 너희에게 임하면 예루살렘과 유대와 사마리아와 땅 끝까지 이르러 내 증인이 되리라")이 중요한 역할을 하며, 이것을 토대로 다음과 같이 나눌 수 있다.

---

13) 오래된 주장이기는 하지만, 일찍이 C. Clemens(1904, Paulus)는 사도행전의 저자가 서로 다른 두 개의 행전 곧 '베드로 행전'과 '바울 행전'을 결합하여 구성했다고 주장한 바 있다.

(1) 예루살렘에서의 활동(행 1:6~8:1)

(2) 온 유대와 사마리아에서의 활동(행 8:2~11:18)

(3) 땅 끝(=로마)까지의 활동(행 11:19~28:31)

제1부는 주로 베드로와 요한을 중심으로 예루살렘 안에서의 전도 활동을 다루며, 제2부는 스데반과 빌립을 중심으로 온 유대와 사마리아, 곧 팔레스타인 땅에서의 복음 전도 활동을 기록하고, 제3부는 바울과 바나바 등이 중심이 되어 팔레스타인 이외의 이방 지역에 대한 복음 전도 활동을 다루고 있다. 이렇게 사도행전을 3부로 나눌 경우 흥미롭게도 2부와 3부가 각각 "스데반의 설교"를 가리키는 말로 시작한다(행 8:4, 11:19). 이것은 스데반이 "사도들의 행적", 아니 초대교회가 발전하는 데 아주 중요한 전환점을 이루고 있음을 뜻한다.

이 점과 관련해서 우리는 사도행전의 내용을 초대 기독교의 역사적 발전에 따라 다음의 세 단계로 구분해 볼 수도 있다.

(1) 팔레스타인 유대 기독교(the Palestinian Jewish Christianity)의 단계: 베드로와 요한 등 열두 제자가 중심이 되어 주로 예루살렘과 성전을 중심으로, 그리고 유대인 출신 기독교인들을 중심으로 유대교적 신앙의 테두리를 크게 벗어나지 않은 채, 유대교의 회당 종교에 대립하여 예수를 메시아로 믿으며 발전하던 단계로서 사도행전에서는 1~5장까지이다.

(2) 디아스포라 유대 기독교(the Diaspora Jewish Christianity)의 단계: 초대교회에서 새로운 지도자로 등장한 스데반과 빌립 등 '일곱 사람들'을 중심으로, 헬라 문화권 속에 흩어져 살던 디아스포라 유대인 기독교인들을 중심하여 예루살렘 성전과 팔레스타인에 집착하지 않고 이방 지역, 따라서 이방 선교에 관심하며 발전하던 단계로서 사도행전에서는 6~8장까지이다.

(3) 헬라적 이방 기독교(the Hellenistic Gentile Christianity)의 단계: 바울과 바나바를 중심으로 기독교 복음을 이방 세계에 전파하여 초대 기독교가 이방적 헬라 문화권 속에서 주로 이방인들 가운데서 발전하던 단계로서 사도행전에서는 9~28장까지이다.

셋째로는, 사도행전에 등장하는 주요 인물들을 중심으로 사도행전의 구조를 다음과 같이 네 부분으로 나누는 방법이다.[14)]

(1) 사도들의 항목(the Apostolic Section: 예루살렘)
(2) 일곱 지도자들의 항목(the Diaconal Section: 사마리아)
(3) 베드로의 항목(the Petrine Section: 온 유대)
(4) 바울의 항목(the Pauline Section: 땅 끝, 로마까지)

그런데 이렇게 사도행전을 네 부분으로 나눌 경우, 특징적이게도 각 부분이 각각 '박해'로 끝나고 있다.

(1) 사도들의 항목은 사도들에 대한 박해로 끝나고,
(2) 일곱 지도자들의 항목은 스데반의 대한 박해로 끝나며,
(3) 베드로의 항목은 베드로의 체포로 끝나고,
(4) 바울의 항목도 결국 바울의 체포와 심문으로 끝나고 있다.

넷째, 사도행전에 나오는 6개의 '일반적인 요약 문구'를 기초로 여섯 부분으로 나누는 방법이다. 터너(C. H. Turner)는 사도행전에 나오는 6개의 요약 문구를 중심으로 사도행전을 6부분으로 구분한다.[15)] 이 경우에 6개의 요약 문구 중 3개는 베드로와 관련해서, 나머지 3개는 바울과 관련해서 사용되고 있는 것이 주목할 만하다.

(1) 사도행전 1:1~6:7(예루살렘 교회와 베드로의 설교가 중심)

6:7, "하나님의 말씀이 더욱더욱 널리 퍼져서 예루살렘에 있는 제자들의 수효가 부쩍 늘어나고 수많은 제사장들도 이 믿음을 받아들이게 되었습니다."

---

14) M.D. Goulder, *Type and History in Acts, London: SPCK, 1964,* pp. 65~66.
15) Cf. *Hastings Dictionary of the Bible*, pp. 403~424.

(2) 사도행전 6:8~9:31(팔레스타인에서의 교회 확장, 스데반의 설교와 유대 당국자들과의 논쟁)

9:31, "이리하여 교회는 유대와 갈릴리와 사마리아 온 지방에 세워져서 평안을 누리며 주를 두려워하는 가운데 성령의 도우심을 받아 점점 늘어갔습니다."

(3) 사도행전 9:32~12:24(안디옥으로의 교회 확장, 고넬료의 개종과 유대 당국자들과의 논쟁)

12:24, "주의 말씀이 점점 더 널리 퍼져서 믿는 사람이 많아졌습니다."

(4) 사도행전 12:25~16:5(소아시아로의 교회 확장)

16:5, "교회들은 그 믿음이 점점 튼튼해지고 그 수효가 나날이 늘어갔습니다."

(5) 사도행전 16:6~19:20(유럽으로의 교회 확장, 고린도와 에베소 등에서의 바울의 선교 활동)

19:20, "이렇게 하여 주의 말씀이 능력 있게 퍼져 나가고 점점 강해졌습니다."

(6) 사도행전 19:21~28:31(바울의 로마 도착)

28:31, "아무런 방해도 받지 않고 아주 대담하게 하나님 나라를 전하고 주 예수 그리스도에 대한 사실을 가르쳤습니다."

이 6개의 요약 문구 중 앞의 3개가 베드로의 활동과 관련이 있고, 뒤의 3개가 바울의 활동과 관련이 있기 때문에 사도행전의 2중 구조와 무관하지 않으며, 또한 이 6개의 요약 문구가 복음이 예루살렘과 온 유대와 사마리아를 넘어 소아시아와 로마로까지 확장되는 단계를 암시하고 있다는 점에서 지리적 3중 구조와도 전혀 무관하지 않은 것으로 보인다.

3 누가 문서의 기록 동기

누가는 1세기 말경에 주로 두 가지 문제에 직면하여 누가복음과 사도행전을 기록한 것으로 보인다. 하나는 교회 내부로부터 생겨난 문제였고, 다른 하나는 교회 외부로부터 오는 문제였다. 하나는 임박한 종말 기대가 실현되지 않은 채 마냥 종말이 지연되는 현실 때문에 신앙적으로 동요와 위기를 맞게 된 것이고, 다른 하나는 기독교 복음이 이방 세계로 확장되는 과정에서 예수가 로마 당국에 의해 유죄 판결을 받고 극형에 처해졌다는 사실 때문에 선교상 장애에 부딪치게 된 것이다. 이것은 곧 기독교와 로마 당국과의 정치적 관계에 관한 문제이기도 했다. 이런 문제들은 누가의 신앙 공동체가 직면한 아주 현실적이며 중요한 문제였을 것이다. 이 두 문제를 따로 구분해서 다루어 보기로 하자.

1) 임박한 종말의 지연

종말 지연의 문제는 비단 누가만이 아니라 1세기 후반에 기록된 모든 문서들의 저자들이 직면한 문제였다. 예수는 물론 초대 기독교인들 모두는 자기들의 시대가 이 세상의 종말의 시대라고 믿었고, 그래서 임박한 종말 사상을 가지고 있었다.

마가복음 9:1에 보면 예수가 다음과 같은 말씀을 했다. "내가 진정으로 너희에게 말한다. 여기 서 있는 사람들 가운데 죽기 전에 하나님 나라가 권능으로 임하는 것을 볼 사람도 있다." 마태복음 16:28에서는 "하나님 나라" 대신에 "인자"가 언급되고 있다. 즉 초대 기독교인들은 자기들이 죽기 전에 예수께서 다시 인자와 심판자로 재림하시고 하나님 나라가 임하여 이 세상은 끝장날 것으로 믿었다. 그런데 예수의 동행자들이던 열두 제자들이, 그리고 예수를 따르던 제자들과 목격자들이 하나씩 죽어 가는데도 여전히 기대했던 종말이 임하지 않을 뿐 아니라, 곧 임할 것 같이 생각되지도 않았다. 이렇게 되자 종말 기대의 신앙이 흔들리게 되었고, 이것은 복음 메시지의 신빙성 자체를 뒤흔드는 요인이 되었다. "너희 가운데 죽기 전에 하나님 나라가 권능으로 임하는 것을 볼 사람도 있다."고 말한 예수의 말씀이 그대로 이루어지고 있지 않기 때문에, 예수의 다른 말씀들을 그대로 믿어노 되는 것인가 하는 신앙적인 동요와 위기가 생겨난 것이다.

누가는 이런 신앙의 위기에 직면한 기독교인들에게 무엇인가 적절한 신앙적 해답을 제시하고 그들을 신앙적으로 바로 지도해야 될 필요를 느꼈을 것이다. 누가가 택한 해결 방법은 하나님 나라가 그리고 종말이 금방 임하는 것이 아니라고 가르치는 것, 즉 임박한 종말 기대를 좀 더 먼 미래로 연장시키는 방법이다. 임박한 종말 기대 가운데서 미래와 하늘에만 관심을 집중하는 초대 교인들의 관심을 현재와 이 땅으로 돌려놓고, 종말이 오기 전에 먼저 이 땅에서 해야 할 일에 관심을 갖게 하는 것이다.

누가는 한편으로 우선 임박한 종말 기대를 강조하는 예수의 말씀에 수정을 가함으로써 독자들로 하여금 더 이상 임박한 종말 기대를 하지 않도록 유도하고 있다. 그런 목적에서 누가는 마가복음에서 임박한 종말을 시사하고 있는 본문들에 수정을 가하고 있다. 가령 누가는 마가복음 1:14~15에서 "예수께서 갈릴리에 오셔서 하나님의 복음을 전파하였습니다. 때가 찼다. 하나님의 나라가 가까웠습니다."라고 전하는 것을 수정하여 누가복음 4:14에서 "예수께서 성령의 능력이 충만하여 갈릴리로 돌아오셨습니다."라고만 기록할 뿐, 임박한 종말 선포와 관련이 있는 '때가 찼다. 하나님의 나라가 가까이 왔다.'는 말씀은 생략해 버렸다. 임박한 종말 기대 자체를 그의 복음서에서 제거해 버리고 있는 것이다.

다른 한편으로는, 누가복음 21:8에서 마가복음 13:21을 수정하여 "많은 사람이 내 이름으로 와서 내가 그이다 또는 때가 가까웠다고 말할 것이다. 그러나 그들을 따라가지 말라."고 강조함으로써 특히 때가 가까웠다며 임박한 종말을 말하는 사람들을 따라가지 말도록, 그런 가르침은 독자들이 따라가서는 안 될 거짓 교훈이라고 강조하고 있다. 또 누가는 누가복음 19:11에서 "사람들이 하나님 나라가 당장에 나타날 줄 생각"하기 때문에 그들의 오해를 풀어 주기 위해서 비유를 제시하고 있고, 누가복음 21:9에서는 "곧 마지막이 오는 것은 아니다."라고 말함으로써 분명히 종말과 하나님 나라가 곧 오는 것은 아니라고 가르치고 있다. 이렇게 함으로써 종말과 재림을 좀 더 먼 미래로 연기시켜 놓고 있다.

누가는 이렇게 종말을 좀 더 멀리 밀어놓고 그때까지의 중간 시대를 온 세계에 말씀을 전파해야 할 '교회의 시대,' '선교의 시대'로 이해시키고 있다. 이 점은 부활하신 예수께서 그의 제자들을 향해 "너희가 예루살렘과 온 유다와 사마리아와 땅 끝까지 이르러 내 증인이 되리라"(행 1:8)고 하신 말씀을 강조하는 데서도 분명히 드러나고 있다. 그래서 실제로 누가는 사도행전 기록을 통해서 예수의 처음 제자들과 사도들이 임박한 종말론에 연연하지 않고, 예수의 말씀을 따라서 복음을 들고 예루살렘에서 땅 끝(로마)까지, 유대인에게서 이방인에게까지 전파하고 있는 활동을 소개하고 있다. 사도들이 예수의 말씀을 따라 열심히 선교했던 것처럼, 종말을 기다리는 동안에 '지금 여기서' 먼저 해야 할 일, 곧 땅 끝까지 복음을 전파하는 일로 관심을 돌리고 있는 것이다. 이것이 그가 종말이 지연되고 있는 상황에 직면해서 취한 첫 번째 조치였다.

2) 로마 세계를 향한 정치적 변증

하늘을 바라보면서 임박한 종말을 기다리던 교인들에게 누가는 종말이 지연되고 있음을 가르치면서, 도리어 종말이 올 때까지 '땅 끝까지' 말씀을 전파하도록 세계 선교로 관심을 돌리게 했다. 그러나 선교 과정에서 곧 바로 커다란 벽에 부닥치게 되었다. 복음 전도자들이 복음을 들고 들어가는 거의 모든 지역이 대개는 로마 황제의 깃발이 휘날리는 로마의 속국이거나 식민지였기 때문이다. 그런 곳에 들어가서 로마 당국으로부터 극형 가운데 하나인 십자가형에 처형된 죄인 예수를 '구주'와 '주님'으로 전파하거나 또는 그 예수를 믿고 받아들인다는 것은 로마에 대한 일종의 반역으로 오해될 수 있었다. 그러므로 많은 사람들이 복음을 받아들이고 예수를 믿는 일에 상당히 주저하게 되리라는 점은 쉽게 이해할 수 있었다. 또 이것이 실제로 복음 전도에 커다란 장애가 되었고 복음 전도자들이 직면한 상황이었을 것이다.

누가는 이런 상황에 직면하여 한편으로는 예수가 로마 당국으로부터 정치적으로 유죄판결을 받고 처형된 것이 아님을 분명히 밝힘으로써 복음 선교의 걸림돌을 제거하려고 했고, 다른 한편으로는 로마 당국과 기독교가 결코 대립적이며 투쟁적인 관계가 아니라 오히려 우호적이며 호의적인 관계임을 밝힘으로써 로마 세계를 향한 기독교의 선교의 발판을 더욱 쉽게 그리고 굳건히 세우려 하였다. 이런 목적과 의도 때문에 누가는 무엇보다도 제1권인 누가복음에서는 예수가 로마 총독 빌라도에게 심문당하는 과정을 기록하면서, 다른 복음서들과는 달리 예수를 잡아 죽이려고 애쓰던 이는 유대인과 유대 종교 지도자들이었음을 그리고, 오히려 로마 당국을 대표하는 빌라도 총독은 예수를 심문하면서 그의 무죄를 알고 인정했을 뿐 아니라 예수를 거듭 석방하려고 했음을 강조하고 있다.

> 누가복음 23:4, "빌라도가 대제사장들과 무리들에게 이르되 내가 보니 이 사람에게 죄가 없도다."
>
> 누가복음 23:13~14, "빌라도가 대제사장들과 관리들과 백성을 불러 모으고… 내가 너희 앞에서 심문하였으되 너희의 고발하는 일에 대하여 이 사람에게서 죄를 찾지 못하였고."
>
> 누가복음 23~22, "빌라도가 세 번째 말하되 이 사람이 무슨 악한 일을 하였느냐 나는 그에게서 죽일 죄를 찾지 못하였나니."

누가는 빌라도의 이런 무죄 선언과 함께 그가 예수를 세 번씩이나 놓아주려고 했음을 말하고 있다(눅 23:16, 20, 22). 예수의 죽음에 관한 한, 그의 죽음은 빌라도의 유죄 판결 때문이 아니라, 오직 예수를 십자가에 못 박도록 고소하고 또 그렇게 백성을 선동한 유대 종교 지도자들 때문이었다. 로마의 총독인 빌라도는 오히려 예수의 심판자나 처형자가 아니라 변호사의 모습으로 그려져 있다. 누가는 이처럼 예수가 로마 당국에 의해 무죄한 사람이었음을 보여주고 있는데, 누가에게 예수의 이런 정치적 무죄는 곧 기독교의 정치적 무죄를 뜻하는 것이었다.

그런데 누가의 이런 정치적 변증은 제2권인 사도행전에서도 똑같이 나타나고 있다. 누가는 사도행전에서 기독교의 복음 전도자인 바울이 유대 종교 지도자들에 의해 고소당해서 로마 총독들(베스도와 벨릭스)에게 심문당하는 과정을 길게 기록하면서도, 예수의 경우와 마찬가지로 로마 당국자가 바울의 무죄를 알고 인정했을 뿐 아니라, 그래서 오히려 바울에게 많은 호의를 베풀기까지 했음을 강조하고 있다.

사도행전 23:29, "(천부장이 체포된 바울을 벨릭스 총독에게 보내면서 쓴 편지 가운데서) 송사하는 것이 저희 율법 문제에 관한 것뿐이요 한 가지도 죽이거나 결박할 사건이 없음을 발견하였나이다."

사도행전 25:25, "(베스도 총독이 아그립바 왕에게 설명하는 말 가운데) 나는 살피건대 죽일 죄를 범한 일이 없더이다."

사도행전 26:31, "(아그립바 왕 버니게와 베스도 총독이) 물러가 서로 말하되 이 사람은 사형이나 결박을 당할 만한 행사가 없다 하더라."

여기서도 누가는 로마 당국자들이 바울의 정치적 무죄를 인정하고 있음을 거듭 강조하고 있다. 뿐만 아니라 로마 당국은 바울을 결사적으로 죽이려는 유대인들로부터 무사히 보호하기 위해 보병, 마병, 창군을 수백 명 동원하였고(행 23:23 이하), 가이사에게 고소하지만 않았다면 놓아 줄 수도 있었음을 밝히고 있다(행 26:32). 바울을 죽이려고 한 것은 유대인이었지(행 21:31f., 35f., 22:22, 25:3, 24, 26:21) 로마 당국이 아니었다. 로마 당국은 바울을 죄인시하지 않았다.

누가는 이렇게 예수와 바울이 로마 당국에 의해 죄인으로 판결되지 않았다는 점을 강조하는 것 이외에 로마 관리가 기독교에 대해 호의적이었음을 아울러 강조하고 있다. 누가복음 7:9에서 "내가 이스라엘 중에서도 이런 믿음을 본 적이 없다."고 칭찬받은 로마의 백부장은 예수로부터 "은혜를 받을 만한 자"(새번역 7:4~5)였으며, 십자가형을 지휘하던 또 다른 백부장은 예수의 최후 장면을 지켜보며 "하나님께 영광을 돌리며 이르되 이 사람은 참으로 의로운 사람이었다."(눅 23:47)고 고백하고 있다. 또 다른 백부장이 사도행전 10장에서 온 가족과 함께 기독교로 개종하였고, 로마 총독인 서기오 바울은 "그 일어난 일을 보고 믿었으며 주에 대하여 배운 바를 마음에 깊이 새겨두었다"(행 13:12). 거기서 더 나아가 로마의 고급 관리 가운데서도 기독교를 믿는 사람이 있었음을 누가는 밝히고 있다.

이런 점을 강조하는 누가의 의도는 분명히 한편으로는 기독교와 로마 당국의 관계를 호의적이고도 우호적인 것으로 보여줌으로써 로마 세계에서의 기독교 복음 선교의 입지를 강화하려는 것이었고, 다른 한편으로는 선교 과정에서 일어날지도 모를 오해, 곧 예수가 로마 총독에 의해 유죄 판결을 받아 처형된 정치적인 죄인이라는 오해를 없이하여 로마 세계에서의 복음 전파에 장애가 될 수 있는 요인을 제거하려는 것이었다.

4 "그리스도를 본받아"
(Imitatio Christi)

신약성서 저자들 중 누가는 아주 특별하다. 다른 복음서의 기자들은 예수의 생애와 교훈을 기록하는 데에만 관심을 가졌고, 다른 서신서 기자들은 예수가 부활 승천하신 이후 초대교회의 상황에 대해서만 주로 관심을 가졌다. 그런데 오직 누가만이 예수의 생애와 교훈을 전하기 위해 제1권 누가복음을 기록했고, 예수께서 떠나신 이후 그의 제자들이 예수의 사역을 어떻게 이어나갔는지를 전하기 위해 제2권 사도행전을 기록했다. 오직 누가만이 예수 시대와 예수 이후 시대 모두에 관심을 가지고 있었던 것이다.

그런데 누가가 이런 관심을 갖고 사도행전을 기록할 때, 그는 사도행전에 등장하는 예수의 제자들이 그들의 선생이요 주님이신 예수께서 가르치신 교훈이나 삶의 발자취를 얼마나 잘 따르고 본받았는지를 보여주려는 의도를 가졌던 것으로 보인다. 따라서 사도행전에 등장하는 예수의 제자들, 곧 사도들 모두는 제1권인 누가복음에서 예수께서 하신 일을 그대로 따라할 뿐만 아니라, 그가 하셨던 방식 그대로 본받음으로써 '예수의 발자취를 따라' 예수의 역할을 잘 감당해 나갔던 것으로 소개하고 있다. 누가가 그런 식으로 기록한 의도와 목적은 사도행전을 읽는 독자들로 하여금 예수의 제자들이 예수를 얼마나 잘 본받아 예수가 하던 일을 계속해 나가고 있는지를 보여줌으로써 독자들도 예수를 잘 본받는 사람이 되도록, 그리고 예수를 잘 본받았던 사도들을 잘 본받도록 가르치기 위한 것으로 생각된다.

1) 예수를 본받은 베드로

사도행전에 소개되고 있는 베드로의 행적과 사역은 제1권 누가복음에서 예수께서 하신 일과 모범을 그대로 본받아 행했던 것으로 기록되어 있다.

(1) 예수가 요단 강에서 성령 세례를 받고 공생애를 시작했듯이,
베드로도 오순절 때 성령의 세례를 받고 공생애를 시작했다.

(2) 예수가 그의 공생애를 나사렛 회당 설교(눅 4:18~30)로 시작했듯이,
베드로도 그의 공생애 활동을 예루살렘 오순설 설교로 시작했다.

(3) 예수가 공생애 초기 중풍병자를 고치셨듯이(눅 5:17~26),
베드로도 그의 공생애 초기 성전 미문의 앉은뱅이를 고쳤다.

(4) 예수가 공생애 중 유대 종교 지도자들과 계속 많은 논쟁을 벌였듯이(눅 5:29~6:11),
베드로도 그의 공생애 중 유대 종교 지도자들과 계속 많은 논쟁을 벌였다(행 4:1~22).

(5) 예수가 이방인 백부장의 초청을 받았듯이(눅 7:1~10),
베드로도 이방인 백부장의 초청을 받았다(행 10:1~48).

(6) 예수가 나인 성 과부의 아들을 살렸듯이(눅 7:11~17),
베드로도 욥바 과부들 중 죽은 여제자 다비다를 살렸다(행 9:36~43).

(7) 예수가 더러운 여인과 접촉했다고 바리새인들로부터 비난을 받았듯이(눅 7:36~50),
베드로도 더러운 이방인과 접촉한 것 때문에 비난을 받았다(행 11:1~18).

이런 기록을 통해 누가는 베드로가 얼마나 예수를 잘 본받고 따르던 제자였는지를 보여주고 있다.

2) 예수를 본받은 바울

(1) 예수가 12사도에 이어 별도로 70인 제자를 파송함으로써 이방인 선교에 많은 관심을 보였듯이,
바울도 이방인 선교에 관심이 많아 실제로 이방인의 사도로 나서서 이방인 선교에 많은 열매를 맺었다.

(2) 예수의 전도 활동이 예루살렘 지향적이었듯이,
바울의 전도 여행도 예루살렘을 지향하고 있었다(행 20:3, 22~24, 37~38, 21:4, 10~11, 13).

(3) 예수가 유대인들로부터 고소를 당해 산헤드린과 헤롯과 로마 총독 앞에서 심문을 당했듯이,
바울도 유대인들로부터 고소를 당해 산헤드린(행 22:30~23:10)과 헤롯 아그립바(행 25:13~26:32)와 로마 총독 벨릭스와 베스도(행 25:1~27) 앞에서 심문을 받았다.

(4) 예수가 심문을 받는 과정에서 로마 총독 빌라도로부터 세 번에 걸쳐 무죄 선언을 받았듯이(눅 23:4, 14, 22),
바울도 예수처럼 심문받는 과정에서 루시아(행 23:29)와 베스도(행 25:25)와 아그립바 왕(행 26:31)으로부터 세 번 무죄 선언을 받았다.

(5) 유대인들이 예수를 향해 "이 사람을 없이하소서"(눅 23:18)라고 외쳤는데,
유대인들이 바울을 향해서도 "그를 없이하소서"(행 21:36)라고 외쳤다.

(6) 예수가 그의 공생애 말기에 제자들에게 "떡을 가지사 축사하시고 떼어 주는 성례전적 행동을 보이셨는데"
바울도 그의 전도 여행 말기에 예수처럼 배 위에서 "떡을 들고 축사한 후 떼어 주는" 일을 하였다(행 27:35).

사도행전에 묘사된 바울의 행적과 사역은 예수께서 보여주신 행적과 사역을 그대로 따라한 것에 지나지 않는 것처럼 보인다.

3) 예수를 본받은 스데반

헬라파 유대인 기독교 지도자로 새로이 등장한 스데반의 경우는 유대 지도자들로부터 고난과 박해를 받아 돌에 맞아 죽으면서도 예수의 마지막 순간을 잘 본받아 '예수처럼' 죽어갔는지를 잘 보여주고 있다.

(1) 예수가 거짓 증인의 증언과 종교 지도자들의 선동으로 죽임을 당했듯이,
스데반도 거짓 증인(행 6:13)의 증언으로 그리고 종교 지도자들의 선동으로(행 6:11) 죽임을 당했다.

(2) 예수가 십자가 위에서 마지막 숨을 거두며 기도했듯이,
스데반도 돌에 맞아 마지막 숨을 거두면서 예수처럼 기도했다.

(3) 예수가 마지막 십자가 위에서 남긴 두 기도("아버지여, 내 영혼을 당신의 손에 맡기나이다." 눅 23:46; "아버지여, 저 사람들을 용서하여 주옵소서." 눅 23:34)를 본받아,
스데반도 "주 예수여, 내 영혼을 받으소서."(행 7:59), 그리고 "주님, 이 죄를 저들에게 돌리지 마옵소서."(행 7:60)라고 기도했다.

스데반은 예수처럼 기도하면서, 그리고 예수가 십자가 위에서 드렸던 기도를 그대로 본받으면서 예수처럼 죽어갔다.

4) 예수를 본받아 기도한 초대교회 사도들

누가복음에서 예수는 그의 공생애 활동 중 중요한 순간마다 기도하신 분으로 기록되어 있다(눅 3:21, 5:16, 6:12, 9:18, 28~29, 11:1, 22:40, 23:34, 23:46). 그래서 누가복음의 예수는 '기도의 사람' 이었다. 그런데 사도행전에서 그의 사도들과 그를 믿고 따르는 제자들도 예수의 기도의 모범을 본받아 중요한 순간마다 '예수처럼' 기도했던 것으로 기록되어 있다.

(1) 예수가 승천하신 직후 제자들은 예루살렘 다락방에 모여 기도했다(행 1:12~14). 초대교회의 창립 모임에 해당되는 이 다락방 모임은 '기도의 모임' 이었고, 예수가 세례를 받고 기도로 공생애 활동을 시작했듯이 초대교회 첫 모임도 기도로 시작했다.

(2) 가룟 유다의 자리를 메우기 위해서 11사도들은 맛디아와 요셉을 세워 놓고 기도한 후에 제비를 뽑아 맛디아를 사도로 세웠다. 이것은 산에 올라가 기도한 후에 12사도를 선택했던 예수(눅 6:12)를 그대로 본받은 것이었다(행 1:15~26).

(3) 누가복음에서 중요한 순간마다 시시때때로 기도했던 예수처럼 초대교회 믿는 사람들도 다 함께 지내면서 모든 물건을 공동으로 사용하고 서로 사귀며 예수처럼 '기도하는 일에만 힘썼다' (행 2:42).

(4) 스데반과 빌립 등 '일곱' 지도자를 선택하기 위해 '사도들은 기도하고 그들에게 안수했다' (행 6:6). 누가복음에서 예수가 열두 사도를 세울 때 기도하셨기 때문에 그것을 본받은 것이다.

(5) 스데반은 마치 예수가 십자가 위에서 그랬듯이 마지막 숨을 거두며 기도했고, 또 예수께서 기도하신 내용을 거의 그대로 반복하여 기도했다(행 7:59~60).

(6) 예수가 중요한 일이 있을 때마다 기도했듯이, 베드로와 요한도 사마리아 제자들을 위해 기도하여 그들로 하여금 성령을 받게 하였다(행 8:15~17).

(7) 다메섹에서 예수를 만났을 때 바울도 기도했다(행 9:11).

(8) 베드로는 욥바에서 지붕에 올라가 기도하는 가운데 환상을 보고 고넬료를 만나 그의 집을 구원하게 된다. 고넬료도 기도의 사람이었다(행 10:4, 30~31).

(9) 안디옥 교회 교인들은 바울과 바나바를 선교사로 파송하면서 기도했다(행 13:1~3).

(10) 바울과 실라는 빌립보 감옥에서도 기도했고(행 16:25), 그때 옥문이 열리고 감옥에서 나올 수 있었다.

(11) 바울은 밀레도에서 에베소 장로들에게 고별 설교를 한 후에 무릎을 꿇고

기도했다(행 20:36). '무릎을 꿇고' 기도한 것은 예수께서 겟세마네 동산에서 보여주신 기도의 자세를 본받은 것이다.

(12) 바울이 두로를 떠나 예루살렘으로 떠날 때에 바닷가에서 성도들이 다 같이 '무릎을 꿇고' 기도하였다(행 21:5).

사도행전에 등장하는 사도들과 믿는 형제들 모두가 '예수처럼' '기도의 사람들'로 묘사되고 있다. 그들은 중요한 순간마다 기도했던 '예수를 본받아' 기도했고 또 '예수처럼' '무릎을 꿇고' 기도했다.

누가는 이렇게 제1권 누가복음에서 예수의 사역과 활동을 소개한 후에, 제2권 사도행전에서 그의 사도들이, 그리고 그를 믿는 형제들이 '예수를 본받아' 얼마나 '예수처럼' 살려고 노력했는지를 보여주고 있다. 그리고 이런 기록을 통해서 누가복음과 사도행전을 읽는 후대의 독자들에게 '너희도 예수를 본받는 사람이 되라.'는 교훈, '너희도 예수를 잘 본받아 살았던 사도들처럼 예수를 본받아 예수처럼 사는 사람들이 되라.'는 교훈을 주고자 했던 것으로 생각된다.

5 선교의 능력으로서의 성령

1) 누가에게 있어서의 성령의 중요성

람페(G. W. Lampe)는 성령이 누가복음과 사도행전 "두 부분을 꿰뚫으며 연결시키는 실마리"[16]이며, "성령의 활동이 그의 문서의 본질적인 주제"[17]라고 말한다. 보본(F. Bovon) 역시 "성령이 누가 저작의 중심 사상 가운데 하나"[18]라고 말한다. 이것은 누가 문서에서 성령이 그만큼 중요한 주제라는 점과 또 누가가 그만큼 성령에 많은 관심을 기울이고 있었다는 점을 잘 보여주는 말이다. 누가가 성령에 대해 많은 관심을 갖고 있었다는 사실은 누가가 제1권 누가복음과 속편인 제2권 사도행전에서 성령이란 단어를 다른 어떤 복음서 기자들보다도 훨씬 더 많이 그리고 자주 사용하였다는 점에서 더욱 분명해진다. 누가의 "성령"이란 단어의 사용 빈도수를 다른 복음서와 비교하면 다음과 같다.[19] "Spirit": 마태=12번, 마가=19번, 요한=17번, 누가=27번, 행=28번. 그러나 이 통계의 경우 "Spirit"이 더러운 귀신이나 더러운 영들에 대해서도 사용된 경우가 있기 때문에 보다 구체적으로 "Holy Spirit"이란 용어의 사용 빈도수를 알아보면 다음과 같다. "Holy Spirit": 마태=6번, 마가=4번,

---

16) G. W. Lampe, "The Holy Spirit in the Writings of Luke", in: D. E. Nineham(ed), *Studies in the Gospels: Memorial R. H. Lightfoot*(Oxford: Basil Blackwell, 1955), p. 159.

17) G. W. Lampe, "The Holy Spirit in the Writings of Luke", p. 160.

18) F. Bovon, *Luke the Theologian: Thirty Three Years of Research(1950~1983)*, E. T. by Ken McKinnney(Pennsylvania: Pickwick Publishers, 1987), p. 205.

19) Cf. Robert Young, *Young's Analytical Concordance to the Bible*(based upon the KJV, 1982).

요한=4번, 누가=11번, 행=41번. 그리고 "Spirit"과 "Holy Spirit"을 합한 사용 빈도수를 알아보면 마태=18번, 마가=23번, 요한=21번인 데 비해서, 누가복음에는 38번, 그리고 사도행전에서는 69번이나 쓰였다. 결국 누가 문서에서 더 많이 사용된 것을 알 수 있다. 누가가 "성령"이란 용어를 다른 복음서 기자들보다 더 많이 사용한 것은 분명히 그가 성령에 대해 누구보다도 더 많은 관심을 가지고 있었다는 것을 뜻한다.

누가 문서에서 성령이 아주 중요하다고 하는 사실은 누가복음과 사도행전의 구조적인 면에서도 나타난다. 제1권 누가복음에서 예수가 갈릴리로 돌아와 복음 전도 활동을 시작하게 된 것이 "성령의 능력으로 충만해서"(눅 4:14)였으며, 갈릴리에서부터 "가난한 자에게 복음을 전파하게" 하신 것도 "주의 영"(눅 4:18) 곧 성령이었다. 그런데 이것은 사도행전의 경우에도 마찬가지이다. 복음이 예루살렘과 유대와 사마리아와 땅 끝까지 전파되는 과정을 증거하고 있는 사도행전에서 성령의 강림과 충만함을 예루살렘의 오순절(행 2장), 사마리아의 오순절(행 8장), 이방인의 오순절(행 10장) 등[20] 단계적으로 중요하게 언급하고 있다. 더구나 사도행전에서 복음 전파를 주도하는 것은 베드로나 바울이 아니라 성령 자신이다. 빌립으로 하여금 에디오피아 내시에게 전도하게 한 것도 성령이고(행 8:29), 베드로로 하여금 가이사랴의 고넬료 집을 방문하여 이방인들에게 복음을 전파하게 한 것도 성령이다(행 10:19~20). 안디옥 교회가 사울과 바나바를 선교사로 파송한 것도 성령의 지시에 의한 것이었으며(행 13:2), 바울로 하여금 더 이상 아시아에서 복음을 전하지 않고 유럽으로 건너가 복음을 전파하게 한 것도 성령이었다(행 16:6~7). 그래서 사도행전의 진정한 주인공은 베드로나 바울이 아니라 성령이며, 이

---

20) G. Krodel은 예루살렘 오순절 이외에 가이사랴와 에베소 제자들에게 내렸던 성령 강림 사건 등을 'mini-Pentecosts' 라고 부른다. Cf. "The Function of the Spirit in the Old Testament, the Synoptic Tradition, and the Book of Acts", in: *The Holy Spirit in the Life of the Church*(Minneapolis: Augsburg, 1978), p. 32; G. Krodel, *Proclamation Commentaries: Acts*(Philadelphia: Fortress Press, 1981), p. 18. 다른 한편으로 Philip Van Linden은 그의 책 *The Gospel of Luke and Act*(Wilmington, Del.: Michael Glazier, 1986)에서 사도행전 10장에서 이방인 고넬료의 집에 내린 성령 강림 사건을 가리켜 'second Pentecost' 라고 부른다(p. 66).

때문에 흔히 사도행전을 가리켜 "성령의 행전"이라고 부르는 것이다.[21]

또한 성령에 대한 누가의 특별한 관심은 누가가 성령 충만 (full of the Holy Spirit)이란 용어를 자주 사용하고 있는 사실에서도 드러난다. 누가 문서에서는 '충만하다' 라는 헬라어 단어가 두 가지 형태로 나타난다. 하나는 '핌플레미' (πιμπλημι)이고, 다른 하나는 '풀레레스' (πληρης)이다. 첫 번째 것은 영어로 'filled with' 란 의미의 동사이고, 두 번째 것은 영어로 'full of' 란 의미에 가까운 부사이다. 첫 번째 동사는 누가복음 1:15에서 요한에게, 누가복음 1:41에서 엘리사벳에게, 누가복음 1:67에서 사가랴에게, 그리고 사도행전 2:4와 4:31에서는 모든 믿는 무리에게, 사도행전 4:8에서는 베드로에게, 사도행전 9:17과 13:9에서는 바울에게, 사도행전 13:52에서는 신도들에게 사용되고 있다. 두 번째 단어인 '풀레레스' (πληρης)는 누가복음 4:1에서 예수에게, 사도행전 6:3에서는 스데반과 빌립 등 '일곱' 지도자들에게, 특히 사도행전 7:55에서 스데반에게, 사도행전 11:24에서는 바나바에게 사용되고 있다. 누가에게 이 두 헬라어 단어는 거의 동의어인 것으로 보인다.[22] 그래서 한 마디로 누가 문서의 주요 인물들은 거의 모두 '성령에 충만하여' 행동하고 있다. '성령에 충만하여' 라는 이 문구는 누가 문서 전체를 통해서 계속 사용되고 있을 뿐 아니라,[23] 누가 문서에서만 나타나는 누가의 독특한 용어이기도 하다.[24]

---

21) Justo L. Gonzalez는 그의 사도행전 연구서의 제목을 *Acts: The Gospel of the Spirit*(Maryknoll, New York: Orbis Books, 2001)이라고 붙임으로써 사도행전을 누가복음의 속편인 '성령의 복음' 으로 명명하고 있다.

22) 그래서 R. P. Menzies도 두 용어 간의 차이가 너무 강조되어서는 안 된다고 말한다. 다만 두 용어 간의 유일한 차이가 있다면 그것은 'pleres' 가 'eplesthe' 란 문구에 의해 묘사된 이전의 경험을 암시하고 있다는 점이다. 그래서 누가는 'pleres' 를 오직 예수, 스데반 그리고 바나바에게만 적용하고 있고, 반면에 누가 문서에 등장하는 대부분의 주요 인물들의 경험에 대해 사용하고 있는 'eplesthe' 란 동사는 그 세 사람과 관련해서 사용되고 있지는 않다고 말한다(pp. 155~156). 다른 한편으로 Roger Stronstad는 'Full of Spirit' 은 성령의 능력 주심(the Spirit' s enabling)을, 'filled with the Spirit' 은 예언적 영감을 묘사하고 있는 점에서 차이가 있다고 말한다[Cf. *The Charismatic Theology of St. Luke*(Massachusetts: Hendrickson Publishers 1984), p. 55].

23) H. Flender, *St. Luke: Theologian of Redemptive History*(Philadelphia: Fortress Press, 1967), p. 137.

24) 신약성서에서 유일한 예외는 에베소서 5:18인데, 거기서도 *'πληρης'* 의 동사형인 *'πληρεο'* 가 사용되고 있을 뿐이다.

누가복음과 사도행전에서 주요 인물들이 모두 성령에 충만해서 행동하고 있기 때문에, 또 어떤 의미에서는 누가 문서의 처음부터 끝까지 오직 성령이 모든 일을 하고 계신 것으로 묘사되고 있기 때문에 누가 문서는 글자 그대로 '성령의 드라마'(the drama of the Holy Spirit)라고 말할 수 있다.[25] 이렇게 누가 문서 전체를 통해서 성령이 주요 주제와 주요 내용을 이루고 있기에 페린(Norman Perrin)도 누가 문서 전체에 '성령의 활동'(the Ministry of the Spirit)이란 명칭을 붙여서, 제1권 누가복음을 '예수를 통한 성령의 활동'(The Ministry of the Spirit through Jesus)으로, 그리고 제2권 사도행전을 '교회를 통한 성령의 활동'(The Ministry of the Spirit through the Church)으로 명하고 있는 것이다.[26] 우리는 페린의 이 주장을 통해서도 누가 문서에서 구조적으로 그리고 내용적으로 성령이 얼마나 중요한 역할, 혹은 중심적 역할을 하고 있는지를 잘 알 수 있다.

2) 누가의 독특한 성령 이해: "선교의 능력으로서의 성령"

누가의 성령 이해는 일반적으로 신약성서의 다른 기자들과 상당히 다른 것으로 보인다. 가령 바울에게 성령은 대체적으로 기독교인의 구원에 필수적인 것, 즉 기독교인의 생활의 근원(a source of Christian life)으로 나타나고 있다. 다시 말해서, 바울에게 성령은 하나님께서 새 생명의 원리로 주신 영(der Geist als das gottgegebene Princip des neuen Lebens)이다. 그래서 바울이 말하는 성령의 열매(갈 5:22~23)인 "사랑과 기쁨과 화평과 인내와 친절과 선함과 신실과 온유와 절제"는 "성령의 인도를 따라 살아가는 기독교인의 삶의 특징"임을 말해 준다. 그러나 누가의 경우에는 성령이 바울과는 달리 하나님께서

25) Michael Ramsay는 그의 저서 *The Holy Spirit: A Biblical Study*(London: SPCK, 1977), p. 33에서 누가가 기록한 제1권 누가복음과 제2권 사도행전을 합쳐서 'the drama of the Holy Spirit' 이라고 부르고 있다.

26) Norman Perrin, *The New Testament: An Introduction*(New York: Harcourt Brace Jovanovich, 1974), p. 205.

맡기신 일 곧 복음을 전파하는 선교의 능력으로 작용하고 있다. 특히 누가의 성령 이해는 요한과도 다르다. 요한에게는 성령이 예수께서 부활하신 직후에 곧바로 제자들에게 주어진 것으로 언급되고 있는데(요 20:22), 누가에게는 예수가 부활하신 이후 40일이란 시간적 경과가 있는 이후에 성령이 믿는 제자들에게 주어진 것으로 언급되고 있다. 더구나 요한에게 성령은 바울의 경우와 마찬가지로 다분히 개인주의적인 것으로 드러나고 있다.[27] 그래서 "누구든지 (물과) 성령으로 거듭나지 않으면 하나님 나라에 들어갈 수 없다."(요 3:5)는 말이 나온다. 그리고 요한에게 성령은 주로 개인의 중생(重生) 혹은 신생(新生)과 관련되고 있다. 그래서 보혜사 성령의 역할도 제자들 가운데 거하며 그들과 함께 머물거나(요 14:17), 제자들에게 모든 것을 가르치며(요 14:26), 그들을 진리로 인도하는 것(요 14:26) 등이다. 요한의 성령 이해가 이처럼 개인주의적이라면, 누가의 성령 이해는 성령이 교회에 주어진, 그리고 교회의 선교를 위해 주어진 은사라는 점에서 좀 더 교회중심적이요 선교중심적이라고 말할 수 있다.

요한에게는 성령이 중생 혹은 신생과 관련해서 개인주의적인 경험으로 이해되고 있고, 바울에게는 성령이 하나님 안에서 새로운 피조물이 되고 하나님과의 새로운 관계로 들어간다는 의미에서 구원론적으로 이해되고 있는데, 이와는 달리 누가에게는 성령이 무엇보다도 선교(mission)와 관련되고 있다. 성령의 주요 역할과 결과가 선교와 관련해서 나타나고 있다는 말이다. 그래서 누가에게 성령은 무엇보다도 '선교의 능력'(the power for mission) 혹은 '선교의 영'(der Missionsgeist)이 된다. 이 점은 누가복음 4:14에서 "예수께서 성령의 능력이 충만하여 갈릴리로 돌아오셔서" 전도 활동을 시작하시는

---

27) 이 점은 어느 정도 바울에게도 사실이다. 비록 바울에게 성령이 공동체적 성격을 갖고 있는 것을 부인할 수 없지만, 그래도 "바울은 그의 신학에서 강한 개인주의적 성령을 갖고 있다"(Paul has a strongly individualistic spirit in his theology). Cf. Edgar Krenz, "The Spirit in Pauline and Johannine Theology", *The Holy Spirit in the Life of the Church*, p. 51. 그러나 누가의 경우는 다르다. 오순절에서 성령은 교회에 주어졌다(행 2:33, 2:1이하). 성령을 받은 사람이 누구인가? 오순절 이야기에 의하면 '모두'가 성령으로 충만하였다. E. Schweizer가 옳게 말한 대로, "성령은 교회 안에 내재하신다."[The abiding of the Spirit in the Church. (H. Flender, *St. Luke: Theologian of Redemptive History, Philadelphia: Fortress Press, 1967,* p. 140)]

것이나, 특히 누가복음 4:18에서 예수가 "주의 영이 내게 임하셨도다. 주께서 내게 기름을 부으심은 가난한 자에게 복음을 전하게 하심이라. …주의 은혜의 해를 선포하게 하심이라."고 말씀하신 데서도 분명하게 나타난다. 예수에게 성령이 주어지고 충만케 된 것은 오직 그의 전도 활동 곧 복음 선포를 위한 것이었다.

이것은 사도행전에서 더욱 그러하다. 사도행전 1:8에서는 "성령이 너희에게 임하시면 너희는 권능을 받고…땅 끝까지 이르러 나의 증인이 되리라."고 말한다. "성령이 사도들에게 임했을 때 사도들은 능력을 받았고 그 결과 예수의 증인이 되리라는 것을 사도행전 1:8의 기조 본문이 상기시키고 있다."[28] 그리고 오순절에 성령이 주어졌다는 의미는 성령이 사도들로 하여금 다른 나라 언어로 증거하게 함으로써 그들의 메시지가 천하 각국에서 모인 사람들에게 들려졌다는 의미이다(행 2:4~11). 그래서 "누가에 의하면 오순절의 성령은 예언적 영감의 근원이며, 따라서 선교의 영(the Spirit of mission)이다."[29] 그래서 마샬(I.Marshall)은 "누가는 특별히 성령의 은사를, 선교를 위해 교회를 준비시키는 것으로 이해하고 있는 것 같다. …선교에 참여하지 않는 교회는 성령으로 충만한 교회가 아니다."[30]라고 말한다.

3) 누가의 교회 중심의 성령론

우리는 앞에서 누가의 성령 이해가 교회 중심적이라고 말했고, 특히 성령의 활동이 교회의 선교 활동과 밀접히 관련되고 있음을 말하였다. 그런데 누가는 성령을 교회의 선교 활동 이외에 교회의 예식 활동과도 밀접히 연관시키는 경향을 보인다. 보다 구체적으로 말해서 누가는 세례를 받을 때, 안수를 받을 때, 기도할 때, 선포되는 말씀을 들을 때, 즉 교회의 주요 예식 활동과

28) I. Marshall, The Gospel of *Luke(The New International Greek Text Commentary), Exeter, 1978,* p. 199.

29) Robert P. Menzies, *The Development of Early Christian Pneumatology,* JSNT 54. Sheffield Academic Press, 1991. p. 244.

30) I. Marshall, *Luke: Historian and Theologian*(Michigan: Zondervan, 1970), p. 200.

관련해서 성령이 주어지는 것으로 시사하고 있다. 이 점에 대해 누가 문서의 본문을 중심으로 좀 더 상세히 살펴보기로 하자.

(1) 세례를 받을 때 성령이 주어진다

누가복음 3:21~22에서는 예수께서 세례를 받고 물에서 올라와 기도할 때 성령을 받은 것으로 기록되어 있어 세례와 성령이 밀접히 연관되어 있다. 물론 이 경우 예수께서 성령을 받은 것이 세례보다는 오히려 기도와 더 밀접한 관련이 있다는 지적이 있기도 하지만, 그러나 예수는 분명히 세례를 받은 사건과 관련해서 성령을 받았으며, 더욱이 기도가 더 중요하다고 하더라도 기도 역시 누가의 경우에는 성령을 받는 중요한 계기로 강조되고 있다. 사도행전 2:38의 경우는 보다 분명하다. "베드로가 말했습니다. 회개하시오 그리고 여러분 하나하나가 죄를 용서받기 위하여 예수 그리스도의 이름으로 세례를 받으시오 그리하면 성령을 선물로 받을 것입니다." 이 경우에는 보다 분명하게 세례를 받으면 성령을 받는 것으로 강조되고 있다. 다른 한편, 사도행전 8:39의 경우에 어떤 사본들을 보면, "그들이 물에서 올라왔을 때 성령이 내시에게 임했고 주의 천사가 빌립을 데려갔다."고 되어 있어서 물세례가 성령을 받는 직접적인 조건인 것처럼 언급되어 있다.

누가의 이런 본문들은 성령이 세례를 통해서 주어지는 것임을, 즉 세례를 받는 것과 성령을 받는 것이 거의 동시적인 일임을 말해 주고 있다. 그리고 에베소의 제자들이 다시 세례를 받고 성령을 받는 사도행전 19장의 이야기에서 보듯이, '예수의 이름으로 세례를 받는 것' 이 성령을 받는 데서 매우 중요하다. 더구나 사도행전 8장에서 에디오피아 내시가 빌립에게 세례를 받고 '기뻐했다' 는 말이나, 사도행전 16장에서 빌립보의 간수장과 그의 가족들이 모두 세례를 받고 '기뻐했다' 는 말이나 모두 그들이 세례를 받고 성령을 받은 증거로 해석되고 있다.[31]

31) "The mention of joy which fills certain newly baptized could suggest the presence of the Spirit." Cf. F. Bovon, *Luke the Theologian: Thirty-Three Years of Research*(1950-1983), Pennsylvania: Pickwick Publications, 1987, p. 233.

(2) 안수를 받을 때 성령이 주어진다

누가에 의하면 성령의 은사가 물세례를 받는 예식과 연관되어 있기도 하지만, 또한 분명히 교회 지도자(들)의 안수를 통해서 주어지기도 한다. 사도행전 8:17에 의하면 사마리아 사람들은 예루살렘으로부터 보냄을 받은 베드로와 요한의 안수를 통해서 성령을 받는다. "그래서 두 사도가 그들에게 손을 얹으니 그들이 성령을 받았다." 안수가 성령을 받게 하는 수단이라는 사실은 사도행전 8:18~19, "그때 시몬은 사도들이 손을 얹어 성령을 받게 하는 것을 보고 사도들에게 돈을 내면서 내가 손을 얹는 사람마다 성령을 받도록 내게도 권능을 주십시오라고 말했다."는 기록을 통해서도 분명히 드러나고 있다. 사도행전 9:17에서도 바울은 아나니아의 안수에 의해서 성령을 받은 것으로 기록되어 있다. "그래서 아나니아는 가서 그 집에 들어가 사울에게 손을 얹고 형제 사울이여 그대가 오는 도중에 그대에게 나타나셨던 주 예수께서 나를 보내셨소. 그것은 그대를 다시 볼 수 있게 하시고 성령으로 충만케 하시려는 것이요 하고 말했습니다." 이 경우는 사도행전 8:17에서 "안수하자 성령을 받았다."고 분명히 말한 것과 약간 다르기는 하지만, 그래도 아나니아는 자기가 성령으로 충만케 하기 위해서 바울에게 보냄을 받아 안수하게 되었음을 분명히 밝히고 있다. 사도행전 19:6에서는, 에베소의 제자들이 바울의 안수를 통해서 성령을 받았다. "그리고 바울이 그들에게 손을 얹었을 때에 성령이 그들에게 임하셨습니다." 여기서는 안수했을 때 성령이 주어졌다고 보다 분명하게 기록되어 있다.

여기에 소개된 본문들에 의하면 누가에게 성령은 분명히 세례를 통해서만 주어지는 것이 아니라 안수를 통해서도 주어지는 것이요, 따라서 안수가 성령을 받게 하는 중요한 수단으로 제시되고 있다.

(3) 말씀이 선포되고 그 말씀을 들을 때 성령이 주어진다

선포되는 하나님의 말씀을 듣는 것이 세례나 안수와 마찬가지로 성령을 받는 수단이 되고 있음이 분명해 보인다. 누가에게 성령은 말씀을 통해서도 주어진다. 사도행전 10:44에 보면 베드로가 가이사랴의 고넬료 집에서 이방인들을 상대로 전도 설교를 하고 있을 때, 그 말씀을 듣던 모든 사람들에게 성령이 주어진다. "베드로가 이렇게 말하고 있을 때 그 말을 듣고 있던 모든 사람들에게 성령이 임하셨습니다." 사도행전 11:15에서는 같은 장면에 대한 반복적인 설명으로 베드로 자신이 "내가 말을 시작하자 성령이 처음에 우리에게 임하셨던 것같이 그들에게 임하셨습니다."라고 증언하고 있다. 사도행전 13:48, 52에 보면 바울이 비시디아 안디옥에 가서 이방 사람들을 상대로 말씀을 전할 때, 그 말씀을 들은 사람들에게 성령이 충만해졌다는 기록이 나온다. "이방 사람들은 이 말을 듣고 기쁨이 넘쳐 주의 말씀을 찬양하고 영원한 생명을 얻게 된 사람은 누구나 다 믿었습니다. …신도들은 더욱더 기쁨과 성령이 충만했습니다."

이처럼 누가에 의하면 성령은 말씀을 통해서도 주어진다. 누가는 선포되는 말씀을 들을 때 성령이 주어지는 것으로 언급하고 있다.

(4) 기도할 때 성령이 주어진다

기도가 성령을 받는 중요한 수단이라는 사실은 누가에게 보다 더 분명히 드러나고 있다. 우선 누가복음 3:22에서 "예수께서 세례 받고 물에서 올라와 기도할 때 성령을 받았다." 그리고 누가복음 11:13에서 예수 자신이 "구하는 자에게 성령을 주시지 않겠느냐?"고 말씀하심으로써 간구하는 기도를 통해서 성령이 주어짐을 강하게 암시하고 있다. 사도행전 1:14와 2:4에서는 제자들이 다락방에 모여 기도할 때 성령 충만을 받은 것으로 기록되어 있다. 사도행전 4:31의 경우에도 "그들이 기도를 마치자 모여 있던 자리가 흔들리고 사람들이 모두 성령으로 충만하게 되고 하나님의 말씀을 담대히 말하게 되었습니다."라고 기록되어 있다. 사도행전 8:15에서는 "그들이 모두 성령을 받게 해 달라고 기도했습니다."라는 말을 통해서 성령을 받기 위해서는 기도가 필요함을, 즉 기도가 성령을 받기 위한 중요한 수단임을 드러내고 있다.

분명히 누가에게 기도는 성령을 받는 수단이요 계기이다! 이것은 예수의 경우도 그렇고, 초대교회의 경우도 그렇다. 기도할 때 성령이 주어진다는 것을 밝히고 있는 성경 구절이 누가에게만 나타나고 있다는 점에서 기도와 성령의 밀접한 연결은 누가의 독특한 관심사요 강조점이라고 볼 수 있다. 누가의 경우 성령을 받는 것이 세례 받을 때, 안수를 받을 때, 말씀을 들을 때, 기도할 때 등등 모두 교회 생활 혹은 교회의 예식과 관련되고 있다는 사실에 주목할 필요가 있다. 즉 성령은 교회의 세례 예식을 통해서 주어지며, 교회 지도자의 안수에 의해서 주어지고, 교회에서 말씀이 선포되는 것을 들을 때 주어지며, 함께 모여서 기도할 때 주어진다. 특히 요한복음 20:22에서 예수의 부활과 동시에 제자들에게 성령이 주어지고, 고린도전서 12:11에서는 성령이 그가 원하는 대로 각 사람에게 주어진다는 언급을 고려할 때, 본래 역사적으로 성령이 세례나 안수 등의 교회 예식과 연관되어 있지 않았다는 점을 알 수 있으며, 따라서 성령의 은사를 교회 예식과 밀접히 연관시킨 것이 바로 누가의 특별한 관심사임을 알게 된다. 이런 점에서 우리는 누가의 성령 이해가 상당히 교회중심적임을 알 수 있다.

또 성령이 누가에게 교회의 선교 활동을 위해서 주어지고 있다는 점도 마찬가지다. 그래서 누가의 성령 이해는 다분히 선교 중심적이라고 말할 수도 있다. 성령은 누가에게 '선교의 성령'이며 '선교의 능력'이기 때문이다. 이처럼 누가의 성령 이해에서는 교회 생활이 중요시되고 있으며, 선교가 중요시되고 있다. 성령의 이해가 그만큼 교회 중심적이요, 선교 중심적이라는 말이다. 따라서 만일 우리가 "교회 밖에는 구원이 없다."는 그 유명한 말을 누가의 성령 이해와 관련시켜 바꾸어 말한다면 아마도 "교회 밖에는 성령이 없다." 또는 "성령이 없이는 교회도 없다."거나 "성령이 없이는 선교도 없다."는 말로 표현할 수 있을 것이다.

2부 사도행전 해석

1 사도행전의 서막: 예수의 부활과 승천(1:1~11)

1) 누가 문서에만 나타나는 '예수의 승천'

누가 문서의 제2권인 사도행전은 제1권인 누가복음이 끝난 바로 그 지점에서 다시 시작되고 있다. 누가복음은 부활하신 예수께서 제자들에게 나타나 그들을 향해 "그의 이름으로 죄 사함을 받게 하는 회개가 예루살렘에서 시작되어 모든 민족에게 전파될 것이다. 너희는 이 모든 일의 증인이다. 보라, 나는 내 아버지께서 약속하신 것을 보낸다. 그러므로 너희는 위에서 오는 능력을 입게 될 때까지 이 성에 머물러 있으라."(눅 24:47~49)는 마지막 명령을 하시고는 제자들을 축복하시면서 "하늘로 들려 올라가시는 것"(눅 24:50~53)으로, 즉 예수의 승천으로 끝나고 있다. 그런데 사도행전은 부활하신 예수께서 제자들에게 나타나 40일 동안 하나님 나라에 대한 일들을 말씀하시고는 "너희는 예루살렘을 떠나지 말고 내게서 들은 대로 아버지의 약속을 기다리라. …다만 성령이 너희에게 임하시면 너희는 권능을 받고 예루살렘과 온 유대와 사마리아와 땅 끝까지 이르러 내 증인이 될 것이라."는 마지막 말씀을 남기시고는 제자들이 보는 가운데서 "하늘로 올라가시는 것"(행 1:3~9)으로부터, 즉 예수의 승천으로부터 시작하고 있다. 누가복음의 결론이 사도행전의 서론이 되고 있다. 언제나 끝은 새로운 시작에 지나지 않을 뿐이

---

1) Sharon H. Ringe, *Luke*(Westminster John Knox Press, 1995), p. 290: "In the Syntax of God, To make an end is to make a beginning."

다.[1] 누가는 제1권 누가복음이 끝난 바로 그 지점에서 제2권 사도행전을 다시 시작하고 있다. 예수의 사역이 끝나면서, 그의 제자들의 사역이 시작되고 있는 것이다.

제1권의 끝과 제2권의 시작, 곧 누가복음의 결론과 사도행전의 서론을 연결하기 위해서, 즉 예수의 사역과 그의 제자들의 사역을 연결시키기 위해서 누가는 누가복음의 끝 부분과 사도행전의 시작 부분을 거의 같은 내용으로, 그리고 거의 같은 단어와 같은 문구를 반복하고 있다. 그래서 두 부분에서 비슷한 점이 눈에 띄고 있다. 먼저, 두 곳의 무대가 각각 예루살렘이다. 누가복음 24장 마지막 부분에서 예수가 제자들에게 나타나 그들에게 마지막 명령을 주신 곳과 그 직후에 승천하신 곳이 모두 예루살렘 혹은 예루살렘 근처 베다니이다(눅 24:33, 50~53). 그런데 사도행전에서 예수가 제자들에게 나타나 그들에게 말씀하시고 그 직후에 승천하신 곳이 또한 예루살렘 혹은 예루살렘 근처 감람산이다(행 1:12). 이렇게 "예루살렘"이란 단어가 누가복음 끝 부분에서 두 번(눅 24:47, 52), 사도행전 시작 부분에서 두 번(행 1:4, 8)씩 반복되고 있다.[2]

둘째로, 누가복음 24:49에서 부활하신 예수는 제자들에게 "이 성에 머물러 있으라."고 곧 예루살렘을 떠나지 말라고 명령하셨는데, 사도행전 1:4에서도 부활하신 예수는 제자들에게 "너희는 예루살렘을 떠나지 말라."고 명령하신다.

셋째로, 누가복음 마지막 부분에서 부활하신 예수는 승천하기에 앞서서 제자들에게 "그의 이름으로 죄 사함을 받게 하는 회개가 예루살렘에서 시작되어 모든 민족에게 전파될 것임"을, 그리고 제자들이 바로 "이 모든 일의 증인"(눅 24:48)이 될 것임을 말씀하셨는데, 사도행전의 서두 부분에서도 예수

---

2) 예루살렘은 누가 문서의 신학적 지리학에서 아주 중요한 역할을 하고 있다. 그래서 John Drury는 "예루살렘은 누가의 두 문서 전체의 움직임과 행동을 결정짓는 지리적 자석이다."라고 말했고(*Tradition and Design in Luke's Gospel*, Atlanta: John Knox Press, 1976, p. 52), M. D. Goulder는 "예루살렘은 누가의 신학적 우주의 중심이다."라고 말했다(*Type and History in Acts*, London: SPCK, 1964, p. 69).

는 제자들에게 "성령이 너희에게 임하시면 너희는 권능을 받고 예루살렘과 온 유대와 사마리아와 땅 끝까지 이르러 내 증인이 될 것"(행 1:8)임을 말씀하신다.

넷째로, "아버지의 약속"(눅 24:49; 행 1:4)인 성령이 위로부터 주어질 것이 약속되고 있다. 사도행전 1:5에서 "성령을 받게 될 것"이라고, 그리고 사도행전 1:8에서 "성령이 임하시면"이라고 성령이 약속되었는데, 누가복음 24장에서는 비록 "성령"이란 단어는 나오지 않지만, 대신에 "위에서 오는 능력"(눅 24:49)을 입게 될 것이 약속되고 있다. 이 능력은 성령을 가리키는 것 이외에 다름이 아니다(cf. 눅 4:14, "the power of the Spirit"). 바로 이 성령의 능력으로 제자들은 "증인"(눅 24:48)이 되어 "모든 민족에게", "땅 끝까지"(행 1:8) 복음을 전파하게 될 것이다.

마지막으로, 누가복음의 결론 부분과 사도행전의 서론 부분에서는 각각 예수의 '승천'이 강조되고 있다. 이 점과 관련해서 우리는 신약성서 저자들 중 예수의 승천에 대해 말하고 있는 이가 오직 누가뿐이라는 사실에 주목할 필요가 있다. 다른 복음 전승들은 대체로 예수의 부활과 부활 현현(the resurrection appearances) 이야기로 끝난다. 그러나 누가만은 예수의 부활 현현에 이어 그의 승천(ascension or assumption)[3]을 증거하고 있다. 누가는 누가복음 결론 부분에서 다음과 같은 말로 예수의 승천을 언급하고 있다. "그들을 축복하시면서 예수께서는 그들에게서 떠나 하늘로 들려 올라가셨습니다"(눅 24:51). 그런데 누가는 사도행전 서두에서 다시금 부활하신 예수가 "(제자들이) 보는 가운데서 하늘로 올라가시니…예수께서 올라가실 때에"(행 1:9~10), "하늘로 올라가신 이 예수"(행 1:11)라고 예수의 승천을 거듭 강조하고 있다.[4] 그렇다고 예수의 '승천'에 대한 누가의 언급이 오직 예수의 부활 현현

3) 마치 예수의 부활과 관련하여 'resurrected'와 'being raised up'이 같은 의미로 사용되는 것과 마찬가지로 ascention(going up)과 assumption(being taken up)이 같은 의미로 사용되고 있다.

4) 예수의 '승천'에 대한 누가의 강조가 기독교 신학에 얼마나 크게 공헌했는가 하는 점은 모든 교회가 대표적인 신앙고백으로 채택하고 있는 〈사도신경〉에서 "하늘에 오르시어"란 고백문이 들어가게 된 점에서 잘 확인할 수 있다. 그 문구는 전적으로 누가가 누가복음과 사도행전에서 예수의 승천에 관해 증거한 본문이라 첨가된 것으로 생각되기 때문이다.

문맥에서만 나타나는 것은 아니다. 누가복음의 특수 자료라고 할 수 있는 여행 부분의 첫머리에서 누가는 이미 "예수께서 하늘로 올라가실 때가 가까웠기"(눅 9:51) 때문에 부활과 승천의 장소인 예루살렘을 향해 여행을 떠나시는 것으로 언급한 바 있다. 따라서 예수의 예루살렘 여행 자체가 누가복음에서는 마치 그가 하늘로 들려 올라가기 위한 승리적 과정의 시작인 것처럼 기록되어 있다.[5]

누가복음의 결론 부분과 사도행전의 서론 부분 간에는 이처럼 유사점만 있는 것은 아니다. 다음과 같은 몇 가지 차이점도 나타난다. 첫 번째 차이는 예수께서 승천하신 '장소'와 관련된 차이이다. 누가복음 24:50에 의하면, 부활하신 예수는 "베다니 근처"에서 제자들을 떠나 하늘로 들려 올라가셨다. 그런데 사도행전 1:12에서는 부활하신 예수가 "감람산"에서 승천하신 것으로 언급되어 있다. 그러나 사실 이것은 그렇게 중요한 차이는 아닌 것으로 보인다. 왜냐하면 베다니가 예루살렘에서 약 3km 떨어진 감람산 기슭에 위치하고 있기 때문이다. 따라서 승천 장소와 관련된 유일한 차이는 누가복음에서 예수의 승천이 예루살렘으로부터 3km 정도 떨어진 곳에서 일어났는데, 사도행전에서는 예수의 승천이 예루살렘으로부터 "안식일에도 걸을 수 있는 거리"(행 1:12)일 정도로 가까운 감람산에서 일어났다는 점일 것이다. 그러나 실상 두 곳 모두 예루살렘 근처라는 점에서는 큰 차이가 없다. 따라서 "여기에 지리적인 모순은 없고 다만 강조점에 변화만 있을 뿐이다. 왜냐하면 분명히 산이 승천을 묘사하기 위한 더 나은 장소이기 때문이다."[6]라고 이해하는 편이 더 옳은 것으로 생각된다.

그러나 보다 큰 차이, 더 중요한 차이로 보이는 두 번째 차이점은 부활하신 예수가 승천한 '시기'에 관한 것이다. 누가복음에 따르면 예수는 무덤에서 부활하신 바로 그날에[7] 제자들을 떠나 하늘로 승천하신 것으로 기록되어

---

5) 이런 점 때문에 H. Flender는 예수가 예루살렘에 입성하여 예루살렘 성전을 점거한 것이 일종의 "하늘 보좌로의 등극"(his enthronement in heaven)이라고 말한다. Cf. *St. Luke: Theologian of Redemptive History*(Philadelphia: Fortress Press, 1967, p. 93).

6) R. F. Zehnle, *Peter's Pentecost Discourse*, p. 100.

7) Cf. "in the same day", 눅 24:13; "at the same hour", 눅 24:33.

있다. 그러나 사도행전에 의하면 예수는 부활하신 후 제자들에게 나타나셔서 "사실 일 동안"(행 1:3) 제자들과 함께 계시다가 승천하신 것으로 기록되어 있다.[8] 그러나 예수의 승천을 전하는 누가복음 24:51에서 어떤 사본들에는, "그리고 그가 하늘로 들려 올라가셨다."(and was carried up into heaven)라는 문구가 나오지 않는데,[9] 만약 그런 사본들의 본문이 누가의 원래 본문이라면, 누가복음 24:51은 예수의 '승천'을 가리키는 것이 아니라 예수가 그의 제자들에게서 잠정적으로 떠나는 것을 가리키는 것이고, 그럴 경우 사도행전 1:9~12의 본문은 그 이후 사십 일이 지난 다음에 드디어 예수가 승천하신 것을 전하는 것으로 생각함으로써 '시기'에 관한 차이를 해결할 수도 있다.[10]

그러나 이에 대하여 곤잘레즈(Justo L. Gonzalez)는 "사실은 누가복음이 실제로 예수의 부활 직후에 승천이 일어났다고 말하고 있지 않기 때문에 이 차이는 보기처럼 그렇게 큰 차이가 아니다."라고 말하기도 한다.[11] '사십'이란 숫자가 성경에서 상징적으로 중요한 숫자란 사실을 염두에 둘 때, 어쩌면 누가가 사도행전을 시작하면서, 즉 예수의 뒤를 이어 제자들의 행적을 기록하기 시작하면서, 부활하신 예수가 자신의 사역을 이어갈 제자들에게 그들이 해야 할 일에 대해 설명하고 가르칠 충분한 시간이 좀 더 필요하다고 느꼈을지도 모른다. 마치 예수가 누가복음에서 공생애 활동에 나서기 전에 성령의 인도로 광야에서 "사십 일 동안" 사탄에게 시험을 받으며 공생애 활동을 준비했던 것처럼, 제자들에게도 그만한 기간의 준비가 필요하다고 생각했을 수도 있다. 사도행전 1:3에서 부활하신 예수가 "그들에게 몸소 자기를 보여 자기가 살아 계시다는 여러 가지 확실한 증거를 주시고 또 사십 일 동안 그들에게 나타나셔서 하나님 나라에 대한 일들을 말씀하셨다."고 말한 데서도

---

8) 사도행전 13:31에서도 "예수는 여러 날 동안 나타내 보이셨다."고 말함으로써 부활현현과 승천 사이에 "여러 날들" 혹은 "사십 일"이 있었음을 암시하고 있다.

9) 예를 들어 시내 산 사본, 그리고 D사본과 Sinaitic Syriac versions들, 그래서 영어 RSV에서도 그 문구를 난외주로 표시하고 있다.

10) 본문비평(textual criticism)에서는 일반적으로 "the shorter text is preferred"란 원칙을 중요시하고 있다.

11) Justo L. Gonzalez, *Acts: the Gospel of the Holy Spirit*, p. 24.

그 점을 알 수 있다.

오히려 우리는 누가복음 24장과 사도행전 1장에 나오는 예수의 승천에 관한 기록의 차이를 다음과 같은 크로델(G. Krodel)의 말을 따라 이해하는 편이 좋을 것이다. "그(누가)는 정확히 똑같은 것을 만들어내는 사진작가와 같은 사람이 아니라, 그림을 통해 메시지에 대한 응답을 이끌어내려고 하는 화가와 같은 사람이다. 이 경우 모순점들은 오히려 저자의 의도를 알아낼 수 있는 열쇠가 된다."[12] 그렇다면 누가가, 아니 오직 누가만이 그의 복음서 마지막과 사도행전 서두에서 각각 예수의 승천을 반복해서 강조하고 있는 의도는 무엇일까? 우리는 이 질문의 대답을 통해서 누가의 독특한 신학적 관심과 강조점을 발견하게 된다. 즉 누가는 그의 복음서에서 예수의 생애를 다루면서 그의 생애가 십자가의 죽음으로 끝나는 것이 아니라, 부활과 승천으로 끝나고 있음을 증거하고 있다. 예수의 승천은 예수가 십자가에 달려 죽으신 분이 아니라 부활을 통해 영광을 받고 높이 들려 올리우신 분(glorification and exaltation)임을 뜻한다.

누가의 승천에 관한 이야기와 함께 우리가 주목해야 할 본문은 예수가 하나님 우편에 앉아 계신 분임을 강조하는 본문들이다.

누가복음 22:69, "그러나 이제부터 인자가 전능하신 하나님의 오른편에 앉게 될 것이다."

사도행전 2:33, "그가 하나님의 오른손으로 높이 올리우심을 받고…."

사도행전 2:34~35, "다윗은 하늘로 올라가지 못했으나…너는 내 오른편에 앉아 있으라."

사도행전 5:31, "그를 지도자와 구주로 세워 자기 오른편에 높이 올리셨소."

사도행전 7:55, "예수께서 하나님의 오른편에 서 계심…오른편에 인자가…."

사도행전에 의하면, 부활하여 승천하신 예수는 이제 더 이상 '땅 위에' 계

12) G. Krodel, *Acts: Proclamation Commentaries*(Philadelphia: Fortress Press, 1981), p. 15.

신 분이 아니라 '하늘에,' 그것도 '하나님의 오른편에' 계신 분이다. 사도행전의 예수는 일관성 있게 '높이 들려 올리우신 분'(the exalted one)으로 묘사되고 있다.

이것과 관련하여 바울이 그의 서신들에서는 "십자가 이외엔 자랑할 것이 없다."고 '오직 십자가'를 강조한 반면, 사도행전에서는 "예수와 부활"(행 17:18)을 전하는 것으로, 즉 누가복음과 사도행전에서는 십자가보다 부활이 더 강조되고 있는 점에 주목할 필요가 있다. 사도행전에서 사도들은 예수의 증인들인데, 그들은 특히 "부활의 증인"으로 강조되고 있다(눅 24:48; 행 1:22, 4:33, 10:41~42). 누가복음 24:45~46에 의하면 부활하신 예수께서 제자들에게 나타나 "그들의 마음을 열어 성경을 깨닫게 하시고 또 이르시되 이같이 그리스도가 고난을 받고 제 삼 일에 죽은 자 가운데서 살아날 것"을 말씀하셨는데, 여기서도 "십자가"라는 말 대신에 다만 "고난"만을 언급하고 있을 뿐이고, 도리어 강조점은 "제 삼 일에 죽은 자 가운데서 살아나실 것" 곧 부활에 있음을 알 수 있다. 이 점은 사도행전에 등장하는 베드로와 바울의 설교문들에서 "여러분이 십자가에 못 박은 예수를 하나님께서 다시 살리셨다."는 메시지가 일관성 있게 반복되고 있는 점에서도 잘 확인할 수 있다(행 2:23~24, 3:15, 4:10, 5:30, 10:30~40, 13:29~30, 17:31 등등).

특히 바울이 선교 파송을 받은 직후 비시디아 안디옥에서 "이스라엘 사람들과 하나님을 두려워하는 사람들" 곧 "이방인들" 앞에서 행한 설교(행 13:16)를 보면, 예수의 시체가 십자가에서 내려져 무덤에 두었다고 말할 때에도 "십자가"란 말 대신에 그냥 "나무"란 말을 사용하여 예수의 시체를 "나무에서 내려다가 무덤에 두었다."(행 13:29)고 말하면서 도리어 하나님께서 예수를 죽은 자들 가운데서 "다시 살리셨다"는 점만을 거듭 강조하고 있다(행 13:30, 33, 34, 37). "십자가"보다는 "부활"에 더 강조점이 있다는 사실을 알 수 있는 대목이다. 사도행전에서 누가가 증거하고 있는 예수는 "부활하신 분"이고, 이어서 "높이 들려 올리우신 분 곧 승천하신 분"일 뿐이다.

바로 이런 누가의 신학적 관심이 예수의 십자가 죽음을 강조하는 서방교회의 신학과 달리 예수의 부활과 승천을 강조하는 동방교회 신학의 기초가 되었던 것으로 보인다. 잘 알려진 바와 같이, 서방 기독교는 예수의 십자가 고난과 죽음을 강조하는 경향을 갖는 데 비해서, 동방 기독교는 예수의 부활과 승천을 강조하는 경향을 보인다. 그래서 서방 기독교 전통에 속한 교회당 건물에서는 가시관을 쓰고 십자가에 달린 예수의 상이 많이 보인다면, 동방 기독교 전통에 속한 교회당 건물에서는 오히려 무덤을 깨고 부활하시는 예수, 혹은 구름 가운데 승천하시는 예수의 상이 많이 강조되고 있다. 서방교회의 신학이 십자가 죽음을 강조함으로써 좀 패배적인 경향을 보인다면, 동방교회의 신학이 부활과 승천을 강조함으로써 보다 더 승리적인 측면을 부각하고 있는 이유도 바로 거기에 있다. 그런데 신약 문서들 중에서 바울의 문서들이 서방 기독교의 신학을 뒷받침해 주고 있다면, 누가의 문서인 누가복음과 사도행전은 분명히 동방 기독교의 신학을 뒷받침해 주고 있다고 말할 수 있다. 이런 관점에서 본다면 누가의 '부활 신학' 혹은 '승천 신학'은 '승리의 신학'이라고 말할 수 있을 것이다.

2) "흰옷을 입은 두 사람"(1:10)의 메시지

사도행전 1장에 나오는 예수의 승천 이야기에서 우리가 주목해야 할 또 다른 점은 예수께서 승천하실 때 "흰옷을 입은 두 사람"이 "하늘을 쳐다보고 있는" 제자들을 향해서 "갈릴리 사람들아 어찌하여 서서 하늘을 쳐다보느냐? 너희 가운데서 하늘로 올리우신 이 예수는 하늘로 가심을 본 그대로 오시리라"(1:11)고 말한 점이다. 예수의 승천 장면에 등장하는 "흰옷을 입은 두 사람"(1:10)은 예수의 부활 현장에 등장하는 "빛나는 옷을 입은 두 사람"(눅 24:4~5)을 상기시킨다. 이 두 경우 모두에서 "두 사람"이 하는 일은 제자들의 관심을 다른 방향으로 돌리는 일이다. 전자의 경우에는 그들이 여인들에게 더 이상 빈 무덤을 들여다보지 말라고 말한 것이고, 후자의 경우에는 제자들에게 더 이상 하늘을 쳐다보지 말라고, 예수가 다시 이 땅으로 오실 것이라고 말한 것이다.

부활하신 예수는 누가복음 24장에서 제자들에게 "위에서 오는 능력을 입게 될 때까지 예루살렘에 머물러 있으라."고 명령했다(눅 24:49). 부활하신 예수는 사도행전 1장에서도 제자들에게 "너희는 예루살렘을 떠나지 말고…아버지의 약속을 기다리라."고 명령했다(행 1:4). 그들이 성령의 능력을 받아야 할 곳은 예루살렘이었다. 그런데 예수께서 승천하실 때 그들은 서서 예수가 들려 올라가는 하늘만을 쳐다보고 있었다. 그때 "흰옷을 입은 두 사람"에게 필요했던 일이 바로 제자들에게 그것이 그들의 할 일이 아니라고 일러주는 것이었다. 비록 예수가 지금 하늘로 올라가지만, 그는 하늘로부터 다시 이 땅으로 오실 분이다. 그러나 그가 다시 오시기까지 제자들로서는 할 일이 있었다. 그것은 제자들이 지금처럼 하늘을 쳐다보는 일이 아니라, 예루살렘으로 돌아가서 거기서 하나님의 약속인 성령의 능력을 받는 일이다. 그리고 그 능력을 받아 부활하신 예수께서 명하신 대로 "예루살렘과 온 유대와 사마리아와 땅 끝까지 이르러 증인이 되는 것"이다.

"흰옷 입은 두 사람"이 제자들에게 약속한 것은 그들도 하늘로 들려 올라갈 것이라는 말이 아니었다. 도리어 두 사람은 제자들에게 예수가 다시 오실 것이라는 점을 상기시켜 주고 있다. 만약 제자들도 하늘로 들려 올라갈 것이라면 그들은 예루살렘에 대해 잊어버릴 수도 있다. 그리고 사도행전에서 언급된 다른 지명들도 잊어버릴 수 있다. 그러나 두 사람의 약속은 예수가 이 땅으로 다시 돌아오실 것이라는 말이었고, 따라서 그동안 제자들은 이 땅의 형편과 도전의 한복판에서 순종해야만 한다는 말이었다.

"흰옷을 입은 두 사람"의 이 말은 오늘 이 시대를 살아가는 우리 기독교인들에게도 아주 중요한 말씀이 아닐 수 없다. 왜냐하면 우리 기독교인들은 자주 시선을 하늘로만 향한 채 우리가 이 땅에 살고 있다는 사실, 또 이 땅에서 우리가 이루어야 할 미션이 있다는 사실을 너무나도 쉽게 잊어버리기 때문이다. 오늘날 우리가 복음을 설교하고 또 복음이 선포되는 것을 듣지만, 부활하신 예수께서 "사십 일 동안" 제자들에게 나타나서 말씀하시며 가르치셨던 '하나님 나라에 대한 일들' 은 다만 '하늘에 대한 것' 만이 아니다. 하늘을 쳐다보는 것으로 끝나는 것도 아니다. 그리 생각하는 것은 '하나님의 나라' 곧 '하나님의 통치' 가 저 높은 곳 하늘에만 관계되는 것으로 생각해 버리는 것이며, 결국 하나님 나라의 범위를 아주 좁게 해석하는 결과이기도 할 것이다. "흰옷을 입은 두 사람"은 하늘을 쳐다보고 있는 제자들의 관심을 나중에 예수께서 다시 오실 이 땅으로 돌리고 있다. 그리고 예수께서 다시 오실 그때까지 이 땅에서 해야 할 일, 곧 "예루살렘과 온 유대와 사마리아와 땅 끝까지 이르러 증인이 되는 일"로 시선을 돌리게 하고 있는 것이다. 사도행전에서 사도들이 "땅 끝까지" 복음의 증인이 될 수 있었던 것도 "흰옷 입은 두 사람"의 명령에 따라서 시선을 하늘로부터 땅으로 돌렸기 때문이다. 복음의 증인들이 쳐다보고 바라보아야 할 곳은 예수께서 승천하여 올라가신 "하늘"이 아니고 하늘로 올라가신 그 예수께서 다시 오실 이 "땅", 그것도 "땅 끝까지"라는 사실을 잊지 말아야 할 것이다.

2 오순절 성령 강림과 베드로의 설교(2:1~36)

사도행전에서 오순절 사건은 아주 중요하다. 많은 학자들이 "예수에게 요단 강이 있었다면, 제자들에게는 오순절이 있었다."(What Jordan was to Jesus, Pentecost was to the disciples)[13]고 말하고 있다. 예수가 요단 강에서 성령으로 세례를 받음으로써 새로운 시대를 시작했고, 그의 제자들은 오순절에 성령의 세례를 받음으로써 예수의 뒤를 따라 또 다른 새 시대를 시작하였다. 누가 문서의 제1권인 누가복음이 예수가 요단 강에서 세례를 받고 성령을 받는 것으로 시작하고 있는데, 제2권인 사도행전도 그의 제자들이 오순절에 성령을 받는 것으로 시작하고 있는 것이다. 예수 시대와 교회 시대가 누가에게는 똑같은 방법으로, 즉 성령을 받는 이야기로부터 시작되고 있는 셈이다. 던(James D. G. Dunn)은 사도행전이 오순절의 성령 강림 사건 이야기로 시작되는 것과 관련하여 다음과 같이 말한다. 사도행전은 "성령으로 시작하고 있다. 성령이 없이는 말해 줄 이야기가 없을 것이기 때문이다. 성령이 없이는 교회가 없을 것이고, 따라야 할 도(道)가 없다. 성령이 없이는 예루살렘에서나 다른 어느 곳에서도 아무런 증언도 하지 못할 것이다."[14]

오순절은 유대인들에게 잘 알려진 절기이다. 본래 오순절은 예루살렘이 멸망하기 이전까지 유대인들이 성전에 첫 열매를 갖다 바치는 절기였다. 그런데 성전이 멸망한 이후 성전이 없어지면서 오순절은 하나님과 맺었던 계

---

13) James D. G. Dunn, *Baptism in the Holy Spirit*(London: SCM Press, 1979), p. 40.
14) James D. G. Dunn, *The Acts of the Apostles*(Pennsylvania: Trinity Press International, 1996), p. 22.

약을 갱신하는 절기로 생각되기 시작했고, 그래서 자연히 시내 산에서 맨 처음 하나님과 맺었던 계약과 거기서 하나님의 율법을 받은 것을 기념하는 절기로 지켜지기 시작했다. 그래서 칠칠절에는 출애굽기 19장을 읽는 전통이 생겨나기도 했다.[15] 그런데 사도행전 2장에 나오는 오순절 사건에 대한 누가의 기록 가운데 시내 산 장면을 상기시키는 듯한 내용이 나타난다는 점이 지적되어 왔다. 예를 들어, 누가는 오순절 사건을 기록하면서 "세찬 바람이 부는 것 같은 소리" 등의 문구를 사용함으로써 오순절 사건과 시내 산 사건 간의 유사성(parallelism)을 드러내고 있는데, 이것은 결국 누가가 기독교의 첫 번째 오순절이, 과거 유대인들이 구약 시대의 오순절 때에 축하하며 기억하던 시내 산 하나님의 현현(theophany) 사건 곧 하나님이 시내 산에서 모세에게 나타나 율법을 주신 사건의 재현이라는 점을 암시하려는 의도라고 생각되기도 한다.[16] 그래서 사도행전의 오순절을 가리켜 "새 시내 산"(un nouveau Sinai, a new Sinai)이라고 말하기도 한다. 녹스(John Knox)와 같은 학자는 "경건한 개종자들은 성령을 보내 주신 것을 분명히 그들 마음의 석판에 새기는 새로운 토라를 주신 것으로 보고 있다."고 말하고,[17] 듀퐁과 람페(Dupont and Lampe)는 "성령의 선물이 율법을 대치하는 것"(the gift of the Spirit as a superior substitution for the Law)이라고 말하기도 한다.[18] 따라서 우리는 다음과 같이 결론을 내릴 수 있다. "누가는 우리들에게 마치 하나님이 오순절 날 시내 산에서 모세에게 옛 법을 주신 것처럼, 다시 오순절에 성령의 새 법을 주셨다고 말해 주려고 했다."

그런데 유대교 전승 가운데에는 하나님이 시내 산에서 율법을 주실 때, 하나님의 말씀이 모든 나라들의 70개 언어로 드러났다는 전승이 있다. 아마도 이런 전승의 영향 때문인지, 누가는 예루살렘 오순절에 천하 각국으로부터

15) James D. G. Dunn, *Baptism in the Holy Spirit*, p. 48.
16) Jacques Dupont, "The First Christian Pentecost", in: *The Salvation of the Gentiles*(New York: Paulist Press, 1979), p. 40.
17) John Knox, Acts, p. 86. Cf. James D. G. Dunn, *Baptism in the Holy Spirit*, p. 49.
18) Robert P. Menzies, *The Development of Early Christian Pneumatology with special reference to Luke-Act*(JSNT 54, Sheffield Academic Press, 1991), p. 230. n. 3.

수많은 순례자들이 모인 이 절기가 언어 이적이 일어날 수 있는 좋은 기회라고 생각했던 것으로 보인다. 모든 사람들에게 말씀을 전할 수 있는, 말씀 안에서 서로 소통할 수 있는 좋은 기회이기 때문이다.

그래서 누가는 예루살렘의 오순절 사건을 직접 복음 전파와 관련된 언어의 기적 사건으로 소개하려고 했던 것으로 생각된다. 이미 누가는 사도행전 1:8에서 "성령이 너희에게 임하시면 너희는 권능을 받고 예루살렘과 온 유대와 사마리아와 땅 끝까지 이르러 내 증인이 되라."고 말한 바 있다. 그리고 사도행전 2:1~13에서도 언어의 문제를 여러 번 반복하고 있다. 가령 2:4에서 누가는 "모두 성령으로 충만함을 받고 성령이 시키는 내로 다른 나라 말로 말하게 되었습니다."라고, 2:6에서 "많은 사람이…각각 자기 나라 말로 사도들이 말하는 것을 듣고 얼떨떨하여 놀라고"라고, 2:8에서는 "우리 모두가 제각기 날 때부터 쓰던 나라 말을 그들로부터 듣고 있으니 어떻게 된 일이오?"라고, 그리고 2:11에서는 "사도들이 하나님의 크신 일로 우리의 모든 나라 말로 말하는 것을 들으니 어떻게 된 일이오?"라고 거듭 반복하고 있다. 따라서 누가에게 오순절 사건은 성령에 의한 '언어의 기적' 사건 이외에 다른 것이 아니었다.

1) 오순절 이적: 언어의 이적("각자 자기 나라 말로")

오순절의 이적은 한 마디로 언어의 이적이었다. 오순절이 되어 초대교회 성도들이 모두 한 곳에 모여 있을 때 하늘로부터 세찬 바람이 부는 것 같은 소리가 났고, 혀 같은 것들이 불길처럼 갈라져서 그들에게 나타났다고 했다. 성령이 그들에게 임하여 모두 성령으로 충만함을 받은 것이다. 그러고는 성령이 시키는 대로 각각 다른 나라 말로 말하게 되었다. 모여 있던 많은 사람들은 "사도들이 각각 자기 나라 말로", 즉 "모두가 제각기 날 때부터 쓰던 나라 자기 나라 말로" 말하는 것을 듣게 되었다.

세계 각국으로부터 몰려든 사람들이 사도들이 말하는 것을 듣고 이해하기 위해서는 성령이 두 가지 중 하나의 길을 택해야 했을 것이다. 하나는, 모든 사람들로 하여금 사도들이 말하는 아라멕 어를 이해하게 만드는 길이다. 다른 하나는, 비록 사도들이 아라멕 어로 말하지만 각 사람들이 "각자 자기 나라 말로" 이해하게 만드는 길이다. 그런데 본문에 의하면, 성령은 후자의 길을 택했다. 사도들이 아라멕 어로 말했지만 그 말을 들은 사람들은 모두 "각자 자기 나라 말로" 이해하게 되었다는 것이다. 기적과도 같은 일이 아닐 수 없다. 그래서 오순절 이적을 흔히 언어의 이적이라고들 말한다.

그러나 오순절에 있었던 이런 언어 이적을 바울 서신에 나오는 "방언"의 은사, 혹은 "방언"의 이적과 비슷한 것으로 생각해서는 안 된다. 물론 사도행전 2장에서 사용된 헬라어 "hetera glossa", 즉 "다른 언어" 혹은 "다른 방언"이란 용어(2:4, 11)가 고린도전서("hetera glossa", 12:10)에서도 나타나고 있기는 하지만, 전혀 같은 것을 말하는 것은 아니다. 바울이 고린도전서에서 말하는 "다른 언어", 곧 "다른 방언"은 통역자가 필요한 것이지만, 여기 오순절에서 언급되고 있는 "다른 언어"는 통역자가 없이도 "제각기 날 때부터 쓰던 나라 말"로 이해하게 된, 즉 사도들이 사용하던 아라멕 어를 모든 사람들이 각자 자기 나라 말로 이해하게 된 언어, 곧 불통의 언어를 소통의 언어로 바꾸어 놓은 언어의 이적이었다.

우리는 오순절에 있었던 이 사건을 통해서 교회 안에서 우리가 어떻게 다른 문화와 다른 언어를 이해해야 하는지에 대해 아주 중요한 교훈을 배우게 된다. 성령이 모든 듣는 사람들로 하여금 사도들이 말하는 언어를 "각각 자기 나라 말로 듣고" 이해하게 만들었다는 말의 의미가 무엇일까? 우리는 이 말을 통해서 선교에 대해 다시금 올바른 이해를 가질 수 있다. 우리는 일반적으로 선교를 통해서 교회에 찾아오는 사람들에게 그들을 교회로 초대한 사람들처럼 되기를 기대한다. 선교사의 문화와 언어를 이해하고 선교사의 생각을 따르게 되기를 바란다. 그러나 성령이 오순절에서 한 일은 그와 정반대라는 사실을 기억해야 한다. 선교는 복음을 선교지의 언어와 선교지의 문화로 이해시키는 작업이다. 피선교지의 사람들이 "각각 자기 나라 말로" 이해하게 만들어 주는 작업이라는 말이다. 다른 말로 한다면, 만일 제1세기에 팔레스타인이나 예루살렘에서 "오직 아라멕 어만 통하는" 그런 설교, 그런 선교 사업만 있었다면, 오순절의 성령은 그런 설교, 그런 선교 사업에 대해 단호히 "아니다"라고 외쳤을 것이다. 마찬가지로 오늘날에도 교회가 선교란 이름으로 모든 기독교인들이 똑같이 생각하고 똑같이 말하면서 똑같이 행동하게 만들고자 한다면, 오순절의 성령은 단호히 "아니다"라고 말할 것이다. 복음을 듣고 이해하게 만드는 최초의 통역자는 성령이다. 성령을 받았다고 자부하는 교회라면 기꺼이 그 길로 나아가야 할 것이다.

사도행전을 연구하는 학자들 중에는 오순절 사건과 바벨탑 사건을 다음과 같이 대조하여 설명하는 사람들이 있다. 바벨탑 사건이 언어를 다양화시켜서 사람들 간의 소통을 막아 놓은 사건이라면, 오순절 사건은 그와 반대로 언어를 통일시켜 사람들 간에 소통의 길을 열어 놓은 사건이라는 것이다. 물론 이런 설명이 어느 정도 사실이긴 하지만, 그러나 이 설명에는 중대한 잘못이 내포되어 있다. 그 잘못이란 다른 게 아니라, 교회 안에서 통일성 혹은 획일성을 추구하기 위해 이 이야기를 자주 이용하고 있기는 하지만, 이것은 오순절 성령이 요구하고 있는 것이 아니기 때문이다. 바벨탑 이야기에서는 인간들이 그들의 언어적인 통일성을 이용하여 자신들의 교만을 불러일으켜 하늘까지 이르는 높은 탑을 세우고자 하였다. 그래서 하나님께서는 그들의 언어를 다양화 혹은 분산시켜 소통하지 못하는 혼돈에 빠지게 하셨다. 그러나 오순절 이야기와의 대조가 그렇게 절대적인 것은 아니다. 왜냐하면 오순절 이야기에서도 언어의 다양화가 전제되어 있기 때문이다. 2:11에 보면, "사도들이 하나님의 크신 일을 우리의 모든 나라 말로 말하는 것을 듣는다."는 말이 나온다. 여기에서도 "모든 나라 말"이라는 언어의 다양화 현상이 언급되고 있는 것이다. 그런 이유 때문에 도리어 오순절 사건이 바벨탑 사건의 반대가 아니라, 오히려 "제2의 바벨탑 사건"이라는 주장도 나오고 있는 것이다. 오순절 사건과 바벨탑 사건의 진정한 차이는 오히려 다른 데서 찾아야 할 것이다. 즉 바벨탑이 인간의 교만을 나타내는 기념탑이라면, 초대교회의 오순절은 자기의 언어나 자기의 문화만을 절대적인 것으로 만들려는 사람들에게 굴욕감을 안겨 준 기념탑이라는 사실이다. 예루살렘의 사도들이라고 할지라도 자기들만이 할 수 있는 아라멕 어만을 설교와 소통의 언어로 사용하는 것에 대해서, 즉 어느 한 나라 언어만이 교회의 언어로 통용되는 것에 대해 성령이 "아니다!"라고 말한 것이기 때문이다. 성령은 아라멕 어로 말하더라도 각자가 다 자기 나라 말로 이해하게 만듦으로써 아라멕 어만의 중요성을 인정하지 않은 것이다.

[로마 가톨릭 교회는 수천 년 동안 불가타(Vulgate), 곧 라틴어를 교회의 언어로 채택하여 예배와 미사 때 사용해 왔다. 미사에 참여한 평신도들이 전혀 그 의미를 이해하지 못한 채 말이다. 그 전통이 최근에 와서 무너지기는 했지만, 그 전통을 무너뜨린 것이 바로 그 오순절의 성령이 아니었을까?]

2) 베드로의 오순절 설교

누가복음에 의하면 예수는 그의 공생애 활동을 시작할 때 가버나움 회당에서 긴 설교를 하면서 이사야서(61:1~2)를 인용하고 있다. 그런데 사도행전에 의하면, 베드로도 그의 공생애 활동을 시작하며 예루살렘 오순절에서 긴 설교를 하면서 요엘서(2:28~32[19])를 인용하고 있다. 누가복음 서두에 나오는 예수의 첫 번째 회당 설교(눅 4장)에서 인용된 이사야서의 본문이 누가복음 전체를 위해 아주 중요한 역할을 하는 것과 마찬가지로, 사도행전 서두에 나오는 베드로의 오순절 설교(행 2장)에서 인용하고 있는 요엘서의 본문도 사도행전 전체를 위해 아주 중요한 역할을 하고 있다. 누가복음에서는 이사야서로부터 인용된 본문이 예수의 전도 활동을 요약해 주고 있는데, 사도행전에서는 요엘서로부터 인용된 본문이 사도행전에서 소개되고 있는 성령의 사역을 요약해 주고 있다. 사도행전의 나머지 부분에서 소개되고 있는 내용의 거의 전부가 어느 정도는 요엘서의 인용 본문에서 이미 암시된 것들을 하나씩 전개하고 있는 것으로 보아도 좋을 것이다.

베드로의 오순절 설교는 세 부분으로 구분되는데, 그 세 부분이 모두 청중에 대한 호칭과 더불어 시작되고 있다. 첫 번째 부분은 "유대 사람과 예루살

19) 70인역(LXX)에서는 요엘 3:1~5이다.

렘에 사는 여러분"(2:14), 두 번째 부분은 "이스라엘 사람들이여"(2:22), 그리고 세 번째 부분은 "형제들이여"(2:29)라는 호칭으로 시작된다. 그리고 이 세 부분은 각각 구약성서 인용을 중심으로 전개되고 있다. 첫 번째 부분은 요엘서 3:1~5, 두 번째 부분은 시편 16:8~11, 세 번째 부분은 시편 110:1이다.

설교의 첫 번째 부분에서 오순절 방언 이적에 개입된 사람들을 가리켜 "술에 취한 것"이라고 조롱한 사람들의 주장에 대해 베드로는 때가 이른 아침이기 때문에 결코 술에 취한 것이 아니라고 설명한다. 두 번째 부분에서 베드로는 오순절에 일어난 사건에 대한 자신의 이해를 설명한다. 다른 모든 설교들에서와 마찬가지로 누가가 여기서 제시하고 있는 것은 베드로가 청중들에게 말한 내용과 또한 누가가 "데오빌로"와 그의 독자들이 이해하기를 바라는 내용을 요약하여 설명하는 것이다. 그런데 베드로는 지금 오순절에 일어나고 있는 일들이 요엘 선지자의 예언이 이루어지는 것이라고 설명해 준다. 그런데 요엘의 예언은 "마지막 날"[20], 즉 하나님 나라의 도래를 가리키고 있다고 말한다. 이것은 베드로의 설교를 이해하기 위해서만이 아니라 사도행전 전체를 이해하기 위해서 아주 중요한 의미를 갖는다. 오순절에 일어난 일은 하나님 나라가 가까이 왔음을 가리킨다. 비록 우리는 "마지막 날"이 얼마나 오래 계속될는지 알지 못하지만(예수께선 이미 1:7에서 "그 때와 기간은 너희의 알 바가 아니라"고 말씀하셨다.), 그러나 분명히 우리는 "마지막 날"에 살고 있다. 사실상 예수의 죽음과 부활과 더불어, 그리고 성령의 은사가 주어짐과 더불어 하나님 나라는 이미 시작되었다. 지금 아직 이루어지지 않은 것은 단지 "마지막 날"이 마지막으로 끝나는 마지막 성취일 뿐이다.

그런데 베드로가 인용한 요엘서의 본문에 의하면 이런 "마지막 날"에 성령이 오셔서 하시는 일은 한편으로 "평등화" 혹은 "동등화"(2:17~18) 작업이고, 다른 한편으로는 "재난"(2:19~20)이다. 첫째로 성령이 하시는 평등화 혹은 동등화 작업은 2:18에서 "마지막 날에 나는 내 영을 모든 사람에게 부어 주겠

20) 구약성경 본문에는 "마지막 날에"란 말이 없다. 다만 "그 후에"란 문구만 있을 뿐이다. 따라서 "마지막 날에"란 말은 누가가 베드로의 설교를 "마지막 날" 곧 종말에 관한 설교로 제시하기 위해 첨가 삽입한 문구라고 생각된다.

다."는 말에서 분명히 드러나고 있다. "어느 특정한 사람에게"만 아니라(예를 들어, 예언자들이나 제사장들에게만 아니라) "모든 사람에게" 성령이 부어질 것인데, "그 모든 사람들"에는 "아들과 딸들", "젊은이들과 늙은이들", "남종과 여종"이 똑같이 포함될 것이다. 남녀노소의 차별이 없다는 말이다. 둘째로, 마지막 날에 있을 "재난"을 선포하는데 곧 "주의 크고 영화로운 날이 이르기 전"(2:20), 마지막 날에 "위로 하늘에서는 기사, 아래로 땅에서는 징조"(2:19)가 보일 것이며 "해가 변하여 어둠이 되고 달이 변하여 피가 되는" 재난이 있을 것이라는 선포이다. 예언 전승 전반에 걸쳐 그 "마지막 날"은 위험과 공포를 유발하며, 따라서 마지막 희망과 권면의 말로 이어진다. 즉 "그러나 주의 이름을 부르는 사람은 구원을 받을 것이라."는 말씀이다.

그런데 우리는 누가가 누가 문서의 제1권인 누가복음 서두에서 마리아에게 성령으로 잉태되어 태어날 예수에 대해서 "주께서 그의 팔로 권능을 행하시고 마음이 교만한 사람들을 흩으셨으니 제왕들의 권력을 낮추시고 낮은 사람들을 높이시고 주린 사람들을 좋은 것으로 배부르게 하시고 부한 사람들을 빈손으로 떠나 보내셨도다."(눅 1:51~53)라고 노래한 것을 소개하고 있는 점에 주목할 필요가 있다. 누가 문서 제1권인 누가복음 서두에서 누가는 이제 태어날 예수가 하실 "평등화" 혹은 "동등화" 작업에 대해 이미 언급한 바 있다. 높은 사람을 낮추고 낮은 사람을 높이며, 주린 사람을 배부르게 하고 부한 사람을 빈손으로 떠나보내는 일을 통해서 모든 사람이 주 앞에서 동등하고 평등하게 될 것임을 이미 언급했다. 그런데 이제 다시 누가는 누가 문서의 제2권인 사도행전 서두에서 마리아의 노래에서 언급되었던 평등화와 동등화를 입증해 주는 이야기를 다시 소개하고 있는 것이다. 누가복음이나 사도행전이나, 예수를 통해서나 베드로를 통해서나 평등화 혹은 동등화의 복음이 강조되고 있는 것이다. 그런데 이것은 이사야 선지자가 "오실 이", 곧 메시아에 대해 예언하면서 이사야 40:3~5에서 "외치는 자의 소리여, 이르되 너희는 광야에서 여호와의 길을 예비하라. 사막에서 우리 하나님의 대로를 평탄케 하게 하라. 골짜기마다 돋우어지며, 산마다 언덕마다 낮아지며, 고르지 아니한 곳이 평탄하게 되며 험한 곳이 평지가 될 것이요, 여호와의 영광이 나타나고 모든 육체가 그것을 함께 보리라."고 말했던 것과 마찬가지이다. 골짜기마다 돋우어지고, 산과 언덕마다 낮아지며, 고르지 아니한 곳이 평탄하게 되는 일을 모든 육체가 함께 볼 것이라는 말이다. 이사야 선지자가 말한 땅의 leveling("평탄케 함")은 요엘이 말한, 그리고 베드로가 인용하여 설교한 "평준화"와 "동등화"와 다른 것이 아니다.

베드로는 이처럼 "요엘서" 인용을 통해 "마지막 날"에 대해, 그리고 마지막 날에 있을 일들에 대해 설교한 후 이어서 "나사렛 예수는 하나님께서 권능과 기이한 일과 표징을 가지고 여러분에게 나타내 보이신 분"(2:22)이라고 예수에 대해 케리그마를 선포한다. 예수에 대한 설교에서도 구약성경을 인용하고 있는데, 이번에 예수와 관련해서 인용한 구약성경은 시편 본문들이다. 예수를 전하기 위해서 베드로가 인용한 시편들은 복음서에서(마 22:43~45; 막 12:36~37; 눅 20:42~44), 그리고 다른 신약성서에서도(고전 15:25; 히 1:13, 10:13) 이미 메시아와 관련해서, 예수에 대한 케리그마를 위해 초대교회에서 자주 인용되던 본문들이다. 베드로는 예수를 전하면서 이스라엘 백성들이 예수를 십자가에 못 박았지만, 하나님께서는 그 "예수를 주와 그리스도가 되게 하셨기"(2:36) 때문에 "그는 하나님의 오른손으로 높이 올리심을 받고 약속하신 성령을 아버지께로부터 받아 우리에게 부어 주셨다."(2:33)고 말한다.

그의 설교 결과는 놀라운 것이었다. 베드로의 설교를 듣고 "마음이 찔려 형제들이여, 우리가 어떻게 하면 좋겠습니까?"라는 반응이 나왔고, 베드로는 "너희가 회개하여 각각 예수 그리스도의 이름으로 세례를 받고 죄 사함을 받으라. 그리하면 성령의 선물을 받으리라."(2:38)고 말해 준다. 이때 세례를 받고 믿기로 작정한 사람이 3,000명이나 되었다는 말을 보더라도 베드로의 오순절 설교는 대단히 성공적인 것이었다. 이 결과로 신도들이 "사도들의 가르침을 받고 서로 사귀며 함께 떡을 떼고 기도하는 일에만 힘썼다"(2:42). 이렇게 해서 초대교회의 기초가 든든히 놓이게 되었다.

베드로가 오순절 설교 가운데서 요엘서를 인용하면서 강조한 설교의 요지가 "동등화" 혹은 "평등화"라는 사실을 다시 한 번 음미해 보면, 베드로가 인용한 요엘서는 성령이 마지막 날에 "모든 사람에게", "아들과 딸들에게", "젊은이와 늙은이에게", 그리고 "남자와 여자에게" 부어질 것이라고 했다. 오순절 이야기 자체가 이것을 증거하고 있다. 우리는 최소한 다음의 두 가지 점에 주목해야 한다.

첫째는, 오순절에 있었던 방언 이적 혹은 언어 이적을 전혀 간파하지 못했던 사람들, 즉 다른 사람들을 오히려 술에 취했다고 조롱한 사람들은 사도들이 말한 것을 이해했다고 하더라도 그것 자체가 별로 놀라운 일은 아니라고 생각했을지 모른다. 그들은 그 지역 출신이다. 그런 상황에선 그들이 언어와 소통에 관해서 누구보다 더 유리한 조건에 있는 사람들임에 틀림없다. 그들은 당연히 자기들의 언어인 아라멕 어가 사용될 것으로 기대했을 것이다. 그리고 분명히 자기들이 언어에 관한 한 더 유리한 조건에 있었기 때문에, 누구보다도 사도의 말을 더 잘 이해할 수 있을 것이라고 생각했을 것이다. 그러나 그들은 다른 사람들이 다 보았던 그리고 경험했던 언어 이적을 보지도 못했고, 경험하지도 못했다. 그들이 언어적으로 유리한 조건에 있었다는 바로 그 사실 때문에 오히려 그들은 불리한 입장에 처한 셈이다. 오늘날 다른 언어와 다른 문화가 지배적인 곳에서 살고 있는 기독교인들에게 이 점은 아주 중요한 의미를 갖는다. 교회 안에 흔하게 남아 있는 언어와 문화의 편견에 대항해서 다음과 같이 정확히 말해 준 사람이 있었기 때문이다. 오순절의 언어 이적은 "기독교 공동체 안에서 어떤 언어도 다른 언어들보다 더 중요할 수 없다는 점을 아주 분명하게 만들어 주었다."

이것은 어느 사회가 한 인격의 가치나 존엄성을 판단하기 위해 사용하는 다른 모든 수단들에도 그대로 적용된다. 성령이 하는 일이 그처럼 평등화 혹은 평준화하는 작업이기에 이제는 부자나, 학식이 있는 자나, 권세가 있는 자들이 약한 자나, 가난한 자나, 배우지 못한 사람들보다 더 인정을 받고 더 높이 평가되기가 어렵게 되었다. 그렇다고 우리가 성령의 역사를 깨닫기 위해 모두 다 약한 자나, 가난한 자나, 배우지 못한 사람들이 되어야 한다는 말은 결코 아니다. 분명한 것은 만약 우리가 학식이 더 많아야 성령의 역사를 더 잘 깨달을 수 있다고 생각하는 것은 잘못이라는 사실이다. 성령은 어느 곳에서나 어떤 사람들에게나 아무런 차별이 없이 자유롭게 역사하신다는 점을 잊지 말아야 할 것이다.

둘째, 이와 관련해서 특별히 다음의 사실에도 주목해야 한다. 본토박이 출신이라는 사실 때문에, 그래서 좀 더 유리한 상태에 있다는 사실 때문에, 성령을 받아 방언을 하는 사람들을 가리켜 술에 취했다고 조롱하던 사람들이 처음에는 아라멕 어로 설교하던 사도들을 가리켜서 "이 사람들이 다 갈릴리 사람들이 아니요"(2:7)라고 말했다. 여기서 "갈릴리 사람들"이란 표현 역시 상당히 조롱과 멸시가 담긴 말이다. 이 표현에는 갈릴리 사람들인 사도들이 진짜 본토박이 유대인들인 자기들만큼 그렇게 중요하거나 가치 있는, 그리고 자기들만큼 그렇게 신실하지도 못하다는 의미가 담겨 있다. 그런데 베드로의 설교가 한동안 진행된 다음인 2:37에 보니까 그들이 "갈릴리 사람들"이라고 부르던 그 사도들을 가리켜 이제 "형제들이여"라고 부르고 있다. 그리고 마지막에 가서는 2:42에서 "갈릴리 사람들"이라고 부르던 그 사람들, 그 사도들을 지도자로 받아들여 "사도들의 가르침을 받고 서로 사귀며 함께 떡을 떼고 기도하는 일에만 힘쓰는" 사람들이 되었다. 성령의 하나 되게 하심이 구체적으로 이루어진 셈이다.

이렇게 초대교회는 오순절 성령 강림과 오순절 베드로의 설교를 통해 "한 마음과 한 뜻이 된" 하나의 공동체로 출발하게 되었고, 이런 공동체에 대해서 나중에 누가는 "믿는 무리가 다 한 마음과 한 뜻이 되어 누구 하나도 자기 소유를 자기 것이라고 말하는 사람이 없었으며, 모든 것을 공통으로 사용했습니다."(4:32)라고 전하고 있는 것이다.

3 성전 문 앞 앉은뱅이를 고친 이적(3:1~10)

사도행전에 의하면, 초대교회의 오순절 성령 강림 사건 이후 일어난 첫 번째 이적은 베드로가 성전 미문 앞에서 구걸하던, 나면서부터 앉은뱅이 된 사람을 고쳐 준 이적이다. 누가는 베드로가 행한 것으로 알려진 다른 여러 이적(가령 행 9:32~42)에도 불구하고 이 이적 이야기를 사도행전의 첫 번째 이적으로 소개하고 있는데, 거기에는 중요한 신학적 의도가 있는 것으로 생각된다.[21] 이 이야기에서 언급되고 있는 "성전", "기도하는 시간", "구제" 등은 유대교 경건을 대표하는 단어들이다. 그리고 이 이야기에서 베드로가 말하는 "나사렛 예수 그리스도의 이름"은 새로이 시작된 초대교회의 신앙 운동을 대변하는 문구이다. 그래서 "나사렛 예수 그리스도의 이름"은 이 이야기에서만 아니라 계속되는 사도들의 설교에서도 자주 반복되고 있다(3:16, 4:7, 10, 12, 17~18, 30). 오순절 성령 강림이 있은 직후 베드로는 유대교 경건의 틀을 뛰어넘어, 감히 성전에는 들어가 보지 못한 채 성전 문 앞에서, 성전에 들어가는 사람들로부터 자선과 구제금만을 바라던 앉은뱅이를 고쳐 주고 일어나 걷게 해 주었을 뿐 아니라, 다른 보통의 유대인들처럼 성전 안으로 들어갈 수 있게 해 주었다. "나사렛 예수 그리스도의 이름으로" 말이다. 그래서 평생 성전에 들어가 보지 못했던 앉은뱅이가 베드로와 요한과 더불어 하나님을 찬양하면서 성전에 들어가게 되었다(3:8).

21) 사도행전 9:32~35에 보면, 베드로가 룻다에서 또 다른 "앉은뱅이"인 애니아란 중풍병자를 고쳐 주는 이야기가 소개되고 있다.

그런데 무엇보다도 베드로가 사도행전 서두에서, 그것도 오순절 성령 강림 이후에 행한 이 첫 번째 이적이 "앉은뱅이"를 고쳐 준 이적이라는 점에 중요한 의미가 있어 보인다. 유대인이라면 누구나 알고 있듯이, "앉은뱅이"는 율법에 의해 제사장이 될 수 없는 사람이다. "여호와께서 모세에게 말씀하여 이르시되, 아론에게 말하여 이르라. 누구든지 너의 자손 중 대대로 육체에 흠이 있는 자는 그 하나님의 음식을 드리려고 가까이 오지 못할 것이니라. 누구든지 흠이 있는 자는 가까이 하지 못할지니 곧 맹인이나 다리 저는 자"라고 명확히 규정하고 있다(레 21:17~18). 뿐만 아니라 "앉은뱅이"와 같이 "다리 저는 사람"은 제사장이 될 수 없는 것은 물론이고, 감히 성전에 들어갈 수도 없었다. 사무엘하 5:8에 의하면, 다윗은 그가 미워하는 다리 저는 사람과 맹인은 집 곧 "성전"에 들어오지 못하리라고 말함으로써 다리 저는 사람의 성전 출입을 금하고 있다. 쿰란 공동체에서는 "다리 저는 사람"들에게 공동체에 가입할 수 있는 자격을 주지 않았으며(1QSa 2:5~6), 맹인과 더불어 다리 저는 사람을 메시아 잔치로부터도 배제시켰고, 그래서 70인역 2Bas 5:6~8과 m. Hag. 1:1에서는 성전은 물론 성전의 일부분에서도 그런 사람들을 제외시켰다.[22] 따라서 제사장이 되는 것은 물론 성전에 들어가는 것이 완전히 금지된 "다리 저는 자"를 초대교회에서 성령 강림 이후 베드로가 맨 먼저 고쳐 주어 성전에 들어가게 해 주었다는 것은 아주 의미 있는 일이 아닐 수 없다. 초대 기독교 공동체의 정체와 사상이 어떤 것인지를 잘 보여 주는 특징이기 때문이다. 유대교와 새로이 시작된 기독교의 중요한 차이 가운데 하나가 분명히 드러난 사건이다.

베드로와 요한이 성전 앞에서 만난 앉은뱅이는 나면서부터 앉은뱅이가 되었다고 했다. 그가 "날마다"(3:2) 성전 앞까지 나왔지만, 그는 "나면서부터" 앉은뱅이였기에 평생 한 번도 성전 안에는 들어가 보지 못했다. 그리고 아마

---

22) Joachim Jeremias, *Jerusalem*, pp. 117~118. Astypalaea에 있는 이교도 신전에도 다음과 같은 비슷한 비문이 기록되어 있다. "Into the temple let no one who is not (ceremonially) pure and (bodily) perfect…" Cf. Davies and Allison, *Matthew III*. p. 140. Cf. James D. G. Dunn, *The Acts of the Apostles*(Pennsylvania: Trinity Press International, 1996), p. 40.

도 앉은뱅이 신세를 면하는 일이 없다면, 즉 고침을 받고 건강해지지 않는 한, 성전에는 영원히 들어갈 수도 없는 사람이었다. 날마다 성전 앞까지 나오기는 했지만, 더 이상 성전 안으로는 들어갈 수 없었고, 성전 문 앞에서 성전 안으로 들어가는 사람들에게 "무엇을 얻으려고" 구걸만 하였다고 했다. 그러나 그가 구걸한 것, 그가 간절히 구한 것은 사실 "은과 금"(3:6)만이 아니었을 것이다. 남들처럼 성전 안으로 걸어 들어가는 것이었을 수도 있다. 남들처럼 성전 안으로 들어가 하나님을 찬양하며 하나님을 예배하는 것이었을 수도 있다. 그가 구한 것은 "은과 금"이 아니라 오히려 "걷는 것" 곧 "앉은뱅이" 신세를 면하는 것이었을 것이다. 베드로와 요한은 "제 9시 기도하는 시간에 성전으로 올라가다가" 그 성전 문 앞에 앉아 있는 그 사람을 "눈여겨보았고"(3:4), 그 사람 역시 "두 사람을 쳐다보았다"(3:5). 그리고 베드로가 "은과 금은 내게 없으나 내게 있는 것으로 네게 준다. 나사렛 예수의 이름으로 걸으라."(3:6)고 말하면서 앉은뱅이의 오른손을 잡아 일으켰고 앉은뱅이는 곧바로 다리와 발목에 힘을 얻어 뛰어 일어나 걷기 시작했다(3:7~8). 그래서 그것을 본 많은 사람들을 놀라게 만들었다(3:10).

그런데 한 가지 흥미로운 일은, 우리가 또 주목해야 할 일은 일찍이 나사렛 예수 그리스도가 이 땅에 와서 행한 일 역시 "앉은뱅이"를 향해 "내가 네게 명한다. 일어나 침상을 들고 집으로 가라."고 말씀하시면서 앉은뱅이를 고쳐 주신 일이었다는 사실이다(눅 5:17~26). 여기서 베드로가 한 일도 바로 예수처럼 "앉은뱅이"를 일으켜 걷게 한 일이다. 성전 문 앞에서 베드로를 만났던 앉은뱅이는 베드로를 통해서, 그리고 "나사렛 예수 그리스도의 이름으로" 일어나, "걷기고 하고 뛰기도 하고 하나님을 찬양하면서 그들과 함께 성전으로 들어갔다."고 기록되어 있다. 성전에 들어갈 수 없는 사람, 그래서 성전 문 앞에 앉아 구걸만 할 수밖에 없었던 사람이 일어나 걷기도 하고 뛰기도 하면서 드디어 "성전 안으로 들어갔다"(3:8). 이 앉은뱅이가 "나사렛 예수 그리스도의 이름으로" 그 몸이 "성하게 되었고…완전히 낫게 되었기"(3:16) 때문이다.

왜 "나사렛 예수 그리스도의 이름으로"인가? 물론 "나사렛 예수"가 "주님과 그리스도"가 되신 분이고(2:36), 그 이름으로 세례를 받아야 "죄를 용서받을 수" 있기(2:38) 때문이기도 할 것이다. 그러나 베드로가 성전 문 앞의 앉은뱅이를 "나사렛 예수 그리스도의 이름으로" 명하여 일으킨 것은 그 나사렛 예수가 바로 "앉은뱅이"와 같은 사람의 구원을 위해 오신 분이기 때문이다. 누가복음 7:20~22에 보면 예수는 세례 요한이 보낸 제자들이 와서 "오실 이가 당신입니까?"라고 물었을 때에도, "너희가 가서 보고 들은 것을 요한에게 고하되, 소경이 보며 앉은뱅이가 걸으며 문둥이가 깨끗함을 받으며 귀머거리가 들으며 죽은 자가 살아나며 가난한 자에게 복음이 전파된다 하라."고 대답함으로써 자신의 정체와 자기 사역의 의미가 "앉은뱅이가 걷는 것"과 관련이 있음을 분명히 밝히셨다. 뿐만 아니라 예수는 그의 사역 가운데서 한 바리새파 지도자의 집에 음식을 잡수시러 초청을 받아 갔을 때에도 자기를 초청한 사람을 향해, "잔치를 베풀 때에는 가난한 사람들과 불구자들과 절뚝발이들과 맹인들을 청하라."(눅 14:13)고 가르치신 분이고, 또 이른바 "큰 잔치" 비유를 가르치시면서 먼저 초청을 받은 자들이 다른 핑계를 대면서 초청에 응하지 않았을 때에도, 초청한 집주인을 통해 "어서 동네 큰 거리와 골목에 가서 가난한 사람들과 불구자들과 맹인들과 절뚝발이들을 데리고 오라."(눅 14:21)고 명령하신 분이다.[23]

사도행전에서는 베드로의 이 이적 이야기가 오순절 성령 강림 사건 직후에 있었던 첫 번째 이적이다. 베드로가 오순절 설교 가운데서 "마지막 날에" 하나님께서 모든 사람에게 하나님의 영을 부어 주실 것이고(2:17), "그 날에"(2:18) 위로 하늘에서는 기이한 일들을 나타내며, 아래로 땅에서는 표징을 보일 것인데, "그러나 주의 이름을 부르는 사람은 구원을 받을 것이라."(2:21)고 말한 바 있다. "마지막 날에", 그 날에 "땅에서 보일 표징"이 사도행전 3장에서 실제로 나타난 것이다. 즉 베드로를 통해서, 그리고 "나사렛 예수 그리스도의 이름으로" "나면서부터 앉은뱅이 된 사람"이 일어나 "온전한 건강"을

23) 비록 마태복음 22:1~10에도 이 비유의 평행 본문이 나오지만, 마태복음 비유 본문에서는 불구자들과 맹인들은 물론 "앉은뱅이" 초청에 대한 언급이 한 번도 나오지 않는다. 따라서 다른 불구자들과 맹인들을 포함한 "앉은뱅이"에 대한 언급은 누가의 특별한 관심사이며 강조점임이 분명해 보인다.

얻어 "하나님을 찬양하며 성전에 들어가게 된" 놀라운 표징으로 나타난 것이다. 이런 일은 미가 4:6에서도 이미 예언된 바 있다. "여호와께서 말씀하시되 그 날에는 내가 저는 자를 모으며 쫓겨난 자와 내가 환난받게 한 자를 모아 발을 저는 자는 남은 백성이 되게 하며, 멀리 쫓겨났던 자들이 강한 나라가 되게 하고, 나 여호와가 시온 산에서 이제부터 영원까지 그들을 다스리라 하셨다"(미 4:6~7). 마지막 때에 오순절 성령 충만으로 시작된 초대교회에서 바로 그런 일이 베드로의 오순절 설교에 이어 베드로에 의해서 구체적으로 이루어지고 있다는 것을 누가는 증언해 주고 있다.

이 이적 이야기는 한편으로 마태복음 21:12~14에서 예수가 성전에 들어가 성전 안에서 매매하는 모든 자들을 내어쫓고 돈 바꾸는 자들의 상과 비둘기 파는 자들의 의자를 둘러 엎으시고, 오히려 "소경과 저는 자들"을 고쳐 주셔서 그들로 하여금 당당히 성전 출입을 할 수 있게 해 주신 이야기를 상기시켜 주기도 한다. 다른 한편으로는 사도행전 8:26~38에서 빌립이 성전에 출입할 수 없는 에디오피아 내시에게 세례를 주어 초대 기독교 공동체의 일원으로 받아들이는 것을 상기시켜 주고 있다. 성령으로 충만하여 시작된 초대 기독교 공동체는 처음부터 "예수처럼" 성전에서 제외된 사람들을 불러들이기 시작하고 있다. "나사렛 예수 그리스도의 이름으로" 말이다.

우리가 사도행전에서 주목해야 할 또 다른 사실은, 베드로와 요한이 성전 미문 앞에서 앉은뱅이를 고쳐 준 이야기가 뒤에 바울이 루스드라에서 앉은뱅이를 고쳐 준 이야기(14:8~10)와 평행을 이루고 있다는 사실이다. 사도행전에서 베드로가 행한 첫 번째 이적과 바울이 행한 첫 번째 이적이 모두 앉은뱅이를 고쳐 준 이적이라는 점에 주목할 필요가 있다. 그리고 이 두 이야기 사이에 나타나는 몇 가지 공통점에도 주목할 필요가 있다. 첫째는, 두 이야기에 나오는 앉은뱅이가 모두 "나면서부터 앉은뱅이가 된 사람"이다(3:2, 14:8). 둘째는, 베드로와 요한이 그 사람을 "눈여겨보았는데"("atenisas", 3:4), 바울도 그 사람을 "눈여겨보았다"("atenisas", 14:9). 셋째로, 베드로가 그 사람에게 "걸으라"(3:6)고 말하여 그가 일어났는데, 바울도 그 사람에게 "일어서라"(14:10)고 말하여 그가 일어났다. 넷째로, 성전 미문 앞의 앉은뱅이가 일어나

"걷기도 하고 뛰기도 했는데"(3:8), 루스드라의 앉은뱅이도 일어나 "뛰어 걸어다녔다"(14:10). 다섯째로, 두 이야기에서 모두 "믿음"이 병 고침의 주요 요인으로 강조되고 있다. 성전 앞의 앉은뱅이는 베드로와 요한이 "나사렛 예수의 이름으로 걸으라."고 말했을 때, 그 이름을 믿었던 것으로 알려지고 있고, 그 믿음 때문에 온전히 고침을 받은 것으로 기록되어 있다. 이 점은 3:16에 나오는 베드로의 설명 가운데서 분명해진다. 베드로는 주변 사람들을 향해 "그 이름을 믿음으로 그 이름이 너희가 보고 아는 이 사람을 성하게 하였나니 예수로 말미암아 난 믿음이 너희 모든 사람 앞에서 이같이 완전히 낫게 하였느니라."고 두 번씩이나 "믿음"을 강조하고 있다.[24] 다른 한편으로 루스드라 앉은뱅이의 경우는 더욱 분명히 그의 믿음이 언급되고 있다. "이 사람이 바울의 말을 듣고 있었고…고침을 받을 만한 믿음이 있었다"(14:9).

두 이야기 간에 차이가 있다면, 베드로의 경우에는 "예수"와 "예수의 이름"에 관한 복음이 선포되고 있는데, 바울의 경우에는 "예수"가 선포되는 것이 아니라 "천지와 바다와 그 가운데 만물을 지으시고 살아 계신 하나님"(14:15)이 선포되고 있다. 이 차이는 베드로가 예루살렘에서 유대인을 상대하고 있는 데 반해서, 바울은 이방 땅 루스드라에서 이방인들을 상대하고 있기 때문으로 설명할 수 있다. 여기에 대해서 제임스 던은 그의 사도행전 주석에서 다음과 같이 말하고 있다. "무엇보다도 가장 중요한 것은 이 이야기가 누가로 하여금 바울과 바나바의 메시지가 만물의 창조주이신 한 분 하나님에 대한 메시지라는 점을 강조하는 기회가 되었다는 것이다. 누가는 바울이 예수에 관해 전파하는 것으로 묘사하려는 시도는 하지 않고 있다. 이방 이교도와의 이 첫 번째 만남에서 제일 우선순위는 하나님을 전하는 유대 기독교의 선포이다."[25] 베드로는 유대 땅 예루살렘에서, 그리고 바울은 이방 땅 루스드라에서 각각 나면서부터 앉은뱅이 된 사람을 고쳐 주었다. 그것도 그들이

24) 그러나 Justo L. Gonzalez는 이와 관련해서 베드로가 "이것이 앉은뱅이의 믿음인지(이 사람이 전에 예수에 대해 들은 바가 없는 것처럼 보이기는 하지만), 아니면 베드로와 요한의 믿음인지에 대해선 말해 주지 않고 있다."고 말한다. Cf. *Acts: the Gospel of the Spirit*, p. 57.

25) James D. G. Dunn, *The Acts of the Apostles*, p. 189.

갖고 있는 믿음을 통해서 말이다.

이 이적 이야기가 오늘 우리에게 주는 교훈

이 앉은뱅이는 "나면서부터 앉은뱅이"가 된 사람이라고 했다. 그렇다면 이 사람은 나면서부터 불구자로서 힘든 인생을 살아온 사람이고, 사회 변두리로 밀려난 주변 인생이었을 것이다. 그러나 이보다 더 중요한 것은 그가 성전에는 들어가 보지도 못한 사람이란 뜻이다. 왜냐하면 유대인의 율법은 신체상으로 "흠"이 있는 "앉은뱅이"가 성전에 들어가는 것을 허락하지 않았기 때문이다. 그런데 베드로는 이런 사람을 "눈여겨보았다"고 했다. 그리고 "나사렛 예수 그리스도의 이름으로" 그를 걷게 만들고, "완전한 건강을 주어", "성전에 들어갈 수 있게" 해 주었다. 오늘의 우리가, 특히 오늘의 전도자 혹은 선교사들이 해야 할 일이 바로 이런 것이 아니겠는가? 나면서부터 사회의 변두리로 밀려나 힘들고 고된 삶을 이어온 사람, 특히 평생을 성전에서 배제되었던 사람, 나면서부터 평생을 교회에 들어가 보지 못했던 사람들을 "눈여겨보면서" 그들로 하여금 "성전에, 교회에 들어가" 영육 간에 더욱 온전한 건강을 찾도록 해 주는 일 말이다. 예수께서 이 땅에 오셔서 하신 일, 그리고 나중에 초대교회 시절에 예루살렘 성전 문 앞에서 베드로가, 그리고 루스드라에서 바울이 또다시 행한 일이 바로 그런 일이고, 이것이 바로 오늘 우리가 계속해야 할 일이 아니겠는가? "나사렛 예수 그리스도의 이름으로" 말이다!

4 초대교회의 공동 생활
(4:32~5:11)

1) 초대교회의 경제 생활에 대한 요약적 진술(4:32~35)

누가는 초대교회가 오순절 성령 강림의 결과로 성령에 충만한 공동체가 되어 모든 물건을 공동으로 소유하고 공동으로 사용하는 경제생활을 했다고 진술한 바 있다. "믿는 사람들은 다 함께 지내면서 모든 물건을 공동으로 소유하고 재산과 물건을 팔아서는 모든 사람에게 필요한 대로 나누어 주었습니다"(2:44~45). 그리고 이런 생활 덕에 "모든 사람에게서 호감을 샀습니다. 주께서는 구원을 받는 사람을 날마다 더하게"(2:47) 하셨다. 그런데 다시금 사도행전 4:32~35에서 초대교회의 경제생활과 관련하여 "믿는 무리가 다 한 마음과 한 뜻이 되어 누구 하나도 자기 소유를 자기 것이라고 말하는 사람이 없었으며 모든 것을 공동으로 사용했습니다."(4:32)라고, 더 나아가 "땅이나 집을 가진 사람들은 그것을 팔아서 그 값을 사도들의 발 앞에 갖다 놓았습니다. 그리고 각 사람의 필요를 따라 나누어 주었습니다."(4:34~35)라고 전해 주고 있다. 따라서 누가의 기록에 의하면 초대교회는 처음부터 모든 물건을 공동으로 소유했고, 모든 재산을 팔아 그 돈을 사도들에게 가져다줌으로써 그들이 각 사람의 필요대로 나누어 주는 생활을 했고, 그래서 "그들 가운데는 가난한 사람이 하나도 없었다."(4:34)고 한다. 이것이 주변 모든 사람들에게 호감을 얻어 많은 사람들이 믿게 되었다고 소개하고 있다.

초대교회의 경제생활에 대한 이 같은 요약적 진술을 읽으면서 흔히 제기되는 첫 번째 질문은 과연 이것이 실제로 있었던 일인가 하는 의문이다. 초대 기독교인들이 실제로 여기에 기록된 대로 재산을 공유하고 공동으로 사용하는, 이런 일을 했는가? 아니면 누가가 과거의 초대교회 생활을 이상적으로 소개하기 위해 만들어 낸 이야기, 혹은 이상적인 교회의 모습으로 제시하기 위한 의도적인 기록인가? 실제로 학자들 중에는 여기에 묘사된 내용이 사실은 초대 기독교 공동체를 이상적인 공동체로 소개하기 위한, 그래서 사도들의 권위를 상징화하기 위한 시도라고 보는 사람들도 있다. 그러나 그런 설명에 반대하여, 사도행전이 기록될 당시는 물론 그 이후에도 여기에 묘사된 공동체 생활이 초대교회에서 실제로 존재했다고 주장하는 사람들도 있다.[26]

그러나 그 중간 입장으로서 처음에는 초대교회가 실제로 그런 공동체로 시작했으나 곧바로 여러 가지 어려움에 직면하여 공동체 생활이 중단될 수밖에 없었다고 주장하는 사람도 있다. 이 주장에 따르면, 초대교회가 성령에 충만하여 공동체 생활을 시작했으나 재산을 공동으로 사용하는 바람에 시간이 지나면서 부분적으로는 궁핍해졌고, 그래서 바울이 예루살렘의 가난한 사람들을 위해 모금하는 지경에까지 이르자 곧바로 그런 공동의 경제생활이 끝나 버렸다는 것이다. 비교적 일반적인 견해가 이처럼 예루살렘 기독교인들의 가난과 궁핍이 초대교회가 재산을 공동 소유하고 공동 사용한 결과였다고 본다. 그러나 이렇게 해석하는 근거는 사도행전은 물론 다른 문서들에서도 찾아볼 수 없다. 그런 설명과는 반대로 사도행전은 예루살렘에 큰 기근이 있었고 그것이 예루살렘 교회가 다른 사람들로부터 도움을 받아야 하는 이유였다고 말해 주고 있다(11:27~30). 요세푸스(Josephus)도 유대 땅에 있었던 엄청난 기근이 기원후 46년경에 최고조에 달했던 것으로 전하고 있다.[27] 로마의 역사가들인 타키투스(Tacitus)와 수에토니우스(Suetonius)도 그들의 문서에서 글라디우스 황제가 통치하던 기간에 여러 해 기근이 있었음을 전해 주고 있는데, 이때가 바로 사도행전에서 기근으로 인해 예루살렘의 가난한

---

26) 여기서는 주로 Justo L. Gonzalez의 설명을 따르기로 한다. Cf. *Acts: the Gospel of the Spirit*, pp. 70ff.

27) Josephus, Ant. 20.5. Cf. Justo L. Gonzalez, *The Acts: the Gospel of the Spirit*, p. 71.

사람들을 위한 모금이 필요했다고 진술한 그 시기이다.[28]

초대교회의 공동생활에 대한 사도행전의 기록을 과거의 목가적인, 그리고 이상적인 교회 모습으로 생각하는 해석이나, 초대교회가 재산을 공동으로 소유하고 공동으로 사용하는 것이 오히려 경제적 재난이 되었다고 보는 해석에 대해 적절하게 대응하기 위해서는 우선 사도행전에 기록된 재산의 공동 소유와 공동 사용의 성격이 어떤 것이었는지를 밝혀보아야 한다. 우선 초대교회 경제생활에 대한 기록인 사도행전 2:42, 44~45에 사용된 '코이노니아'(koinonia)의 동사형이 '반과거형'(imperfect) 시제로 표현되었다는 점에 주목할 필요가 있다. 헬라어의 '반과거형 시제'는 '단순과거형 시제'(aorist tense)와 달리 과거에 한동안 지속된 혹은 반복된 행동에 사용되는 시제이다. 그래서 영어로 번역될 때는 흔히 과거진행형이나 현재완료형으로 표현된다. 따라서 초대교회 공동체 생활과 관련하여 '반과거형 시제'가 사용된 것 자체가 후대 수도원 공동체들에서 볼 수 있었던 것처럼 사람들이 자기 소유를 모두 팔아 버린 것이 아니라 도리어 필요가 생길 때마다 자기 소유를 팔아 공동체의 여러 요구에 부응하였다는 것을 의미하는 것으로 보아야 한다.

그런데 사도행전 4:32~35에는 사도행전 2장에 나온 설명에다 두 가지 다른 언급이 더 첨가되어 있다. 하나는 "그들 가운데는 가난한 사람이 하나도 없었습니다."라는 말이고, 다른 하나는 "사람들이 땅이나 집을 팔아 그 돈을 사도들의 발 앞에 갖다 놓았다."는 말이다. 사도행전 2:45에서 초대 교인들이 팔았다고 말한 "재산과 소유"(possessions and goods)라는 말 자체가 좀 명확하지 않은 데 비해서, 사도행전 4:34에서는 "밭과 집"이라고, 즉 부동산이라고 좀 더 명확하게 밝히고 있다. 첨가된 첫 번째 언급 곧 "그들 가운데는 가난한 사람이 하나도 없었습니다."라는 말은 신명기 15:4~11, 특히 15:5를 가리키는 말씀으로 거기서는 이스라엘 백성들이 하나님의 명령을 다 지켜 행하면 하나님이 반드시 복을 주셔서 "너희 중에 가난한 자가 없으리라."는 약속이, 그리고 만일 가난한 사람이 있다면 반드시 손을 내밀어 도우라는 명

28) Tacitus, Ann. 12.43; Suetonius, Claud. 18.

령이 주어지고 있다. 초대교회는 신명기에 나오는 하나님의 이 약속을 실현시킨 공동체였고, 바로 이것이 누가복음에서는 "가난"이라는 단어가 많이 나오고 또 "가난한 자"가 주요 관심 주제로 나타나고 있는데 사도행전에서는 "가난"이라는 단어가 거의 나타나지 않는 이유로 보인다.[29] 사도행전 4:34가 "가난한 자"라고 언급한 유일한 구절이지만, 여기서도 헬라어 단어는 누가복음에서 "가난"을 가리킬 때 자주 사용한 단어와는 다른 단어가 쓰이고 있다. 즉 누가복음에서는 "가난한 자"를 말할 때 영어로 흔히 "the poor"라는 단어를 쓰는데(헬라어로는 "ptokos"), 여기서는 영어로 "the needy person"이란 단어를 사용하고 있다(헬라어로는 "endees"). 이런 현상에 대한 가장 적절한 설명은 "누가는 초대교회 안에서 성령의 은사로 말미암아 신명기의 약속이 이루어지고 있음을 우리에게 말해 주고 있다."는 것이다.[30] 즉 초대교회가 재산을 공동으로 소유하고 공동으로 사용하면서 각 사람의 필요에 따라 나누는 생활을 하는 가운데 구체적으로 신명기의 약속이 이루어지고 있었기 때문에 실제로 초대교회 안에 가난한 사람이 없었다는 것이다.

사도행전 4:32~35에서 사도행전 2:42~44의 내용 외에 더 첨가한 두 번째 언급은 땅이나 집을 팔아 그 돈을 "사도들의 발 앞에 갖다 놓았다."는 것이다. 이 말은 초대교회 안에서 사도들이 공동체의 기금을 분배하는 권위를 갖고 있었음을,[31] 그리고 각자의 필요에 따라 사도들이 그 기금을 분배하는 나름의 방법이 있었음을 뜻하는 것으로 받아들일 수 있다.

결론적으로 말하면, 이 요약적 진술에서 설명하는 내용은 모든 사람들이 자기가 갖고 있던 것을 모두 팔아 그것을 공동 기금으로 집어넣은 후에 필요에 따라 꺼내 쓰는 그런 제도는 아니었던 것으로 보인다. 그런 것과는 달리

---

29) 실제로 J. A. Bergquist는 그의 연구 논문 "'Good News to the Poor': Why does this Lucan motif appear to run dry in the Book of Acts?" (BangThF, 18, 1986)에서 가난이란 주제가 사도행전에서 누가복음에서와는 달리 별로 부각되지 않고 있는 것은 가난이란 주제가 누가복음에서와 같이 그렇게 절실하지 않았기 때문으로 보고 있다.

30) Justo L. Gonzalez, *Acts: the Gospel of the Spirit*, p. 72.

31) 사도행전 6:1 이하에 보면 구제금 분배와 관련해서 헬라파 사람들로부터 "불평"이 제기되자 새로이 "일곱 사람"을 뽑아 그들에게 분배에 관한 권한을 위임한 것으로 설명하고 있다.

초대교회는 성령에 충만한 사랑의 공동체가 되어서, 만약 공동체 구성원 중 어느 누가 궁핍해지면 다른 사람이 자신의 부동산을 팔아서라도 필요한 사람을 돕는 그런 형태였을 것으로 생각된다. 이 두 번째 요약 진술을 보더라도 초대교회가 이제는 상당히 성장하고 커졌기 때문에 사람들이 직접 도움이 필요한 사람들을 도와주는 일은 좀 더 어려워졌고, 따라서 재산을 판 사람들이 그 돈을 사도들에게 갖다 맡기면 사도들이 그 자원을 필요한 사람들에게 나누어 주는 그런 체제가 마련되어 있었을 것으로 생각된다.

따라서 사도행전이 여기서 소개하고 있는 초대교회의 공동생활은 초대교회가 발전하는 가운데 잠깐 있다가 없어진 그런 생활 형태가 아니며, 또 마땅히 그런 공동체가 되어야 한다는 이상적인 청사진의 형태도 아니고, 도리어 초대교회의 발전 초기에 그리고 누가 시대에 존재하던 교회 생활의 기본 형태였던 것으로 보아야 할 것이다. 더구나 재산의 공동 소유도 일시적인 현상이 아니라 오랫동안 계속된 현상이었다는 사실은 다른 초기 기독교 문서들을 통해서도 확인할 수 있다. 가령 1세기 말부터 2세기 초에 쓰인 것으로 보이는 〈디다케〉라는 문서에 보면 다음의 말이 나온다. "너는 궁핍한 자를 간과하지 말고 모든 것을 네 형제와 나누라("synkoinonein"). 그리고 그것이 네 자신의 것이라고 말하지 말라. 왜냐하면 만일 우리가 영원한 세계에서 동지("koinonol")라면, 이 멸망할 세상에서는 더욱 동지가 되어야 하지 않겠는가?"(Did. 4:7~8) 거의 똑같은 교훈이 약 50년 뒤에 기록된 것으로 알려진 〈바나바 서신〉 19:8에서도 나타나고, 거의 같은 시기 곧 2세기 중엽에 기록된 것으로 보이는 〈Address to Diognetus, 5:7〉에도 "기독교인들이 한 침대는 아니지만 한 식탁을 나눈다."는 말이 나온다. 이런 문서들을 통해서도 우리는 사도행전에 기록된 재산의 공동 소유와 공동 사용이 초대교회의 다른 문서들 시대에도 계속되었음을 알 수 있으며, 따라서 이런 공동생활이 초대교회에서는 잠시 시행되다가 없어진 실패한 실험에 지나지 않는다고 보는 해석은 분명히 여러 역사적 증거에 맞지 않는 잘못된 해석이라고 생각된다.

2) 공동생활의 긍정적인 모델(4:36~37)과 부정적인 모델(5:1~11)

누가는 초대교회가 다 한 마음과 한 뜻이 되어 누구 하나도 자기 소유를 자기 것이라고 말하지 않고 모든 것을 공동으로 사용했고, 땅이나 집을 가진 사람은 그것을 팔아 그 돈을 사도들에게 넘겨주어 그들이 각 사람의 필요에 따라 나누어 주었다고 설명한 후에 그런 공동생활 방식을 실천에 옮긴 구체적인 실례를 두 가지 소개하고 있다. 하나는 긍정적인 모델이고(4:36~37), 다른 하나는 부정적인 모델이다(5:1~11).

첫 번째 긍정적인 모델은 요셉이란 이름을 가진, 그러나 사도들로부터 "위로의 아들"이란 뜻을 가진 "바나바"란 별명을 얻은 사람의 이야기이다. 그는 레위 사람이며 구브로 출신이라고 했다. 그런데 바나바는 "자기가 가지고 있던 밭을 팔아 그 돈을 사도들의 발 앞에 갖다 놓았다"(4:37). 누가의 설명에 의하면 이것은 예외적인 특별한 사건이 아니라 요약적 진술에서 볼 수 있는 여러 사건들 중 구체적인 하나의 사건에 지나지 않을 뿐이다. 아마도 바나바를 긍정적인 모델의 구체적인 예로 든 것은 그가 앞으로 사도행전에서 중요한 역할을 하는 사람이기 때문이기도 했을 것이다.

두 번째로, 누가는 공동생활을 위한 부정적인 모델로 아나니아와 삽비라 부부의 이야기를 소개하고 있다. 본문에 분명히 언급되어 있지는 않지만 아나니아와 삽비라가 함께 땅을 팔아 그 일부를 감추고 나머지를 "사도들의 발 앞에 갖다 놓은 일"은, 아마도 바나바가 자기의 밭을 팔아 그 돈을 사도들의 발 앞에 갖다 놓음으로써 사도들로부터 아름다운 별명을 얻게 되자 질투심이 생겨났기 때문이거나, 아니면 바나바처럼 인정과 존경을 받고 싶은 생각 때문이었을 것이다. 그러나 동기가 무엇이든 간에 이야기의 내용은 아주 분명하다. 즉 아나니아는 자기의 밭을 팔아 그 값의 얼마를 떼어 놓고 나머지만을 사도들의 발 앞에 갖다 바쳤다. 아마도 밭을 판 돈 전부를 바친 듯한 인상을 주었던 것으로 보인다. 결과적으로 그들은 거짓말을 한 셈이고, 그래서 성령을 속인 죄로 죽음을 당하였다.

그런데 본문 이야기는 사건의 연속에 있어서 약간의 문제가 있어 보인다.

아나니아가 죽자 젊은이들이 그의 시체를 메고 나가 장사지냈다. 아마도 그의 아내인 삽비라에겐 아무 말도 하지 않은 채 장사를 지낸 것으로 보인다. 세 시간 뒤에 삽비라는 아나니아가 죽은 줄도 모른 채 베드로 앞에 나섰고, 베드로가 "너희가 판 땅 값이 이것뿐이냐?"고 다시 확인했을 때, 삽비라는 "그것뿐이라"고 대답함으로써 결국 남편과 공모하여 "주의 영을 시험한" 죄로 베드로의 발 앞에 엎드려 죽자, 다시 젊은이들이 여인의 시체를 들고 나가 남편 곁에 묻었다고 했다. 본문 이야기에서 볼 수 있는 한 가지 흥미 있는 아이러니는 삽비라가 베드로 사도의 "발 앞에" 엎드려 죽었다는 표현이다. 삽비라는 사도들의 발 앞에 밭을 판 값의 일부만을 갖다 바치고 나머지를 감춤으로써 끝내 자기 몸을 사도의 발 앞에 드리게 된 셈이다.

이 이야기에서 확인할 수 있는 한 가지 사실은 초대교회에서 재산을 바치는 행위가 자발적이었다는 점이다. 그리고 초대교회에서 모든 사람이 다 자신이 가지고 있는 것을 팔아 바쳤던 것이 아니라, 필요한 경우 그 필요를 채우기 위해서 그때마다 계속적으로 재산을 팔았던 것으로 보인다. 이 점은 베드로가 아나니아에게 "땅이 그대로 있을 때에도 네 땅이 아니며, 판 후에도 네 마음대로 할 수 있던 것이 아니냐?"(5:4)라고 반문한 데서도 드러난다. 또한 사도행전 12:12에 보면 "마가라고 하는 요한의 어머니 마리아의 집"에 많은 사람들이 모여 기도하고 있었다고 했는데, 요한의 어머니 마리아가 여전히 자기 집을 갖고 있었다는 데서도 밭과 집 등 부동산을 파는 일이 자발적인 것이지 의무 사항으로 억지로 한 일은 아니었다고 보인다.

따라서 아나니아와 삽비라의 죄는 이미 그들의 재산이던 것의 얼마를 자기들이 그냥 갖고 있었던 데 있는 것이 아니라 성령을 속인 데 있었다. 베드로도 "네가 사람을 속인 것이 아니라 하나님을 속인 것이라."(5:4)고 분명히 말하고 있다. 아나니아와 삽비라가 한 일은 단지 교회를 속인 것이 아니라 하나님을 속인 것이다. 베드로는 이 상황을 사탄과 하나님 간의 위대한 투쟁으로 보고 있었던 것이다. 아나니아에게 일어난 일은 사탄이 그의 마음을 가득 채워 성령을 속인 것이고(5:3), 또한 하나님을 속인 것이다(5:4). 그리고 삽비라도 베드로로부터 남편과 똑같은 심판을 받았는데 삽비라 역시 남편과 함께 그리고 남편과 마찬가지로 "주의 영을 시험했기"(5:9) 때문이다.

3) 본문이 주는 메시지

사도행전 4:32~5:11에서 드러나는 분명한 주제는 돈에 관한 문제이다. 이 주제는 누가 문서 전체에서 강하게 드러나는 주제이다. 그러나 여기서는 이 주제를 배경으로 교회와 선교에 대한 특수한 이해가 드러나 있기도 하다. 재산을 공동으로 소유하고 공동으로 사용하는 초대교회의 공동생활에 관한 이야기는 많은 해석가들이 주장하는 것처럼 이상적인 교회의 모습을 제시하려는 시도가 아니다. 잠깐 실현되었다가 여러 문제에 직면하여 곧바로 사라진 초대교회의 한 단면을 보여 주는 이야기도 아니다. 이 이야기는 베드로가 오순절 설교에서 선포한 "마지막 날에 있을 일들"의 결과를 말해 주는 것뿐이다. 다른 말로 한다면, 예수의 부활과 성령의 충만으로 인해 일어난 일들은 마지막 날이 이제 시작되었다는 구체적인 징표이다. 기독교인들은 두 나라에 살고 있다. 하나는 현재 몸을 담고 있는 이 세상 나라이고, 다른 하나는 다가오는 하나님의 나라이다. 이런 관점에서 볼 때 교회는 하나님이 다스리시는 나라에 대한 징표가 아닐 수 없다.

하나님의 나라는 무엇보다도 사랑, 평화, 풍요, 정의에 의해 그 성격이 드러나고 있다. 그런데 "믿는 사람들이 다 함께 지내면서 모든 물건을 공동으로 소유하고 재산과 물건을 팔아서는 모든 사람에게 필요한 대로 나누어 주는"(2:44~45) 일이나, "믿는 무리가 다 한 마음과 한 뜻이 되어 누구 하나도 자기 소유를 자기 것이라고 말하는 사람이 없었으며 모든 것을 공동으로 사용하는"(4:32) 일이나 "땅이나 집을 가진 사람들이 그것을 팔아서 그 값을 사도들의 발 앞에 갖다 놓아…각 사람의 필요를 따라 나누어 주는"(4:34~35) 일을 통해 "그들 가운데 가난한 사람이 하나도 없게 된"(4:34) 초대 기독교 공동체는 바로 그런 사랑과 평화와 풍요와 정의가 실현된 하나님 나라의 징표가 아닐 수 없으며 그 맛보기인 셈이다. 누가는 이런 기록을 통해 다만 이상적인 공동체 생활을 묘사하고 있는 것이 아니라 다가오는 하나님 나라에서의 생활이 어떤 것인지를 묘사하고 있는 것이다. 아마도 베드로는 이것이 바로 "마지막 날에" 사는 공동체의 모습이라고 말할 것이다. 이런 식으로 본문을 읽으면, 이 본문은 마치 사도행전의 이상적인 교회를 다시 재건하려는 시도 가운데 우리로 하여금 과거를 돌이켜 보도록 요구하는 것이 아니라, 다가오는 하나님 나라의 공동체를 지적해 주면서 미래를 내다보도록 요구하고 있는 셈이다.

재산의 공동 소유와 공동 사용은 그 자체가 목적이 아니다. 교회의 선교는 그리고 교회의 임무는 초대교회처럼 재산의 공동 소유와 공동 사용을 실천하는 데 있는 것이 아니라 사랑을 실천하는 데 있다. 재산을 공동 소유하고 공동으로 사용하는 공동체는 입법화된 또는 제도화된 공동체가 아니라, 사랑의 표현으로 그리고 성령 안에서 누리는 새로운 삶의 표현으로서 함께 사는 그런 공동체이다. 따라서 재산을 공동으로 소유하고 공동으로 사용하는 것에 대해 무슨 말을 하든지 간에, 이 본문은 교회의 성격, 교회의 본질을 말해 주는 중요한 본문이 아닐 수 없다. 아니, 더 나아가 이 본문은 교회가 성령 충만에 의해서 비록 여전히 옛 질서 속에서 살고 있지만, 이 세상의 한복판에서 마지막 날에 살고 있는 공동체라는 사실을 말해 주고 있다.

이런 각도에서 볼 때, 아나니아와 삽비라가 지은 죄가 얼마나 엄청난 죄인지가 좀 더 분명해진다. 언뜻 보기에 아나니아와 삽비라가 지은 죄에 비해 너무 무거운, 너무 엄청난 심판을 받은 것으로 생각되기도 하지만, 문제는 아나니아와 삽비라가 베드로의 말 한 마디로 이적적으로 급사한 데 있는 것이 아니다. 베드로의 말에서 드러나듯이, 아나니아가 그의 재산을 꼭 팔아야만 했던 것도 아니다. 또 비록 팔았다고 하더라도 그 돈을 사도들에게 필히 넘겨주어야만 했던 것도 아니다. 따라서 아나니아와 삽비라는 그들이 하지 않아도 될 일을 한 것 때문에 결국 자신들의 목숨을 지불한 것으로 보인다. 그러나 그것이 전부가 아니다. 죄는 팔고 안 팔고의 문제와 관련된 것이 아니다. 갖다 바치고 바치지 않고의 문제와 관련된 것도 아니다. 거짓말을 한 것, 속인 것이 문제였고, 그것이 그들을 죽게 만든 죄였다. 더구나 그 거짓말은 교회 앞에서 한 거짓말이 아니라, 하나님 앞에서 한 거짓말이었다(5:3~4).

이것은 교회의 본질과 밀접히 연관되어 있다. 교회는 성령으로 충만된 마지막 날의 공동체이기 때문에, 교회에 거짓말을 하는 것은 하나님에게 거짓말을 하는 것이다. 교회의 구성원들에게만 거짓말을 하는 것은 불가능하다. 교회 안에는 성령이 현존하면서 교회를 지탱하고 있기 때문에 교회를 속이는 것은 성령을 속이는 것이요, 하나님을 속이는 것이다. 이것은 결코 쉽게 생각할 일이 아니다. 그래서 베드로는 이것을 사탄의 행동이라고까지 말했던 것이다. 아나니아와 삽비라는 성령을 속임으로써 끝내 그들의 목숨을 잃었다. 성령을 속이는 일은 하나님을 속이는 일이기 때문이다.

우리는 교회를 속이는 일도 하나님을 속이는 일이라는 사실을 명심해야 한다. 간혹 입으로는, 우리가 가진 것은 모두 다 하나님의 것이라고 말하면서도, 궁핍한 형제와 자매를 보더라도 우리가 가진 것을 나누어 주지 못한다면, 그것은 하나님을 조롱하는 일이요 하나님을 속이는 일이다. 아나니아와 삽비라의 경우에는 그 대가가 육체적인 죽음이었지만, 우리의 경우에는 그 대가가 훨씬 큰 영적인 죽음일 수도 있다.

5 일곱 지도자의 등장과 스데반의 설교(6:1~7:60)

1) 세계 선교의 선구자는 누구인가

초대교회에서 맨 처음 세계 선교의 비전을 가진, 그리고 세계 선교 혹은 이방 선교를 위해 처음으로 초석을 놓은 사람이 누구인지 묻는다면 아마도 많은 사람들이 아무런 주저 없이 사도 바울이라고 대답할 것이다. 물론 그렇게 대답하는 데에도 일리가 없는 것은 아니다. 사도행전에 의하면 바울은 일찍이 부활 승천하여 하늘 높은 곳에 계신 주님으로부터 "그(=바울)는 내 이름을 이방 사람들과 임금들과 이스라엘 자손들 앞에 가지고 갈 나의 그릇이라."(9:15)는 인정을 받은 사람이었고, 그래서 사도행전도 바울을 대표적인 이방인 선교사로 생각하여 그의 세계 전도 여행에 관해 많은 지면을 할애하고 있기 때문이다.[32] 실제로 바울은 로마, 고린도, 에베소 등 이방 땅의 주요 지역에 기독교 교회를 세운 이름 그대로 "이방인의 사도"로 알려지고 있다. 그래서 바울이 초대 기독교에서 세계 전도 여행에 앞장섰던, 그리고 세계 선교를 위해 누구보다도 애썼던 세계 선교의 최초 선구자처럼 알려지고 있는 것도 무리는 아니다. 더구나 갈라디아서 2:7~8에 의하면 바울 자신이 베드로를 "할례자의 사도로 삼으신 이가 또한 내게 역사하사 나를 이방인에게 사도로 삼으셨느니라."고 증거하고 있다. 그러니 초대교회에서 맨 처음 세계 선

---

32) Martin Hengel은 사도행전 자체를 "확대된 서론이 첨가된 바울의 선교 역사"(a deliberate history of Pauline mission 'with an extended introduction')라고 부르고 있다. Cf. *Between Jesus and Paul: Studies in the Earliest History of Christianity* (Philadelphia: Fortress Press, 1983), p. 55.

교의 비전을 가졌던 사람, 그리고 실제로 세계 선교에 앞장섰던 사람이 바울이라고 생각하는 것에 잘못이 있다고 보기 힘들다.[33]

그러나 바울을 세계 선교의 선구자 혹은 개척자로 생각하는 것은 결코 옳지 않은, 그리고 정확하지도 않은 생각이다. 물론 베드로가 유대인 곧 할례자의 사도였고, 바울은 무할례자의 사도 곧 이방인의 사도로 부름을 받은 자이며(갈 2:7~8), 바울이 초대교회에서 가장 훌륭한 대표적인 이방인 선교사였고, 이방 지역 선교에 가장 큰 공헌을 한 사람임에 틀림없는 것으로 알려지고 있다. 그러나 바울이 다메섹에서 아나니아에 의해 개종되어 세례를 받은 후(9장), 안디옥 교회에 의해 이방 지역 선교사로 파송되기(13:2~3) 이전에, 이미 이방인을 개종시켜 이방인 선교를 위한 초석을 놓은 사람이 있었던 것으로 사도행전은 전하고 있다. 사도행전 10장에 따르면 그는 베드로이다. 베드로가 바울의 등장과 활동에 앞서서 이미 "이달리야대라 하는 군대의 백부장"(10:1)이던 고넬료의 집을 찾아가 고넬료와[34] 그의 온 가족은 물론 "그의 친척들과 가까운 친구들"(10:24)까지, 곧 "이방인들"(10:45)에게 복음을 전하고 성령의 선물을 부어 주었다. 이런 기록을 근거로 우리는 "고넬료의 이야기에서 사도행전의 저자는 바울이 아닌 베드로를 이방인의 사도로 만들려는 의도를 갖고 있었다."[35]는 사실을 확인할 수 있다. 그렇다고 우리가 베드로를 "최초의 이방인 선교사"라고 말할 수 있을까? 정말로 베드로가 초대 기독교 역사에서 맨 처음으로 이방인에게 복음을 전해 준 사람인가? 우리는 거기에 쉽게 동의하기가 어렵다. 왜냐하면 성경 자체의 증거만 보더라도 초대 기독

---

33) Martin Hengel은 바울을 가리켜 "the one true missionary to the Gentiles" 또는 "the greatest of all missionaries"라고 말한다. Cf. *Between Jesus and Paul*, p. 3.

34) 고넬료는 분명히 사도행전에서 "이방인"으로 이해되고 있다(행 10:35, 45, 11:1). 로마 군대는 로마 제국 내의 여러 나라에서 광범위하게 징집되었기 때문에 고넬료가 구체적으로 어느 나라 사람인지 알 수는 없으나, "이달리야대"란 말에서 그가 본래 이탈리아 사람이었을 것으로 가정할 수 있다. Cf. James D. G. Dunn, *The Acts of the Apostles*(Pennsylvania: Trinity Press International, 1996), p. 135. 또 그가 "하나님을 경외하는 자"(the fearer of God, 행 10:2)였다는 말은 그가 이방인으로서 아직 율법을 다 받아들이고 실제적으로 "개종자"가 되지는 않았지만 회당 예배에 참석할 수 있는 자격은 갖고 있었던 것으로 보인다.

35) Ernst Haenchen, *The Acts of Apostles*(Philadelphia: Westminster Press, 1971), p. 356.

교의 발전 가운데서 베드로에 앞서서 이미 이방인에게 관심을 보였고, 이방인에게 복음을 전해 준 사람이 있었기 때문이다. 누구인가? 사도행전 6장에 처음으로 등장하는 "일곱 사람들"이 바로 그들이다. 그렇다면 이 "일곱 사람들"은 어떤 사람들인가?

사도행전 6장에 등장하는 이 "일곱 사람들"이 초대교회가 역사적으로 발전하는 가운데서 중요한 역할을 했던 아주 중요한 인물들임에도 불구하고 교회는, 심지어 신약성서를 연구하는 학자들조차 이들에게 진지한 관심을 기울이지 못했다.[36] 그래서 이들에 대한 연구도 아직은 많지 않아 보인다. 따라서 이들에 대한 적지 않은 오해가 아직까지도 교회 안에 남아 있는 것이 사실이다. 흔히 교회 안에서 이 "일곱 사람들"은 "일곱 집사"로 알려지고 있다. 그러나 이것은 분명히 어떤 확실한 증거에 근거해 있지도 않은 잘못된 이해이다. 성경의 증언 자체만 보더라도 이들은 결코 "집사"가 아니며, "집사"로 불릴 수 있는 사람들이 아니기 때문이다. 무엇보다 성경 어느 곳에서도 이들을 가리켜 "집사"라고 말한 적이 없기 때문에 우리는 그들을 "집사"라고 생각하거나 단정해서는 안 된다.

많은 기독교인들이 이들을 "집사"라고 오해하게 된 데에는 몇 가지 이유가 있어 보인다. 그 이유 가운데 하나는 우리나라 〈개역성경〉에서, 특히 사도행전 21:8을 번역할 때, 일곱 사람들 중 하나인 빌립을 가리켜 원문대로

---

36) Gunter Wagner(ed.), *An Exegetical Bibliography of the New Testament*(Georgia: Mercer University Press, 1985)의 사도행전 6장 부분에 보더라도 Martin Hengel, "Zwischen Jesus and Paulus. Die 'Hellenisten', die 'Sieben' und Stephanus(Apg 6,1~15; 7,54~8,3)" ZThK 72(1975), 151~202와 D. J. Dupont, *The Salvation of the Gentiles*(New York, 1979), p. 94. "Diakonie" in: Theologische Realenzyklopaedie 8(1981), 621, 622만 소개되고 있을 뿐이고, E. Haenchen, *The Acts of the Apostles: A Commentary*의 사도행전 6:1~7 부분의 Bibliography에서도 M. Simon, *St. Stephan and the Hellenists in the Primitive Church*, London, 1958, pp. 130과 E. C. Blackman, "The Hellenists of Acts 6:1", Exp. Tim. 48(1936~37), 524f.와 C.F.D. Moule, "Once More, Who were the Hellenists?" Exp.Tim. 70(1959), 100~102 정도만 소개되고 있을 뿐이다. 오히려 최근에 나온 Martin Hengel, *Between Jesus and Paul: Studies in the Earliest History of Christianity*(Philadelphia: Fortress Press, 1983)의 제1장(章) Between Jesus and Paul; The 'Hellenists', the 'Seven' and Stephen(Acts 6.1~15; 7.54~83)과 그 책에서 소개된 몇 건의 참고 문헌들이 좋은 연구 자료가 될 수 있다.

"일곱 중 하나"("ontos ek ton hepta", "one of the seven)라고 번역하지 않고, "일곱 '집사' 중 하나"라고 원문에도 없는 "집사"라는 말을 삽입하여 잘못 번역한 데 있다.[37] 〈개역성경〉의 이 같은 잘못된 번역이 그만 교인들의 머릿속에 입력됨으로써 자연히 사도행전 6:5에 등장하는 일곱 사람들을 모두 "집사"로 오해하게 되었던 것으로 생각된다. 나중에 우리나라 〈표준새번역〉에서 이 같은 개역의 잘못된 번역을 원문대로 "일곱 중 하나"라고 올바로 수정해 놓은 것은 그나마 다행한 일이다.

둘째로 "일곱 사람들"을 "집사"로 오해하고 오역하게 된 또 다른 이유는 사도행전 6:1에서 "일곱 사람"의 선택과 관련하여 그들의 주요 역할로 언급된 구제(diakonia)라는 헬라어가 나중에 빌립보서 1:1과 디모데전서 3:8 등에서 언급되고 있는 집사(deacon)를 가리키는 헬라어 단어(diakonous)와 어근이 같다는 사실 때문에 쉽게 생겨났을 것으로 생각된다.[38]

이런 오해와 오역 때문에 주로 〈개역성경〉에 의존해서 신앙생활을 해온 많은 기독교인들의 머릿속엔 이미 "일곱 사람들"이 "일곱 집사"로 잘못 입력되어 왔다. 이런 오해 때문에 "일곱 사람들"이 일반적으로 "집사"로만 생각되고 있지, 초대교회의 헬라 파 사람들 가운데 새로 등장하여 그 능력을 인정받은 새로운 지도자 혹은 헬라 파 사람들에게 복음을 전해 주고자 했던 "전도자" 혹은 "선교사"로 정확히 이해되지 않았던 것으로 생각된다.

2) 스데반과 빌립을 비롯한 "일곱 사람들"의 정체

그렇다면 사도행전 6장에서 처음으로 언급되고 있는 이 "일곱 사람들"은 도대체 어떤 사람들인가? 이들은 일반적으로 알려져 있듯이, 그리고 앞에서 지적한 바와 같이 일곱 명의 "집사"가 아니다! 비록 사도행전 6:1~4에서 열두

37) 외국어 번역 성경 중에서는 *The New Testament: A New Translation*(Olaf M. Norlie)에서도 사도행전 21:8을 "one of the seven deacons"라고 잘못 번역하였다.

38) 그러나 실제로 열두 사도들이 "말씀을 섬기는 일"(6:4)에만 힘쓰겠다고 말했을 때도 "diakonia"란 단어가 사용되고 있다. 그래서 이 본문이 집사 제도의 근거 본문이 될 수도 없다는 지적이 있다. Justo L. Gonzalez, *Act: the Gospel of the Spirit*, p. 91.

사도들이 말씀을 전하는 일에만 전념하고 "구제하는 일을 담당시키기 위해"[39] "일곱 사람들"을 선택한 것처럼 기록되어 있기는 하지만, 브루스(F. F. Bruce)가 지적하듯이 (구제하는) "이 일은 그들의 유일한 역할이 아니었으며, 아마도 그들의 가장 중요한 역할도 아니었던 것이 분명하다."[40] 이들의 선택과 관련된 사도행전 본문에서도 이 점은 분명히 드러난다. 즉 스데반과 빌립 등 일곱 사람들은 (열두 사도들과 똑같이) "성령과 지혜가 충만한 사람들"(6:3)이며, 스데반의 경우는 "은혜와 권능이 충만하여…큰 기사와 표적을 행하였을"(6:8) 뿐 아니라 열두 사도와 마찬가지로 하나님의 말씀을 전하는 "설교"를 했으며(7장), 빌립의 경우도 "사마리아 도시로 내려가 사람들에게 그리스도를 전했고"(8:5), "더러운 귀신을 쫓아내며 중풍병자와 불구자들을 고쳐 주는"(8:7) "큰 기사와 표적을 행했으며"(8:13), 에디오피아 여왕 간다게의 내시이자 그 여왕의 모든 재정을 맡은 고관에게 성경을 해석해 주며 예수의 복음을 전파했고(8:26~35), 나중에는 그에게 성례(곧 세례)를 집행하기도 했다(8:38).

결국 "일곱 사람들"은 열두 사도들이 한 일과 똑같은 일을 한 사람들이다. 일곱 사람들의 대표로 등장하는 스데반과 빌립의 행적을 소개하는 부분에서는 이 일곱 사람들이 그들의 선택과 관련하여 주요 임무로 언급되었던 "공궤하는 일"을 했다는 이야기는 오히려 전혀 언급되어 있지도 않다. 더군다나 성경 본문 어느 곳을 보더라도 이들이 "공궤하는 일" 혹은 "구제하는 일"을 담당하는 "집사"들이었다는 암시나 직접적인 언급이 없다. 일곱 사람들 가운

---

39) 제1세기 유대교에서는 가난한 사람들에게 구제금을 분배하는 두 종류의 제도가 있었다. tamhuy와 quppah였다. tamhuy는 거지처럼 떠돌아다니는 사람들에게 매일 음식(빵, 콩과 과일, 그리고 유월절에는 포도주)을 배급해 주는 것이고, quppah는 도시 안의 가난한 자들에게 음식과 의복을 매주 일종의 실업 수당처럼 지급해 주는 것이다. Cf. Gerd Luedemann, *Early Christianity according to the Traditions in Acts: A Commentary*(Minneapolis: Fortress, 1989), p. 74. 사도행전 6:1에서 언급된 "매일 구제하는 일"은 이 둘에 속하지 않는 것으로 아마도 초대 기독교회는 가난한 자들을 구제하기 위해 이미 유대교와는 다른 제도를 도입했던 것으로 보인다. 회당으로부터 분리되어 나오면서 어쩔 수 없이 발전된 제도였을 것으로 보인다. Cf. E. Haenchen, *The Acts of the Apostles*, pp. 261~262.

40) F. F. Bruce, Peter, Stephen, *James and John: Studies in Non-Pauline Christianity*(Wm Eerdmans: Grand Rapids, Michigan, 1979), p. 50.

데 대표자의 한 사람으로 등장하는 "스데반은 구제하는 일(diakonia, 6:1)을 하는 자로 묘사되어 있지 않고, 오히려 사도들과 마찬가지로 권능 있는 설교자요 기적을 베푸는 자로 묘사되어 있을 뿐이다(6:2, 4:33, 5:12)."[41]

그렇다면 이들은 도대체 누구인가? 어떤 사람들인가? 이들의 진정한 정체는 무엇인가? 우선 우리는 그들의 이름이 모두 헬라어인 점에 주목할 필요가 있다. 물론 헬라어 이름 자체가 결정적인 요인일 수는 없다. 왜냐하면 예수의 열두 제자들 가운데서도 안드레와 빌립[42]은 분명히 헬라어 이름을 갖고 있었기 때문이다. 그러나 일곱 사람들 중 하나를 가리켜 "유대교인이 된 안디옥 사람 니골라"(6:5)라고 말한 것으로 보아서[43] 니골라는 분명히 "유대교로 개종한 이방인"이었고,[44] 이 일곱 사람들 중 나머지 사람들도 히브리 말을 사용하는 본토박이 유대인들이 아니었다는 점은 분명해 보인다. 사도행전 6:1에서는 이들을 "헬라 파 사람들"(the Hellenists)이라고 말한다.[45] 이들은 헬라 말을 사용하는 이방 지역 출신의 유대인들, 곧 디아스포라 유대인들이었다. 안디옥과 알렉산드리아에는 여러 세대에 걸쳐 헬라 말을 사용하는 유대인들이 많이 살고 있었다. 뿐만 아니라 팔레스타인 안에서조차 헬라 말

41) Gerhard Krodel, *Acts: Proclamation Commentaries*(Philadelphia: Fortress Press, 1981), p. 30.

42) Hengel는 빌립이 본래는 "열두 사람들" 가운데 하나였는데, 이제 "일곱 사람들" 가운데 하나로 넘어갔을 가능성을 배제하지 않고 있다. Cf. *Between Jesus and Paul*, p. 14.

43) 니골라가 분명히 "개종자"이기 때문에 나머지 여섯 사람은 아마도 유대인 태생이었을 것으로 보인다. 더구나 이 개종자를 본래 안디옥 사람이라고 말한 것으로 미루어 이방 지역 출신임을 암시하려고 한 것으로 보이기도 한다. 초대 교부인 이레니우스에 의하면 이 니골라가 나중에 초대교회 안에 등장한 니골라 당의 창시자와 선생 이름의 유례가 되는 인물이었다. Cf. Irenaeus, *Against Heresies* 1.23(ed. W. W. Harvey I, p. 214).

44) James D. G. Dunn, *The Acts of the Apostles*(Pensylvania: Trinity Press International, 1996), p. 83.

45) 이들의 정체에 대한 학자들의 정의도 다양하다. G. P. Wetter는 이들이 "Gentile Christians"라고 보고 있고, 그와 반대로 E. Schwartz, E. C. Blackman과 Bo Reicke 등은 이들을 유대교로 개종한 이방인인 "Hellenistic proselytes"라고 주장하며, 다른 한편으로 O. Cullmann은 정통 유대교로부터 떨어져 나와 혼합주의적인 특징들을 가진 이전의 유대인들, 그러나 비유대교적 즉 헬라적 요소들을 많이 갖고 있는 유대인들이라고 보고 있고, 거의 같은 맥락에서 A. Spiro는 스데반과 같은 사람을 사마리안이라고, 즉 히브리인이면서 사마리아인처럼 혼합주의적 색채를 갖고 있는, 그래서 헬라주의자로 돌아선 사람들이라고 보고 있다. 반면에 M. Simon은 헬라 사상, 즉 이교 사상의 영향을 받았다는 의미에서 멸시적인 의미로 헬라 말을 하는 유대인들을 가리키는 것이라고 보고 있다. Cf. Hengel, *Between Jesus and Paul*, pp. 4~6.

을 사용하는 유대인들이 이미 제2 돌레미 통치 시대 초기(기원전 285~246)에 많이 살고 있었다는 사실은 제논의 파피루스들을 통해서도 입증되고 있다.[46]

일반적으로 팔레스타인에 살고 있던 많은 유대인들은 두 나라 말을 사용하였다. 하나는 자기들 본래의 언어인 아람어(혹은 히브리어)이고, 다른 하나는 헬라어였다.[47] 초대교회 당시 예루살렘에 거주하는 기독교인들 가운데도 히브리 말 곧 아람어를 사용하는 유대 기독교인과 헬라 말을 사용하는 이방 지역 출신 기독교인들이 섞여 살았다. 이 두 부류 간의 차이를 구태여 구분한다면, 헬라 파 기독교인들은 오직 헬라어만을 사용하는 사람들이었고, 히브리 파 기독교인들은 오직 아람어만을 말하는 기독교인이거나 아니면 바울이나 다른 사람들처럼 아람어와 헬라어를 동시에 말할 줄 아는 사람들이었을 것이다.[48] 그런데 예루살렘 교회 안에 헬라 말만 사용하는 기독교인들과 히브리 말만 사용하는 기독교인들 간에 언어 소통의 문제점이 심각했고, 또 그것과 함께 구제금의 분배와 관련하여 여러 가지 불평과 불만, 곧 열두 사도들이 모두 히브리 말을 하는 지도자들이라서 히브리 말을 하는 유대인 기독교인들에게 구제금이 더 후하게 주어진다는, 헬라 파 기독교인들의 불만과 불평이 터져 나오는 등(6:1) 교회 내의 갈등과 균열의 징조가 드러나고 있었

---

46) 제논(Zenon)은 돌레미의 재무장관이던 아폴로니우스의 집사로서 기원전 260~258년에 주인을 위해서 팔레스타인 전역에 걸쳐 광범위하게 여행을 한 사람이다. Cf. *Peter, Stephan, James and John*, p. 50.

47) Martin Hengel, *Judaism and Hellenism*(Philadelphia: Fortress Press, 1974), p. 105; F. F. Bruce, *Studies in Non-Pauline Christianity*, p. 50.

48) F. F. Bruce, Peter, Stephen, *James and John: Studies in Non-Pauline Christianity*(Eerdmans, 1979), p. 51; James D. G. Dunn, *The Acts of the Apostles*(Pensylvania: Trinity Press International, 1996), p. 81; William Neil, *The Acts of the Apostles*(New Century Bible Commentary: Eerdmans, 1981), p. 102.

49) Martin Hengel은 사도행전 6:1 이하에 소개된 히브리 파 기독교인들과 헬라 파 기독교인들 간의 긴장이 F. C. Baur 이후 많은 학자들로부터 "초대 기독교 발전에서의 새롭고도 중요한 단계"(a new and decisive stage in the Earliest Christianity(Philadelphia: Fortress Press, 1979, p. 71)라고 말하고, 다른 한편으로 James Dunn은 이 두 계파의 분열을 가리켜 "교회 역사상 최초의 신앙고백적 분열"(the first confessional schism in church history)이라고 말하고 있다. Cf. *Unity and Diversity in the New Testament*, p. 268.

다.[49] 제임스 던(James Dunn)에 의하면 헬라 파 기독교인들은 아마도 언어 소통의 문제점 때문에 다른 기독교인들, 곧 히브리 말을 사용하는 유대 기독교인과 함께 살지 못하고 오히려 그들과 떨어져서 살았고, 신앙생활도 자기들끼리만 모이는 다른 회당을 사용하며 살았던 것으로 보인다.[50] 그렇지 않다면 어떻게 헬라 말을 하는 기독교인 과부들이, 그것도 그들 중 일부가 아닌 전부가 그처럼 철저히 구제금 배당에서 무시당하며 차별당할 수 있었겠는가? 결국 이런 사실은 히브리 파 기독교인들과 헬라 파 기독교인들이 어느 정도 서로 격리되어 살았고, 헬라 파 기독교인들은 예루살렘의 어느 특정 구역, 심지어 거의 게토와 같은 환경에서 살았다는 점을 강하게 암시해 주고 있는 것이다.[51] 오직 헬라 파 기독교인들이 살고 있는 지역에서만 히브리 파 기독교인들에게 배당되는 것과 같은 구제금이 제대로 분배되지 않고 차별을 당하였으며, 그 때문에 "헬라 파 유대인들이 자기의 과부들이 그 매일 구제에 빠지므로 히브리 파 사람을 원망"(6:1)하기에 이르렀던 것으로 보아야 한다.

이런 상황에 직면해서 초대교회의 지도자들이던 열두 사도들은 초대교회의 평화와 계속적인 발전을 위해서 일단은 업무 분담 형식으로, 즉 열두 사도들은 말씀을 전하는 일과 기도하는 일에만 힘쓰고, "일곱 사람들"에게는 구제금을 분배하는 것과 같이 이른바 "공궤하는 일"을 맡기기 위해서, 이방 지역 출신 기독교인들 가운데서 "성령과 지혜가 충만한" 지도력이 있다고 생각되는 일곱 사람을 별도로 선택하여 그들의 지도자로 안수하여 세웠던 것으로 전해지고 있다. 따라서 이 일곱 사람들은 팔레스타인 출신이던 본토박이 열두 사도들과는 달리 이방 지역 출신으로 헬라 말만을 사용하는 기독교인들의 실제적인 지도자들로 새로 등장한 셈이다. 마치 "열두 사도들"이 예루살렘을 중심으로 주로 유대인 출신 히브리 파 기독교인들을 위해 지도력을

50) 사도행전 6:9에 보면 스데반과 변론한 사람들이 다른 곳에 있는 회당에 출석하는 사람들임을 언급하고 있다.

51) James D. G. Dunn, *Unity and Diversity in the New Testament: An Inquiry into the Character of Earliest Christianity*(London: SCM Press, 1990, 2nd edition), p. 269.

발휘한 "유대 기독교인들의 지도자들"이었듯이, 이 "일곱 사람들"은 주로 이방 지역 출신인 헬라 파 기독교인들을 상대로 지도력을 발휘한 "헬라 파 기독교인들의 지도자들"이었던 것으로 생각된다. 그래서 던은 다음과 같이 말한다. "일곱 사람들은 모두 헬라 파 기독교인들이고, 그들은 마치 열두 제자들이 히브리 파 기독교인들을 대표하듯이 헬라 파 신도들을 위한 대변인으로 선택되었을 것이며…사실상 그들은 이미 헬라 파 기독교인들의 지도자들이었고, 아마도 헬라 파 가정 그룹들 가운데 등장하기 시작한 신흥 지도자들이었을 것이다."[52]

따라서 초대교회에서 새로이 일곱 지도자가 선택되어 등장하게 된 것은 초대교회의 구조가 히브리 파 사람들의 공동체와 헬라 파 사람들의 공동체로 이원화되기 시작한 것을 뜻하는 것이기도 하다.[53] 헬라 파 사람들 가운데서 그들의 지도자로 오직 "일곱 사람"만을 선택한 것은 이 그룹 자체가 본질적으로 좀 더 작았기 때문일 수도 있지만,[54] 이미 유대인 출신 기독교인들의 지도자로 일하고 있는 "열두 제자들"에 맞먹게 이방 지역 출신 기독교인들의 지도자로 "일곱 사람들"이 적절했기 때문일 수 있다.[55] "열둘"이란 숫자가 유대적인 숫자라면, "일곱"이란 숫자는 보편성을 뜻하는 이방적인 의미의 숫자로 이해되기 때문이다(예: 요한계시록에 나오는 소아시아의 "일곱 교회들").[56]

---

52) Dunn, *Unity and Diversity*, p. 270; 같은 의미에서 Hengel은 "'일곱 사람들' 은 실제로 '열두 사람들' 에 종속되어 가난한 사람들을 돌보던 사람들이 아니라 헬라 파 사람들로 구성된 독립된 공동체의 지도자 그룹이었다." 고 말한다(cf. *Between Jesus and Paul*, p. 13). E. Schwartz도 "일곱" 을 "열둘" 과 같은 명칭으로 이해하고 있다. 그에 의하면 "열둘" 이 이스라엘을 위한 명칭이듯이, "일곱" 은 개종자들을 위한 명칭이었다. Cf. Gerd Luedemann, *Early Christianity according to the Traditions in Acts: A Commentary*(Minneapolis: Fortress, 1989), p. 79.

53) Josep Rius-Camps는 열두 사도들이 히브리 공동체를 책임 맡고, 일곱 지도자들이 디아스포라들로 구성된 헬라 파 공동체를 책임 맡는 "a double adminstration" 체제를 의미하는 것이라고 말한다. Cf. Justo L. Gonzalez, *Act: the Gospel of the Spirit*, p. 91, n. 71.

54) Hengel은 "열둘 대신에 일곱을 지도자로 세운 것은 본질적으로 이 그룹이 좀 더 작았기 때문" 이라고 보고 있다. Cf. *Between Jesus and Paul*, p. 15.

55) 누가가 사도행전 6:2에서 "열둘" (the Twelve)이란 용어를 사용한 후에 6:3에서 "일곱" (the Seven)이란 용어를 사용한 것도 이 두 부류의 지도자들을 대비시키기 위함이었을 것으로 본다.

56) "It is difficult not to think that…it was also recognized as having Gentile associations." Cf. William Neil, *The Acts of the Apostles*, p. 103.

그러나 던은 이런 가능성을 배제하지 않으면서도 "오직 일곱 사람만을 선택한 것은 헬라 말을 하는 사람들이 모인 교회가 일곱 개 있었음을 가리키는 것일 수 있다."고 가정하기도 한다.[57] 그렇다면 이 "일곱 사람들"은 예루살렘에 이미 존재해 있던 일곱 개의 헬라 파 기독교인 공동체의 실질적인 지도자들이었을 것으로 보인다.

그런데 이들 일곱 사람들이 이방 지역 출신인 데다가 헬라 문화의 영향 아래에서 교육을 받으며 자라난 사람들이라서 예루살렘의 유대계 기독교 지도자들인 열두 사도들과는 신학적으로 적지 않은 차이를 보인 것이 사실이다.[58] 열두 사도들이 갖고 있던 신학과 이들이 분명히 달랐던 것 가운데 하나가 스데반의 설교와 빌립의 행적에서 아주 분명히 나타나는데, 한마디로 말한다면 곧 세계주의적 경향(universalism), 또는 강한 이방 지향적인 경향이다. 이것이 한편으로는 부정적으로 탈(脫)예루살렘화 혹은 탈성지화(脫 聖地化)로 나타나고 있고, 다른 한편으로는 이방인을 향한 적극적인 선교 활동으로 나타나고 있다. 우리는 스데반의 설교(7장)와 빌립의 행적(8장)에 나타나는 그들의 신학적 관심의 특징이 무엇인지 살펴보기로 하자.

3) 스데반의 설교가 보여주는 세계주의적인 신학

사도행전 7장에 소개되고 있는 스데반의 설교는 사도행전에 나오는 여러 설교들[59] 중 가장 긴 설교이면서 가장 중요한 설교 가운데 하나이다. 만일

---

57) Dunn, *The Acts of the Apostles*, p. 84.

58) Martin Hengel도 예루살렘의 헬라 파와 히브리 파 사람들 간에 "교리 상의 차이"(differences in doctrine)가 있었음을 지적하고 있고(cf. *Between Jesus and Paul*, p. 55). James D. G. Dunn은 이것을 가리켜 "교회사에 나타난 최초의 신앙고백적 분열"(the first confessional schism in church history)이라고 말하고 있다. Cf. *Unity and Diversity in the New Testament*, p. 268,

59) 사도행전은 "사도들의 행적"(the Acts of the Apostles)이란 이름에 걸맞지 않게 "행적"보다는 오히려 "설교들" 혹은 연설문들을 많이 소개하고 있다. 모두 24개의 설교나 연설문이 수집되어 있는 것으로 알려져 있는데, 이중에 베드로의 설교가 9개(1:16~22, 2:14~36, 3:12~26, 4:8~12, 5:29~32, 8:20~25, 10:34~43, 11:5~17, 15:7~11)이고, 바울의 설교가 9개(13:16~41, 14:15~17, 17:22~31, 20:18~35, 22:1~15, 24:10~21, 26:2~23, 27:21~26, 28:17~20)이다.

우리가 베드로를 유대인 기독교의 대표적인 지도자로 그리고 바울을 이방인 기독교의 대표적인 지도자로 생각한다면, 스데반은 헬라적 유대인 기독교의 대표적 지도자라고 볼 수 있기 때문에, 이 경우 우리는 스데반의 설교를 신약성서가 소개하는 헬라적 유대 기독교 혹은 디아스포라 유대 기독교 지도자의 대표적인 설교로 받아들일 수 있다. 그리고 스데반의 설교는 히브리 파 공동체의 지도자들, 곧 열두 사도들로부터는 결코 들을 수 없는 아주 놀랍고 새로운 메시지를 전해 주고 있다. 이는 일곱 지도자들의 신학사상이 열두 사도들의 신학사상과 아주 다르다는 점을 보여 주는 구체적인 증거이다. 스데반의 설교는 크게 두 부분으로 나눌 수 있다. 이 두 부분의 설교 주제가 다르기 때문에 여기서도 구분해서 다루기로 한다.

(1) 설교의 첫 번째 부분: "이방 땅에도 계신 하나님"(7:1~34)

스데반의 설교 중 첫 번째 부분에서는 이방인들의 땅에도 현존해 계시는 하나님을 강조하는 데 초점이 맞추어져 있다. 스데반은 7장에 나오는 그의 설교 전반부에서 하나님은 성지인 팔레스타인에만 계시고, 팔레스타인에서만 그의 백성들에게 나타나시는 하나님이 아님을 강조한다. 곧 하나님은 이방인들의 땅에도 계시고 이방 땅에서도 수시로 나타나시는 분임을 역설하고 있다. 스데반은 이 점을 구약성서의 이야기를 가지고 상세히 예증하고 있다. 즉 하나님은 아브라함이 아직 메소포타미아에 있을 때에 그곳에서 "그에게 나타나셨으며"(7:2), 여러 조상들이 애굽에 요셉을 팔았을 때에도 그곳에서 "하나님이 저와 함께 계셨으며"(7:9), 모세가 애굽에서 태어났을 때 "하나님이 보시기에 아름다웠으며"(7:20), 하나님은 "시내 산 광야 가시나무 떨기 불꽃 가운데서"(7:30) 모세에게 나타나신 분이다. 더구나 하나님은 그곳에서 모세를 향해서 "네 발의 신을 벗으라. 네가 서 있는 곳은 거룩한 땅이다."라고 말씀하셨다(7:33). 따라서 스데반의 설교에 의하면, 하나님이 가나안 땅, 예루살렘, 혹은 성전에만 현존해 계신 분이 아니라, 이방 땅 어느 곳에나 현존해 계시는 분이며, 사실상 그곳이 어느 곳이든지 하나님께서 나타나시는 곳이라면 그 모든 곳이 다 "거룩한 땅"이요 성지임을 강조하고 있다. 가나안 땅

팔레스타인만을 성지로 보는 시각을 철저히 배격하고 있는 것이다.

스데반의 이런 설교는 성지 팔레스타인과 예루살렘에만 집착하는 다른 초대 기독교인들, 특히 히브리 파 기독교인들의 편협한 민족주의 혹은 편협한 지역주의를 예리하게 비판하는 것이었고 또 그것을 넘어서려는 강한 의지의 표현이었다. 온 세상을 하나님의 현현과 계시의 영역으로 보는, 그래서 하나님의 우주편재사상(omni-presence of God)을 보여 주는 스데반의 이러한 열린 사상 때문에 초기 기독교는 유대인 기독교의 편협한 민족주의, 지역주의를 극복할 수 있었고, 또 유대교 내의 종파적인 형태를 벗어나서 세계 종교로의 발전을 기대할 수 있게 되었다. 그래서 스데반의 설교는 팔레스타인만이 거룩한 땅 성지이고 이방 땅은 우상의 땅이라고 생각하는 유대인들에게는 쉽게 받아들일 수 없는 상당히 충격적인 설교가 아닐 수 없었다. 물론 예루살렘 교회의 지도자들인 열두 사도들로부터는 거의 기대할 수 없는 설교였다.

(2) 설교의 두 번째 부분: "성전에 계시지 않는 하나님"(7:35~53)

두 번째 부분은 이스라엘의 우상 숭배를 공격하는 내용으로 "손으로 만든" 성전을 "손으로 만든" 우상과 동일시하면서 성전에 대해 공격하고 있다. 스데반은 설교의 첫 번째 부분에 이어 설교의 후반부에서 성전에 대한 우상 숭배를 강하게 배격한다. 그는 이스라엘 백성이 출애굽하여 시내 광야에 이르렀을 때 그곳에서 "손으로 만든" "금송아지"를 섬겼던 사실을 언급하면서, "손으로 만든" 것이[60] 우상이라고 지적한다(7:41). 나중에 이스라엘 백성이 가나안에 들어와 솔로몬을 통해 예루살렘 성전을 건축했는데, 그 성전도 "손으로 만든" 것이라고 지적한다. 결국 "손으로 만든" 예루살렘 성전도 우상이

60) 스데반이 성전을 가리켜 표현한 바 있는 "손으로 만든"(cheiropoiethos)이란 이 단어는 많은 헬라 사상가들이 우상 숭배를 비판할 때 사용한다. 그러나 더 중요한 것은 헬라적인 유대인들이 이교주의를 정죄할 때마다 거의 규칙적으로 사용하던 단어였고, 70인역 성경 시대로부터 우상 그 자체를 나타낼 때는 물론 유대인들이 우상 숭배를 멸시할 때마다 흔히 사용하던 단어였다. 그런데 스데반이 이 단어를 예루살렘의 성전에 대해 사용하면서 그 성전을 우상이라고 부르고 있는 것이다. Dunn, *Unity and Diversity in the New Testament*, p. 271.

라고 규정하며 하나님은 손으로 만든 집에 거하지 않는 분이라고 역설한다(7:48).

다른 한편으로 스데반은 광야 시대의 "장막"과 예루살렘의 "성전"을 대비시키고 있다. 장막은 이스라엘의 "광야 교회"(7:38)가 생명의 도를 받고 하나님의 천사가 함께하던 광야 시대를 대표한다. 장막은 하나님이 시내 산에서 모세에게 일러준 대로 만든 것이며(7:44) 이스라엘이 가나안을 정복할 때까지 하나님이 늘 이스라엘과 함께 동행하신 것을 상징하고 있다. 그러나 성전은 솔로몬이 하나님을 위해 지어 준 집으로(7:47) 예루살렘의 어느 한 장소에 고정되어 있는 "손으로 지은" 건물일 뿐이다. 하나님은 "손으로 지은"(7:48) 집에 거하시는 분이 아니다. 사람의 손으로 만든 작은 건물이 하나님께서 "안식할 처소"는 되지 못한다(7:49). 왜냐하면 "하늘이 그의 보좌요 땅은 그의 발등상"이기 때문이다. 곧 이 우주와 세계가 모두 하나님의 거처이다. 그래서 하나님은 "나를 위하여 무슨 집을 짓겠느냐?"고 반문하시기까지 했던 것이다. 스데반에게는 분명히 "손으로 만든" 예루살렘 성전보다는 오히려 조상들이 광야에 있을 때 하나님께서 모세에게 일러주신 그대로, 하나님께서 보여 주신 모형 그대로 만든 "증거의 장막"이 훨씬 더 하나님 예배에 적절한 형태였던 것이다. "지극히 높으신 분은 사람의 손으로 만든 집에 계시지 않습니다."(7:48)란 말로써 스데반은 놀랍게도 그리고 감히 성전을 건축한 솔로몬의 행동을 폄하하며 거부하고 있는 것이다.

물론 신약성서에는 성전 제도가 좀 더 나은 것에 의해서, 곧 영적인 성전과 영적인 제사직과 영적인 제사에 의해서 종결되고 대치되었다는 메시지가 일반적으로 여러 곳에서 나타나고 있기는 하다(롬 12:1; 히 13:15f.; 벧전 2:5 등등). 그러나 스데반의 설교에서 보듯이 성전 자체가 애초부터 잘못이었다는 생각은 신약성서에서 그 유례를 찾아볼 수 없다.[61] 예루살렘 성전에 대한 스데반의 이 같은 비판과 거절은 결국 예루살렘 성전에 집착하는 그 지역 기독교인들, 곧 히브리 파 기독교인들의 성전관을 배격하고 거절하는 것을 의미

61) Bruce, *Studies in Non-Pauline Christianity*, p.55.

한다.[62] 스데반의 예루살렘 성전에 대한 이 같은 비판과 부정은 분명히 온 세계, 온 우주를 하나님의 집으로 내다보고 있는 그의 보편주의적 사상 때문이었다.

하나님의 우주 편재 사상을 강조하면서 "손으로 만든" 하나님의 집인 예루살렘 성전을 폄하하고 비판한 것 때문에 스데반이 히브리 파 유대인들에 의해 죽임을 당하였지만, 여기에서 우리가 주목해야 할 아주 중요한 사실은 스데반의 사상이 예수로부터 직접 영향을 받은 사상이란 점이다. 스데반이 강조하는 하나님의 우주 편재 사상은 "땅 끝까지" 복음을 전하라는 부활하신 예수의 명령에 따른 것이고, 성전에 대한 스데반의 견해는 복음서에 나오는 예수의 말씀, 곧 마가복음 14:58과 요한복음 2:19에 나오는 예수의 말씀에 직접적으로 크게 영향을 받았다는 점이다. 즉 예수 자신이 이미 "손으로 지은 이 성전을 헐고 손으로 짓지 아니한 다른 성전을 사흘에 지으리라."(막 14:58)고 말씀하시면서 "손으로 지은" 성전을 부정하고 거절하셨기 때문이다. 따라서 "손으로 지은" 성전을 우상으로 보는 스데반의 성전관은 바로 예수의 성전관을 그대로 이어받은 것에 지나지 않는다고 보는 것이 옳다.[63]

비록 예루살렘 중심주의, 성전 중심주의, 팔레스타인 중심주의에 대한 이 같은 강한 비판 때문에 스데반이 그 당시 보수적인 유대인들에 의해 돌에 맞아 죽는 불행을 겪었지만, 스데반이 갖고 있던 이런 탈팔레스타인, 탈예루살렘, 탈성전적인 세계주의적인 보편주의(universalism), 혹은 탈유대적인 이방지향적 경향 때문에 초대 기독교는 드디어 예루살렘을 넘어 온 유대와 사마리아 그리고 땅 끝까지 복음을 전파하며 성장하는 세계적인 종교로 발전하는 길을 열게 된 것으로 보아야 할 것이다. 이런 의미에서 "헬라 파 사람들과

---

62) 예루살렘의 성전에 대한 이런 부정적인 견해가 사마리아인들의 예루살렘 성전관과 연관되어 있기 때문에 스데반을 사마리아 사람이라고 주장하는 학자도 있다. Cf. A. Spiro, "Stephen' s Samaritan Background", in J. Munck, *The Acts of Apostles*, rev. by W. F. Albright and C. S. Mann, AB 31, 1967, Appendix VI, 301~304. 그리고 C. H. H. Scobie는 스데반의 설교에 사마리아적인 영향이 분명히 나타나 있다고 주장한다. Cf. "The Origin and Development of Samaritan Christianity", NTS 19(1972~73), pp. 391~400.

63) Dunn, *Unity and Diversity*, p. 272.

특히 스데반이 사도 바울의 선구자"라고 말한,[64] 그리고 예루살렘에 있던 이 헬라 파 사람들이야말로 "예수와 바울 사이"(Between Jesus and Paul)에서 교량 역할을 한 "바울 이전의 헬라적 공동체"(the pre-Pauline Hellenistic Community)였다고 말한[65] 헹겔(Hengel)의 말에 분명히 일리가 있다고 보인다.

4) "그리스도를 본받아" 순교한 스데반(7:54~60)

우리는 앞에서 스데반의 설교가 예수의 정신을 그대로 반영한 설교라는 점을 언급한 바 있다. 그런데 스데반은 그의 설교에서 예수의 정신을 그대로 따랐을 뿐 아니라 그의 마지막 죽음에서도 예수의 최후 십자가 장면을 그대로 따라 순교한 것으로 소개되고 있다. 당시 유대인의 입장에서 본다면, 스데반의 설교는 정말로 돌에 맞아 죽을 수밖에 없는 설교였다. 신성모독죄와 함께 성전모독죄에 해당되었기 때문이다. 그래서 스데반의 설교를 들은 유대인들은 "격분하여 이를 갈았고"(7:54), 끝내 성 밖으로 그를 끌어내어 돌로 쳐 죽였다(7:58). 그런데 누가는 돌에 맞아 순교하는 스데반의 최후 장면이 놀랍게도 예수의 십자가 최후 장면과 비슷함을 강조하여 보여주고 있다. 우리가 잘 아는 대로 누가복음에 의하면 예수는 십자가에서 운명하기 전에 회개하는 강도를 향해 "네가 오늘 나와 함께 낙원에 있게 될 것이다."(눅 23:43)라는 말씀 이외에 두 개의 기도를 더 드리고 마지막 숨을 거두신 것으로 전해지고 있다. 하나는 자신을 십자가에 못 박은 군인들을 위해서 "아버지, 저 사람들을 용서하여 주옵소서. 그들은 자기들이 무든 일을 하는지 알지 못하옵니다."(눅 23:34)라는 용서의 기도였고, 다른 하나는 마지막 숨을 거두기 전에 "아버지, 내 영혼을 아버지의 손에 맡기옵니다."(눅 23:46)라는 영혼 위탁의 기도였다.

---

64) Martin Hengel, *Between Jesus and Paul*, p. 2.
65) *Between Jesus and Paul*, p. 29.

그런데 놀랍게도 스데반도 돌에 맞아 죽어가면서 "예수처럼" 두 개의 기도를 드린 것으로 누가는 전해 준다. 그런데 더욱 놀라운 것은 그 두 개의 기도가 모두 예수가 십자가 위에서 드렸던 마지막 기도문을 거의 그대로 따른 것이라는 점이다. 하나는 스데반이 자기에게 돌을 던지는 사람들을 위해서 "주님, 이 죄를 저 사람들에게 돌리지 마옵소서."(행 7:60)라고 "예수처럼" 용서의 기도를 드린 것이고, 다른 하나는 마지막 숨을 거두기 직전에 "주 예수여, 내 영혼을 받아 주옵소서."(행 7:59)라고 "예수처럼" 영혼 위탁의 기도를 드린 것이다. 그런데 스데반은 순교하면서 예수의 기도문만 그대로 따라 드린 것만이 아니었다. 돌에 맞아 죽어가면서도 "무릎을 꿇고"(행 7:60) 기도했다고 한다. 예수께서 십자가 고난을 앞두고 감람산에서 기도하실 때, 예수 자신이 "무릎을 꿇고"(눅 22:41) 기도하신 것을 스데반도 들어서 알고 있었기 때문일 것이다. 이처럼 누가에 의하면 스데반은 그의 설교에서만 예수의 정신을 그대로 따른 사람이 아니라, 그의 삶과 죽음의 순간에서도 예수의 모습과 정신을 그대로 따른 사람이었다. 누가의 이런 기록은 사도행전을 읽는 독자들에게 중요한 교훈을 준다. 스데반처럼, 말씀에 있어서만 아니라 삶과 죽음에 있어서도 "예수처럼" "예수를 본받는" 사람이 될 것을 가르치는 교훈이기 때문이다.

6 빌립의 사마리아 선교 사역(8:4~40)

1) 빌립과 그의 성공적인 사마리아 전도 활동

열두 사도들은 교회로 하여금 일곱 사람을 선택하여 그들에게 "구제하는 일"을 맡기고 자기들은 말씀 전하는 일에만 전념하겠다고 했다(cf. 행 6:1~4). 그러나 스데반의 경우에서 보듯이 성령은 열두 사도들이 자기들만 말씀 전하는 사역을 하기 원했던 것에 동의하지 않았던 것으로 보인다. 스데반도 열두 사도들과 마찬가지로 말씀 전하는 일을 하였다. 그런데 이제 8장에서도 빌립 역시 열두 사도들처럼 복음을 전파하고 있다. 비록 열두 사도들의 권위가 부인되고 있는 것은 아니지만, 여하간 열두 사도들이 자기들만 말씀을 전하는 일을 하겠다고 생각한 것은 잘못이었다고 보인다. 이런 사실을 두고, 곤잘레즈(Gonzalez)는 이렇게 말하고 있다. "물론 일곱 사람을 선택하여 뽑기로 한 결정은 지혜로웠지만, 그러나 성령은 열두 사도들의 의도와는 달랐다."[66] "교회의 본래 결정에 의하면, 그 일곱 사람의 역할은 순전히 행정적인 것이었다. 그러나 외부로부터의 도전이 그들로 하여금 그 역할의 범위를 넘어서게 만들었다. 스데반이 부르심을 받았던 본래 소명은 처음에 교회로부터는 어느 정도까지만 제한되었다. 그러나 그의 최종 소명은 외부로부터 왔다."[67]

사도행전 8:1~5에 의하면, 스데반의 설교와 그의 순교로 인해 예루살렘

66) Justo L. Gonzalez, *Acts: The Gospel of the Spirit*, p. 100.
67) Acts, p. 101.

교회에 대대적인 박해가 가해지자 많은 사람들이 전국으로 흩어져 말씀을 전했는데, "빌립은 사마리아 도시로 내려가 사람들에게 그리스도를 전하기 시작했다."고 전해 주고 있다. 빌립이 가서 그리스도를 전했다고 알려진 "사마리아 도시"(8:5)는 그 당시 "세바스테"(Sebaste)라고 불리던 사마리아 자체일 수도 있고, 또는 사마리아에 있는 세겜일 수도 있다. 세바스테는 가장 이방적인 도시였고, 반면에 세겜은 가장 사마리아적인 도시였다. 그래서 많은 학자들은 본문에 나오는 도시가 세겜을 가리키는 것으로 보고 있다. 빌립이 그곳에서 한 일은 말씀을 전하는 일과 이적을 행하는 일이었다. 그래서 8:6에 보면 "무리가 빌립의 말도 듣고 행하는 표적도 보았다."고 했다. 그러나 강조점은 이적을 행하는 것이 아닌 물론 말씀을 전하는 일에 있었다.

그런데 우리는 여기서, 사마리아 사람들이 예루살렘에 있는 성전에서의 예배를 반대하던 사람들이라는 사실을 기억할 필요가 있다(cf. 요 4:20~21). 흥미로운 사실은 스데반이 그의 설교 가운데서 손으로 지은 예루살렘 성전에 대해 강하게 비판했는데, 이제 스데반과 마찬가지로 일곱 지도자 가운데 한 사람인 빌립이 예루살렘에 있는 성전에서의 예배를 반대하던 바로 그 사마리아 사람들에게로 가서 그들 가운데서 활동하며 말씀을 전하고 있다는 점이다. 스데반과 빌립도 분명히 예루살렘 초대교회에서 중심에 있던 사람들이 아닌데(히브리 파 사람들에 밀린 헬라 파 사람들이었는데), 사마리아 사람들도 바로 유대인들의 사회에서 중심에 있지 못하고 주변 변두리로 밀려난 사람들이었던 것이다. 변두리 인생과 그들의 생명에 관심을 가지는 사람은 역시 변두리에 있어 본 사람들이다.

사마리아 도시에서 빌립의 전도 활동은 아주 성공적이었던 것으로 보인다. 그 점은 "빌립이 하나님 나라와 그리스도의 이름에 관한 복음을 전하니 남녀가 다 믿고 세례를 받았습니다."(8:12)라는 말에서 잘 드러나고 있다. 사마리아 사람들이 하나님의 말씀을 받아들였다는 성공적인 이 소식을 듣고 예루살렘에 있는 사도들이 베드로와 요한을 사마리아 사람들에게로 보냈다. 두 사도는 사마리아에 도착하여 사마리아 사람들이 모두 성령을 받게 해 달라고 기도했는데, 이것은 사마리아 사람들이 예수의 이름으로 세례를 받았을 뿐, 성령이 아직 아무에게도 내리지 않았기 때문이다. 그래서 두 사도가 사마리아 사람들에게 안수하여 그들이 성령을 받게 되었다고 기록되어 있다(8:17).

이 본문은 교회 역사 속에서 아주 여러 번, 아주 다른 방법으로 해석되며 많은 논란을 불러일으킨 바 있다. 가령 삼위일체론을 강조하는 사람들은 이 본문을 근거로 "주 예수의 이름으로만" 세례를 받는 것은 역시 충분치 않다고 주장했고, 다른 사람들은 물 세례 이외에 성령 세례가 별도로 필요한 증거라고 주장했다. 다른 한편으로, 제도적인 교회를 중요시하는 사람들은 비록 세례는 교회의 지도자나 기독교인 누구에 의해서도 받을 수 있지만, 반드시 사도와 동등한 권위를 가진 감독에 의해 다시 확인받을 필요가 있다는 것을 가르치는 본문이라고 주장하기도 했다. 이런 많은 논란과 오해가 있기 때문에 더욱 본문의 의미를 누가의 의도에 따라 보다 정확히 이해할 필요가 있다.

그렇다면 "주 예수의 이름으로 세례를 받았을 뿐"(8:16)이라는 말의 의미는 무엇일까? 표현상으로는 분명히 무엇인가 부족하다는 의미를 담고 있는 듯이 보인다. 그러나 본문은 그 부족한 것이 무엇인지에 대해서는 전혀 설명하거나 언급하지 않는다. 어떤 해석자는 사마리아 사람들이 "예수의 이름으로만" 세례를 받았지 "성부와 성자와 성령의 이름으로" 세례를 받은 것이 아니라는 것을 가리킨다고 말했다. 그러나 이 해석은 문제를 안고 있는데, 사도행전의 모든 곳에서 세례는 거의 다 별다른 문제나 부족함 없이 "예수의 이름으로" 베풀어지고 있다는 사실이다. 사도행전 2:38에 보면, "여러분 하나하나가 죄를 용서받기 위하여 예수 그리스도의 이름으로 세례를 받으시오. 그리하면 성령을 선물로 받을 것입니다."라고 권하고 있다. 사도행전 10:48에서도 베드로는 "예수 그리스도의 이름으로 세례를 받으라고 명령했습니다."란 말이 나온다. 사도행전 19:1~6에 보면, 에베소에서 "요한의 세례"를 받은 제자들이 바울의 전도를 받고 "주 예수의 이름으로 세례를 받았고" 바울이 그들에게 안수했을 때 성령이 그들에게 임했다고 기록되어 있다. 따라서 사마리아 사람들이 "예수의 이름으로" 받은 세례 그 자체는 전혀 문제가 없는 것이었다.

문제는 사마리아 사람들이 세례를 받았는데도 성령을 받지 못했다는 것뿐이다. 왜 그랬을까? 그것은 알 수 없는 일이다. 2:38에 보면 베드로는 회개하고 세례를 받으면 성령의 선물을 받을 것이라고 말했다. 그러나 10:47~48에 의하면 "이 사람들도 우리들처럼 성령을 받았으니 이들이 물로 세례를 받는 것을 누가 막을 수 있겠습니까 라고 말하면서 예수 그리스도의 이름으로 세례를 받으라고 명했다."는 말이 나온다. 이 경우에는 성령을 먼저 받은 후에 세례를 받은 경우이다. 그런데 사도행전 19장에서는 바울이 요한의 세례만을 받은 사람들에게 예수의 이름으로 세례를 주었고, 그 후에 바울이 그들에게 안수했을 때 그들이 성령을 받았다(19:1~6). 이런 사도행전의 기록들로 볼 때 우리는 다음과 같이 결론 내릴 수밖에 없다. 즉 사도행전에 의하면 성령은 언제 어떻게 주어질지 완전히 자유롭다는 점이다. 세례 이전일 수도 있고, 세례 이후일 수도 있으며, 세례를 받는 가운데서일 수도 있고, 또는 다른 어느 때에라도 가능하다는 말이다. 성령의 자유를 우리 마음대로 이렇게 혹은 저렇게 생각할 수 없다는 말이기도 하다.

다른 한편으로 빌립의 사마리아 전도 활동이 아주 성공적이었다는 또 다른 구체적인 증거 가운데 하나는, 사마리아에서 "자칭 큰 자"(8:9)라고, 가장 위대한 인물이라고 일컫는, 그리고 사마리아 사람들로부터도 "이 사람이야 말로 큰 능력자로 알려진 하나님의 능력이다."[68](8:10)라고 높이 인정받던 마술사 시몬[69]을 빌립이 개종시킨 일이다. 8:13에 보면, "시몬도 믿고 세례를 받은 후에 늘 빌립을 따라다녔습니다."라고 아주 분명히 증거하고 있다. 그러나 이 마술사 시몬에게는 한 가지 중대한 문제가 있었다. 마술사 시몬은 능력자로서 능력에만 관심을 가졌지, 사마리아인들 가운데서 중요하게 생각

68) "누가의 현재 문맥에서 이 표현은 시몬의 명성이 'divine man, a supernatural being in human form'을 의미하는 것으로 보인다." Cf. F. Scott Spencer, *The Portrait of Philip in Acts*, p. 92.

69) 이 "시몬"이 후대 역사 가운데서는 Simon Magus로 알려지고 있는데, 이 시몬에 대한 연구 논문들은 아주 많다. 그 문헌들에 대한 두 개의 요약이 있는데, 하나는 W. A. Meeks, "Simon Magus in recent research", RelStudRev. 4(1977), 137~142이고, 다른 하나는 K. Rudolph, "Simon-Magus oder Gnosticus? Zur Stand der Debatte", ThRund, 42(1977), 279~359이다. 교부들의 문헌에서는 시몬이 a father of Gnosticism으로 정죄되고 있다. 물론 이것이 좀 과장이기는 하지만, 시몬과 초기 영지주의 간에 연관성이 있다고 생각할 만한 근거는 있는 것으로 알려져 있다.

되는 능력(가령 돈과 이적 행사)과 교회에서 중요하게 생각되는 능력 간의 차이를 알지 못했다. 마술사 시몬은 무리들이 자기를 향해 "하나님의 큰 능력이라"고 말하게 만들었던 그 능력과 시몬 베드로를 예수 그리스도의 사도로 만들어 사람들에게 성령을 받게 했던 능력 간의 차이를 전혀 알지 못했다. 그런 가운데 그는 베드로가 사마리아 사람들에게 안수하여 성령을 받게 하는 것을 보고 돈으로 그런 권능을 사고자 했고, 베드로로부터 "너는 하나님의 선물을 돈으로 살 생각이었으니 너는 그 돈과 함께 망할 것이다."(8:20)라는 책망과 저주를 받았다. 물론 마술사 시몬이 곧바로 "당신들의 한 말이 조금도 내게 미치지 않도록 나를 위하여 주께 기도해 주십시오."(8:24)라고 회개의 뜻을 표명하기는 했지만, 그가 돈을 주고 성령의 능력을 사려 생각한 것 때문에, 그의 이름에서 유래된 영어의 시모니(simony)가 "성직 매매"를 가리키는 단어로 발전하게 되었다.

마술사 시몬과 관련하여 한 가지 밝혀야 할 것 하나는 그와 관련된 본문에서 마술사 시몬이 사도들의 안수를 받고 성령을 받은 사람 가운데 하나인지에 대해 분명한 언급이 없다는 사실이다. 사도행전 8:18~19에서, 사도들이 안수하여 사마리아 사람들이 성령을 받았을 "그때에 시몬은 사도들이 손을 얹어 성령을 받게 하는 것을 보고 사도들에게 돈을 내면서 내가 손을 얹는 사람마다 성령을 받도록 내게도 그 권능을 주십시오."라고 부탁했다는 기록으로 볼 때, 마술사 시몬은 안수를 받고 성령을 받은 사람 중의 하나는 아니었던 것으로 보인다. 그의 생각이나 그의 행동으로 미루어 그는 분명히 성령을 받기에 합당한 자격을 갖추지는 못했던 것으로 생각된다.

이것과 관련하여 던(James D. G. Dunn)은 사마리아 사람들과 시몬의 중요한 차이에 대해 다음과 같이 설명하고 있다.[70] 누가는 사도행전 8장에서 사마리아 사람들의 이야기(5~8, 12, 14~17절)와 시몬의 이야기(9~11, 13, 18~24절)를 교대로 제시하고 있다. 이것은 누가가 사마리아 사람들과 시몬의 차이를 대조시키기 위한 것으로 보이는데, 둘 간의 중요한 차이는 참 기독교 신앙과

70) James D. G. Dunn, *The Baptism of the Holy Spirit*, pp. 66~67.

거짓 기독교 신앙의 차이이다. 처음에는 사마리아 사람들이 걸었던 길과 시몬이 걸었던 길이 비슷하다. 그래서 평행을 이루고 있다. 즉 사마리아 사람들이 마술로부터 빌립에게로 돌아섰고, 시몬도 그랬다. 사마리아 사람들이 빌립을 믿었고, 시몬도 빌립을 믿었다. 사마리아 사람들이 세례를 받았고, 시몬도 세례를 받았다. 그러나 그 둘은 그 직후부터 달랐다. 사마리아 사람들은 성령을 받았다. 그러나 시몬은 저주를 받았다.[71] 이런 대조적인 기록을 통해서 누가는 사마리아 사람들은 성령을 받아 진정한 신앙에 도달했으나, 시몬은 오로지 외면적인 것만 보고 그것에만 관심을 가졌다는 점을, 그래서 올바른 신앙에 이르지 못했음을 말해 주고 있다. 누가에게는 "믿고 세례를 받는 것"이 올바른 기독교인이 되는 것이 아니라, "믿고 세례를 받고 성령을 받는 것"이 올바른 신앙에 도달하는 길이었다. 비록 시몬이 "믿고 세례를 받은 후에 늘 빌립을 따라다녔지만"(8:13) 그것이 그를 올바른 기독교인으로 인도한 것이 아니다. 오늘날에도 시몬처럼 "믿고 세례를 받은 후에도" 참다운 기독교인이 되지 못하는 사람은 얼마든지 많다.

2) 마술사 시몬과 전도자 빌립의 대결

표면상으로는 사도행전 8장에 나오는 사마리아 사건에서 빌립과 시몬이 직접 부닥치거나 서로 비교되는 것으로 보이지는 않는다. 그러나 사도행전 8:5~24를 좀 더 깊이 살펴보면, 빌립과 시몬이 서로 비교되면서 소개되고 있음을 알 수 있다. 특히 8:13은 독립된 구절로 읽을 구절이 아니라 빌립과 시몬 을 비교하는 마지막 클라이맥스로 읽어야 할 구절이다.[72]

본문에 의하면, 첫째로, 빌립과 시몬 두 사람의 활동 무대는 모두 사마리

---

71) 8:17에서 베드로와 요한 두 사도가 "그들에게 손을 얹으니 그들이 성령을 받았습니다."라고 말하고 있지만, 베드로와 요한이 시몬에게 안수한 것 같지 않으며, 그가 성령을 받은 것 같지도 않다. 17~18절을 주의 깊게 살펴보면, 시몬은 "두 사도가 손을 얹어 성령을 받게 하는 것을 보고", 즉 그들의 행동과 방법을 주의 깊게 살펴본 후에 돈을 주고 그 권능을 얻으려고 했고, 곧바로 베드로의 저주를 받았다.

72) F. Scott Spencer, *The Portrait of Philip in Acts*, p. 88.

아 "도시"이다(5, 8, 9절). 둘째로, 두 사람 모두 이적을 행하고(6~7, 9, 11절), 말씀을 선포하였다("lego", 6, 9절). 셋째로, 두 사람 모두 사마리아 사람들의 관심을 크게 끌고 있었다(6~7, 9~10절). 넷째로, 사마리아 사람들이 모두 두 사람의 말을 "열심히 잘 들었다"(6, 10절). 다섯째로, 시몬은 사마리아 사람들로부터 "큰 능력자"("dunamis megale", 10절)라고 칭송을 받았고 백성들을 "미혹했다"(9, 11절). 그런데 사마리아 사람들은 빌립의 놀라운 이적들("dunamis megale", 13절)을 보고 "놀랐다"[73](13절). 이런 기록을 살펴보면, 우리는 누가가 의도적으로 빌립과 시몬을 대비시키고 있음을 알게 된다.

그러나 누가는 마술사 시몬을 "신적인 존재"로까지 소개한 후에 빌립과 비교 혹은 대비시키면서도 끝내 빌립이 더 위대함을 보여주고 있다. 빌립과 시몬이 똑같이 사마리아 도시에서 이적을 행하여 사람들의 관심을 사로잡았지만, "빌립이 하나님 나라와 그리스도의 이름에 관한 복음을 전하니 남녀가 다 믿고 세례를 받았습니다. 시몬도 믿고 세례를 받은 후에 늘 빌립을 따라다녔습니다."(8:12~13)에서 알 수 있듯이, 시몬은 기독교 복음을 믿고 세례를 받은 뒤 빌립의 추종자로 바뀌어 있는 것을 볼 수 있다. 따라서 8:13은 "빌립의 승리를 알려주는 최고의 징표"(the crowning sign of Philip's victory)라고 말할 수 있다.[74] 누가가 보기에 그리스도의 종들은 모두 뛰어난 이적 행사자들일 뿐만 아니라 남녀를 불문하고 하나님의 영광과 다른 사람들의 유익을 위해서 일했던 모델 인물들이다. 그중에서도 전도자 빌립은 마술사 시몬과의 만남을 통해 그런 일꾼들의 가장 뛰어난 대표자로 돋보인다.[75]

또한 우리는 빌립이 마술사 시몬을 만난 이야기를 접함으로써 누가가 빌립을 어떤 모습으로 보여주려고 했는지에 관심을 가질 필요가 있다. 무엇보다도 누가는 이 이야기를 통해서 빌립을 "모세와 같은 선지자"로 드러내려고 한 것으로 생각된다. 빌립이 사마리아 마술사인 시몬을 제압한 이야기는 모

73) 13절에서 "놀랐다"고 번역된 헬라어나 9절과 11절에서 "미혹했다"고 번역된 헬라어 원어는 똑같은 동사이다.

74) Scott Spencer, *The Portrait of Philip in Acts*, p. 94.

75) Spencer, *Philip*, p. 103.

세가 바로 왕의 궁정에서 애굽의 마술사들을 압도한 이야기를 상기시켜 주기 때문이다. 동시에 누가는 빌립이 마술사 시몬을 제압한 이야기를, 예수가 그의 복음서에서 그리고 바울이 사도행전에서 귀신들을 제압한 이야기와 연관시키려 한 것으로 생각되기도 한다. 누가로서는 시몬이란 마술사를 제압한 빌립을, "하나님의 손가락"(눅 11:20)으로 귀신을 제압했던 예수처럼, 그리고 나중에 엘루마라는 마술사를 제압했던(13:9~11), 그리고 귀신 들린 여종으로부터 귀신을 아냈던(16:18) 바울처럼, 귀신과 마술사를 제압할 수 있는 그런 능력의 사람으로 소개하려는 의도를 가졌던 것으로 생각된다.[76]

3) 빌립과 에디오피아 내시의 개종(8:26~40)

빌립이 사마리아에 복음을 전한 이후, 천사의 지시에 따라 예루살렘에서 가자로 내려가는 길을 가다가 에디오피아 내시를 만난다. 그는 간다게 여왕의 내시로서 여왕의 모든 재정을 관리하는 고관이었다. 내시가 예루살렘에 예배드리러 왔다고 하는 언급(8:27)은 그가 이스라엘의 하나님을 믿기는 하지만, 이스라엘의 율법이나 할례에는 아직 완전히 순복하지는 않은 "하나님을 경외하는 자"(God-fearer) 가운데 한 사람임을 말해 주고 있다.

빌립이 간다게 여왕의 궁정에서 재정을 관리하는 고관인 이 내시를 길에서 만났을 때 내시는 그가 탄 마차에서 "예언자 이사야의 글을 읽고 있었고"(8:28), 빌립이 그것을 들었다(8:30)고 했다. 분명히 내시는 그 당시 습관대로 큰 소리로 읽고 있었기 때문일 것이다. 그가 읽던 본문(8:32~33)은 이사야 53:7~8로 알려지고 있다. 그러나 당시에는 성경에 장과 절의 구별이 아직 만들어지지 않았던 때라 빌립이 읽던 성경이 예언자 이사야의 글이라고 하면서 누가가 좀 더 구체적으로 53:7~8을 인용한 것은 본문 중 잘 알려진 부분을 일부 소개함으로써 이 내시가 읽던 성경이 대략 우리가 지금 알고 있는 이사야 53장이라는 것을 알려주는 것에 지나지 않는다. 내시가 이사야 53장을 읽

---

76) Cf. F. Scott Spencer, *The Portrait of Philip in Acts*, p. 127.

는 것을 알고, 빌립은 그에게 그가 지금 읽고 있는 말씀을 이해하겠느냐고 물었다. 그러자 내시는 빌립을 마차에 올라타도록 초청했고 예언자가 말하는 것의 의미를 설명해 주기 원했다. 빌립은 이 내시에서 예언자 이사야의 말에 대해서만 설명해 준 것이 아니라 "이 성경 말씀으로부터 시작하여", 즉 이사야 53장으로부터 시작해서 예수에 관한 복음을 설명해 주었다. 이사야 53장은 출발점에 지나지 않았다.

비록 누가가 빌립이 내시에게 말씀을 전한 기간이 얼마였는지(몇 시간 혹은 며칠이었는지)에 대해서는 아무런 말도 없지만, 이사야 53장으로부터 시작해서 예수에 관한 복음을 전해 주었을 때, 내시는 마침 근처에 물이 있는 것을 발견하고 빌립에게 "내가 세례를 받는 데 무슨 거리낌이라도 있습니까?"라고 말하면서 세례 받기를 원했다.[77] 빌립이 곧바로 마차를 세우고 내시에게 세례를 베푼 것으로 미루어볼 때, 빌립은 내시의 질문에 대해 아무런 거리낌이 없다고 결론을 내렸고 또 그렇게 말해 주었던 것으로 보인다.[78] 세례를 베풀고 물에서 올라왔을 때 성령이 빌립을 데려가셨다고, 그래서 내시가 더 이상 그를 볼 수 없었지만, 내시는 기뻐하며 자기 길을 갔다고 본문은 전해 주고 있다.[79]

이 본문은 흔히 새로운 땅에 대한 새로운 선교의 시작으로 해석되고 있다. 오늘날 많은 교인들을 갖고 있는, 그리고 오랜 기독교 역사를 갖고 있는 에디오피아 교회는 빌립과 에디오피아 내시가 만났던 이 사건을 자기들 교회의 기원으로 생각하고 있다. 더구나 이 본문은 초대교회가 공식적으로 인정하

---

77) 여기 사용된 이 문구는 10:47과 11:17에 나오는 비슷한 문구와 평행을 이루고 있다. 아마도 이 문구는 세례를 받기 전에 공식적으로 사용하던 문구였을 것으로 보인다.

78) 훌륭한 권위 있는 사본에는 나오지 않으나 여러 사본들에 보면 8:37("빌립이 '그대가 마음을 다하여 믿는다면 세례를 받을 수 있습니다.' 라고 대답했습니다. 그때 내시가 '나는 예수 그리스도가 하나님의 아들이심을 믿습니다.' 라고 말했습니다.")이 첨가되어 있는데 이것은 빌립이 내시에게 세례를 주는 이야기를 보다 원만하게 소개하기 위해 후대에 첨가된 것으로 보인다.

79) 서방 본문(the Western Text)에 보면 8:39에서 "성령"과 "주님의"란 말 사이에 다음과 같은 몇 마디가 첨가되어 있다. "'성령' 이 내시에게 임했고 '주님의' 천사가 빌립을 데려갔다." 일반적으로는 서방 본문이 신빙성 없는 것으로 생각되고 있지만 이 경우에만은 많은 학자들이 서방 본문이 원본에 더 가까울 것이라고 생각하고 있다.

기 전에 일어난 이방인 선교의 시작을 보여주는 구체적인 증거로 주장되고 있다. 사도행전에 의하면 예루살렘 초대교회 지도자들은 베드로와 고넬료의 이야기가 있는 후에야 비로소 공식적으로 "이제 하나님께서 이방 사람들에게도 회개하여 생명에 이르는 길을 열어 주셨다."(11:18)는 결론에 이른 것으로 전해 주고 있기 때문이다.

빌립과 에디오피아 내시 간의 만남과 그때 이루어진 일에 대해 누가가 전해 주는 이 모든 이야기는 아주 중요한, 아주 놀라운 메시지를 전달하고 있다. 무엇보다도 먼저 우리가 주목해야 할 점은 이 내시가 비록 "하나님을 경외하는 자"(God-fearer)였지만, 결코 유대교로 개종할 수는 없는 사람, 즉 유대교에서도 결코 받아들일 수 없는, 그리고 받아들여서도 안 되는 사람이었다는 사실이다. 왜냐하면 이스라엘의 율법, 모세의 토라가 그것을 엄격히 금지하고 있기 때문이다. 빌립이 만난 이 에디오피아 사람은 분명히 "내시"였다고 했다. 그런데 모세의 율법인 신명기 23:1에 의하면, "신낭이 상한 자나 신을 베인 자는 여호와의 총회에 들어오지 못하리라."고 분명히 규정되어 있다. 비록 그 율법 규정이 오늘날 우리에게는 좀 애매하게 보일지라도, 유대교에 관심이 많아서 하나님께 예배하기 위해 예루살렘으로 온 내시라면, 자기가 내시이기 때문에 하나님의 백성이 되는 것이 영원히 금지되어 있다는 사실을 잘 알고 있었을 것이다. 바로 그 이유 때문에 그리고 자신의 그런 상태 때문에 그는 빌립을 만났을 때 자기가 읽고 있던 이사야 성경 53장 본문 바로 직후에, 즉 불과 3장 정도 뒤에 나오는 하나님의 약속을 잘 알고 있었을 것이다. 그 약속이란 "여호와께 연합한 이방인은 여호와께서 나를 그 백성 중에서 반드시 갈라내시리라 말하지 말며, 고자도 나는 마른 나무라 말하지 말라. 여호와께서 이같이 말씀하시기를 나의 안식일을 지키며 나를 기뻐하는 일을 선택하며 나의 언약을 굳게 잡는 고자들에게는 내가 내 집에서, 내 성 안에서 자녀보다 나은 기념물과 이름을 주며 영영한 이름을 주어 끊치지 않게 할 것이라."는 약속의 말씀이다(사 56:3~5). 즉 이스라엘의 집에 이방인들은 물론 내시들을 위한 자리가 마련될 것이라는 놀라운 약속의 말씀이다. 빌립이 에디오피아 내시를 만났을 때 그가 많은 관심을 갖고 큰 소리로 읽던 본문은 단지 누가가 인용하여 기록한 이사야 53장만 아니라, 바로 이 약속의 말씀에 관한 본문이었을 것으로 보인다.

그런데 사도행전 8:35는 빌립이 이 내시에게 "이사야 53장으로부터 시작해서 예수에 관한 복음을 전해 주었다."고 기록하고 있다. 이 이방인 내시에게 예수가 오셨고 성령의 선물이 주어졌다는, 그래서 "마지막 날"(the last days)이 드디어 시작되었다는, 그래서 이사야 성경의 약속의 말씀이 이루어지기 시작했다는 이 말씀보다 더 기쁜 소식, 더 기쁜 복음이 어디 있었겠는가? 이 마지막 날들에 대한 기쁜 소식, 그리고 예수에 관한 기쁜 소식을 들은 후에 이 내시는 근처에 물이 있는 것을 보고는 빌립에게 물었다. 아니 재촉했다. "보십시오. 여기 물이 있습니다. 내가 세례를 받는 데 무슨 거리낌이라도 있습니까?"(8:36) 이스라엘을 수천 년 동안 지배해 온 율법을 근거로 대답한다면, 그 대답은 마땅히 "당신은 내시이기 때문에 절대로 아니 되옵니다."일 것이다. 그러나 빌립이 방금 그에게 전해 준 복음, 곧 마지막 날이 임했고, 또 하나님 나라가 이미 시작되었다는 그 복음을 근거로 대답한다면, 대답은 완전히 달라질 것이다. 즉 "아무런 거리낌도 없사옵니다."일 것이다.

이방인인 에디오피아 내시에게 세례를 줌으로써 빌립은 우리가 생각하는 것을 훨씬 초월하는 일을 하고 있었다. 빌립은 단지 새로운 이방인 개종자 한 사람에게 세례를 베푼 것만이 아니었다. 그는 복음을 다른 백성에게 또는 다른 나라에 전하는 길을 열어 주었던 것만이 아니다. 그는 그런 모든 일을 하고 있었다. 아니 그런 모든 일보다도 훨씬 더 중요한, 의미가 있는 일을 하고 있었다. 그는 이사야 예언자의 말씀과 더불어 하나님 나라에 대한 약속이 성취되었음을 선언하고 있었던 것이다. 그는 베드로가 이미 사도행전의 서두 부분 예루살렘 오순절 설교에서 말했던 것, 곧 "이는 곧 선지자 요엘로 말씀하신 것이니 일렀으되 하나님이 가라사대 마지막 날에 나는 내 영을 모든 사람에게 부어 주겠다."고 한 말씀을 다시 확인하고 이 내시에게 적용해 주었던 것이다. 분명히 교회는 이 "마지막 날"에 살고 있기 때문에 이사야 예언자의 약속은 완전히 성취된 셈이며, 따라서 내시와 이방인도 분명히 여호와의 집에 그 자리를 갖게 된 셈이다(사 56:3~5).

빌립이 사도행전 8장에서 이런 놀라운 일을 수행해 냄으로써, 그는 사도행전에서 3장 뒤인 11장에 가서 비로소 예루살렘 교회가 복음의 이런 의미를 발견하고 "이제 하나님께서 이방 사람들에게도 회개하여 생명에 이르는 길을 열어 주셨다."(11:18)고 선언하기도 전에, 그때 선언한 것보다 훨씬 앞서서 나가고 있었다는 점을 주목해야 한다. 빌립은 예루살렘 교회 지도자들이 나중에 깨닫게 된 것을 먼저 깨달았던 선각자였고, 그것을 먼저 실천한 선구자였던 셈이다. 그래서 스펜서(Scott Spencer)는 "빌립은 말하자면 이방인 영토를 찾아 들어간 개척자이고 그 후에 베드로가 따라 들어가 확장했다. 다른 말로 한다면, 빌립은 베드로의 선구자 역할을 한 것"[80]이라고 말하고 있다. 이처럼 빌립이 예루살렘의 열두 사도들보다 앞서 나갈 수 있었던 이유는 예루살렘의 열두 사도들이 "히브리 말을 하는 히브리 파 사람들(Hebrews)"이었던 데 비해서, 빌립은 "헬라 말을 하는 헬라 파 사람(Hellenist)"이었기 때문이다. 빌립 자신이 이스라엘 백성들 가운데서 중심에 서지 못한 채 사회의 변두리로 밀려났던 사람이기에 그는 중심에 서지 못한 채 사회의 변두리로 밀려난 사람들이 많다는 사실을 누구보다 더 잘 볼 수 있었고, 그래서 주도권을 쥐고 있던 예루살렘 교회 지도자들이 나중에 가서 눈을 떠서 결정하기도 전에 그런 사람들, 곧 이방인이나 내시들에게 선교를 시작할 수 있었던 것이다.

4) 에디오피아 내시와 나아만 장군의 문학적 유사성

사도행전 8장에서 에디오피아 내시가 빌립을 만나 하나님의 백성의 일원으로 받아들여지는 이야기는 구약 열왕기하 5장에서 수리아의 나아만 장군이 엘리사 선지자를 만나 문둥병이 고침 받는 이야기와 여러 가지 점에서 아주 비슷하다. 두 이야기 간의 유사성이 매우 두드러지기 때문에 많은 학자들은 누가가 사도행전 8장에서 에디오피아 내시의 개종 이야기를 소개함에 있

80) F. Scott Spencer, *The Portrait of Philip in Acts: A Study of Role and Relation*(JSOT Press: Sheffield, 1992), p. 187.

어서 나아만 장군의 이야기를 문학적 모델로, 그리고 문학적인 자료로 사용하였을 것이라고 생각한다.[81)]

우선 우리는 다음과 같은 사실에 주목해야 할 것이다. 첫째로, 에디오피아 내시와 나아만 장군의 이야기에서 질문자로 등장하는 인물의 지위와 상태가 놀랍게도 비슷하다. 나아만 장군은 "아람 왕의 군대 장관이고 그의 앞에서 크고 존귀한 자"(왕하 5:1)였다. 에디오피아 내시는 "에디오피아 여왕 간다게의 모든 국고를 맡은 관리"(행 8:27)였다. 둘째로, 나아만은 문둥병자이고 내시는 "고자"란 점에서 두 사람의 상태가 같지 않고 서로 다른 듯하지만, 실제로 두 사람은 모두 "씻음"(cleansing)이 필요한 사람이란 점에서 공통점을 갖고 있다. 문둥병자인 나아만은 외적으로 그리고 내시는 내적으로 씻음이 필요했다. 그리고 나아만은 문둥병자라서, 내시는 고자라서 두 사람 모두 법적으로 이스라엘의 총회로부터 제외된 사람들이었다(레 13~14장; 신 23:1). 셋째로, 하나님의 섭리적인 지도에 대한 강조가 두 이야기 모두에서 나타나고 있다. 나아만이 문둥병으로부터 치료를 받고 싶어할 때, 나아만은 이스라엘에 병을 고칠 만한 선지자가 있다는 메시지를 아내의 여종에게서 들었고(왕하 5:3), 나중에 엘리사가 "사자"("aggelos")를 보내 "요단 강에서 일곱 번 씻으라. 네 살이 회복되어 깨끗하리라."(왕하 5:10)는 메시지를 듣는다. 에디오피아 내시도 구원을 받고 싶어할 때, "주의 사자"(행 8:26)가 빌립에게 내시를 만날 수 있는 길로 내려가도록 지시했고, 또 "주의 천사"(행 8:29)가 빌립에게 내시가 타고 있는 수레로 가까이 가도록 지시했다. 넷째로, 나아만은 처음에 요단 강에 들어가 씻으라는 엘리사 선지자의 명령에 부정적인 반응을 보이며 주저했다("노하였다", 왕하 5:11). 그러나 나중에 선지자가 말한 대로 따랐다. 내

---

81) Cf. T. L. Brodie, "Toward Unraveling the Rhetorical Imitation of Sources in Acts: 2Kgs 5 as One Component of Acts 8:9~40", Bib 67(1986), pp. 41~67. Brodie는 단지 에디오피아 내시의 개종 이야기에서만 아니라 누가 문서 전체를 열왕기에 나오는 엘리야/엘리사 전승을 가지고 해석하려는 분명하고도 강한 의도를 갖고 있는데, 그의 그런 의도는 다음과 같은 그의 박사학위 논문 제목에서 잘 드러나고 있다. "Luke the Literary Interpreter: Luke-Acts as a Systematic Rewriting and Updating of the Elijah-Elisha Narrative" (dissertation, Pontifical University of St. Thomas Aquinas, Rome, 1981).

시의 경우는 나아만과 다르게 처음부터 적극적으로 빌립을 초청하여 말씀을 들었고, 물이 있는 것을 보고는 세례를 받고자 원하기는 했지만, 내시도 처음에 주저하기는 마찬가지였다("무슨 거리낌이 있느냐?" 행 8:36). 그러나 곧 빌립을 따라 물에 내려가 세례를 받았다. 여하간 두 사람의 경우 모두 씻음 혹은 세례를 받는 데 방해가 되는 어떤 장벽이 있었는데, 결국 그 장벽이 무너져 버렸다.

비록 누가가 사도행전 8장에서 에디오피아 내시의 이야기를 기록할 때, 의도적으로 열왕기하 5장의 나아만 장군의 이야기를 문서 자료로 이용했고, 그 이야기를 모델로 삼았다는 주장을 액면 그대로 다 받아들이지는 못한다고 하더라도, 최소한 두 이야기 간의 이런 분명한 유사점을 부인할 수는 없을 것이다. 또한 누가가 누가복음과 사도행전을 기록할 때 열왕기를, 그리고 나아만 장군의 이야기를 잘 알고 있었다는 사실을 부인할 수는 없다. 왜냐하면 누가는 이미 사도행전에 앞서 누가복음을 기록할 때, 특히 예수의 공생애에서 첫 번째로 한 설교를 소개할 때도, 이방인인 수리아 사람 나아만 장군의 이야기를 거론하면서(눅 4:27), 구약성서에서도 하나님의 도움의 손길이 이미 이방인들에게 주어졌음을 강조한 바 있다. 그래서 누가는 예수의 공생애 활동 중 첫 번째 설교에서 수리아 사람 나아만 장군의 이야기와 함께 시돈 땅에 살던 사렙다 과부의 이야기를 함께 거론하고 있는 것이다. 누가가 볼 때 이미 구약에서 이방인인 수리아 사람 나아만 장군이 하나님의 선지자인 엘리사에 의해 은혜를 입은 것이, 신약 사도행전에서 이방인인 에디오피아 내시가 하나님의 종인 빌립에 의해 특별한 은혜를 입은 것의 선례가 되고, 또 모델이 되고 있다는 점은 부인할 수 없을 것으로 보인다. 누가에게는 사마리아 지역인 북이스라엘에서 활동하던 엘리사 선지자가 나중에 사마리아 지역을 주요 활동 무대로 사역했던, 그리고 엘리사가 그곳에서 한 일을 그대로 따라 행했던 빌립의 모델로 생각되었을 것임에 틀림없어 보인다.

그렇다면 빌립의 이런 행적이 오늘 우리에게 주는 교훈은 무엇인가? 우리 역시 성령을 받고 마지막 날에 살고 있는 사람들이 아닌가? 우리 역시 하나님의 약속이 성취된 것을 증거하도록 부름 받은 사람들이 아닌가? 빌립은 유대인들 가운데서도 헬라 말을 하는 헬라 파 사람이었다. 빌립도 자신의 선교 활동이 히브리 말을 하는 히브리 파 사도들, 곧 자기보다 먼저 복음에 대해 듣고 알아서, 자기보다 먼저 전하고 행한 그들의 일을 그대로 반복하는 것이라고 생각했을 수도 있다. 그러나 다른 한편으로 빌립은 헬라 말을 하는 헬라 파 사람이었기에 자기보다 훨씬 더 사회의 변두리로 밀려나 살던 사람들에게 문을 열어 주기 시작할 수 있었다.

교회의 역사와 선교의 역사를 살펴보면 우리는 놀랍고 위대한 일들이 교회나 선교의 중심부에서가 아니라 변두리나 주변에서 일어났다는 사실을 쉽게 발견할 수 있다. 빌립 자신도 "헬라 파"였기에 초대 교회에서 "히브리 파"가 지배하던 공동체 안에서 중심에 서지 못했던, 그래서 주도권을 행사하지 못하고 주변 변두리에 속했던 사람이다. 그 초대 공동체 안에서 사도들이 빌립을 "일곱 사람들" 가운데 하나로 선택해서 그에게 어느 정도의 권한을 주었을 때, 그는 그것에 만족하였을 수도 있고, 그래서 이전부터 사도들이 해오던 일, 사도들이 맡긴 일만을 그냥 계속할 수도 있었을 것이다. 그러나 빌립이 한 것은 그것만이 아니었다. 성령께서는 빌립이 헬라 파에 속해 있었다고 하는 그 상황을 이용하였고, 그가 겪었던 변두리 인생의 경험을 이용하여 다른 변두리 인생에게로 관심의 범위를 넓혀가게 하셨고, 끝내 내시를 향해서도 세례를 주는 데 아무런 거리낌이 없다고 말해 줄 수 있었다.

빌립은 내시에 관한 율법 규정에 대해 신학적 강의를 하면서, 그런 율법 규정 때문에 예루살렘 교회의 히브리 파 지도자들은 이방인은 물론 내시에게 세례를 주는 일을 공인할 수 없었을 것이라며 말을 끝내 버릴 수도 있었을 것이다. 그러나 실제로 빌립의 대답은 "아무런 거리낌도 없다."는 것이었다. 오늘날 새로운 상황에 처한 새로운 세대들은, 그리고 우리가 새로운 땅에서 만나는 새로운 사람들은 계속해서 우리들에게 에디오피아 내시가 던졌던 질문, 곧 "무슨 거리낌이라도 있습니까?"란 질문을 반복해서 던질 것이다. 우리들의 대답은 과연 어떤 것이어야 하겠는가?

전도자 빌립에 대한 평가

스펜서(Scott Spencer)는 빌립을 가리켜 "선구자적이며 개척자적인 선교사" (the pioneering missionary)라고 말한다.[82] 사도행전 8장의 기록만 보더라도 빌립이 선교 사역과 관련해서 이룩해 놓은 공적은 기독교 메시지를 온 세계에 전파하는 일에 있어서 단순히 그 선두에서 과도기적이며 교량적인 노력을 했던 인물이 아니라, 막힌 장벽을 부수어 가면서 새로운 길에 새로운 이정표를 세워 나갔던 인물이라는 점이다. 이 점에서 전도자 빌립은 기독교 선교 역사상 "최초의 순회 설교자"(the first itinerant preacher)라고 할 수 있으며, 사도행전에서 초대교회의 선교 확장 작업의 선봉에 섰던 인물로서 마땅히 가장 밝은 스포트라이트를 받아야 할 사람이다. 빌립은 마치 세례 요한이 예수와의 관계에서 선구자 역할을 했듯이 이방인의 사도인 바울에 앞서서, 그리고 최초로 이방인 고넬료를 개종시킨 베드로의 선구자 역할을 했던 인물이라고 말할 수 있다.[83]

---

82) F. Scott Spencer, *The Portrait of Philip in Acts*, p. 272.
83) F. Scott Spencer, *The Portrait of Philip in Acts*, pp. 272~273.

7 이방인의 사도, 바울의 개종(9:1~43)

사도행전에서 가장 중요한 인물은 바울이다. 이렇게 말하는 것이 전혀 과장된 것은 아니다. 사도행전에서 바울의 개종을 알리는 9장과 함께 그의 선교 활동을 전하는 13~28장이 모두 바울에 관한 것이다. 그러니까 사도행전 전체 28장 중에서 17장이 거의 바울과 그의 활동에 관한 기록이다. 물론 "사도행전"(the Acts of Apostles)이란 명칭이 누가 자신이 붙인 명칭은 아니지만, 분명히 누가는 누가 문서의 제1권인 누가복음에서는 예수의 활동을, 제2권에서는 그의 제자들 곧 사도들의 활동을 소개하려고 의도했다. 그런데 제2권에서 사도들의 활동을 기록하면서 열두 사도 중 대표자인 베드로의 행적이 사도행전 1~5장과 10~12장에 한정되어 있고 그의 활동이 주로 유대 땅 예루살렘에 국한되어 있는 것에 비해, 바울의 행적은 사도행전 13장부터 28장 끝까지, 그것도 갈릴리와 유대 땅을 넘어 소아시아 비시디아 안디옥으로부터 "땅 끝"을 의미하는 로마에 이르기까지 확대되어 있고, 더구나 명실 공히 바울의 행적이 사도행전의 마지막 클라이맥스를 이루고 있다. "사도행전"이라고 말하기보다 오히려 가히 "바울행전"이라고 불러도 좋을 정도이다.

1) 사도행전을 기록한 목적: 바울을 위한 변증

사도행전을 기록한 목적 가운데 가장 중요한 것 하나는 베드로가 유대 기독교의 지도자로 강조되고 있는 것에 반해서 바울을 이방 기독교의 대표적인 지도자로, 곧 바울을 "사도 중의 사도"(the Apostle par excellence)로 소개하는 데 있다는 주장이 이미 오래 전부터 강력히 제기된 바 있다. 이런 의미에서 사도행전은 바울을 위한 변증의 목적으로 기록된 바울의 변증록으로 볼 수도 있다.

특히 이런 주장의 대표자격인 브랜든(S. G. F. Brandon)의 견해는 그가 초대 기독교 역사를 튀빙겐 학파의 계통에 따라 재구성하는 것과 밀접히 연관되어 있다.[84] 그에 의하면 기원후 70년 이전에 초대교회 안에는 이미 두 개의 진영이 서로 대립하고 있었다. 하나는 예루살렘에서 열두 사도들과 주의 형제인 야고보를 중심으로 발전하던 민족주의적인 유대 기독교(the Palestine Jewish Christianity)이고, 다른 하나는 바울을 중심으로 세계주의적 혹은 보편주의적 신앙을 따르는 이방 기독교(the Gentile Christianity)였다. 전자가 율법과 성전을 고수하면서 예수를 메시아로 믿는 신앙에 집착했다면, 후자는 율법과 성전에서 탈피하면서 그리고 이방 땅에서 이방 사람들과 함께 살면서 예수를 하나님의 아들로 고백하는 신앙으로 기울어졌다. 그런데 기원후 70년 이전에는, 특히 유대전쟁이 있던 기원후 60년대 후반까지는 초대교회 안에서 예루살렘을 중심으로 발전하던 유대 기독교가 열두 사도들의 지도 아래 단연 초대교회의 중심 세력 혹은 지배 세력으로 그 모습을 드러내었고, 그에 비해 이방 기독교와 바울의 영향력은 바울이 선교하던 이방 지역을 제외하곤 별다른 큰 영향력을 행사하지 못하고 있었다. 그러나 주로 유대교 열심당원들이 주도하던 유대전쟁이 유대 나라의 멸망으로 끝나면서 그리고 예루살렘의 성전이 허물어지면서 열심당원들은 완전히 몰락해 버렸고, 그와 더불어 유대 기독교의 영향력도 초대 기독교 안에서 눈에 띄게 약화되기 시작했다. 이런 역사적 변화가 바로 이방 기독교의 영향력이 확대되는 결정적 계기가 되었고, 이와 더불어 이방인의 사도이며 이방 기독교의 실질적인 대표적 지도자인 바울의 명성이 크게 부각되는 중요한 계기가 되었다. 다시 말해서 기원후 70년에 있었던 유대 나라의 멸망과 예루살렘 및 예루살렘 성전의

84) 튜빙겐 학파는 초대 기독교의 역사적 발전을 헤겔의 변증법에 따라서 유대 기독교(these)와 이방 기독교(antithese) 간의 갈등을 넘어, 나중에 초대 공교회(synthese)로 발전한 것으로 보고 있다.

몰락은 유대 기독교의 터전에 강력한 타격을 주었으며 이것이 도리어 바울의 영향력이 초대 기독교 안에서 확고하게 확립되는 길을 열어 놓았다.

바울의 영향력의 부활은 무엇보다도 먼저 기원후 70년경에 마가복음이 기록됨으로써 구체적으로 시작되었다. 마가복음이 바울의 이념을 따라 "복음이 땅 끝까지 전파되어야 한다."(cf. 막 13:10, 14:9 등)는 소리를 크게 드러내기 시작했으며, 이와 거의 동시에 바울의 서신들이 수집되기 시작하고(corpus Paulinum) 마지막으로는 누가 문서, 그중에서도 특히 사도행전이 기록됨으로써 드디어 바울의 명성과 그 중요성이 초대교회 안에서 강력히 부각되었다. 유대 기독교의 대표적인 지도자가 베드로라면, 이방 기독교의 대표적인 지도자는 바울이며, 이런 점에서도 바울은 베드로에 맞먹는 "사도 중의 사도"로 부각된 셈이다. 이런 점에서 누가 문서, 특히 사도행전은 바울의 명성과 더불어 그의 영향력의 부활을 위한 금자탑이라고 말할 수 있다. 누가 문서 곧 사도행전은 주로 유대 기독교의 도전에 대한 응답으로 "바울을 위한 변증"이라고도 말할 수 있다.

2) 이방인을 위한 선교사 바울

"사도 중의 사도"인 바울은 무엇보다도 이방인의 사도로서 이방인에게 복음을 전해 준 기독교 선교의 가장 위대한 공로자이기도 하다. 그래서 바울에 관한 사도행전의 기록은 주로 그의 선교 활동에 대한 기록이기도 하다.

마틴 헹겔(Martin Hengel)은 그의 책 *Between Jesus and Paul*에서 다음과 같이 강조한다. 사도행전을 기록할 때 "누가는 사도들에 관한 최초의 소설을 쓴 것이 아니라 선교의 역사(a missionary history)를 썼다."[85] "무엇보다도 그는 하나의 분명한 목적을 가지고 있었고 다른 모든 것은 다 거기에 종속되어 있었는데, 그것은 곧 이상적인 세계 선교, 곧 바울의 선교를 기록하는 것이었

85) Martin Hengel, *Between Jesus and Paul: Studies in the Earliest History of Christianity*(London: SCM Press, 1983), p. 54.

다. 누가의 작품은 의도적인 바울의 선교 역사이며, 나머지는 그것에 대한 확대된 서론에 지나지 않는다."[86] 예를 들어 헬라파 사람들에 대한 기록, 곧 스데반과 빌립에 대한 기록도 누가에게는 권위가 있는 것으로 생각되는 사도적 근거와 사도행전의 진짜 영웅인 바울 간의 다리를 놓기 위한 것에 지나지 않았다. 사도행전에서 다른 인물들은 다 어느 정도 그 모습을 드러내다가 곧바로(prematurely) 사라지지만, 바울은 마지막 커튼이 내려올 때까지 무대를 지키고 있다. 누가에 의하면 유대 이외 지역에 대한 선교는 열두 사도들에 의해서가 아니라 "외부 인사들"(outsiders)에 의해 시작되고 종결되는데, 곧 헬라 파 사람들과 "이방에 대한 모델 선교사"(the model missionary to the Gentiles)인 바울에 의해서였다. 우리가 흔히 누가를 "구원사의 신학자"라고 말하는데 그 문구는 마땅히 누가가 "선교의 역사"로 생각하고 있었다는 문구로 보다 명확히 밝혀져야 한다. 누가에게 "the history of salvation"과 "the history of mission"은 일치한다.[87] 바울을 이방인의 선교사로 올바로 이해하기 위해서는 무엇보다도 그가 이방인에게 복음을 가져다 줄 "택함 받은 그릇"으로 부름 받았다는 것을 알려주는 그의 개종 이야기에 주목해야 한다. 바울의 개종 이야기가 사도행전에서 세 번이나 반복해서 소개되고 있는 점에서도 그 중요성이 드러나고 있다.

3) 바울의 "개종 혹은 회심"(conversion)인가, 아니면 "소명"(call)인가?

사도행전에서 바울의 첫 등장은 9장에 나오는 그의 회심 이야기로부터 시작된다. 바울의 회심 이야기가 사도행전에서 "일곱" 지도자들의 등장에 관한 이야기(6~8장)와 베드로가 이방인 백부장인 고넬료의 집을 방문하여 개종시키는 이야기(11~12장) 사이에 소개되고 있는 것도 의미가 있어 보인다. 사도행전 6~7장에서 이방 선교가 "일곱" 지도자의 대표자인 스데반의 설교에 의

86) Cf. Martin Hengel, *Between Jesus and Paul*, p. 55: "His work is deliberate history of Pauline mission 'with an extended introduction.' "

87) M. Hengel, *Between Jesus and Paul*, p. 55.

해 신학적으로 그 기틀이 마련되고, 8장에서 빌립의 사마리아 전도에 의해 실제적이고 가시적으로 가동되어 열매를 맺기 시작했고, 10~11장에서 베드로에 의해 첫 이방인 로마의 백부장 고넬료와 그 가정이 개종함으로써 이방 선교의 문이 활짝 열린 것으로 기록되어 있다. 그런데 이 두 이야기 사이에 "예수의 이름을 이방인에게 가지고 갈 택함 받은 그릇"(9:15)인 바울의 개종에 대한 첫 번째 이야기가 소개되고 있다. 아마도 누가는 신학적으로 스데반에 의해 촉구된 이방 선교가 베드로에 의해 착수되었지만, 처음부터 실제적인 이방 선교의 중심인물은 바울임을 독자들에게 알려주기 위해서 서둘러 그의 개종 이야기를 두 이야기 사이에 소개하고 있는 것으로 보인다.

사도행전에서 바울이란 인물이 누가에게는 그토록 중요한 인물이기에 누가는 바울의 첫 등장 장면인 그의 회심 장면을 9장에 이어 22장과 26장에서 다시금 반복하고 있다(9:1~19, 22:6~16, 26:13~18). 바울의 회심을 전해 주는 이 세 본문이 각각 다른 상황에서,[88] 그리고 조금씩 다른 내용으로 소개되고 있어 그 본문의 형식과 내용과 의도에 대해 많은 논란이 있지만, 세 본문과 관련해서 가장 많이 논란된 중요한 문제는 무엇보다도 이 본문의 주제가 바울의 "회심" 혹은 "개종"(conversion)에 관한 것인가, 아니면 바울의 "소명"(calling)에 관한 것인가 하는 문제였다.

한편으로 헨첸(Haenchen)의 경우처럼 이 본문을 "the conversion of Paul"로 볼 경우, 이 이야기는 그리스도의 박해자가 "회심"한 후에 그리스도의 전도자로 "변화" 혹은 "개종"하는 이야기로 이해될 수 있다. 본문에 보면 바울이 기독교인을 박해하는 자로 다메섹에 이르렀다가 환한 빛 가운데 예수를 만나 "엎드러졌다"(9:4)가 다시 "일어났다"(9:8)는 말이나, 그가 시력을 잃었다가(9:9) 다시 보게 된 것(9:18), 무엇보다도 그가 "세례"를 받은 사실(9:18) 등은 이 이야기가 "예수를 믿지 않던 자"가 "믿는 자"가 된 사건, 곧 바울이 유대인 랍비라는 "옛 사람"으로부터 그리스도의 일꾼이라는 "새 사람"으로 변

88) 9장의 설명은 역사적 설명의 일부로 제시되고 있고, 22장의 설명은 예루살렘 사람들에 대한 해명의 일부로 나타나는 반면에 26장의 설명은 아그립바 왕 앞에서 행한 변명의 일부로 나타나고 있다.

화된 사건을 전해 주는 것이기에, 이 이야기는 당연히 바울의 "개종" 혹은 "회심" 이야기로 읽어야 한다는 주장이 있다. 더구나 이방인의 사도가 될 것이란 "부름"이나 위임 명령(commission) 은 9장과 22장 본문의 경우 예수로부터 바울에게 직접 주어지고 있는 것이 아니라, 그리스도가 아나니아에게 주었던 말이다. 또한 9장과 22장 본문의 경우에는 바울이 "세례를 받았다"는 분명한 언급이 나오는 것으로 보아서, 이 본문은 마땅히 사울의 "회심" 혹은 "개종"의 이야기로 읽어야 한다는 주장이 나오는 것이다.[89]

다른 한편으로 뭉크(Munck)의 경우에는 이 본문이 주님께서 사울을 그의 일꾼으로, 그것도 이방인을 위한 사도로 불러내는 이른바 소명 설화 곧 "바울의 소명"(calling of Paul) 이야기라고 한다. 역사적인 예수가 그의 사역을 위해 제자들을 불러냈듯이, 여기서는 부활하신 예수가 그의 이방 사역을 위해, 곧 그리스도의 "이름을 이방 사람들과 임금들과 이스라엘 자손들 앞에 가지고 갈 택한 그릇"(9:15)으로 바울을 불러내는 이야기라는 말이다. 26:17에서는 아주 분명하게 주께서 사울에게 직접 "나는 이 백성과 이방 사람 가운데서 너를 건져내어 이방 사람들에게 보낸다."는 일종의 위임 명령이 나타나고 있고, 22장에서도 개종에 대한 설명이 있은 후 바울이 예루살렘으로 돌아와 기도하는 가운데 22:18에서 "가라, 내가 너를 멀리 이방 사람들에게 보낸다."는 주님의 말씀을 직접 들은 것으로 나타나고 있다. 따라서 바울의 회심이나 개종에 강조점이 있는 것이 아니라 그의 소명과 위임에 강조점이 있다고 볼 수도 있다. 그래서 뭉크는 바울의 회심 본문에서 "바울을 불러내는 이야기가 구원 역사 속에서 구약의 인물들을 불러내는 이야기와 같은 식으로 기록되어 있다."고 주장한다.[90] 다만 뭉크는 아직 믿지 않는 상태(그것도 박해자로 있는 상태)에서 그를 불러내는 이야기는 구약에서도 전례를 찾아볼 수는 없

89) Guthrie도 특히 사도행전 9:17을 가리키면서, "누가의 설명 가운데서 나타나는 아주 중요한 주요 특징은 바울의 개종에서 불가피하게 나타나는 성령의 활동이다."라고 말한다(*New Testament Theology*, p. 543).

90) Munck, *The Acts of the Apostles*, p. 82. Hill이란 학자도 "바울이…성령 충만함을 받은 것은 그의 복음 전파 과업을 완수하기 위한 것이라"고 말하면서 이 본문을 "소명" 설화로 읽어야 한다고 주장한다. 사도행전에서 특히 성령은 "선교의 영"이기 때문이라는 것이다.

다는 점을 인정하고 있을 뿐이다.

이런 논란은 사도행전에는 바울의 회심이나 소명에 관한 이야기를 전해 주는 본문이 세 개가 있는데, 그 세 본문 간에 나타나는 적지 않은 차이 때문에 생겨난 논란일 수도 있다. 그래서 학자들 가운데에는 세 본문의 차이를 염두에 두면서, 누가가 사용한 자료는 본래 "회심이나 개종"에 관한 것이었는데, 누가가 그것을 "소명"에 관한 이야기로 바꾸었다고 보는 사람도 있다. 본래는 "개종 이야기"였는데, 그것을 누가가 "소명 이야기"로 바꾸었다는 것이다.[91] 9장과 22장에서는 바울이 세례를 받은 것이 강조되고 있는데, 26장에서는 세례에 대한 언급이 없고, 도리어 주님이 직접 바울에게 "일꾼으로 삼아…내 증인이 되게 하겠다."(26:16)고, "그리고 내가 너를 이방 사람들에게 보낸다."(26:17)는 말이 나오는 것으로 보아 그렇게 생각할 수도 있다. 그리고 9장과 22장에서는 각각 아나니아가 바울의 회심과 개종에서 중요한 역할을 하고 있다는 언급이 나오는데, 26장에서는 아나니아에 대해 전혀 언급하지 않고 주님이 직접 사울에게 나타나 앞으로 그가 담당하게 될 역할에 대해 길게(26:16~18) 말하고 있다. 그래서 26장의 설명에서는 바울의 회심에 관해 전해 주는 이야기의 거의 절반이 전적으로 사울이 할 일에 대한 설명에 할애되고 있다. 이것은 누가의 기록 가운데 이미 사울의 개종 이야기로 시작된 것이 차츰 그의 소명과 위임 이야기로 관심과 강조점이 바뀌고 있다는 것을 보여 주는 단서가 될 수 있다. 그런데다가 사울이 환상 가운데서 주님을 만나 뵙고, "삼 일 동안"[92] 시력을 잃고 먹지도 않고 마시지도 않았다는 언급은 바울의 회심과 개종이 순간적으로 일어난 하나의 사건이 아니라, 일정한

91) Burchard는 누가가 "Bekehrungsgeschichte를 Berufugsgeschichte로 변형시키기 위해서" 자료를 수정하여 편집하였다고 보고 있다. Cf. Robert P. Menzies, *The Development of Early Christian Pneumatology with special reference to Luke-Acts*(JSNTS 54, Sheffield Academic Press, 1991), p. 261, n. 4.

92) 여기서 언급된 "삼일 동안"이 예수께서 삼일 동안 무덤에 있다가 다시 부활한 것을 가리키는 것으로 보는 입장도 있다. 더구나 James D. G. Dunn은 바울의 개종이 다메섹 도상에서 일순간에 일어난 하나의 사건이 아니라 삼일 동안에 걸쳐 회심과 개종과 부르심과 위임 명령으로 이어져 일어난 일련의 경험으로 보고 있다. Cf. James D. G. Dunn, *Baptism in the Holy Spirit*, pp. 75~77.

기간, 곧 삼 일을 거친 사건이고 이 기간 동안에 회심과 개종 그리고 소명과 위임이 함께 있었던 연속된 사건에 대한 경험으로 볼 수도 있다.

그래서 학자들 중에는 이 본문들이 "바울의 회심"과 "바울의 소명", "바울의 개종"과 "바울의 위임 명령"을 모두 의미하는 것일 수 있다고 보는 사람들도 있다. 이미 앞에서 지적한 바와 같이 바울의 회심 혹은 소명을 전해 주는 본문 세 곳(9, 22, 26장) 중에서 처음 9장의 강조점은 바울의 "개종"(혹은 그의 "회심")에, 22장과 26장의 강조점은 바울의 "소명"에 있다고 생각되기 때문이다. 9장에서는 바울이 그리스도의 박해자에서 그리스도의 전도자로 돌아서는 것을 말해 줄 뿐 이방 선교에 대한 직접적인 언급이 바울에게 주어지지 않고 있기 때문에, 또한 예수의 직접적인 부르심이 바울에게 주어지고 있지도 않기 때문에[93] 소명보다는 회심이나 개종에 더 강조점이 놓인 것으로 생각된다. 더구나 9장에서 "세례를 받았다"(9:18)는 말이, 22장에서는 "세례를 받고 죄 씻음을 받으라."(22:16)는 말이 나오는데, 26장에서는 세례에 대한 언급은 없고, 오히려 "내가 네게 나타난 목적은 너를 내 일꾼으로 삼아 네가 나를 본 것과 내가 장차 네게 보여 줄 일에 대한 내 증인이 되게 하려는 것이다. 나는 이 백성과 이방 사람 가운데서 너를 건져내어 이방 사람들에게 보낸다."(26:16~17)는 말이 나온다. 더구나 9장과 22장에서는 "이방인의 그릇으로 택했다."는 말이 아나니아를 통해서 간접적으로 바울에게 전해지고 있는데, 26장에서는 그 말이 바울에게 직접 주어지고 있다.

이런 점으로 보아서, 9장과 22장은 "바울의 개종"과 "바울의 회심"에 강조점이 있고, 반면에 26장은 "바울의 소명"에 강조점이 있다는 주장에 일리가 있어 보인다. 아마도 "개종("회심")이냐, "소명"이냐 하는 이 문제는 양자택일의 문제가 아니라 "둘 다"(both…and)의 문제일 수 있다. 즉 누가에게는 개종과 소명의 의미가 둘 다 있었을 것으로 생각하는 편이 더 옳을 것으로 보인다. 그래서 던(James D.G. Dunn)은 오히려 바울의 다메섹 경험의 이야기를 개종이나 소명으로 구분하지 않고, 둘을 하나로 합쳐서 "바울의 개종-소명"

93) Maddox, *The Purpose of Luke-Acts*, p. 74.

(Paul's conversion-commissioning)이라 부르고 있다.[94] 더구나 바울의 다메섹 경험 이야기에서 중요한 점은 부활하신 예수 그리스도가 팔레스타인 이외의 지역에서 나타나신 최초의 계시 사건이며, 복음이 지금까지 팔레스타인의 이스라엘 백성들의 전유물이 되었던 것이 드디어 깨져 버리는 사건이라는 점[95]에 있다. 스데반의 설교에서 이방 땅에도 계신 하나님, 그리고 이방 땅에서도 그의 백성들에게 나타나시는 하나님이 강조된 바 있는데, 이제 바울의 회심과 소명 이야기에서는 부활하신 예수의 부활 현현이 갈릴리나 예루살렘에서만, 그의 제자들에게만 아니라 이방 땅 다메섹에서도 그리고 박해자였던 사람에게도 나타나신 것으로 기록되어 있다. 예수 그리스도의 복음이 이방 땅으로 확대되어 나가는 기반이 다시금 제시되고 있는 것으로 보아야 할 것이다.

4) 바울의 개종이 주는 메시지

바울의 개종이 갖고 있는 드라마틱한 의미가 무엇인지에 대해 깊이 음미해 볼 필요가 있다. 바울이 다메섹 도상에서 개종하기까지, 그러니까 사도행전 9장까지, 누가는 사울을 기독교의 가장 대표적인 적대자(the archenemy)로 소개하였다. 만약 우리가 사도행전을 마치 처음 읽는 소설처럼 읽어 나간다면, 그리고 사도행전 9:1~2에서 "사울은 여전히 주의 제자들을 위협하고 살해할 기세를 보이며 대제사장에게 가서 다메섹에 있는 여러 회당으로 보내는 공문을 청했습니다. 그것은 그 도를 믿는 사람은 남자나 여자나 다 만나는 대로 잡아 예루살렘으로 끌어오려는 것이었습니다."라고 기록된 글을 읽었다면, 우리는 이 책의 나머지 부분은 분명히 사울과 기독교인들 간의 피나는 갈등과 투쟁을 다룰 것이라고 확신하게 될 것이다. 그러나 놀랍게도 아니

94) Cf. *Baptism in the Holy Spirit*, p. 71. "바울의 개종과 소명은 삼 일간에 걸쳐 일어난 하나의 경험으로 인식해야 한다"(Paul's conversion-commissioning was one experience which extended over three days).

95) Munck, *The Acts of the Apostles*, p. 83.

이상하게도 갑자기 모든 것이 바뀌고 있다. 그렇게도 막강해 보였던, 그리고 전혀 위축되는 일이 없을 것으로 생각되던 위풍당당했던 그 원수가 땅바닥에서 눈이 먼 상태로 그리고 아주 나약한 모습으로 힘없이 일어나고 있는 것이다. 이 이야기의 결말을 모르는 사람이라면 분명히 하나님께서 이 사람에게 벌을 주어 눈을 멀게 하신 것이라고 생각할 것이다. 누가가 이미 앞에서 병자들을 고쳐 일어나게 하시고, 아나니아와 삽비라를 쳐서 죽게 만들었다고 전해 준 바로 그 하나님께서 이제 기독교인들을 "위협하고 살해할 기세를 보이던" 사울을 강하게 치신 것이라고 생각했을 수도 있다. 만약 우리가 이 이야기를 처음 읽는다면 사울이 삼 일 동안을 눈이 먼 채로 지낸 것을 보고는 "씨 뿌린 대가를 톡톡히 치르고 있구먼!"(He got his just desserts!)이라고 말할지도 모른다.

그러나 이야기가 거기서 끝나고 있지 않다. 하나님은 사울을 위해 다른 계획을 갖고 계셨다. 그래서 사울을 아나니아에게 보내셨다. 그렇지만 아나니아는 처음에 박해자의 모습으로 다메섹에 온 사울을 만나보기 두려워했다. 그래서 만나기를 꺼려했다. 그러나 "가라, 그는 내 이름을 이방 사람들과 임금들과 이스라엘 자손들 앞에 가지고 갈 나의 택한 그릇이다."(9:15)라는 부활하신 예수의 말씀을 듣고는 아무런 불평이나 비난도 없이, 그리고 조금도 주저함 없이 사울을 찾아가서 "형제 사울이여"(9:17)라고 불렀다. 바로 여기에서 우리는 하나님이 사울을 위해 준비하신 계획에 대해 어렴풋이나마 짐작하게 된다. 더구나 우리는 여기서 최소한 자기를 십자가에 못 박는 사람들을 위해 기도하셨던 그 예수가 사울처럼 교회를 박해함으로써 결국 자기를 박해하는 교회의 원수를 여전히 용서하고 용납하고 계심을 분명히 알 수가 있다.

이것은 우리가 영화나 텔레비전 프로그램에서 볼 수 있는 평범한 인간관계에 대한 이야기와는 전혀 다른 이야기가 아닐 수 없다. 선한 사람과 악한 사람이 싸울 경우 보통은 선한 사람이 악한 사람을 이기고 승리하는 이야기로 끝난다. 그러나 우리가 읽는 이야기는 악한 원수까지도 변화시키시는 주님의 능력에 관한 이야기이다. 9장 서두에서 사울은 기독교인들의 입장에서 보자면 자기들을 박해하는 악한 원수였다. 어느 누구도 그가 장차 그가 그렇게도 박해하던 기독교인의 한 사람, 아니 기독교의 전도자가 되리라고는 상상도 하지 못했을 것이다. 기독교를 박해하는 데 앞장섰던 사람이 기독교를 전파하는 데 앞장서는 사람이 될 것이라고는 상상도 하지 못했을 것이다. 그리스도를 박해하는 데 앞장섰던 사람이 그 그리스도를 위해 박해를 받고 죽음을 당하게 되리라고는 상상하지 못했을 것이다. 그러나 정확히 바로 그런 일이 일어났다. 이것은 모든 기독교인들은 항상 그들을 괴롭히던 원수라도 언제나 그리스도 안에서 형제와 자매가 될 수 있는 사람이란 사실을 잊지 말아야 한다는 것을 가르치고 있다. 바로 이런 이유 때문에 초대 기독교 역사 속에 등장했던 수많은 순교자들이 자기들을 박해하며 자신들을 심판대 앞에 세웠던 사람들 앞에서 끝까지 그들을 정죄하지 않고 도리어 온갖 노력을 기울여가면서 그들을 신앙에로 이끌려고 했던 것이다.

바울 자신도 나중에 사도행전 26장에서 아그립바 왕 앞에서 연설을 할 때, 자신의 회심 경험을 이야기하면서 끝에 가서는 심판대 위에 앉은 사람들이 자기처럼 개종의 길을 걸으면 좋겠다는 열망을 표현하고 있다. 사도행전 26:28~29에 의하면, "아그립바 왕이 바울에게 '그대가 짧은 말로 나를 설복하여 그리스도인이 되게 하려고 하는가?' 하고 말했습니다. 그때 말이 짧거나 길거나 간에 저는 전하뿐 아니라 오늘 제 말을 듣고 있는 모든 사람이 이렇게 결박을 당한 것 외에는 다 저와 같이 되기를 하나님께 빕니다."라고 말했다.

"주의 제자들을 위협하고 살해할 기세를 보이던"(9:1) 사울이 아나니아의 "형제"가 되고 그때까지 그가 그토록 박해하던 바로 그 제자 가운데 한 사람이 되리라고는 아무도 기대하지 못했을 것이다. 이와 마찬가지로 오늘날에도 지금 믿는 사람들을 멸시 조롱하며 박해하는 사람들이라도 언젠가는 바울처럼 "다메섹 도상에서" 땅에 엎드려질 날이 있을 것이다. 그런 경우 물론 우리의 자연적인 감정이 아나니아가 사울에게 보였던 것과 똑같을 수는 없겠지만, 아니 오히려 그와는 반대일 수 있지만, 그러나 우리도 결국은 아나니아처럼 그런 사람들을 "형제"나 "자매"로 부르면서 그렇게 대하는 길 이외에 다른 길이 없을 것이다. 물론 이런 말을 그냥 쉽게 받아들이는 일이 여간 어려운 일이 아닐 수 없다. 많은 사람들이 이유 없이 악한 사람들의 악행 밑에서 고통을 당하며 신음하고 있는 상황에서는 악한 사람들을 미워하며 그런 사람들에게는 구원의 소망이 없다고 생각해 버리는 것이 오히려 극히 자연스런 일이다. 그러나 만일 우리가 이 말을 받아들이지 못하고 거절한다면, 그것은 우리가 우리에게 전해진, 그리고 우리가 전하고 있는 복음이 갖고 있는 변화시키는 능력을 거부하며 배반하는 일이 되고 말 것이다. 따라서 우리는 우리를 박해하는 사람들의 개종을 위해서도 계속 문을 열어 놓을 수 있어야 한다. 그들이 언제인가 우리의 "형제"와 "자매"가 될 수 있는 가능성에 대해 끝까지 눈을 감아 버려서도 안 될 것이다.

5) 바울의 개종 이야기에서 배울 또 다른 교훈

사울이 다메섹 도상에서 하늘로부터 밝고 환한 빛을 보고 엎드러졌을 때 부활하신 주님께서는 사울에게 "일어나 시내로 들어가라. 네가 할 일을 일러 줄 사람이 있을 것이다."(9:6)라고만 일러주었다. 사울이 장차 이방인의 사도가 될 것이라고 직접 말씀하신 것도 아니다. 사울이 "주님의 이름을 이방 사람들과 임금들과 이스라엘 자손들 앞에 가지고 갈 나의 택한 그릇이다."(9:15)라는 주님의 말씀은 처음에 아나니아에게 주어진 말씀이지 사울 자신에게 주신 말씀은 아니었다. 이런 의미에서 사울의 경우, 주님의 소명은 직접 소명이 아니라 간접 소명이라고 말할 수 있다. 이런 점을 고려할 때, 하나님이 우리를 부르실 때 직접 불러내실 수도 있지만(직접 소명), 사울의 경우처럼 다른 사람을 통해서 불러내기도 하신다(간접 소명)는 사실을 기억해야 한다.

사울은 다메섹에 들어가 아나니아를 만나기 전까지 삼 일을 기다려야 했다(cf. 9:9). 그런데 사도행전 9:17에 의하면 사울이 아나니아를 만났을 때에도 아나니아는 사울에게 "형제 사울이여, 그대가 오는 도중에 그대에게 나타나셨던 주 예수께서 나를 보내셨소. 그것은 그대를 다시 볼 수 있게 하시고 성령으로 충만하게 하시려는 것이요."라고만 말한다. 이방인의 사도로 택함 받은 그릇이란 분명한 언급은 하지 않았다. 바울의 두 번째 개종 이야기인 사도행전 22:14~15에서는 아나니아가 9장의 경우보다 좀 더 상세히 말해 주고 있다. 즉 22:14~15에 의하면, 아나니아는 사울에게 "우리 조상의 하나님께서 그대를 택하시어 그의 뜻을 알게 하셨고…모든 사람들 앞에서 그분의 증인이 되게 하려는 것입니다."라고 설명해 주었다. 사울이 주님의 증인으로 택함을 받았다는 말이 분명히 나온다.

그러나 세 번째 이야기인 26:16~18의 경우는 첫 번째와 두 번째 경우와 좀 다르다. 첫째로, 여기서는 아나니아에 대한 언급이 전혀 없다. 그가 등장하고 있지 않다는 말이다. 주님께서 직접 사울에게 나타나셨고, 직접 사울에게 말씀하신 것으로 기록되어 있다. 여기서는 사울이 간접 소명을 받은 것이 아니라 직접 소명을 받은 것으로 되어 있다. 둘째로, 여기서는 주님이 직접 사울에게 "내가 네게 나타난 목적은 너를 내 일꾼으로 삼아…내가 장차 네게 보여줄 일에 대한 내 증인이 되게 하려는 것이다. 나는 이 백성과 이방 사람 가운데서 너를 건져내어 이방 사람들에게 보낸다."라고 말씀하심으로써 사울이 주님으로부터 직접 증인으로, 그것도 이방 사람들에게 보내진 증인으로 부름 받은 것임을 분명히 밝히고 있다. 여기서 우리가 확실히 알 수 있는 것은 사울의 개종에 관한 설명이 세 번에 걸쳐 반복되고 있는데, 사울의 소명에 관한 한, 첫 번째보다 두 번째가, 두 번째보다 세 번째 설명이 더 분명해지고 있다는 사실이다. 갈수록 사울의 소명이 더 분명해지고 있다는 사실이다.

바울의 개종에 관한 사도행전의 세 설명이 이렇게 조금씩 서로 다른 이유는 무엇일까? 그 이유는 하나님이 바울을 보낸 새로운 장소에 따라, 바울이 처하게 된 새로운 상황에 따라 바울에게 새로운 소명이 주어지고 있다는 점에서 찾아야 할 것이다. 바울의 활동이 전개되면서 바울의 소명이 점차적으로 더욱 분명해지고 있다는 말이다. 이 말은 곧 하나님이 우리를 처음 부르셨을 때는 우리가 알아야 할 필요가 있는 것 이상의 말은 들을 수 없다는 뜻이기도 하다. 만약 하나님이 우리에게 우리가 할 일에 대한 비전을 주신다면, 그 비전은 우리가 그 일을 할 때, 혹은 그 일을 해 나가는 가운데서 점점 분명해지게 된다는 말이기도 하다. 회심이나 또는 어떤 구체적인 사역에로의 부르심은 보통 하나님으로부터 오는 일회적인 마지막 소명이 아니라, 오히려 하나님께서 우리로부터 원하시는 일을 날마다(day by day) 또는 하나하나씩(step by step) 해 나가면서 발견해 가는 일이다.

이 점을 기억하는 일이 중요하다. 왜냐하면 우리는 너무 자주 우리가 하나님의 소명에 대해 처음부터 끝까지 모든 것을 상세히 그리고 분명히 다 알기 전에는 하나님의 소명에 대해 응답하지 않는 경우가 많기 때문이다. 몇 가지 문제들이 아직 분명하지 않다는 이유로 아무런 일도 하지 않는 경우가 많다. 그러나 교회사를 살펴보면 모든 위대한 인물들은 부분적인 소명만을 받고 나섰던 사람들이며 복종하고 순종하는 과정에서 그 부분적인 소명의 의미를 점차 분명히 깨달아 간 사람들이다. 다메섹 도상의 사울이 그러했고, 로마서를 공부하던 루터가 그러했고, 올더스게이트에서의 웨슬리가 그러했다. 오늘날 하나님이 우리를 부르실 때에도 그 처음 음성이 "일어나라 그리고 성안에 들어가라."는 말처럼 애매할 수도 있고, 별로 중요하지 않은 말처럼 들릴 수도 있다. 그러나 그것이 결국은 기대하지 못했던 놀라운 결과의 시작일 수가 있다는 사실을 명심해야 할 것이다.

8 이방인 백부장 고넬료의 개종(10:1~11:30)

사도행전 10~11장은 사도행전 전체에서 신학적으로, 그리고 선교사적으로 전환점을 이루는 아주 중요한 부분이다. 왜냐하면 여기에서 예루살렘 기독교인들이 처음으로 복음이 이방인들을 위한 것이기도 하다는 결론에 이르고 있으며, 이것이 사도행전 전체를 통해 드러나고 있는 근본적인 주제이기 때문이다. 사도행전 10장은 이방인[96] 백부장 고넬료가 베드로를 통해서 성령과 세례를 받는 이야기이고, 11장은 베드로가 예루살렘으로 돌아가서 자기에게 일어났던 일, 곧 자기가 이방인 백부장을 만나 그를 개종시킨 일의 경과를 보고하는 이야기이다.

사도행전 10장은 크게 다음과 같이 세 부분으로 나눌 수 있다.

(1) 고넬료가 본 환상(10:1~8)
(2) 베드로가 본 환상(10:9~22)
(3) 고넬료의 집을 찾아가 만난 베드로(10:17~48)

1) 고넬료가 본 환상(10:1~8)

고넬료는 가이사랴에 있는 이달리야대라는 군대의 백부장인데, 경건한 사

96) 사도행전에서 "이방인"은 "이교도"(pagans)를 의미하는 것이 아니라 "하나님을 경외하는 자들"(God-fearers)을 의미한다. 고넬료(10:2,4)가 그랬고, 바울이 비시디아 안디옥에 설교할 때 대상들이 그러했으며(13:26), 유스도(18:6~7), 루디아(16:14)도 그랬다.

람, 온 집안과 더불어 하나님을 공경하는 사람, 그리고 유대 백성을 많이 구제하고 늘 하나님께 기도하는 생활을 하는 사람으로 소개되고 있다. 그런데 어느 날 오후 3시쯤 환상 가운데서 하나님의 천사가 나타나 "욥바로 사람을 보내어 피장이 시몬의 집에 머물고 있는 베드로라고 부르는 시몬을 데려오라."(10:5~6)는 분명한 지시를 받는다. 고넬료는 즉시 "천사의 지시대로" 하인 두 사람과 자기 부하 중 경건한 군인 하나를 불러 모든 일을 이야기해 주고 그들을 욥바로 보낸다.

2) 베드로가 본 환상(10:9~22)

다음날 한낮에 베드로가 욥바에 있는 피장이 시몬의 집에서 기도하러 지붕에 올라가 있을 때, 마침 시장하여 무엇인가 먹었으면 하는 생각이 들었다. 그때 베드로는 황홀한 상태에서 환상을 보게 된다. 그는 하늘로부터 내려온 큰 보자기 같은 것 안에 "네 발 가진 짐승들과 땅에 기어 다니는 것들과 공중의 새들"이 들어 있는 것을 보았으며, 그것들을 잡아먹으라는 음성을 들었다. 베드로는 그것들이 모두 모세의 율법에서 금지한 속되고 부정한 것들이기에 먹을 수가 없다고 말한다. 그러나 다시 들려온 음성은 "하나님이 깨끗하게 하신 것을 속되게 여기지 말라."(10:15)는 것이었다. 그런 일이 세 번 있은 후에 그 보자기 같은 것이 하늘로 들려 올라갔다고 한다.

3) 고넬료의 집을 찾아가 만난 베드로(10:17~48)

베드로가 자기가 본 환상의 의미가 무엇인지 곰곰이 생각하고 있을 때, 고넬료가 보낸 사람들이 시몬의 집 앞에 이르렀다. 성령이 베드로에게 "일어나서 내려가라. 그들은 내가 보냈으니 의심할 것 없이 같이 가라."고 지시하는 말을 듣고 베드로는 성령이 지시한 대로 고넬료가 보낸 사람들을 자기 집으로 맞아들여 함께 유하도록 하고 다음날 그들과 함께, 그리고 "욥바에 있는 형제 몇 사람"과 더불어 가이사랴에 있는 고넬료의 집으로 간다. 베드로가 고넬료의 집으로 갈 때, "형제 몇 사람"(10:23)을 동행한 이유는 이방인을 방문하러 가면서 자신의 처신에 대한 목격자 혹은 증인을 대동할 필요가 있었기 때문이다.

베드로가 고넬료의 집에 들어가 고넬료를 처음 만났을 때, 두 사람의 첫 대면은 그리 순탄치도 부드럽지도 못했던 것으로 보인다. 왜냐하면 "친척들 및 가까운 친구들"(10:24)과 함께 베드로를 기다리던 고넬료는 베드로가 자기 집에 들어오자 그의 발 앞에 엎드려 절했고, 베드로는 그런 고넬료에게 "일어나시오. 나도 역시 사람이요."라고 꾸짖었기 때문이다(10:25~26). 더구나 베드로가 처음으로 입을 열어 한 말은 자신의 종교적인 입장에서 유대인인 자기가 이방인인 고넬료를 방문하여 만나는 것이 "불법"이라는 사실이었다. 그러나 이렇게 찾아와 만나게 된 것은 하나님이 자신에게 "사람을 속되게 여기거나 깨끗하지 않게 여기거나 하지 말하고 지시하셨기" 때문이라는 말이었다. 고넬료는 고넬료대로 베드로를 자기 집으로 모시게 된 이유를 설명하면서 모든 것이 천사의 지시에 의한 것임을 말해 준다. 그런 설명을 다 들은 후 베드로는 모든 것이 하나님의 성령의 인도하심에 의한 것임을 깨닫게 된다.

그래서 베드로는 고넬료와 그 집에 모여 있던 사람들을 향해 "하나님은 외모로 사람들을 가리시지 않는 분이고, 하나님을 두려워하고 의를 행하는 사람이면 어느 나라 사람이든지 다 받으신다."(10:34~35)는 사실을 알게 되었다고 고백한다. 그러고는 하나님께서 그리스도 안에서 행하신 모든 일에 대해 설교하면서 "예수를 믿는 사람은 누구든지 그의 이름으로 죄 사함을 받는다."(10:43)고 증거한다. 이때 베드로는 "함께 갔던 할례 받은 믿는 사람들과 함께"(10:45) 그의 설교를 듣고 있던 모든 이방인들에게 성령이 임하는 것을, 그리고 그들이 방언을 하며 하나님을 높이 찬양하는 것을 목격하고 몹시 놀란다.[97] 베드로는 "이 사람들(이방인들)이 우리들(유대인들)처럼 성령을 받았

97) 만일 사도행전 2장에서 예루살렘 오순절에 성령이 임한 것을 가리켜 유대인의 오순절이라고 말한다면, 10장에 나오는 가이사랴의 고넬료 집에서 성령이 임한 사건은 이방인의 오순절이라고 부를 수 있다.

으니 그들이 물로 세례를 받는 것을 누가 막을 수 있겠습니까?"라고 말하면서 그들에게 예수 그리스도의 이름으로 세례를 받으라고 명한다(10:48). 베드로의 이 말은 앞서서 에디오피아의 내시가 빌립에게 "내가 세례를 받는 데 무슨 거리낌이라도 있습니까?"(8:36)라고 물었던 질문과도 비슷하다. 두 질문의 경우 모두 그 대답은 당연히 "누구도 막을 수 없다"는, "아무런 거리낌도 없다."는 것이다. 결국 이방인 백부장 고넬료와 "그 친척들과 가까운 친구들"(10:24)이 모두 성령을 받고 세례를 받았다. 놀라운 일이 아닐 수 없다. 그런데 그런 후 더 놀라운 사실은 이방인과의 접촉 자체를 "불법"이라고 생각하여 피하려고 하던 정통파 유대인인 베드로가 이제는 고넬료의 집에 "며칠 동안 더" 머물렀다는 사실이다(10:48).

4) 고넬료의 개종 이야기와 에디오피아 내시의 개종 이야기 간의 유사점

누가가 사도행전 10장에서 소개하고 있는 고넬료의 개종 이야기와 사도행전 8장에서 소개된 바 있는 에디오피아 내시의 개종 이야기 간에는 상당한 유사점과 공통점이 두드러지게 나타난다. 아마도 누가가 의도적으로 두 이야기를 연관시키려 했기 때문으로 보인다. 첫째로, 사도행전 8장에서 빌립의 전도 대상은 에디오피아 여왕 간다게의 모든 재정을 관리하고 있는 이방인 고관 내시였는데, 사도행전 10장에서 베드로의 전도 대상은 이달리야대라는 군대의 백부장인 이방인 고넬료이다. 두 경우 모두 이방인이면서 동시에 높은 지위를 가지고 있는 사람이다. 둘째로, 두 경우 모두 "주의 천사" 혹은 "성령"의 지도로 인해 서로 만나게 되었음이 강조되고 있다. 빌립은 "일어나 예루살렘으로부터 가사로 내려가는 길을 향하여 남쪽으로 내려가라."(8:26)는 지시를 받아 내시를 만나는데, 고넬료도 "환상 가운데 하나님의 천사를 분명히 보았고"(10:3) 천사로부터 "베드로라고도 부르는 시몬이라는 사람을 데려오라."(10:5)는 지시를 받아 베드로를 만난다. 셋째로, 두 경우 모두 개종 사건과 더불어 할례를 받지 못한 이방인이 세례를 받는 사건이 일어난다. 빌립이 무할례자인 내시에게 세례를 주었는데(8:38), 베드로도 무할례자인 고넬료에게 세례를 베풀었다(10:48). 넷째로, 고넬료가 그의 온 권속과 더불어 성령을 받았는데(10:44, 47), 내시도 세례를 받은 후에 성령을 받았다. 그래서 "내시가 기뻐하며 자기 길을 갔다."(8:39)고 했다.[98]

내시의 개종 이야기와 고넬료의 개종 이야기가 이처럼 비슷한 형태로 기록된 것은 결코 우연이 아니라 누가의 의도적인 기록의 결과로 생각된다. 누가가 이렇게 빌립과 베드로의 선교 활동 간의 유사성을 강조한 이유는 초대 교회의 이방인 선교를 시작한 영광과 공로가 베드로에게만 돌려져야 할 일이 아니라, 그 이전에 빌립이 내시에게 한 일에도 돌아가야 한다는 것을, 즉 빌립이 베드로의 선구자라는 사실을 기억시키고 인식시키기 위한 것으로 생각된다.[99]

5) 고넬료의 개종 이야기가 주는 신학적 교훈

사도행전 10장에 의하면 기독교 역사상 이렇게 놀라운 일이 "환상"에 의해서, 환상을 통해서 이루어진 것으로 기록되어 있다. 그런데 환상 가운데서 고넬료와 베드로가 각각 만났던 것은 "천사"(10:3; cf. 10:30에서는 "찬란한 옷을 입은 사람")였고, 또 "성령"(10:19)이었다. 고넬료와 베드로가 본 환상이 하나님의 계시로서의 의미를 갖는다는 말이다.

그런데 이 이야기에서 특히 베드로가 환상을 보았던 곳이 "욥바"라는 사실에, 그것도 "피장이 시몬"의 집에 머물러 있을 때라는 사실에 특별한 의미가 담겨 있는 것으로 생각된다. 왜냐하면 "욥바"는 구약성서에서 요나가 하

---

98) 비록 우리의 성경에, 그리고 많은 사본들 가운데 내시가 성령을 받았다는 언급이 직접적으로 나타나고 있지는 않지만, 서방 사본(the Western text)에서는 8:39의 "주의 영이 빌립을 데려갔다."는 문장에서 "주님의"와 "영"이란 말 사이에 다음과 같은 문장이 들어 있다. "성령이 내시에게 임했으며, 주님의 천사가 빌립을 데려갔다." 일반적으로는 서방 사본의 신빙성이 크지 않다고 생각되지만, 이 경우에서만은 많은 학자들이 일반적으로 받아들여진 본문보다 서방 사본이 더 원문에 가까울 것이라고 생각하고 있다. 8:39에서 "내시가 기뻐하며 자기 길을 갔다."는 말에 나오는 "기쁨" 자체가 성령의 열매 가운데 하나이기 때문에 이런 주장은 더 설득력이 있어 보인다. Cf. Jsuto L. Gonzalez, *Acts: the Gospel of the Spirit*, p. 116, n. 25.

99) Cf F. Scott Spencer, *The Portrait of Philip in Acts: A Study of Roles and Relations*, p. 186.

나님께로부터 이방 땅 니느웨로 가라는 명령을 받은 곳이다. 그러나 요나는 하나님이 지시한 이방 땅 니느웨로 가지 않고, 배를 타고 반대 방향인 다시스로 향했다(욘 1:3). 그러나 사도행전에서 베드로는 그렇지 않았다. 우리가 잘 알고 있는 바와 같이 베드로의 진짜 이름은 "바요나 시몬", 곧 "요나의 아들 시몬"이다(마 16:17). 그런데 이제 우리의 본문에서 요나의 아들인 이 시몬이 이전의 요나처럼 욥바라는 바로 그 성읍에서 이스라엘 백성들의 한계를 넘어 그 밖으로 나가라는 명령(call)을 들었던 것이다.[100] "욥바"란 지명이 갖고 있는 이런 의미 때문에 누가는 베드로가 이방인 백부장을 만나 개종시키는 이야기와 관련해서 "욥바"란 말을 의도적으로 반복해서 사용하고 있다(10:5, 8, 23, 32; cf. 11:5, 13). 그것은 독자들로 하여금 구약성서의 요나가, 이전의 요나가 욥바로, 이방 땅으로 가라는 하나님의 명령을 따르지 않았던 일을 상기시킴으로써, 사도행전에서 요나의 아들인 시몬 베드로가 "욥바에서" 성령의 지시를 따라 이방인 백부장을 만나 개종시킨 일을 대조적으로 돋보이게 하기 위해서일 것이다. 바로 그런 목적과 의도 때문에 누가는 고넬료의 개종 이야기와 관련해서 "베드로"를 가리켜 의도적으로 자주 "시몬이라는 베드로" 혹은 "베드로라 하는 시몬"이란 용어를 사용하고 있는 것으로 보인다.[101]

더구나 베드로가 욥바에서 환상을 통해 성령의 지시를 받았을 때, 그는 "피장이 시몬"의 집에 있었다고 했다. 그런데 베드로에게 고넬료를 만나라는 성령의 지시가 주어지기 전에 이미 베드로는 "욥바"에 머물고 있었다. 사도행전 9:36~43에 보면 베드로가 모든 지방을 두루 다니다가 룻다에서 중풍 병을 앓고 있던 애니아를 고쳐 주고, 그 후에 룻다에서 가까운 욥바로 가서 그곳에서 다비다란 여제자가 죽은 것을 보고 무릎을 꿇고 기도하여 그를 다시 살리는 이적을 행했다. 이 일 때문에 욥바에 있는 많은 사람이 주를 믿게 되

100) Justo L. Gonzalez, *Acts: The Gospel of the Spirit*(New York: Orbis Books, 2001), p. 132. Cf. R. W. Tall, "Peter, 'Son' of Jonah: The conversion of Cornelius in the context of canon", JStNT, 29(1987), pp. 79~90.

101) cf. "베드로라고도 부르는 시몬"(행 10:5, 18, 11:13), "시몬이라는 베드로"(행 10:32).

었고, 그래서 베드로가 "여러 날 동안 욥바에서 시몬이라는 피장이의 집에 유했습니다."라는 기록이 나오게 되었다. 이 언급도 매우 의미심장하다. 왜냐하면 사도행전의 베드로가 "욥바"에서 이방인 고넬료를 만나라는 성령의 지시를 받은 장소와 시기가 바로 "피장이 시몬"의 집에 머물고 있을 바로 그 때였기 때문이다. "피장이 시몬"이란 단어가 결국은 베드로가 9장에서 욥바에 살고 있던 다비다란 여제자를 살려내고 "피장이 시몬"의 입에 머물고 있었다는 이야기와, 베드로가 10장에서 욥바에 살고 있던 "피장이 시몬"의 집에 머물고 있을 때 고넬료를 만나라는 성령의 지시를 받은 이야기를 서로 연결시켜 주는 중요한 연결어(catchword 또는 key-word) 역할을 하고 있는 셈이다. 그래서 "피장이 시몬"이란 단어도 현재의 문맥 속에서 여러 번 반복적으로 사용되고 있다(9:43, 10:6, 32; cf. 10:17에선 그냥 "시몬").

고넬료의 개종 이야기와 관련해서 "피장이 시몬"과 그의 집이 중요한 것은 우선 그의 집이 천사가 고넬료에게 베드로를 만나기 위해 찾아가라고 알려준 바로 그 주소였기 때문이다(10:6). 그런데 더 중요한 것은 "피장이"라는 직업 자체가 많은 유대인들이 부정하다고 생각하는 직업이기 때문이다. 유대인들이 피장이란 직업을 부정하게 생각하는 이유는 피장이들이 죽은 짐승을 만지며 다루기 때문인데, 레위기 11:39에 의하면, "너희가 먹을 만한 짐승이 죽은 때에 그 주검을 만지는 자는 저녁까지 부정할 것이라."고 규정되어 있기 때문이다. 그런데 놀라운 사실, 아니 의미 있는 사실은 베드로가 부정한 짐승들에 대한 환상을 본 곳이 바로 피장이 시몬의 집이었다는 사실이다. 이미 베드로는 다른 유대인들이 부정하다고 생각하는 피장이 시몬의 집에 머물고 있었고, 바로 그곳에서 환상 가운데 부정한 짐승들을 잡아먹으라는 성령의 지시를 받았고, 다른 유대인들이 부정하다고 생각하는 가이사랴에 살고 있던 이방인 고넬료의 집을 찾아가 이방인들을 만나고, 결국에 가서는 이방인인 그의 집에서도 여러 날을 또 머물게 되었다(10:48).

6) 예루살렘 교회에 보고된 고넬료의 개종 이야기(11:1~18)

베드로가 예루살렘에 올라가 이방 사람들도 하나님의 말씀을 받아들였다는 소식을 전했을 때, 예루살렘 교회 안에 있는 "할례 받은 기독교인들"(11:2)이 처음에는 베드로를 비난했다. "당신은 할례 받지 않은 사람의 집에 들어가서 그들과 함께 식사를 한 사람입니다"(11:3). 누가는 이런 기록을 통해서 그 당시 교회 안에서 이방인들에게 점차로 마음을 열어가고 있는 경향에 대해 강력히 반발하는 그룹이 있었다는 사실을 밝히기 시작한다. 이런 그룹이 때로는 "유대화하려는 사람들"(Judaizers)로 불리는데, 이들은 교회 안에서 계속 이방인들에게도 율법을 지키도록 해야 한다고, 그리고 남자의 경우 할례를 받게 해야 한다고 주장했다. 이런 사람들이 예루살렘에 올라와 보고하는 베드로를 강력히 비난한 것은 그가 이방인들에게 말씀을 전했기 때문이거나 그들에게 세례를 베풀었기 때문이 아니라, 그들의 집안으로 들어가 그들과 더불어 음식을 먹었기 때문이다.

베드로는 자신을 비난하는 사람들을 향해 대답하면서 다시금 이미 10장에서 말했던 내용을 반복해서 설명한다. 다만 16~17절에서 새로운 진술을 덧붙이고 있는데, 그것은 곧 그가 이방인들에게 성령이 임하는 것을 보고 생각했던 것, 즉 주님께서 물 세례에 이어 성령 세례를 약속하셨다는 것과 또 "우리가 주 예수 그리스도를 믿을 때에 우리에게 주신 것과 같은 선물을 하나님이 그들에게도(=이방인들에게도) 주셨다."는 것이다. 그러면서 베드로는 "내가 누구이기에 하나님을 감히 거역할 수 있겠습니까?"라고 되물었다. 베드로의 이 말을 들은 사람들의 반응은 아주 긍정적이었다. 모든 의심이 풀렸고 그래서 그들 모두 하나님께 영광을 돌리며, "이제 하나님께서 이방 사람들에게도 회개하여 생명에 이르는 길을 열어주셨다."(11:18)는 사실을 이 이야기의 결론으로 받아들였다.

만약 우리가 사도행전의 나머지 부분을 전혀 모르고 있다면, 우리는 이것으로써 이방인을 받아들이는 문제와 논란이 초대교회 안에서 모두 끝난 것으로 생각하기 쉽다. 그러나 실제로는 그렇지 못했다. 사도행전 15장에서 똑같은 문제가 또다시 제기되어 비슷한 논란이 재현되고 있기 때문이다. 우리는 여기서 이방인을 교회에 받아들이는 문제가 초대교회에서 그토록 중요한 문제였고, 그토록 풀기 어려운 문제였다는 사실을 기억할 필요가 있다.

베드로가 고넬료를 개종시킨 이야기에서 배울 교훈

만일 우리가 이방 사람들로서 20세기의 선교적인 안목만을 가지고 고넬료의 이야기를 읽는다면, 베드로가 한 일의 중요성에 대해 상당 부분을 놓치고 말 것이다. 베드로와 고넬료에게 일어난 일을 올바로 이해하기 위해서는 율법에 대해 절대적 복종을 강조하던 당시의 눈을 가지고 본문을 읽어야 한다. 그것이 베드로의 관점에서 본문을 제대로 이해하는 길이 될 것이다. 베드로는 이방인과의 접촉이 "불법"이라는(10:28) 확신을 가지고 있던 사람이다. 그런 베드로가 갈릴리로부터 예루살렘으로, 그 후 룻다와 결국은 욥바에 이르러 부정하다고 생각했던 이방인들을 형제와 자매로 받아들이고 그들에게 세례까지 주었다.

우리는 베드로가 개종시킨 사람이 바로 이방인이며 로마의 백부장이라는 사실을 기억할 때, 베드로가 한 일이 얼마나 엄청난 일이고 얼마나 중요한 일이었는지를 새삼 깨달을 수 있다. 우리는 베드로의 정치적 입장에 대해서는 전혀 아는 바가 없다. 그러나 우리는 보다 경건한 유대인들에게 로마의 백부장이란 사람이 어떤 사람이었는지 쉽게 짐작할 수 있다. 가능하면 멀리하고 싶은 대상, 가능하면 물리치고 싶은 대상이었을 것이고, 아마도 유대인 열심당원의 경우라면 암살의 대상일 수도 있는 사람일 것이다. 로마 제국은 당시 유대 땅을 점령하고 억압하면서 무거운 세금으로 유대인들을 괴롭히던 대상이었다. 로마의 백부장은, 예수의 십자가 처형 장면에서 보듯이, 유대교인이나 기독교인을 박해하고 처형한 진두 지휘자였다.

로마 제국을 대표하는, 로마 군인들이 주둔하던 팔레스타인의 중심지는 예루살렘이 아니라, 바로 가이사랴였다. 베드로로서는 가이사랴로 가서 이방인이요 로마의 백부장인 고넬료를 만나라는 성령의 지시를 그대로 따르는 일이 결코 쉬운 일도 아니고, 마음 내키는 일도 아니었을 것이다. 성령의 지시를 그대로 따르면서도 한편으로는 마음이 아주 편치 않았을 것이다. 그러나 시간이 지나면서, 성령의 도움으로 그리고 베드로가 겪은 여러 가지 경험을 통해서 놀라운 일이 벌어졌다. 유대인과 이방인 간의 벽이 허물어진 것이다. 이것은 마치 바울이 에베소서 2장에서 이방인들이 하나님의 은혜 가운데서 믿음으로 구원을 받았다고 증언하면서(엡 2:8) 계속 선포한 다음의 말을 생각나게 해 준다. "그리스도께서는 우리의 화평이십니다. 그는 유대 사람과 이방 사람 사이에 막혔던 담을 허시고 둘을 하나로 만드시고 서로 원수 된 것을 자기 몸으로 해소시키신 분입니다"(엡 2:14).

오늘날 우리에게는 우리가 지켜야 할 법조항, 규정 그리고 원칙이 여러 가지로 아주 많다. 물론 그런 것들이 필요한 것들이고 유익한 것들임에 틀림없다. 그러나 때로는 그런 것들이 우리의 선교 활동에 장애가 될 수도 있다. 물론 이제는 이방인의 집에 들어가는 것이 더 이상 문제가 되지는 않는다. 그러나 아직도 우리에게는 신앙인으로서 혹은 선교하는 사람으로서 참석해서는 안 될 모임이 있고, 만나서 사귀지 말아야 할 사람들도 있는 등 우리의 행동을 제한하는 규범이 많다. 베드로에게 이방인과의 접촉이 불법이라는 율법 규정이 있었듯이 말이다. 우리가 율법 규정을 따라서 우리 자신을 순결하고 정결하게 지키기 위해서는 마땅히 우리가 만나고 접촉해야 할 대상들에 제한을 두어야 하고, 그래서 늘 믿는 사람들과만 어울리며 믿지 않는 사람들과 어깨를 마주하며 지내는 일은 피해야 할 것이다. 물론 어느 정도 이런 일이 필요한 것이 사실이기도 하다. 우리의 믿음이 견고하지 못할 때는 더욱 그러하다. 그러나 우리가 계속 이런 입장만을 견지한다면, 우리는 우리가 믿은 예수 그리스도가 이미 믿는 우리와 같은 사람들만을 위해 죽은 것이 아니라, 아직 믿음에 접해 보지도 못한, 그래서 우리가 피하고 접촉하기 싫어하는 불신자, 부도덕하고 악한 사람들을 위해서도 죽으셨다는 사실을 잊어버리는 엄청난 위험에 처하고 말 것이다.

그런 경우에 우리는 베드로가 고넬료의 집에 들어가 그곳 사람들을 향해서 "하나님은 외모로 사람을 가리시지 않는 분이라."(10:34)고 외쳤던 것을, 그리고 그리스도께서 죄인들을 위해 죽으셨다는 것을 기억해야만 한다. 만약 우리가 그리스도를 섬기는 사람들이라면, 그리고 우리가 섬기는 그리스도가 우리가 죄인이었을 때, 우리가 잃은 자가 되었을 때 우리를 찾아와 구원해 주신 분이라는 것을 깨닫는다면, 우리도 다른 사람들이 죄인으로 있더라도, 우리의 원수가 되어 있더라도 그들에게로 찾아가 그들을 구원해야 하지 않겠는가? 베드로가 찾아가 만난 사람이 이방인이었고 로마의 백부장이었다는 사실을 잊지 말아야 한다. 그는 자기 나라를 점령하고 지배하는 로마 제국 군대의 장교 집을 찾아갔다. 물론 백부장의 지원을 받기 위해 스스로 원해서 찾아간 것이 아니다. 하나님이 가라고 지시했기 때문에 간 것이다. 과연 우리도 똑같이 위험하고 전례가 없는 이런 선교를 위해 나설 준비가 되어 있는지 우리 자신에게 한 번 물어보아야 할 것이다.

어떤 의미에서는 고넬료의 개종 이야기가 사울의 개종 이야기와 비슷하기도 하다. 물론 관점은 서로 다르다. 사울의 경우 우리는 박해자였던 사람이 어떻게 기독교인이 되었는지를 보게 되는데, 여기 고넬료의 경우에는 교회가 베드로란 인물을 통해서 기독교인들을 박해하던 사울과 같은 사람, 그리고 유대 나라를 억압하던 백부장 고넬료와 같은 사람들을 위한 복음을 어떻게 몸소 실천해 가고 있는지를 보게 된다. 결과적으로 예루살렘의 온 교회가 복음을 보다 넓게 이해하고 실천하는 쪽으로 개종된 셈이다.

우리는 지금 부패와 부정, 불의와 억압이 가득 찬 세상을 살아가고 있다. 기독교인으로서 우리는 당연히 그런 것들에 대해 예언자적인 목소리를 높여서 정죄해야 한다. 그러나 동시에 우리는 기독교인으로서 교회가 마치 "우리와 같은" 사람들만을 위해 있는 것처럼 생각하며 행동하는 위험에는 빠지지 말아야 한다. 만일 우리 교회에서 "저 사람들은 불결하고 불순하고 부정하다."는 이유로 그런 사람들을 배척한다면, 또는 "저 사람들이 우리와 다른 생각, 다른 이념, 다른 종교를 갖고 있다."는 이유로 그런 사람들을 배척한다면, 우리는 마땅히 잠깐 서서 베드로와 고넬료의 이야기를 생각하면서 우리가 오늘날 세상을 향해 "하나님은 외모로 사람을 가리시지 않는 분"이라고 선포할 때 그 의미가 정말로 무엇인지를 다시 물어보아야 할 것이다. 오늘날 우리 교회 안에서 복음 전도와 선교에 대한 목소리가 커지고, 복음을 세상 끝까지 전해야 된다는 목소리가 커지고 있는 것이 사실이다. 그러나 우리가 전하는 복음에는 멀리 있던 자가 가까워졌다는 선포가 담겨 있다는 사실을 잊지 말아야 한다. "복음"은 마치 의약품과 같아서 건강한 사람에게 필요한 것이 아니라 약하고 병든 자에게 필요한 법이다.

마지막으로, 다시 한 번 고넬료와 그의 가족들에게 일어난 놀라운 변화에 주목할 필요가 있다. 그러나 그것에 못지않은 더 놀라운 변화에 주목할 필요가 있다. 그것은 이방인과의 접촉을 불법으로 알고 있던 베드로에게 일어난 놀라운 변화, 즉 그가 고넬료가 보낸 이방 사람들을 자기 집으로 맞아들여 함께 유하도록 한 일, 그리고 이방인 고넬료의 집에 찾아들어가 이방인들을 만났을 뿐만 아니라 그 집에서 "며칠 동안 더 유했던" 일에 주목할 필요가 있다. 고넬료만 변한 것이 아니라 베드로도 변했다. 이것이 중요하다. 그래서 비록 10~11장의 전체 내용을 가리켜 일반적으로는 그냥 "고넬료의 회심(conversion)"이라고들 부르지만, 사실상 "베드로 자신의 회심(conversion)"이라고 말해도 결코 과언이 아닌[102] 이유가 바로 여기에 있다. 이방인 백부장 고넬료가 그의 온 집안 식구와 함께 개종한 것은 놀라운 일이다. 그러나 그에 못지않게 더 놀라운 일은 베드로가 "그 순간까지 그의 인생을 완전히 지배하던 전통적이며 깊이 뿌리내리고 있던 확신으로부터 개종"[103]한 일이 아닐 수 없다. 이방인의 회심을 위해선, 아니 이방인의 회심이 있기 전에 먼저 베드로의 회심이 필요했는지도 모른다. 이것이 오늘날 세계 선교에 임하는 선교사들에게 중요한 교훈을 준다. 즉 이방 선교, 곧 세계 선교를 위해서, 그리고 세계 선교에 나서기 전에 무엇보다 먼저 필요한 것은 복음을 전하는 선교사들의 회심(conversion)이라는 사실이다. 그 회심에는 한편으로 베드로처럼 "전통적인 확신으로부터의 회심"이 필요할 것이며, 다른 한편으로는 이방인 곧 피선교인들에 대한 편견부터 근본적으로 바뀌어야 하는 회심이 포함될 것이다!

---

102) Justo L. Gonzalez, *Acts: The Gospel of the Spirit*, p. 134. James D. G. Dunn도 그의 사도행전 주석에서 사도행전 10:1~48의 제목을 〈The Conversion of Peter and the Acceptance of Cornelius〉라고 붙이고 있고, 특히 사도행전 10:1~29의 소제목을 〈The Conversion of Peter〉라고 붙였다. Cf. *The Acts of the Apostles*(Pennsylvania: Trinity Press International, 1996), pp. 131~134.

103) Cf. "a conversion from traditional and deeply rooted conviction which had completely governed his life till that moment(10:14~15,28)" (Dunn, *Acts*, p. 132).

9 바울의 비시디아 안디옥 설교(13:13~52)

수리아에 있는 안디옥 교회로부터 파송받은 바울과 바나바(13:3)는 구브로를 거쳐 비시디아 안디옥까지 갔다. 비시디아 안디옥에서의 첫 선교 활동은 안식일에 회당에서 시작되었다. 바울과 그 일행이 회당에 들어가 앉고 회당장들이 바울과 바나바에게 사람을 보내어 "권면의 말"을 해 달라는 요청을 했을 때, 바울이 일어나 회당 안에 모여 있던 "이스라엘 사람들과 하나님을 경외하는 사람들"(13:16)을 향해 설교를 하게 되었다. 이것이 초대교회가 공식적으로 파송한 선교사가 회당을 방문한, 그리고 회당에서 설교한 첫 번째 경우일 것이다. 아마도 바울이 "랍비"였기에 이것이 가능했을 것이다. 그러나 흥미 있는 사실은 회당장들이 회당을 방문한 바울과 그 일행에게 "권면의 말"(a word of consolation, "logos parakleseos")을 해 달라고 요청했는데, 정작 "권면의 말"을 하기 위해 나선 사람은 "권면의 아들"(a son of consolation)로 알려진 바나바(4:36)가 아니라 바울이었다는 사실이다. 바울은 일어나 손짓을 해 가면서 설교를 시작했다. 랍비들이 회당에서 설교할 때 보통은 앉아서 하는 것이 관례인데(권위의 상징으로), 바울은 일어나 서서 설교를 시작했다. 아마도 유대교와의 차별 때문이었을 수 있다.[104] 바울은 더 이상 유대교의 랍비가 아니라 이제는 초대교회의 선교사였다. 더구나 이곳이 헬라 문화권이기 때문이었을 수도 있다.

바울의 이 첫 번째 설교(13:13~42)는 베드로의 첫 번째 설교(2:14~40)와 분

---

104) 베드로가 예루살렘에서 오순절 설교를 할 때도, 그는 일어서서 설교를 했다(행 2:14).

량과 성격 면에서 아주 비슷하다. 이것은 분명히 의도적인 것으로 보인다. 바울의 설교와 베드로의 설교가 같다는 것을 보여주려는 것이다. 바울도 비슷하게 베드로처럼 일어서서 설교하였으며(2:14, 13:16) 이것 이외에 다음과 같은 점들이 평행을 이루고 있다. (1) 시작 부분이 각각 독특하며, 그들의 상황에 적절하다(2:14~21, 13:16~25). 베드로의 설교 대상은 "유대 사람과 예루살렘에 사는 여러분"인데, 바울의 설교 대상은 "이스라엘 사람들과 하나님을 두려워하는 여러분"이다. (2) 핵심 케리그마는 이스라엘 백성들이 죽인 예수를 하나님이 다시 살리셨다는 데(2:24, 32, 13:30, 33, 34, 37) 있다. 그리고 그의 제자들이 증인이라는 데(2:32, 13:31) 집중되고 있다. (3) 예언의 성취가 강조된다. 바울이 시편 110:1 대신에 시편 2:7을 인용되고 있으나, 시편 16:10은 두 사람 모두 똑같이 인용하고 있다. (4) 마지막으로 각각 믿음을 호소하고, 죄 사함을 약속하고 있다(2:38~39, 13:38~41).

바울은 베드로의 경우보다 더 이스라엘의 과거 계시와의 연속성을 강조하고 있다. 출애굽으로부터 시작하여 첫 번째 선지자 사무엘과 첫 번째 왕 사울,[105] 특히 다윗을 거쳐 다윗의 위대한 후손인 예수에 이르기까지(13:17~23) 길게 언급하면서 예수가 약속의 성취임을 선포한다. 그러면서 아주 놀라운 사실은 이스라엘 사람들 이외에 "하나님을 경외하는 사람들"까지 이 연속에 포함시켜 "우리의 조상들"(13:17)이라고 말하고 있는 점, 그리고 "하나님이 예수를 일으키사 우리 자녀들에게 이 약속을 이루게 하셨다."(13:33)고 말하면서 계속 "형제들"(13:26, 38), "우리", "우리 자손들"(13:26, 33)이라는 표현을 쓰고 있는 점이다. 이 점을 두고 던(James D. G. Dunn)은 바울의 "설교 자체가 베드로의 이전 설교들(2:39, 3:25, 그러나 또한 10:34~35)에서 단지 암시만 되어 있는 공개성(openness)을 표현하고 있다."고 지적한다.[106]

---

105) 13:21에서 구체적으로 사울 왕을 언급한 것은 아마도 바울의 개인적인 관심 때문이었을 것이다. 바울 자신이 왕의 이름과 똑같은 "사울"이란 이름을 갖고 있기 때문이다. 바울도 사울 왕과 똑같이 베냐민 지파에 속해 있다. Cf. Justo L. Gonzalez, *Acts: The Gospel of the Spirit*, p. 159.

106) James D. G. Dunn, *The Acts of the Apostles*, p. 78. Dunn은 또한 continuity with Israel과 openness to Gentiles, 이 두 가지를 바울 설교의 이중 강조점(double emphases)이라고 지적하면서 이것이 확실히 바울적인 점이라고 말한다.

"하나님을 경외하는" 이방인들까지 이제 모두 "형제"로, "우리 조상들"의 "자손들"로 받아들이고 있다는 말이다.

설교의 두 번째 부분(13:26~37)에서 바울은 더욱 분명히 자신의 메시지가 "아브라함의 후예들"만을 위한 것이 아니라 "하나님을 공경하는 이들"(13:26)을 위한 것이기도 하다는 점을 분명히 밝히고 있다. 즉 유대인만이 아니라 이방인을 위한 것이기도 하다는 말이다. 바로 이어서 "이 구원의 말씀을 우리에게 주셨다."고 말함으로써 "구원의 말씀"을 받은 유대인과 이방인을 "우리"란 말로써 다시 하나로 묶고 있다. 한 가지 바울의 설교에서 이전의 베드로나 스데반의 설교와 다른 점은, 예수를 배척한 주제가 청중들을 비난 혹은 고소하기 위한 것이 아니라, 도리어 예루살렘에 있는 유대교 지도자들이 예수를 배척했기 때문에 복음이 이제 디아스포라 가운데 있는 청중들을 위한 것이 되었다는 점이다. 이 점은 다시 13:46에서 바울과 바나바를 반대하는 유대인을 향해서 "지금 당신은 그것을 배척하며 영원한 생명을 얻기에 합당하지 못한 사람으로 자인하기 때문에 우리는 이제 이방 사람들을 향해 갑니다."라고 말한 데서도 그대로 드러나고 있다(cf. 18:6).

그리고 이 부분의 설교(13:26~37)에서 바울이 예수의 부활을 강조하고 있는 점에도 특히 주목할 필요가 있다. "예루살렘에 사는 사람들과 지도자들이…예수를 정죄하고"(13:27) "예수를 죽였지만"(13:28) "하나님께서 예수를 죽은 자들 가운데서 다시 살리셨습니다"(13:30). "하나님께서 예수를 다시 살리셔서 자손 된 우리들을 위하여 그 약속을 이루어 주셨습니다"(13:33). "하나님께서 그를 죽은 자들 가운데서 살리시고 다시는 썩지 않게 하시겠다고 선언하셨다"(13:34). "하나님께서 다시 살리신 이는 썩지 않았습니다"(13:37). 이처럼 사도행전에서 바울의 설교는 "하나님이 예수를 다시 살리셨다."는 메시지에 초점이 맞추어져 있다. 이 점은 다시금 바울의 아레오바고 설교 가운데서도 아덴의 철학자들이 바울이 "예수와 부활"(17:18)을 전한다고 말한 데서도 드러난다.

그러나 바로 이 점에서 사도행전의 바울은 그의 서신들에서 볼 수 있는 바울과 아주 다르다는 지적이 나오고 있다. 왜냐하면 바울 서신들에서는 "부활"보다는 "십자가"가 강조되고 있고, 그래서 바울 자신도 "십자가 이외에는 자랑할 것이 없다."고 말하고 있기 때문이다. 이 점은 비시디아 안디옥에서 바울이 전한 것으로 알려진 바울의 설교가 실제로는 누가의 설교라는 설명으로 이해될 수 있다. 누가는 베드로의 설교에서나 바울의 설교에서 모두 "하나님이 예수를 다시 살리셨다."는 부활의 메시지를 강조하고 있기 때문이다.[107] 더구나 베드로의 설교에서나 바울의 설교에서 "십자가"는 단지 예수가 달렸던 "나무"에 지나지 않았던 것으로 그 중요성이 아주 약화(de-emphasize) 되어 있다. "하나님은 그대들이 나무에 달아 죽인 예수를 다시 살리셨소"(5:30). "그들은 예수의 시체를 나무에서 내려다가 무덤에 두었습니다"(13:29). 그러나 바울의 비시디아 안디옥 설교에서 바울 신학의 강조점이 그대로 나타나는 곳도 있다. 가령 13:39에서 바울은 "믿는 사람은 누구나 다 이 예수 안에서 의롭다는 인정을 받습니다."라고 설교하고 있는데, 이것은 바울이 그의 서신들에서 강조하는 "믿음으로 말미암은 칭의" 사상을 반영하고 있다. 따라서 누가가 비록 베드로나 바울의 설교 가운데서 그들의 입을 통해 자신의 강조점을 드러내고 있기는 하지만, 그가 바울의 설교에서 바울의 특정한 강조점에 충실하려고 했던 것도 사실로 보인다.

바울의 비시디아 안디옥 설교는 상당히 성공적이었던 것으로 생각된다. 회당에서 이 설교를 마치고 나올 때, "사람들이 다음 안식일에도 이러한 내용을 가지고 말해 주기를 청했습니다."(13:42)라는 말이나, 이 설교가 있은 후에 "많은 유대 사람과 유대교에 입교한 경건한 사람들이 바울과 바나바를 따라갔습니다."(13:43)란 말이나, 또한 "그 다음 안식일에는 거의 온 동네 사람들이 하나님의 말씀을 들으려고 모여들었습니다."(13:44)란 말과 "이렇게 해서 주의 말씀이 그 온 지방에 퍼졌습니다."(13:49)라는 말에서 우리는 그 점을 분명히 확인할 수 있다. 그러나 이런 성공적인 결과는 오히려 유대 사람들의 "시기심"을 일으켜 바울과 바나바를 반대하며 비방하는 결과를 초래했다(13:45). 유대 사람들은 하나님을 예배하는 귀부인들과 그 도시의 지도자들을

107) Cf. 행 2:24, 32, 3:15, 4:10, 5:30.

선동하여 바울과 바나바를 박해하도록 했고, 결국 그들을 그 지방에서 쫓아내고 말았다(13:50).

여기서 한 가지 흥미 있는 점, 그래서 우리가 주목해야 할 점은 바울과 바나바를 반대하고 끝내 그들을 비시디아 안디옥에서 쫓아낸 유대인들이 처음에 바울과 바나바를 향해 "형제들이여"라고 말하면서 "권면의 말"을 청한 사람들(13:15)이었다는 점이다. 그들은 바울과 바나바에게 "다음 안식일에도 이러한 내용을 가지고 말해 주기를 청했던" 사람들이고(13:42), "바울과 바나바를 따라다니던" 사람들이었다(13:43). 그런데 갑자기 "바울과 바나바가 한 말을 반대하며 비방했고"(13:45), "하나님을 예배하는 귀부인들과 그 도시의 지도자들을 선동하여 그들을 그 지방에서 쫓아냈다"(13:50). 본문에 의하면(13:45), "시기심" 때문이라고 했다. 그런데 이 시기심의 원인은 바울과 바나바의 선교가 너무나 성공적이었기 때문이다. 이 시기심이 언급된 시점이 바로 "그 다음 안식일에는 거의 온 동네 사람이 하나님의 말씀을 들으려고 모여들었습니다."(13:44)란 말이 나온 직후이다. 비시디아 안디옥에 사는 "거의 온 동네 사람"들이 다 말씀을 들으려고 바울과 바나바에게 모여드는 "무리를 보고" 시기심이 가득 찼던 것이다. 유대인들의 이 시기심 때문에 결국 바울과 바나바는 비시디아 안디옥에서 박해를 받았고, 끝내 그곳에서 쫓겨나고 말았다.

유대인들의 이런 박해 때문에 바울과 바나바는 "하나님의 말씀이 먼저 당신들에게 전해졌어야 했습니다. 그러나 지금 당신들은 그것을 배척하며 영원한 생명을 얻기에 합당하지 못한 사람으로 자인하기 때문에 우리는 이제 이방 사람들을 향해 갑니다."(13:46) 하는 말을 남기고, 이방인을 향해 더욱더 복음을 들고 나갈 수 있게 되었다.[108] 따라서 이런 박해는 도리어 복음이 확장되는 계기가 된 셈이다. 마치 스데반에 대한 박해로 인해 많은 사람들이 전국으로 흩어져 복음을 크게 전파하는 결과를 가져왔듯이 말이다(cf. 행

---

108) 똑같은 일이 사도행전 18:5~11에서 일어나고 있다. 그래서 바울은 박해하는 유대인들에게 다시금 똑같은 말을 남기고 이방인에게로 향한다.

8:1~5). 따라서 기독교 선교사들에게 박해는 그것 때문에 움츠러들고 물러설 일이 아니라 오히려 새롭게 도약할 기회와 동기가 된다는 점을 기억할 필요가 있다.

사도행전에서 구체적인 선교 현장에서 반복적으로 나타나는 바울 선교의 특징 혹은 원칙, 곧 "유대인들에게 복음이 먼저 전파되어야 하지만 그들이 배척하기 때문에 이방인에게로 향한다."는 바울의 자신의 말(13:46, 18:6)은 사실상 바울이 그의 서신에서 보다 일반적인 형태로 "내가 복음을 부끄러워하지 아니하노니 이 복음은 모든 믿는 자에게 구원을 주시는 하나님의 능력이 됨이라. 먼저는 유대인에게요, 그리고 헬라인에게로다."(롬 1:16)라고 말한 것을 설화 형태로 표현한 것으로 생각된다. 그렇다고 이 말이 그 순간 이후로 바울과 바나바가 유대인을 포기하고 오직 이방인들만을 향해서 선교하겠다는 말은 결코 아니다. 그와는 반대로 사도행전의 나머지 부분에서 우리는 계속 바울과 바나바가 회당에서 유대인들을 상대로 선교를 시작하다가 그 후에 다시 이방인에게로 향하는 것을 보게 된다. 아마도 바울은 그리고 누가도 유대인들이 복음을 배척했다고 완전히 "넘어져서 멸망에 빠진 것이 아니라 그들의 죄 때문에 구원이 이방 사람에게 이르렀고 이스라엘에게는 질투심이 일어나게 된 것"이라고(롬 11:11), 따라서 "이스라엘의 범죄가 세상에 풍족한 축복을 가져오고 이스라엘의 실패가 이방 사람들에게 풍족한 축복을 가져왔다면, 이스라엘 전체가 완전하게 된 때 그 결과가 얼마나 위대할 것입니까?"(새번역 롬 11:12)란 생각을 갖고 있는 것으로 보인다. 바울이 하나님의 "비밀"은 "이방 사람들이 들어와 그 수가 찰 때까지 일부 이스라엘 사람들이 완고해진 대로 있으리라는 것과 이스라엘 전원이 구원을 받게 되리라는 그것입니다."(롬 11:25)라고 한 말씀에서 볼 수 있듯이, 유대인과 이방인 모두를 구원하는 것이 아니고 무엇이겠는가?

복음의 능력!

우리는 교회에서 "복음의 능력"이란 말을 자주 사용한다. 그러면서도 이 말의 의미에 대해서는 별로 생각하지 않는 것 같다. 우리가 살펴본 본문 곧 비시디아 안디옥에서 바울이 행한 첫 번째 설교에서 우리는 복음의 능력이 두 방향으로 역사하고 있었음을 보게 된다. 첫째로 우리가 보게 되는 것은 복음의 능력이 사람들의 관심을 이끌고 그들로 하여금 확신을 갖게 만드는 것이다. 누가가 말해 주는 것은 놀라운 것이 아닐 수 없다. 바울과 바나바가 비시디아에 도착하고 그들이 복음을 전하자 많은 사람들, "거의 온 동네 사람들"이 복음에 관심을 갖고 말씀을 들으려고 모여들었다. 물론 이것이 일부는 두 선교사, 곧 바울과 바나바의 언변이나 그들의 개인적인 능력의 결과일 수도 있다. 그러나 실상 이것이야말로 부활하신 예수가 사도행전 1:8에서 약속하신 성령의 능력 이외에 다른 것이 아닐 것이다.

그러나 복음의 능력 혹은 성령의 능력에는 우리가 자주 기억하지 못하는, 그러나 똑같이 중요한 또 다른 차원이 있다. 이 복음의 능력은 우리가 갖고 있는 기존의 선입관과 사고방식을 모두 허물어 버린다는 점이다. 복음의 능력은 우리가 기분에 따라 언제나 우리가 원하는 대로 다스리거나 조종할 수 있는 그런 능력이 아니다. 이것이 바울과 바나바가 전하는 메시지를 처음엔 듣지 않고 거부하려고 했던 비시디아 안디옥 회당의 유대인들에게 일어났던 일이다. 비시디아 안디옥에는 유대인들이 많이 있었다. 물론 회당을 중심으로 모이던 그들이 처음에는 복음에 대해 전혀 귀를 기울이지 않으려고 했지만, 옛날 모세와 선지자들을 통해 주어진 계시를 이미 받았던 사람들이기에 결국 복음을 받아들이게 되었다. 이것은 전적으로 성령의 능력에 의한 것이었다. 바울과 바나바에게 힘이 되었던 성령은 전에 선지자들을 통해 말씀하신 바로 그 성령이기도 했다.

그러나 비시디아 안디옥에 있었던 이 유대인들은 복음을 받아들였음에도 불구하고, 그 하나님의 계시가 온전히 자기들만을 위한 것이라고 생각했고 그렇게 되기를 원했던 것 같다. 물론 하나님을 경외하는 이방인들이 일부 회당에 들어오는 것은 괜찮다고 생각했을 것이다. 그들 중 일부가 개종하여 할례를 받고 개종자가 되는 것도 괜찮다고 생각했을 것이다. 그러나 이 유대인들은 이방인들이 너무 많이 몰려들어와 유대인들이 전부터 누리던 독점적인 특권을 잃을 정도로 문이 너무 크게 열리는 것은 괜찮지 않다고 생각했던 것 같다. 본문에 의하면, 너무나 많은 무리의 이방인들이 모여드는 것을 보고, 그들은 시기심에 가득 찼다고 했다(13:45). 그러나 그 시기심은 바울과 바나바 때문에 생긴 것이 아니고, 또 일부 하나님을 경외하는 사람들 때문에 생긴 것이 아니라, 이들이 이방인들을 위해 문을 너무 크게 열어 놓는 바람에 이방인들이 너무 많이 몰려 들어와 생긴 일이었다. 바로 그때에 바울과 바나바는 유대교를 인도했던 바로 그 성령의 강권에 따라서, "우리는 이제 이방인에게로 향합니다."라는 말을 남기고 비시디아 안디옥을 떠났다. 시기심이 가득 찼던 유대인들은 비시디아 안디옥을 떠나는 바울과 바나바를 보면서, 이제 문제가 해결될 것으로 생각했을지 모른다. 그러나 그들이 떠남과 동시에 바로 그 다음 구절에 "신도들은 더욱 더 기쁨과 성령이 충만했습니다."(13:52)라는 말이 나온다. 성령의 능력에 의해서 이미 시작된 일이 더욱 활발히 계속되고 있음을 알 수 있다. 그래서 오늘 우리가 이 본문을 읽으면, 우리는 결국 쫓아낸 자들이 오히려 패배자들임을, 그리고 쫓아낸 자들이 결국 영원한 생명에 합당치 못한 사람으로 쫓겨나는 자들이 되었음을 알게 된다.

이런 본문의 이야기들은 1세기 유대인들에게만 아니라 오늘날 우리들에게도 아주 중요한 의미를 갖는다. 이 본문은 오늘날의 선교 과제와 교회 성장에도 직접 적용할 수 있다. 교회 일부에서 간혹 교인들의 숫자가 늘지 않는다는 불만의 소리가 들린다. 그렇기 때문에 더욱 선교의 열정이 필요하다는 말도 들린다. 물론 맞는 말이기도 하다. 그러나 종종 우리는 "우리와 같은" 사람들이 많이 늘어나기를 바라고 있다는 사실을 인정해야만 할 것이다. 가령 미국 교회에서는 백인 교인들이 늘어나지 않고, 흑인이나 라틴 계통 혹은 동양 계통의 교인들이 늘어나는 것에 대해 우려하는 사람들이 있다는 말을 듣는다. 교인들의 숫자를 늘리기 위해 더욱 선교에 박차를 가해야 한다고 말하면서도, 교회 안에 마약중독자나 동성연애자와 같은 사람들이 늘어나는 것은 원하지 않는다.

마찬가지로 오늘날 우리 교회 안에서도 선교와 전도를 말하면서도 "우리와 같은" 사람들이 늘어나기를 바라는 것이 사실 아닌가?[109] "우리와 같은" 생활수준, "우리와 같은" 신앙 기질, 여러 가지 면에서 "우리와 같은" 생각을 가진 사람들이 많이 늘기만을 바라고 있지 않은가? "아무나 오게! 누구나 오게!"라고 찬송하며 목소리를 높이지만, 마음속으로는 그 누구나가, 그리고 그 아무나가 "우리와 같은" 사람들이기를 원하고 있지 않은가? "우리와 같지 않은" 사람들이 다른 교회에 가는 것은 괜찮지만, 우리 교회에 오는 것은 별로 괜찮지 않게 생각하고 있지는 않은가? 만일 이런 생각을 갖고 있는 사람들이 있다면, 비시디아 안디옥을 떠나면서 바울과 바나바가 남긴 말, 곧 "지금 당신들은 그것을 배척하며 영원한 생명을 얻기에 합당하지 못한 사람으로 자인하기 때문에 우리는 이제 이방 사람들을 향해 갑니다."(13:46)라는 말이 비시디아 안디옥의 유대인들에게 심판의 말이 되었던 것처럼, 그런 사람들에게도 심판의 말이 될 것이다. "교회는 세상에 있는 기관들 중 입회 자격 혹은 가입 조건을 전혀 문제 삼지 않는 유일한 기관이다."라고 말한 어느 신학자의 말을 기억할 필요가 있다. 그리고 "너희는 유대인이나 헬라인이나 종이나 자유인이나 남자나 여자나 다 그리스도 예수 안에서 하나이니라"(갈 3:28)고 말한 바울의 말을 기억할 필요가 있다.

---

109) "Let more people come, certainly; but only as long as they are like us." Cf. Justo L. Gonzalez, *Acts: The Gospel of the Spirit*, p. 163.

10 바울의 루스드라 이적
(14:8~18)

바울이 비시디아 안디옥을 떠나 이고니온을 거쳐 루스드라로 왔을 때, 바울은 그곳에서 "날 때부터 걸어 본 일이 없는 앉은뱅이"를 고쳐 주는 이적을 행한 것으로 전해지고 있다. 사도행전 13:5~12에 보면, 바울이 수리아 안디옥 교회로부터 파송을 받아 구브로에 들어가 총독 서기오 바울을 만났을 때에, 곁에서 총독의 마음에 믿음이 들어가지 못하게 하려고 애쓰던 엘루마란 요술쟁이를 꾸짖으며, "주의 손이 네 위에 있으니 제가 맹인이 되어 얼마 동안 햇빛을 보지 못할 것이다."라고 말하자 안개와 어둠이 그를 내리덮어 그가 손을 잡아 인도해 줄 사람을 찾아 헤매었다는 이야기가 소개되고 있는데, 만약 이것이 바울이 행한 이적 이야기가 아니라면, 바울이 루스드라에서 앉은뱅이를 고친 이야기가 바울이 그의 선교 여행에서 행한 첫 번째 이적이라고 말할 수 있다.

바울의 이 이적 이야기는 사도행전 3:1~10에서 베드로가 성전 미문 앞에서 "날 때부터 걸어 본 일이 없는 앉은뱅이"를 고친 이야기와 평행을 이루고 있다. 베드로가 그의 공생애 활동을 시작하면서 행한 첫 번째 이적이 "날 때부터 걸어 본 일이 없는 앉은뱅이"를 일으켜 걷게 한 이적인데, 바울이 그의 선교 사역을 시작한 이후 첫 번째 이적으로 행한 것도 바로 "날 때부터 걸어 본 일이 없는 앉은뱅이"를 일으켜 걷게 해 준 이적이다. 그래서 두 이야기 사이에는 실제로 다음과 같은 몇 가지 공통점을 찾을 수 있다. 첫째는, 두 이야기에 나오는 앉은뱅이가 모두 "나면서부터 앉은뱅이가 된 사람"이다(3:2, 14:8). 평생 걸어 본 적이 없는 사람들이다. 둘째는, 베드로와 요한이 그 사람을 "눈여겨보았는데"("atenisas", 3:4), 바울도 그 사람을 "눈여겨보았다"("atenisas", 14:9). 셋째로, 베드로가 그 사람에게 "걸으라"(3:6)고 말하여 그가 일어나 걸었는데, 바울이 그 사람에게 "일어서라"(14:10)고 말하여 그가 일어나 걸었다. 넷째로, 성전 미문 앞의 앉은뱅이가 일어나 "걷기도 하고 뛰기도 했는데"(3:8), 루스드라의 앉은뱅이도 일어나 "뛰어 걸어 다녔다"(14:10). "뛰었다"는 것은 그가 완전히 정상적인 몸이 되었다는 의미일 것이다. 다섯째로, 두 이야기에서 모두 "믿음"이 병 고침의 주요 요인으로 강조되고 있다. 성전 앞의 앉은뱅이는 베드로와 요한이 "나사렛 예수의 이름으로 걸으라."고 말했을 때 그 이름을 믿었던 것으로 알려지고 있고, 그 믿음 때문에 온전히 고침을 받은 것으로 기록되어 있다.[110] 루스드라 앉은뱅이의 경우는 더 분명히 그의 믿음이 언급되고 있다. "이 사람이 바울의 말을 듣고 있었고… 고침을 받을 만한 믿음이 있었다"(14:9). 더구나 14:10에서 바울이 앉은뱅이를 향해 "똑바로 일어서라"고 명할 때, 서방 본문에서는 "주 예수 그리스도의 이름으로 내가 네게 말하노니"란 문구가 첨가되어 있어, 이 경우 두 본문 모두에서 "예수의 이름으로" 고침을 받은 것으로 되어 있는 셈이다.[111]

그 밖에도 베드로와 요한이 성전 미문 앞에 있는 앉은뱅이를 고친 이적이 새로이 시작된 초대교회 지도자들과 유대 종교 지도자들 간의 만남의 계기가 된 것처럼(3~4장), 바울과 바나바가 루스드라에서 앉은뱅이를 고친 이적이 이방인 선교사인 바울과 바나바가 고대 그리스의 옛 신들인 제우스와 헤르메스 간의 만남의 계기가 되고 있다(14:12).[112] 즉 바울이 나면서부터 앉은뱅이로 걸어 본 일이 없던 그 사람을 향해서 큰 소리로 "똑바로 일어서라"고 말했을 때, 그 사람이 뛰어 일어나 걸어 다니는 것을 본 루스드라의 많은 무

---

110) 이 점은 3:16에 나오는 베드로의 설명에서 분명해진다. 베드로는 주변 사람들을 향해 "그 이름을 믿음으로 그 이름이 너희가 보고 아는 이 사람을 성하게 하였나니 예수로 말미암아 난 믿음이 너희 모든 사람 앞에서 이같이 완전히 낫게 하였느니라."고 두 번씩이나 "믿음"을 강조하고 있다.

111) 이 경우, 분명히 3:6과 평행을 이루기 위한 목적인 것으로 생각된다. Cf. Justo L. Gonzalez, *Acts: The Gospel of the Spirit*, p. 166.

112) James D. G. Dunn, *The Acts of the Apostles*, p. 189.

리들이, 바울이 행한 일을 보고 "신들이 사람의 모양으로 우리에게 내려왔다."고 말하였고, 실제로 성 밖에 있는 제우스 신당의 제사장은[113] 몇 마리의 황소와 화환을 성문 앞에 가지고 와서 군중과 함께 바울과 바나바에게 제사를 드리려고 했다(14:12~13). 본문에 의하면 루스드라 사람들은 바울을 헤르메스라고 부르고 바나바를 제우스라고 불렀는데, 아마도 이것은 바울이 주로 말하는 사람이었고(the chief speaker), 바나바는 위엄 있고 공경할 만한 외모를 가졌기 때문이 아닌가 싶다. 헤르메스는 신들의 메신저로 알려졌고, 제우스는 높은 신으로 간주되었기 때문이다. 그런데 여기서 주목해야 할 아니러니 가운데 하나는 이고니온에서 유대인들로부터 배척을 당했던 유대인 선교사들이 루스드라에서는 이방인들에 의해 옛 그리스의 신들로 추앙을 받고 있다는 점이다. 그러나 바울과 바나바는 자신들에게 제사를 드리려는 사람들을 향해서 "여러분, 어찌하여 이런 일을 합니까? 우리도 여러분과 같은 인간입니다."(14:15)라고 말하면서 도리어 이 기회를 이용하여 "모든 것을 만드신 살아 계신 하나님"을 전파하고 있다. 여기서도 바울은 청중들이 유대인이 아니라 이방인들이기 때문에, 성서 인용도 하지 않은 채 그냥 "천지를 창조하신 살아 계신 하나님"을 전하며 그에게 돌아올 것을 말하고 있다.

그런데 여기서도 누가는 바울과 바나바가 전에 설교했던 안디옥과 이고니온으로부터 내려온 유대 사람들이 바울과 바나바를 신들인 줄 알고 제사까지 드리려고 했던 루스드라 사람들을 설득하여 돌로 죽도록 쳐서 성 밖으로 끌어내게 하였다고 전한다. 믿는 제자들이 바울을 찾았을 때 바울은 다행히 깨어 일어났고, 성안으로 들어갔다가 다음날 바나바와 함께 더베로 떠났다고 했다. 여기서도 우리는 아주 흥미 있는 또 다른 아이러니를 보게 되는데, 그것은 루스드라에서 백성들을 선동하여 바울을 돌로 치게 만들었던 사람들이, 바로 바울이 개종하기 이전에 갖고 있던 것과 똑같은 종교적인 믿음의 확신을 가지고 바울을 돌로 치고 있다는 점이다. 바울이 그의 종교적인

113) The Eastern Text의 몇몇 사본에서는 "제사장들"이라고 복수로 쓰여 있다. 여하간 "제사장들"까지도 바울과 바나바를 신(神)으로 생각했을 정도라는 점이 주목할 만하다.

열심 때문에 예루살렘에서 다메섹으로 내려가 믿는 제자들을 박해했듯이, 여기서는 유대인들이 비시디아 안디옥과 이고니온으로부터 내려와 바울을 박해하고 있는 것이다.[114)]

본문 이야기가 오늘 우리에게 주는 교훈

누가가 소개하고 있는 이 루스드라 사건은 인간이 우상 숭배에 대해 얼마나 취약한가 하는 점과 동시에 말씀을 전하는 사람이 자기가 전하는 그 말씀과 혼동되기가 얼마나 쉬운가 하는 점을 잘 보여준다. 바울이 루스드라의 앉은뱅이를 고쳤을 때, 그곳 사람들은 곧바로 바울을 신으로 알고 신처럼 제사를 드리려고 했다. 인간이 갖고 있는 우상숭배 경향을 너무나도 잘 보여주는 대목이다. 그런데 사도행전 앞부분에서 베드로도 두 번씩이나 이미 그런 비슷한 위험에 직면했던 것을 우리는 알고 있다. 첫 번째 경우는 베드로가 성전 미문 앞에 있던 앉은뱅이를 고친 직후에 그것을 본 사람들이 그 앉은뱅이를 마치 베드로와 요한이 그들 자신의 능력으로 고치기나 한 것처럼 크게 놀라 그들을 바라보고 있을 때, 베드로는 솔로몬 행각에서 그 사람들을 향해 "이스라엘 사람들이여, 어찌하여 이 일을 이상히 여깁니까? 또 어찌하여 여러분은 우리가 우리 자신의 힘이나 경건으로 이 사람을 걷게 한 것처럼 우리를 눈여겨봅니까?"(3:12)라고 말했다. 두 번째 경우는 베드로가 고넬료의 집에 들어갔을 때, 고넬료는 베드로의 발 앞에 엎드려 "예배드렸다"[115)]고 했다(10:25). 베드로는 곧바로 고넬료에게 "일어나시오, 나도 역시 사람이요."라고 말해 주었다(10:26).

그런데 똑같은 일이 루스드라에서 바울과 바나바에게도 일어났다. 날 때부터

---

114) Justo L. Gonzalez, *Acts: the Gospel of the Spirit*, p. 167.

115) 일반적으로 우리말 성경에서는 "절했다"로 번역되어 있지만 헬라어 원문에서는 분명히 "proskuneo"라고 "예배하다"는 동사로 기록되어 있다.

앉은뱅이로 걸어 본 일이 없는 사람을 고쳐 주어 뛰며 걸어 다니게 했을 때, 루스드라 사람들이, 그리고 제우스 신당의 제사장들까지도 바울과 바나바를 "사람의 모양으로 내려온 신"으로 알고 두 사람에게 제사를 드리려고 했다. 이 두 경우 중 첫 번째 베드로의 경우에선 우상숭배에 빠질 뻔한 사람들이 유대인들이었는데, 두 번째 경우에서는 제우스와 헤르메스를 예배하던 이방인들, 특히 그중에서 "하나님을 경외하는 자들"이었다. 이 두 경우 모두에서 사람들은 오직 하나님께 드려야만 하는 경배와 예배를 하나님이 메신저나 도구로 쓰고 있는 사람들에게 돌리고 있다. 유대인이나 이방인을 막론하고 하나님의 종을 하나님과 혼동하는, 메신저를 전하는 사람을 메시지와 혼동하는 일이 얼마나 쉬운지를 잘 보여주는 현상이 아닐 수 없다.

그러나 이런 비슷한 현상이 예전에만 아니라 오늘날 우리 교회에서도 자주 나타나는 것이 사실이 아닌가? 어느 특정한 교회에 다니면서 하나님의 종인 그 교회의 목사만을 너무 좋아해 다른 목사가 올 경우 교회를 떠나 버리거나 또는 그 목사가 가 있는 교회를 찾아가는 경우도 이런 것에 해당할 수 있다. 유명한 목사가 하나님이나 예수가 받아야 할 영광과 예배를 독차지하는, 또는 독차지하려는 현상도 이런 것에 해당될는지 모른다.

이런 것의 피해가 정말 어떤 것인지는 쉽게 알아볼 수 있다. 아마도 가장 큰 피해는 사람이 하나님의 자리에 오르는 것이다. 그래서 하나님을 섬기는 것이 아니라 사람을 섬기는 일이 벌어지는 것이다. 처음에 베드로가, 나중에 다시 바울과 바나바가 예배받기를 단호히 거절하고 배격했던 자장 중요한 이유는, 그런 예배는 그들이 전파하는 메시지 자체를 부인하는 것이기 때문이다. 정말로 중요한 것은 사람들이 믿는다고 하는 사실 자체가 아니다. 정말로 중요한 것은 그들이 하나님과 예수 그리스도를 정말로 믿느냐 하는 것이다. 만일 그들이 베드로나 혹은 바울과 바나바를 믿는다면, 그것은 참 믿음이 아닐 뿐만 아니라, 그것은 절대로 하나님의 말씀을 전하는 자의 성공이나 승리가 아니라 실패나 패배로 드러날 뿐이다. 바로 그런 이유 때문에 바울과 바나바는 "자기들의 옷을 찢었던 것이다. 말씀을 전하는 자의 임무는 분명히 자기가 전하는 말씀에 충실하는 일이며, 더구나 그 충실성은 마땅히 메신저와 메시지 간에는 엄청난 차이가 있고, 또 말씀을 전파하는 전도자 혹은 선교사와 말씀을 통해 전파되는 주님 간에는 뛰어넘을 수 없는 엄청난 차이가 있다는 점을 아주 분명히 드러내는 행동 가운데서 나타나야 한다."[116] 결국 메신저는 메시지에 충실할 뿐, 그 이상도 그 이하도 아니라는 말을 잘 기억해야 할 것이다.

116) Justo L. Gonzalez, *The Acts: the Gospel of the Spirit*, p. 168.

11 예루살렘 사도 회의
(15:1~35)

1) 문제의 발단(15:1~3)

초대교회에서 처음으로 교인들의 "불평"이 터져 나와 사도들이 문제 해결에 임했던 것이 주로 경제적 문제인 구제금의 분배와 관련된 것이었다면(6:1~4), 또다시 초대교회에서 교인들 간에 "언쟁과 변론"(15:2)이 생겨 사도들이 공식 회의를 소집하고 문제 해결에 임하게 된 것은 주로 신학적인 문제였다. 곧 이방인 출신 기독교인 형제들에게 할례와 모세의 율법을 지키도록 해야 할 것인가에 관한 문제였다. 본문에 따르면, 안디옥 교회 안에 "유대로부터 내려온 어떤 사람들"이 믿는 형제들에게 "모세의 관례대로 할례를 받지 않으면 구원을 받을 수 없다."고 가르치는 사람들이 있었다. 본문에서 이 사람들이 누구인지 명확히 밝히지는 않지만, 어떤 사본들에 의하면 "유대로부터 내려온 어떤 사람들"이란 말에 "바리새 파로부터 믿는 사람들"이란 말이 첨가되어 있다.[117] 갈라디아서 2:12에 의하면 이들은 "야고보가 보낸 사람들"로서 이방인 출신 기독교인들도 유대교 율법을 지켜야 한다고 강조하였다.

이들의 주장과 가르침은 분명했다. "모세의 관례를 따라 할례를 받지 않으면 구원을 받을 수 없다."는 것이다. 분명히 할례가 문제의 전부는 아니었다. 왜냐하면 모세의 율법에는 음식과 종교적 절기 등에 관한 다른 많은 규

---

117) "And some men (of those who had believed form the party of the Pharisees)." Cf. Bruce M. Metzger, *A Textual Commentary on the Greek New Testament*(New York: United Bible Societies, 1975), p. 126.

정이 포함되어 있기 때문이다. 서방 본문을 따른 어떤 사본들에서는 "할례를 받지 않으면"이란 말에 "모세의 관례를 따라 행하지 않으면"이란 문구가 첨가되어 있기도 하다. 전통적인 견해에 따르면 이처럼 "유대화하려는 사람들"(Judaizers)은 기독교로 개종한, 그러면서도 모든 기독교인들에게 모세의 율법에 복종하기를 원하는 바리새인들이었다. 그러나 좀 다른 견해도 있다. 즉 "유대화하려는 이 사람들"은 본래 유대인 출신이 아니라, 기독교로 개종한 이방인들로서 스스로 유대인보다 조금도 못하지 않은 유대인이 되기를 원하는, 그래서 율법을 지켜야 한다고 주장하는 사람들이라는 것이다.[118]

유대화하려는 사람들의 그런 가르침은 안디옥 교회에 상당한 "언쟁과 분쟁"을 불러일으켰다. 그런 교훈을 내걸고 겨냥한 반대자들이 바로 바울과 바나바였기 때문이다. 결과적으로 안디옥 교회는 바울과 바나바와 함께 "신도들 가운데 몇 사람"(15:2)을 예루살렘으로 보내 "사도들 및 장로들과 이 문제를 논의하게" 하였다. 안디옥 교회가 문제를 분명히 밝히기 위해 예루살렘으로 사람을 보내기로 결정했다는 사실은 유대화하려는 사람들이 자기들은 모교회의 지지를 받고 있다고 주장한 것임을 암시하고 있다. 그런 이유 때문에 바울은 갈라디아서에서 그들을 가리켜 "야고보가 보낸 사람들"이라고 말했을 것이다. 바울은 갈라디아서 2:1~2에서 예루살렘을 방문한 사실을 언급하고 있는데 이것이 아마도 사도행전에서 말하는 예루살렘 방문 이야기를 가리키는 것으로 보인다. 그러나 바울이 갈라디아서에서 밝힌 예루살렘 방문의 목적은 사도행전의 설명과 좀 다르다. "십사 년 후에 나는 바나바와 함께 디도를 데리고 다시 예루살렘으로 올라갔습니다. 내가 거기로 올라간 것은 계시에 의한 것입니다"(갈 2:1~2). 그래서 디도도 안디옥 교회가 바울과 바나바를 예루살렘으로 파송할 때 동행한 사람 가운데 하나였던 것으로 보인다.

그들은 베니게와 사마리아를 거쳐 예루살렘으로 올라가 "이방 사람들이 믿게 된 이야기와 거기 있는 모든 형제가 이 소식을 듣고 크게 기뻐했다."는

118) 이런 해석을 주장하는 대표적인 학자는 J. Munck이다(cf. *Paul and the Salvation of Mankind*, London: SCM Press 1959).

것을 보고했다. 누가가 이 점을 특별히 기록한 것은 이방 사람들을 받아들이는 문제에 대한 바울과 바나바의 입장이 안디옥은 물론이고 그들이 전도하지 않았던 베니게와 사마리아에서도 전폭적인 지지를 받았다는 것을 알려주기 위한 것으로 보인다.

2) 예루살렘 회의 서막(15:4~5)

사도행전 15:4에 의하면 바울과 바나바는 예루살렘에 도착하여 "교회와 사도들과 장로들로부터 환영을 받았다." 그러나 바로 그때 문제가 생겼다. 바리새 파에 속했다가 신도가 된 몇 사람이 일어나서 "이방 사람들에게도 할례를 주고 모세의 율법을 지키도록 일러주어야 한다."(15:5)고 주장했기 때문이다. 할 수 없이 "사도들과 장로들"은 이 문제를 공식적으로 다루기 위해서 회의를 소집했다. 이른 바 "예루살렘 사도 회의"이다. 예루살렘 초대교회 안에 이처럼 기독교인이 된 이방인들에게 할례를 주고 모세 율법을 지키도록 해야 한다고 주장하는 사람들이 있었다는 사실을 제대로 이해하기 위해서는 먼저 이런 초대 기독교인들에게 있어서는 신생 기독교가 결코 새로운 종교가 아니었다는 점을 기억하는 것이 중요하다. 독실한 유대교인이었다가, 더구나 유대인 중에서도 바리새인이었다가 예수를 믿게 된 초대 교인들에게 기독교는 유대교의 한 종파와도 같았고, 특히 그들이 오랫동안 기대하던 이스라엘에 대한 약속의 성취였을 뿐이다. 따라서 예수를 메시아 혹은 그리스도로 받아들인 바리새인의 경우는 그가 기독교인이 되었다고 하더라도 그가 유대인이나 바리새인을 완전히 떠난 것이 아니었다. 바리새인으로서 모세의 율법을 철저히 지키면서 예수를 메시아로 믿는 기독교인이 된 것이다. 그런데 한 가지 흥미로운 아이러니는 이방인들에 대해 완전히 마음을 열어 놓는 일에 앞장서던 바울 자신도 한 때는 바리새인이었다는 점이다. 사도행전 본문을 통해 분명히 드러나듯이 바울은 자신의 선교 활동을 통해서 그리고 그 선교 활동 때문에 예루살렘에 있는 기독교인 바리새 파 사람들과는 아주 다르게 그리고 그들보다는 훨씬 더 이방인들에게 마음을 열어 놓을 수 있었던 것이다.

이방인을 교회에 받아들이는 문제에 대해서는 이미 고넬료의 개종이 예루살렘 교회에 보고된 바 있기 때문에(11:1~18) 여기에서 다시 그 문제가 거창하게 재론되는 것을 놀랍게 생각하는 사람들도 있을 수 있다. 그러나 인간의 현실이란 언제나 이론적으로 일목요연한 것이 아니다. 사람들은 언제나 새로운 사상이나 새로운 변화에 직면해서는 항상 주저하며 흔들리는 법이다. 누가에 의하면, 이방인들을 교회에 받아들이는 문제는 교회에서 끊임없이 반복적으로 논의되던 문제이다. 비록 고넬료의 개종과 관련된 논의가 일단 그 나름대로 분명하게 매듭지어지기는 했지만, 그렇다고 완전히 끝난 것은 아니었다. 비록 사도행전 15장에서도 이방인 선교 문제와 함께 이방인들이 율법을 받아들여야 하는지의 여부에 관한 논의가 나름 다시 결론에 이른 것 같았지만, 우리가 바울 서신을 통해서도 알 수 있듯이, 그 문제는 결코 어느 때에 완전 해결되고 종결된 문제가 아니라 초대 기독교 역사에서 계속적으로 반복해서 논의되던 문제이기도 했다. 그만큼 그 문제가 초대교회에서는 심각하고도 중요한 이슈 가운데 하나였다는 말이며, 이방인들을 위한 문이 그토록 오랜 기간에 걸쳐 힘들게 조금씩 조금씩 열렸다는 말이기도 하다.

3) 예루살렘 회의 경과(15:6~29)

예루살렘 교회의 "사도들과 장로들"은 이방인의 개종 및 "유대화하려는 사람들"의 저항으로 야기한 논란을 다루기 위해서 회의를 소집했다. 아마도 이때 소집된 예루살렘 사도 회의는 한 번으로 끝나지 않았던 것으로 보인다. 처음에는 "사도들과 장로들"이 모였고(15:6), 나중에는 "온 회중"(15:12)이 언급되고 있고, 마지막에 가서는 "사도들과 장로들과 온 교회가 좋게 여겨…결의했습니다."(15:22)라는 말이 나오는 것으로 봐서 우리는 여기서 단 한 차례의 회의를 생각할 것이 아니라 도리어 여러 번에 걸친 회의를 염두에 두어야 할 것이다.

(1) 베드로의 발언(15:6~11)

많은 토론이 있은 후에 베드로가 일어나 먼저 고넬료의 개종과 관련된 자신의 경험을 언급한다. 이런 설명이 이방인을 받아들이는 문제를 다시 논의하는 이유를 설명하는 데 도움이 되기 때문이다. 물론 예루살렘 교인들의 입장에서 볼 때, 고넬료 및 그 가족의 개종과 세례가 아주 놀라운 일이고 대단히 중대한 일이기는 하나, 앞으로 교회가 지향해야 할 방침을 결정해야 할 만큼 그렇게 자주 일어난 일은 아니었다. 그런데 이제 바울과 바나바의 선교활동의 결과로 인해서 이방인들을 교회로 받아들이는 문제를, 또한 그들에게 무엇을 어느 정도까지 요구해야 하는지를 결정해야 하는 일이 시급해진 셈이다.

그런데 베드로는 이 짧은 발언 가운데서 그가 이전에 고넬료의 경우와 관련해서 말한 것보다는 한 발자국 더 나아갔다. 그는 율법의 "멍에"를 이방인들에게 짊어지게 해서는 안 되는 이유가 무엇인지 그 신학적인 이유를 제시하고 있다. 이방인에게 율법의 멍에를 짊어지게 해서는 안 되는 이유는 그 멍에가 "우리 조상들이나 우리가 다 감당하지 못했던 멍에"(15:10)이기 때문이며, 이방인은 물론 "우리가 구원을 얻은 것이 주 예수의 은혜로 된 것"(15:11)이기 때문이다.

(2) 야고보의 발언(15:12~21)

베드로의 발언을 들은 후에 "온 회중이 조용해졌다."고 했다. 어떤 잡음이나 소란이 있었다는 말이 전혀 없다. 이 말은 온 회중이 고넬료의 개종과 관련해서 베드로가 경험한 일에 대해 주의 깊게 생각하고 긍정했다는 의미이기도 할 것이다. "바나바와 바울"은 이 기회를 이용하여 다시금 그들이 15:4에서 말한 내용, 곧 그들이 이방 선교를 할 때 있었던 일들을 보고하였다. 그런데 여기서 바나바의 이름이 바울의 이름보다 먼저 나오고 있는 점에 주목할 필요가 있다. 바나바의 이름이 바울보다 먼저 언급되고 있는 것은 여기가 예루살렘이기 때문으로 보인다. 바나바는 예루살렘 교회에서 제일 먼저 존경과 인정을 받는 지도자들 가운데 한 사람이었다. 그는 자기가 갖고 있던 밭을 팔아 그 돈을 사도들의 발 앞에 갖다 놓아, 사도들로부터 "바나바 곧 위로의 아들이라는 뜻의 별명을 받은"(4:36~37) 사람이었다.

바나바와 바울의 보고가 끝나자 드디어 야고보가 입을 열었다. 예루살렘 사도 회의에서 야고보는 아주 중요한 위치를 차지하고 있는 것으로 나타난다. 베드로가 예루살렘 회의에 등장하기 전 마지막으로 그 모습을 드러낸 때는 12:17에서다. 그때는 그가 예루살렘으로부터 도망하려던 때인데, 그때 베드로는 피신하면서 "야고보와 다른 형제들에게" 자신의 소식을 전하라고 말한 것으로 보아서 그때 "야고보"가 이미 예루살렘에서 중요한 위치에 있었던 것으로 보인다. 그러나 사도행전 어느 곳에서도 야고보가 어떻게 그리고 언제 예루살렘 교회 지도자들 중 하나가 되었는지에 대해서는 아무런 언급이 없다.

야고보는 "시므온이 이야기한 것"에 대해 언급하면서 입을 열고 있다. "시므온"이란 이름이 "시몬"이란 이름의 아라멕 표현인 점을 감안할 때, 우리는 야고보가 아라멕 어로 발언하고 있다고 생각할 수 있다. 야고보가 베드로의 발언을 정리하여 요약하고 있는데 여기에 상당히 중요한 주장이 담겨 있다. "하나님이 이방 사람들을 돌보시고 그들 가운데서 자기 이름을 증거할 백성을 택하셨다."(15:14)는 것이다. 누가가 사용하고 있는 "백성" 곧 "라오스"("laos")는 일반적으로 "하나님의 백성"을 가리킨다. 따라서 야고보가 말하는 것은 하나님이 새로운 백성들을 일으키시고, 이스라엘을 넓게 확대하고 있다는 것이다. 그리고 이 입장을 뒷받침하기 위해서 그는 베드로가 방금 말한 내용을 계속하는 것 같은 성서적 논증을 제시하고 있다. 그가 인용한 본문은 아모스서에서 나오는데, 하나님이 회복의 작업을 수행하셔서 "모든 남은 자들이 다 주를 찾으며 내 백성이라고 불리는 이방 사람들까지도 주를 찾게 할 것이라."(15:17)는 말씀이다. 이 말씀을 근거로 야고보는 자신의 해결책을 제시하는데 결국 그의 제안이 회의에서 채택된다. 여하간 야고보가 제안했거나 결정한 내용이 사도 회의의 최종 결정이 되었다는 말이다. 그 결정의 요지는 "하나님께로 돌아온 이방인들을 괴롭히지 말고 다만 우상에게 제사함으로 더러워진 것과 음란과 목매어 죽인 것과 피를 멀리하라."(15:19~20)고

통보하는 것이다.

이 마지막 결정에 관한 본문들에 대한 사본 증거가 일치하지 않는 문제가 있기는 하지만,[119] 중요한 점은 이 네 가지 금지 사항이 모세의 율법에 의하면(레 17:8~18:26) 이스라엘에 거주하는 이방인들에게 요구되는 사항이라는 사실이다. 이 점을 염두에 둔다면 야고보가 결정한 내용은 실제에 있어서 기독교인이 되기 원하는 이방인들에게 어떤 새로운 요구 사항을 부과하고 있는 것은 아닌 셈이다. 오히려 야고보가 말하는 것은 이방인 기독교인들에게 유대인들과 더불어 살기 위해서는 그리고 옛날에 이스라엘 백성들 가운데서 살았던 이방인들처럼 되기 위해서는 옛날에 그런 이방인들에게 주었던 것과 똑같은 지시 사항만 따르면 된다고 말하는 것뿐이다.

여기서 우리가 알아야 할 사실은 일부 유대인들이 기독교인이 되기 위해서 유대교를 버리는 것이 문제가 되는 것이 아니라, 일부 이방인들이 예수 그리스도의 복음 덕분에 이스라엘에 추가되는 것이 관심의 대상이 되고 있다는 점이다. 따라서 문제는 기독교인이 되기 위해서 율법을 어느 정도나 지켜야 하느냐가 아니라, 오히려 이스라엘 사람들 가운데서 이스라엘 사람들과 더불어 살기 위해서는 율법을 어느 정도나 지켜야 하는가 하는 문제이다. 그 문제에 대한 대답은 아주 분명하다. 왜냐하면 율법 자체가 그 점을 레위기 17장과 18장에서 분명하게 규정해 주고 있기 때문이다. 그리고 그것들이 바로 이방인 기독교인들이 유대인 기독교인들과 함께 살아갈 수 있는 최소한의 근거로 야고보가 제시하고 있는 것들이다.

이런 모든 점을 고려할 때, 우리는 예루살렘 회의의 결정의 목적이 절대로 기독교인들에게 이 네 가지 조항 이외에는 율법을 지키지 않아도 된다고 말해 주는 데 있는 것이 아니라, 오히려 이방 기독교인들이 유대인들의 양심을

---

119) 가장 오래된 사본인 The Chester Beatty Papyrus에 보면, 이방인들이 피하여야 할 것으로 우상과 목매단 것과 피(blood), 세 가지만 언급되고 있다. 그러나 대부분의 학자들이 인정하는 The Egyptian Text에선 우상, 피, 목매단 것, 그리고 음란, 이 네 가지가 명시되어 있다. The Western Text에도 "목매단 것"이 빠져 있다. 그러나 여기에는 황금율의 부정적인 형태, 곧 "다른 사람이 네게 하지 말기 바라는 것을 다른 사람에게 하지 말라."는 문장이 첨가되어 있다.

거스르는 일 없이 유대인들과 더불어 살 수 있는 방안을 찾아주는 데 있다는 것을 알아야 한다. 실제로 교회 안에 이방인의 숫자가 늘어나고 유대인들의 숫자가 점점 줄어들면서 이 네 가지 금지 조항은 실제로 아무런 의미도 없어지게 되었다. 교회 안에서 유대인 형제자매와 함께 살아야 하는 문제에 대해 계속 생각하고 고민할 필요가 없게 되었기 때문이다. 이런 이유 때문에 바울도 고린도전서 8장에서 우상에게 바쳐졌던 제물을 먹는 문제와 관련하여 비록 먹는 것을 보고 마음에 걸림돌이 되는 사람이 있을 때에는 먹지 말라고 말했지만, "먹지 않는다고 손해될 것도 없고 먹는다고 유익할 것도 없다."(고전 8:8)고 말하고 있는 것이다.

(3) 마지막 결정(15:22~29)

"사도들과 장로들과 온 교회"가 공문을 작성하여 대표단을 택하고 바울과 바나바와 함께 안디옥으로 보낼 것을 결의했다. 이 대표단에는 "형제들 가운데 지도 인물인 바사바라고 하는 유다와 실라"가 포함되었다. 이 공문 편지는 비록 짧지만, 당시의 편지 형식과 구조를 그대로 보여 주고 있다. 발신인("사도들과 장로들인 우리"), 수신인("안디옥과 수리아와 길리기아에 있는 이방 사람 형제들에게"), 편지의 주요 내용("야고보가 앞에서 말한 내용" 곧 "우상, 목매단 것, 피, 음란 등 네 가지 금지 사항" 이외에는 더 이상 이방인들에게 무거운 짐을 지우지 않기로 했다는 내용), 그리고 마지막 인사("평안을 빕니다")가 포함되어 있다.

예루살렘 사도 회의가 우리에게 주는 교훈

먼저 우리가 사도행전 15장을 통해 주목해야 할 점은 예루살렘 사도 회의에서 다룬 주요 주제가 이방인 기독교인을 교회로 받아들이는 문제와 관련된 것이기도 하지만, 실제로 그리고 내용적으로는 그 문제를 대하는 서로 다른 두 가지 태도에 관한 것이다. 두 종류의 사람들이 서로 다른 두 가지 태도를 대변하고 있기 때문이다. 그래서 예루살렘 사도 회의에는 서로 상반된 입장을 대표하는 두 종류의 바리새인이 서로 대조를 이루며 등장한다. 하나는 교회 안에 이방인들의 숫자가 늘어나자 그들에게 할례를 주어야 하고 율법을 지키게 해야 한다고 고집하는 바리새인들이고, 다른 하나는 같은 바리새인이면서도 그와는 반대 입장을 고수하는 바울이다. 바울은 이방인들 가운데서 하나님이 하고 계신 일들을 보고 그들에게 마음의 문을 열 수가 있었다. 그러나 다른 바리새인들은 그것을 볼 수 없었다. 그 이유는 무엇일까? 확실히 예루살렘 교회 안에 있는 기독교인 바리새인들이 바울보다 덜 진실하거나 믿음이 덜해서 그런 것은 아닐 것이다. 그들도 바울처럼 예수를 메시아로 받아들였고 그래서 개인적으로 많은 희생을 감수해 가면서 그리고 많은 중요한 관계들을 끊어 가면서까지 기독교인이 되었다. 그렇다면 예루살렘 교회의 바리새인들과 또 다른 바리새인인 바울 간의 차이는 어디에 있는가?

그 대답은 비록 간단할지라도 아주 심오한 것이다. 예루살렘 교회의 바리새인들은 복음을 받아들였고 영접하였다. 그러나 또 다른 바리새인인 바울은 복음을 받아들이고 영접했을 뿐만 아니라 거기서 한 걸음 더 나아가 하나님의 세계 선교에 뛰어들었다. 예루살렘 교회에 있는 기독교인 바리새인들도 그 도시에 있는 다른 모든 교회들처럼 "사도들의 가르침을 받고 서로 사귀며 함께 떡을 떼고 기도하는 일에만 힘썼다."(2:42)고 생각할 수도 있을 것이다. 바울과 안디옥 교회 교인들 역시 똑같은 일을 했을 것이다. 그러나 안디옥 교회와 바울은 예루살렘 바리새인들보다 더했다. 좀 더 나아갔다. 즉 그들은 하나님의 세계 선교에 뛰어들었다. 예루살렘 교회 바리새인들은 바울이 비시디아 안디옥에서, 이고니온에서 또는 루스드라에서 겪은 경험을 하지 못했다. 물론 성령이 예루살렘에서도 활발하게 역사하셨다. 그러나 성령이 새로운 일을 시작하시면서, 새로운 길을 열어 가며 지평선을 넓혀 가던 곳은 예루살렘이 아니라 예루살렘으로부터 멀리 떨어진 곳들이었다. 바울과 바나바는 성령의 부르심을 받아들였고, 그 멀고도 외딴 곳에서 하나님이 하고 계신 일에 뛰어들었다. 따라서 예루살렘에서 문제가 생겼을 때, 자기들의 시대에 하나님이 새롭게 하고 계신 일들에 대한 비전을 갖고 있던 사람은 바울과 바나바와 같은 사람 또는 고넬료를 찾아가 만났던 베드로와 같은 사람, 곧 성령이 하시는 선교 활동에 뛰어든 사람들이었다.

교회 역사를 들여다보면, 교회는 항상 비슷한 상황에 직면해야만 했다. 예루살렘에 있던 기독교인 바리새인들의 경우처럼, 교회의 옛 본거지는 흔히 융통성이 없이 완고한 모습을 보이고 있어서, 새로운 시대의 새로운 도전에 즉각 대응하지 못하는 경향이 있다. 그러나 위대한 각성이 일어나고 새로운 신앙의 모험이 감행되며 복음의 의미를 새로운 차원에서 새롭게 발견하게 되는 곳은 기독교인들이 계속적으로 그런 새로운 도전에 직면하는 그리고 그런 새로운 도전 가운데서 역사하시는 하나님의 행동을 보게 되는 변두리 지역, 본거지에서 멀리 떨어진 외롭고 낯선 지역들이다. 분명히 이것이 바로 바울의 인생 전반에 걸쳐 일어난 일이었고 오늘 우리의 본문에서만 일어난 일이 아니다. 신약성서에서 그토록 중요한 위치를 차지하고 있는 바울의 서신들은 결코 연구실에서 명상과 사색을 통해 쓰인 신학 작품이 아니라 선교 현장에서 새로운 도전에 직면해서 그때그때마다 기록했던 살아 있는 증언들이다.

예루살렘 교회의 기독교인 바리새인들처럼 교회의 편안한 의자에 앉아서 하나님께서 외지고 외딴 곳에 새롭게 펼쳐 나가는 새로운 일들을 멀리 바라보면서, 그것이 자신의 생각과 기대에 부응하지 않는다고 마음속으로 "그건 아닌데?"라고 말하면서 반대하기는 쉽다. 예루살렘 교회의 기독교인 바리새인들처럼 새로운 변화와 새로운 시도를 원하지 않고 잘 받아들이지 못하는 기독교인들도 많다. 찬송가도 예전 것, 설교도, 교회 활동도 모두 전통적인 것을 그대로 좋아하며 그것을 그대로 고수하려는 기독교인들이 많다. 그러나 하나님이 우리를 불러내시는 곳은 그런 곳이 아니다. 바울과 바나바처럼 하나님은 우리를 모교회로부터, 그 교회가 예루살렘 교회인지 아니면 수도 서울에 있는 교회인지와는 상관없이 우리를 그 교회로부터 불러내셨을 뿐만 아니라, 초기 바나바와 사울처럼 복음이 아직 들어가지 않는, 그러나 하나님의 역사가 살아 움직이는 곳으로 불러내셨다. 바울이 그리고 바나바가 하나님의 도구로 새로운 하나님의 선교 역사에 동참했듯이, 그래서 그 이름을 기독교 역사에 남겼듯이 무릇 모든 기독교 복음 전도자들도 기독교 선교 역사에 이름이 남는 하나님의 도구가 될 수 있기를!

12 바울과 바나바의 결별
(15:36~16:5)

바울과 바나바는 성령의 특별한 지시에 의해서 안디옥 교회가 금식하고 기도하며 두 사람에게 안수하여 파송한 초대교회 최초의 이방 지역 선교사였다. 두 사람은 구브로에서, 비시디아 안디옥에서, 그리고 이고니온과 루스드라와 수리아 안디옥에서 함께 "복음을 전하며 많은 신도들을 얻었다"(14:21). 그리고 함께 예루살렘 사도 회의에 참석하여 "바리새 파에 속했다가 신도가 된 사람들"에 대항하여 이방인을 교회에 받아들이는 문제에 관해 열심히 이방인들의 입장을 대변하기도 했다. "베드로와 요한"이 예루살렘의 초대교회를 대표하는 지도자, 유대 기독교를 이끌던 대표적인 지도자였고, "스데반과 빌립"이 헬라 파 유대인들을 중심한 헬라적 유대 기독교의 대표적인 지도자였다면, "바울과 바나바"는 그 뒤를 이어 이방 선교에 나서서 이방 기독교를 창립한 대표적인 지도자라고 말할 수 있다. 그런데 유감스럽게도 예루살렘 사도 회의가 있은 지 "얼마 후에"(15:7) 바울과 바나바, 이 두 지도자는 선교 여행에 마가라는 요한을 동행시키는 문제를 놓고 "몹시 다툰 끝에 서로 갈라서고 말았다"(15:39). 한 마음 한 뜻이 되어 이방 선교를 주도하던 초대교회 두 이방 선교사의 분열이란 점에서 이 본문 이야기는 우리에게 중요한 의미와 교훈을 전해 주고 있다. 언제 어디서나 한 팀을 이루어 선교 활동을 벌일 때 선교사들 간의 인간적인 문제와 신학적 차이로 인한 의견 대립은 피할 수 없는 것일 수도 있다. 바울과 바나바가 활발한 선교 활동 도중에 서로 갈라서게 된 이야기를 통해서 그 속사정에 대해 알아보고 그것이 주는 교훈이 무엇인지 살펴보기로 하자.

바울과 바나바의 결별을 전해 주는 본문은 크게 바울과 바나바가 결별하는 이야기(15:36~41)와 바울을 동행한 디모데 이야기(16:1~5)의 두 부분으로 나뉜다.

1) 바울과 바나바가 결별하는 이야기(15:36~41)

안디옥 교회가 바울과 바나바를 선교사로 파송한 이야기는 13:1~3에 나온다. 이후 바울과 바나바는 구브로(13:4~12), 비시디아 안디옥(13:13~52), 이고니온(14:1~7), 루스드라(14:8~18)에서 함께 복음을 선한 후 수리아 안디옥으로 돌아왔다가 예루살렘 사도 회의에 함께 참석했다. 어려운 여건 속에서 이방인 선교에 헌신하던 두 사도는 글자 그대로 "환상의 커플"처럼 보였다. 그런데 이렇게 한 팀이 되어 선교 활동을 벌이던 두 사도, 이 두 선교사가 서로 결별하는 일이 벌어졌다. 그 발단은 다음과 같은 의견 차이 때문이었다. 먼저 바울은 바나바에게 "우리가 주의 말씀을 선포한 여러 도시로 형제들을 다시 찾아가서 그들이 어떻게 지내고 있는지 살펴보아야 하지 않겠습니까?"라고 제안했다. 바울은 선교 활동을 더 이상 확대하는 것만이 중요한 게 아니라 이전에 세워 놓은 교회들을 다시 방문하여 그들이 어떻게 지내고 있는지 알아보고자 하였다. 바울의 이 제안에 대해 바나바가 직접 반대했다는 언급은 없다. 다만 바나바는 바울의 생각과는 달리 마가라는 요한을 동행시키고자 했다. 그러나 바울은 마가 요한이 밤빌리아에서 자기들을 버리고 함께 일하러 가지 않았던 일(13:13) 때문에 그를 다시 동행시키고 싶지 않았다. 결국 "마가라는 요한"을 선교 여행에 동행시킬지에 대한 문제로 두 사도는 "몹시 다투었다"(15:39)고 했다.[120]

그런데 바울의 서신을 보면 문제는 실제로 누가가 전해 주는 것보다 훨씬 더 복잡했다는 것을 알게 된다. 우선 요한 마가는 "바나바의 친척"(골 4:10)이었고, 더구나 갈라디아서 2:13에 보면 바울과 바나바 간에 의견이 대립된 것

---

120) NRSV와 NIV는 "sharp disagreement"라고 번역했고, JB는 "violent quarrel"이라고 번역했다.

은 단지 요한 마가를 선교 여행에 동행시킬 것인지의 여부와 관련된 것만은 아니었다. 분명히 바울은 예루살렘 사도 회의의 결정을 바나바보다는 훨씬 더 넓게 이해하고 있었던 것으로 보인다. 바울의 경우, 예루살렘 회의에서 결정된 것은 이방인과 유대인이 함께 먹을 수 있다는 것을, 즉 주님의 성만찬에도 함께 참여할 수 있다는 것을 의미한다고 보았다. 그러나 안디옥에서 이 문제와 관련하여 논쟁이 일어났을 때, 베드로와 바나바의 입장은 유대인들이 그들의 정결법을 지키기 위해서는 이방인들과는 따로 먹어야 한다는 것이었다. 이방인과 함께 음식을 먹는 문제에 관해서 의견 차이가 좀 더 분명히 드러나고 있다. 이 논쟁이 격렬해지자 바울은 심지어 베드로와 바나바를 위선자라고 비난하기까지 했다. 왜냐하면 갈라디아서 2:11~14에 의하면, 즉 베드로가 안디옥에 왔을 때 이방 사람들과 함께 음식을 먹고 있었는데, 마침 그때 예루살렘으로부터 야고보가 보낸 할례 받은 유대 기독교인들이 도착하자 베드로는 그들이 두려워서 이방인들과 함께 음식을 먹던 자리를 떠나 피했고, 이때 베드로만 그런 것이 아니라 다른 유대인들과 함께 바나바까지도 그랬다는 것이다. 바울은 이것이 위선이라며 베드로와 함께 바나바를 비난했다.

결국 이런 신학적인 이유로 인해서, 바울과 바나바는 서로 갈라서게 되었다. 끝내 바나바와 요한 마가는 바나바의 고향 땅인 구브로로 떠났고, 바울은 실라를 데리고 수리아와 길리기아로 가는 길을 택했다. 여기서 우리가 주목해야 할 중요한 사실은 두 선교사 팀이 서로 갈라서기는 했지만, 두 팀 모두 이전에 세워진 교회들을 방문하는 것이 목적이었다는 점이다. 신학적인 견해 차이에도 불구하고 바울이 처음에 제안했던, 이전에 세운 교회를 다시 방문하여 교우들을 돌보는 일이 또한 중요하다는 사실에 있어서는 아무런 이견도 없었던 것으로 보인다. 결국 바울과 바나바 사이에 안디옥에서 있었던 의견 대립과 결별은 결국 선교사 본연의 임무로 돌아서는 일을 통해 어느 정도 치유된 것으로 보인다. 바울이 안디옥 교회 교인들로부터 "주의 은혜가 함께하기를 바라는 인사를 받고" 떠났지만, 바로 그 순간부터 바울은 안디옥 교회를 대표하는 선교사로서보다는 오히려 독립된 선교사로서 활동하게 되었다. 비록 바나바가 사도행전에서는 더 이상 나타나지는 않지만, 고린도전서 9:6에서 바울은 "어찌 나와 바나바만 일하지 아니할 권리가 없겠느냐?"고 말함으로써 바나바가 그의 선교 활동을 계속하고 있음을, 그리고 바울과 마찬가지로 그가 스스로 노동하면서 자신을 지원하고 있음을 밝히고 있다. 이런 언급과 또한 골로새서 4:10에서 바울이 "나와 함께 갇힌 아리스다고가 여러분에게 문안합니다. 바나바의 친척 마가도 문안합니다. 마가가 가거든 잘 영접하라는 지시를 여러분이 이미 받은 줄 압니다."라고 말하는 것으로 보아 바울과 바나바 간의 의견 대립과 이전의 결별 문제는 잘 극복되었던 것으로 보인다.

바나바는 이미 바울과 함께 이전에 방문했던 교회들에서만 아니라, 다른 교회들에서도 널리 알려져 있었고 또 똑같이 존경받고 있었음을 알 수 있다.[121] 마가는 나중에 로마에서 바울의 동행자로(골 4:10; 몬 24; 딤후 4:11) 또 베드로의 동행자로(벧전 5:13) 나타나고 있다. 이런 점으로 미루어 한때 서로 의견 대립으로 인해 갈라졌던 선교사들이 나중에는 다시 화합하여 하나님의 일을 계속했음을 알게 된다. 결국 우리는 그 둘이 서로 결별한 후에 바나바와 요한 마가는 구브로 쪽으로, 바울과 실라는 수리아와 길리기아 쪽으로 향함으로써 선교 활동의 범위가 훨씬 더 넓어졌다는 사실을, 그리고 어쩌면 그것이 인간의 생각과 뜻을 초월하여 역사하는 성령의 뜻과 계획이었을 것이라는 사실을 알게 된다.

2) 바울을 동행한 디모데 이야기(16:1~5)

여기서 언급되는 세 도시 곧 더베, 루스드라, 이고니온은 모두 바울과 바나바가 그들의 이전 선교 여행에서(14:1~21) 선교 활동을 벌이던 곳이다. 그런데 특히 루스드라에서 바울은 이미 루스드라와 이고니온에서 지도자들 가

---

121) 고대 전승에 의하면, 바나바는 기원후 61년에 살라미에서 순교자로 죽었다. 또 바나바가 밀란에 교회를 세웠다고 주장하는 다른 전설도 있다. 제2세기 말경에 초대 교부인 테르툴리아누스(Tertulianus)는 바나바가 〈히브리서〉를 기록했다고 인정한다.

운데 잘 알려지고 인정받고 있던 디모데를 만났다. 디모데는 아주 젊은 사람이었다. 훨씬 후대에 기록된 목회서신에서, 바울이 아주 늙었을 때에도 디모데는 상당히 젊었다는 언급(딤전 4:12; 딤후 2:22)으로 보아, 바울이 처음 디모데를 만났을 때 디모데는 아주 나이가 어린 젊은이였을 것으로 보인다.

바울은 바나바와 갈라진 후 디모데를 자기와 함께 선교 여행에 데리고 가기를 원했다. 그러나 디모데는 유대인 어머니와 이교도("헬라 사람")인 아버지에게서 태어난 아들이었다. 비록 유대교 율법에서, 유대인 어머니에게서 태어난 아이는 모두 이스라엘 사람으로 간주했지만, 디모데가 할례를 받지 않은 유대인이라는 사실이 다른 유대인들과의 관계에서 문제가 될 것을 바울은 몹시 염려했다. "디모데의 아버지가 헬라 사람이라는 것을 그들이 모두 알고 있었다."(16:3)라는 문구 자체가 디모데가 할례를 받지 않았다는 것을 뜻하기도 하지만, 바로 그 점 때문에 바울로서는 선교 사역에 디모데를 동행시키는 것이 마음에 걸렸다. 그래서 결국 바울은 디모데를 데리고 떠나기 전에 그에게 할례를 주었다. 예루살렘 사도 회의에서 유대로부터 내려온 바리새 파에 속했다가 신도가 된 사람들이 "모세의 관례대로 할례를 받지 않으면 구원을 얻을 수 없다."(15:1, 5)고 주장할 때, 그것을 반대하던 바울이었다. 그리고 예루살렘 사도 회의가 "왜 우리 조상들이나 우리가 다 감당하지 못했던 멍에를 그 신도들의 등에 메워 하나님을 시험하는 것입니까?"라는 베드로의 발언에 힘입어, 이방인들에게 "더 이상 무거운 짐을 지우지 않기로"(15:28) 마지막 결론을 내린 바 있다. 더구나 바울은 그의 서신들에서 "그리스도가 율법의 종지부를 찍었다."(롬 10:4)고, 그래서 예수를 믿는 사람들은 "더 이상 율법 아래 있지 아니하고 은혜 아래 있다."(롬 6:14)고 강조한 바 있기도 하다. 그런 바울이 다른 유대인들이 두려워서 디모데에게 할례를 주었다. 바울로서는 나름 중요한 이유가 있었을 것이다.

3) 바울이 바나바와 결별하고 디모데를 동행시킨 이야기의 선교적 교훈

첫째는, 바울의 선교 여행의 주요 목적 가운데 하나가 이미 세운 교회를 양육하고, 감독하며, 지도하기 위한 것이라는 점이다. 사도행전을 읽다 보면, 우리는 바울이 그의 시간 대부분을 이곳저곳을 뛰어다니며 항상 새로운 곳에서 복음을 전파하려 노력했다는 인상을 받는다. 그런데 우리의 본문에 보면, 바울이 바나바와 결별하게 된 계기가 바울이 바나바에게 "우리가 주의 말씀을 선포한 여러 도시로 형제들을 다시 찾아가서 그들이 어떻게 지내고 있는지 살펴보아야 하지 않겠느냐?"(15:36)고 제안했을 때였다. 이것을 보면 바울의 선교 여행의 주요 목적 가운데 하나가 새로운 선교지를 계속 확대해 나가는 것만이 아니라, 이미 복음의 씨를 뿌렸던 곳을 다시 찾아가 새로이 복음을 받았던 사람들이 어떻게 지내고 있는지를 살펴보는 일이라는 사실을 알게 된다. 비록 성령이 계속 선교적인 비전을 넓혀 주고 선교사들을 계속 새로운 땅으로 인도하기는 하지만, 이런 일도 오직 선교사들이 이전에 세운 교회들을 다시 방문하는 일이 있은 이후라는 사실을 기억할 필요가 있다. 우리 본문에 이어 누가는 바울과 바나바가 이전에 여행하던 것과 거의 똑같은 여행 일정을 길게 요약하고 있는 점에 주목할 필요가 있다.

이 점을 좀 더 강조하는 것이 필요하고 중요하다. 왜냐하면 한국교회에서 사도행전을 너무 피상적으로만 읽고 잘못 이해하여 제대로 된 선교 전략을 세우지 못하는 경우가 많기 때문이다. 우리는 흔히 성령이 바울에게 요구하는 것, 그리고 오늘날 우리에게 요구하는 것은 오로지 한 곳에서 다른 곳으로 옮겨가면서 복음을 전하며 교회를 세우는 것이라고 생각한다. 그러나 그런 결과로 수많은 지역의 교회에서 수많은 사람들이 복음을 받아들이고 개종만 하였을 뿐, 성경에 대해서는 전혀 무지한 채로, 그리고 신앙이 그들의 일상생활에서 어떤 의미가 있는지에 대한 아무런 깨달음도 없는 채로, 즉 그들의 신앙이 전혀 성숙되지 않은 채로 남아 있은 경우가 아주 많다. 어떤 의미에서는 선교사의 역할과 임무가 목회자의 역할이나 임무보다 훨씬 더 크고 높다는 사실을 깨달아야 한다. 목회자들에게는 이미 믿는 사람들을 신앙적으로 잘 양육하는 일이 중요한 과제라면, 선교사들에게는 복음 전파를 통해 믿지 않는 사람들을 믿는 사람으로 만드는 일과 함께 그들을 신앙적으로 잘 양육해야 하는 일도 중요한 과제이기 때문이다.

그런데 많은 경우 선교사들의 주요 관심이 얼마나 많은 교회를 세웠는지, 얼마나 많은 사람들을 개종시켰는지에 집중하는 경향이 있을 뿐, 보다 더 어렵고 힘든 일인 개종한 사람들을 신앙적으로 양육하고 권면하여 성숙한 기독교인으로서 바로 서게끔 지도하는 일에는 많은 관심을 집중하지 못하는 경향이 있다. 우리는 바울이 때로는 한 도시에서 1년 이상을 머문 것 이외에 할 수 있는 대로 자기가 세운 교회로 다시 돌아가 자기가 개종시킨 사람들이 어떻게 지내고 있는지 살펴보고자 했다는 사실을 기억해야 한다. 또한 그가 남긴 많은 서신들 역시 그가 세운 교회들을 위한 목회적인 관심에서 기록되었다는 사실을 기억해야 한다. 이런 의미에서 사도행전 15:36에서 바울이 바나바에게 "우리가 주의 말씀을 선포한 여러 도시로 형제들을 다시 찾아가서 그들이 어떻게 지내고 있는지 살펴보아야 하지 않겠습니까?"라고 제안한 이 말은 오늘날 선교지에서 열심히 활동하는 선교사들이 끊임없이 자기 자신을 향해 물어보아야 할 질문이다.

두 번째로, 우리가 본문에서 배워야 할 중요한 교훈은 바울이 바나바와 결별할 때, 바나바는 요한 마가를 데리고 함께 떠났지만, 바울은 실라와 함께 떠나면서도 자신의 선교 팀에 디모데를 포함시켜 데리고 갔다는 사실이다. 사도행전 16:3에 의하면 디모데는 "루스드라와 이고이온에 있는 형제들에게 인정받는 사람이었다."고 했다. 그러나 분명히 디모데는 아주 젊은, 경험이 없는 사람이었다. 비록 우리가 성경의 다른 곳에서 디모데의 어머니와 할머니가 믿는 신도였다는 사실을 알게 되지만(딤후 1:5, 3:15), 디모데가 훌륭한 유대인으로 자라난 것이 아니라서 바울 자신도 그의 젊음과 경험 없음 때문에 자신의 선교 팀의 일원으로 동행시키는 문제를 상당히 의심하고 주저하기도 한 것이 사실이다. 더구나 바울은 지난날 젊은 요한 마가 때문에 슬픈 경험을 한 바 있지 않은가? 그럼에도 불구하고 바울은 자신의 선교 활동을 위해 장차 자신의 활동을 이어서 확대시킬 사람들을 택하여 훈련시키는 일에도 관심하고 있다.

많은 교회에서, 그리고 특히 선교 현장에서도 지도자의 위치에 있는 사람들이 혼자서 모든 것을 장악하고 혼자서 모든 것을 지배하려는 유혹을 받기가 쉽다. 일정한 기간 동안 권위의 자리에 앉아 있는 사람들의 경우 자신들이 계속 오랫동안 혹은 영구히 그 책임을 맡아야 할 것이라고, 그것이 더 유익할 것이라고 스스로 생각하는 유혹을 받기가 쉽다. 그래서 새로운 세대로 하여금 그 책임을 이어가도록 준비시키고 훈련시키는 대신에, 그리고 그들이 준비되었을 때 그들에게 그 책임을 맡도록 허용하는 대신에, 나이 먹은 세대가 계속 지배력을 유지하려고 애쓰고, 반면에 젊은 세대는 지배층에 참여하기 위해 기성세대에 도전하거나 아니면 교회를 떠나 자기들을 더 잘 받아들이는 곳으로 옮겨가려는 유혹을 받기가 쉽다. 혹 이런 유혹이 생겨날 때마다 우리는 바울이 미래를 내다보면서 경험이 없는 젊은 디모데를 자신의 선교 팀에 포함시켜 데리고 떠났다는 사실을 기억할 필요가 있을 것이다.

세 번째로, 우리가 본문을 통해 배울 수 있는 또 다른 교훈도 디모데와 관련이 있다. 우리가 잘 알고 있는 바와 같이 바울의 입장은 이방인들로부터 개종한 사람들에게 억지로 할례를 받게 해서는 안 되며 그들에게 유대인들의 율법 규정을 지키도록 무거운 짐을 지워서는 안 된다는 것이었다. 그럼에도 불구하고 바울은 디모데를 자기 선교 팀에 포함시켜 데리고 떠나기 전에 디모데에게 할례를 받도록 했고 자신이 그에게 할례를 주었다. 그렇게 한 이유는 "그 지방에 사는 유대 사람들 때문"(16:3)이었다. 강직성과 비타협성이 결코 나쁜 것은 아니지만 때로는 교회 발전에 또는 우리의 선교 활동에 재앙이 될 수 있다는 점도 기억하는 것이 필요하다.

우리는 흔히 우리가 믿고 생각하는 것과 완전히 일치하지 않는 사람과 함께 어울려 일하지 못하거나 협력하지 못하는 경향이 있다. 신앙과 관련해서는 더욱 우리 자신의 입장이 너무 강직하고 비타협적이어서 절대로 양보하지 못하는 경우도 많다. 그 결과 결국 옳고 그름에 관한 신학적이며 원칙적인 토론에만 집중한 나머지, 정작 우리에게 중요한 선교 사업에 대해서는 잊어버리고 마는 경우가 많다. 이것은 마치 옛날 어리석은 토끼들에 대한 우화를 상기시켜 준다. 그 우화에 의하면, 어느 날 많은 토끼 떼들이 몰려 있는 곳에 늑대 무리가 달려들고 있었다. 토끼 한 마리가 "빨리 도망가라. 늑대들이 온다!"라고 소리 질렀다. 그런데 옆에 있던 다른 토끼가 "아니다. 늑대가 아니라 개야!"라고 소리 질렀다. 달려들고 있는 것이 늑대인지 개인지에 대해 서로 토론을 벌이는 동안에, 늑대의 무리가 달려들어 토끼들을 다 죽여 버렸다는 이야기이다. 바울은 율법주의에 내포된 위험성에 대해 누구보다도 잘 알고 있었다. 그래서 그는 할례를 받는 것이 필요 없다고 주장하였다. 그럼에도 불구하고 자기와 생각이 다른 사람들에 대한 양보와 선교 간의 양자택일이 필요할 때 그는 기꺼이 양보할 수 있다는 사실을 보여 주고 있다.

마지막 네 번째 교훈이 아직 남아 있다. 우리의 본문은 선교 활동을 할 때 직면하는 여러 가지 어려운 난관에 대해 유익한 통찰력을 제공해 주고 있다. 바울과 그 일행은 바나바와의 갈등 이외에도 아시아에서 말씀을 전할 수 없는 난관에 부닥쳤다(16:6). 갈라디아서는 바울이 직면한 난관 가운데 하나가 질병 때문에 자신의 여행 일정을 어쩔 수 없이 바꿀 수밖에 없었지만, 그 결과로 갈라디아 사람들에게 선교하게 된 것처럼 전해 주고 있다. 이처럼 바울이 아시아에서 말씀을 전할 수 없었기 때문에, 바울은 여러 도시들이 있는 비두니아 지방으로 갈 계획을 세웠다. 그러나 다시금 성령이 그것을 허락하지 않았다.

우리는 흔히 성령이 우리보다 앞서서 복음의 문을 열어 준다고 말한다. 그리고 어느 정도 그 말은 맞는 말이다. 그러나 그 반대의 경우도 있는 것이 사실이다. 때때로 성령은 우리를 우리가 가야 할 것으로 생각지 못했던 길로 우리를 인도하기 위해 우리의 앞길을 막기도 하신다. 교회의 앞길을 막는 난관이 사탄에 의해 생겨나는 것만은 아니다. 때로는 마치 목자처럼 우리를 우리가 마땅히 가야만 하는 곳으로 인도하기 위해 성령께서 우리가 가는 앞길을 오히려 가로막는 경우도 있다. 실제로 우리가 우리의 본문을 읽을 때 바로 그런 생각이 든다. 왜냐하면 성령이 바울과 그의 일행을 억지로 드로아로 인도하여 그곳에서 새로운 선교의 비전, 곧 유럽 선교에 대한 환상을 보게 하려는 것처럼 보이기 때문이다. 우리 눈앞에 여러 가지 난관이 생겨날 때 그래서 다른 선택의 여지가 없는 듯이 보일 때, 보통 우리는 모든 것을 포기해 버리기 쉽다. 그러나 그러한 때에 우리는 성령이 어떻게 바울을 유럽으로 인도하셨는지를 기억할 필요가 있다. 여기서 잠깐 인도의 유명한 선교사였던 윌리암 캐리(William Carey)가 보여준 좋은 모범을 한 번 상기해 볼 필요가 있다. 그는 한 편지에서 다음과 같이 말한 적이 있다. "내 신분을 이제 지킬 수 없게 되었습니다. …여러 곳에 그리고 심지어 앞길에도 난관이 많이 있습니다. 따라서 우리는 그냥 계속하는 것 이외에 다른 선택의 여지가 없습니다."[122]

오늘날 한국의 많은 선교사들도 비슷한 여러 가지 난관에 직면하고 있다. 어떤 선교사들은 더 이상 충분치 못한 지원금에만 의존해야 하는 어려움에 직면하고 있고, 어떤 선교사들은 수십 년 동안 말씀을 전하며 복음을 증거해 오던 방법이 이제는 시대에 뒤떨어진 완전히 진부한 방법이란 사실을 깨닫기 시작하였다. 다른 선교사들은 선교 대상 국가에서 일어나는 정치적이며, 경제적이며, 사회적인 여러 가지 위기 때문에 곤란을 당하기도 한다. 때로는 선교 대상 국가의 정부와 종교적으로나 정치적인 이유로 충돌하는 경우도 있다. 그 밖에도 선교사들의 눈앞에는 도처에 많은 의심, 난관 그리고 위험이 도사리고 있다. 그래서 우리에게도 다른 선택의 여지가 없어 보이는 경우가 많이 생긴다. 그러나 그런 때에라도 우리로서는 계속 앞으로 전진하는 길밖에 다른 길이 없을 것이다!

---

122) A. H. Oussoren, *William Carey: Especially his Missionary Principles*(Leiden: A. W. Sijthoff, 1945), p. 66로부터 인용.

13 바울의 빌립보 선교 사역(16:6~40)

바울의 빌립보 선교 사역을 전하는 사도행전 16:6~40은 사도행전에서 그리고 바울의 전도 여행 가운데서 획기적인 전환점을 보여 주는 아주 중요한 본문이다. 바울의 선교 여행의 발걸음이 소아시아로부터 마게도냐로, 곧 유럽 땅으로 건너가는 전환점이며, 동시에 기독교 복음이 드디어 소아시아를 넘어 유럽 땅으로 확장되는 출발점이기도 하기 때문이다. 이 본문은 다음과 같이 크게 다섯 부분으로 나뉘어 있다.

1) 마게도냐로 건너가는 바울(16:6~10)
2) 빌립보에서의 첫 개종자 루디아(16:11~15)
3) 빌립보 감옥에 투옥되는 바울과 실라(16:16~24)
4) 빌립보 감옥 간수의 개종(16:25~34)
5) 로마의 시민권자인 바울과 실라(16:35~40)

1) 마게도냐로 건너가는 바울(16:6~10)

바울과 그 일행이 바다(the Aegean Sea)를 건너 마게도냐 지방으로 발걸음을 돌리게 된 데에는 다음과 같은 두 가지 계기가 있었던 것으로 누가는 전해 주고 있다. 하나는 "성령이 아시아에서 말씀을 전하지 못하도록 하셨다."(16:6)는 언급과 바울이 비두니아로 들어가려고 할 때 "예수의 영이 허락하시지 않았다."(16:7)는 언급을 통해 알 수 있듯이 하나님께서 "성령"(그리고/혹은

"예수의 영")을 통해 더 이상의 아시아 선교를 막았다고 하는 점이다. 다른 하나는 "환상 중에 한 마게도냐 사람이 바울 앞에 서서 마게도냐로 건너와서 우리를 도와주시오 하고 간청했다."(16:9)는 점이다. 바울과 그의 일행("우리", 16:10)은 그 같은 성령의 활동과 환상이 "마게도냐 사람들에게 복음을 전하게 하시려고 하나님께서 우리를 그곳으로 부르신 것이라는 결론을 얻어서"(16:10) 마게도냐로 건너가게 되었다. 이런 누가의 기록을 통해서 우리는 바울과 그의 일행이 마게도냐로, 유럽으로 들어가 복음을 전하게 된 것이 바울 사도나 그 일행의 결단과 활동의 결과가 아니라, 성령의 지도와 활동의 결과라는 사실을 알게 된다. 그래서 왜 많은 학자들이 〈사노행전〉을 가리켜 〈사도들의 행전〉이 아니라 〈성령의 행전〉이라고 말하는지 그 이유를 알게 된다.

우리는 이런 기록을 통해서 다음의 두 가지 점에 주목할 필요가 있다. 첫째는, "성령이 아시아에서 말씀을 전하지 못하게 했고"(16:6), 또 "예수의 영이 허락하지 않았다."(16:7)는 점이다. "성령"(the Holy Spirit, 또는 the Spirit of Jesus)은 주를 믿는 자들, 혹은 복음을 전파하는 자들이 가는 길을 인도할 뿐만 아니라 때로는 가는 길을 막기도 한다는 사실이다. 이런 경우를 가리켜 던(James D. G. Dunn)은 "부정적인 인도"(negative guidance)라고 말한다.[123] 구약에서 하나님의 사자가 당나귀를 통해 발람 선지자의 길을 막았던 것도 이런 경우에 해당될 것이다(민 22:21~35). 둘째로 주목할 점은, 이 경우에 "환상 중에" 바울 앞에 나타난 것이 다른 경우에서처럼 그리스도나 천사가 아니라, 예외적으로 "한 마게도냐 사람"이었다는 점이다. 이 점 때문에 16:10에 암시되어 있는 바와 같이 "하나님의 인도하심으로 받아들이기 전에 그것이 하나님의 인도하심인지 시험할 필요가 있었다."[124] 그래서 실제로 바울과 그 일행도 논의와 검토 끝에 "그것은 마게도냐 사람들에게 복음을 전하게 하시

123) James D. G. Dunn, *The Acts of the Apostles*, p. 217. 이 경우 성령의 "인도는 예언적 말씀이나 환상으로가 아니라 아마도 최소한 바울의 편에서는 단순히 내적인 확신으로서-부정적인 인도로 생각된다."

124) James D. G. Dunn, *The Acts of the Apostles*, p. 218.

려고 하나님께서 우리를 그곳으로 부르신 것이라는 결론을 얻었던"(16:10) 것이다. 이처럼 여러 사람("우리")이 관련된 선교 사역에서 한 사람에게 주어진 "환상"이 정말로 하나님의 뜻에 의한 것인지를 먼저 여러 사람들의 생각과 판단의 시험을 거치는 일이 필요하며, 때로는 그런 일이 중요할 수 있다. 한 사람의 환상으로 인해 여러 사람이 잘못된 길로 들어서는 경우도 생길 수 있기 때문이다. 그래서 누가가 이 이야기를 전하면서 "우리"란 복수 일인칭 대명사를 의도적으로 부각시키고 있는지도 모른다. 더구나 누가는 아주 흥미롭게도 환상 중에 마게도냐 사람이 "마게도냐로 건너와서 우리를 도와주시오."라고 말했을 때의 "우리"(16:9)와 마게도냐로 건너가 선교의 발걸음을 넓혀 가기로 부름을 받았던 바울의 일행인 "우리"(16:10)를 밀접히 연결시키면서 두 부류의 "우리"의 뜻이 서로 일치되었음을 말해 주고 있다.

2) 빌립보에서의 첫 개종자 루디아(16:11~15)

바울과 그의 일행은 드로아에서 배로 떠나 네압볼리를 거쳐 빌립보로 갔다. 빌립보는 마게도냐 지방에서 "로마의 식민지" 중 제일 큰 도시였고, 그래서 가장 중요한 도시이기도 했다.[125] 그러나 바울과 그의 일행은 그곳에서 여러 날 지난 후 안식일에 성문 밖 강가에 있다고 하는 기도처를 찾아가 거기에 모여 있는 여인들을 만났다(16:13). 바울은 바로 그곳에서 "하나님을 공경하는 사람"(God-fearers)들 가운데 하나인 "자색 옷감 장수"인 두아디라 출신의 루디아[126]란 여인을 만나게 된다. 루디아가 자색 옷감 장수였다는 것은 그녀가 상당한 재력을 가진 여자임을 암시한다.[127] 그리고 그녀의 집은 빌립

125) The Western Text를 대표하는 Codex Bezae 사본은 빌립보가 "마게도냐의 수도"라고 말하는데, 이것은 사실이 아닌 것으로 보인다. Cf. Justo L. Gonzalez, *Acts: the Gospel of the Spirit*, p. 188.

126) 두아디라가 루디아 지역에 있기 때문에 "루디아"는 실제로 그 여인의 이름이 아니라 그녀의 출신지를 가리킨다는 해석도 있다. 가령 미국에서 텍사스 출신을 가리켜 실제 이름 대신 "텍스"(Tex)라고, 부르는 것이나, 우리나라에서 여인을 이름으로 부르지 않고 출신지에 따라 "안성댁", "수원댁" 혹은 "부산댁"이라고 부르는 것과 마찬가지이다. Cf. Justo L. Gonzalez, *Acts: the Gospel of the Spirit*, p. 189.

127) 그 당시 자색 옷은 부유한 자들이 입는 옷이었고(cf. 눅 16:19), 그래서 부의 상징이었다.

보에서 집회 장소로 사용될 정도로 충분히 컸던 것으로 보인다. 그래서 바울이 빌립보에서 감옥에 갇혔다가 다시 풀려날 때, "루디아의 집으로 갔고"(16:40), 거기서 형제들을 만날 수가 있었다고 했다. 그런데 주께서 이 루디아의 "마음을 열어 바울의 말을 귀담아 듣게 하셨고"(16:14), 그 결과로 "루디아와 그 집안이 다" 세례를 받게 되었다. 루디아가 그의 집안 식구들과 함께 다 세례를 받고 개종한 일은 사도행전 10장에서 고넬료가 그의 온 집안 식구들과 함께 세례를 받고 개종한 것에 이은 두 번째 큰 사건이다.

루디아는 세례를 받고 개종한 후에 바울과 그의 일행을 자기 집으로 초청하여 머물게 했다. 우리는 바울이 그의 제자들이나 그가 개종시킨 사람들로부터 돈이나 물질적인 도움을 받지 않는 생활을 한 사람임을 잘 알고 있다(cf. 20:33~35). 바로 그런 이유 때문에 사도행전 저자인 누가는 "(그녀가) 우리에게 간청하여"(16:15)란 말을 기록한 것으로 보인다. 바울은 이때 루디아가 베푼 호의와 그 밖에 빌립보 사람들이 계속해서 도와준 일을 기억하고 나중에 빌립보에 보낸 편지에서 "빌립보 사람들이여, 여러분도 아는 대로 나의 복음 운동 초창기에 내가 마게도냐를 떠나던 때에 주고받은 일로 내게 협력한 교회는 여러분의 교회밖에 없었습니다. 내가 데살로니가에 있을 때에도 여러분이 내 쓸 것을 보내 준 일이 한두 번이 아니었습니다."(빌 4:15~16)라고 썼던 것이다.

바울이 빌립보에 도착하여 한 기도처에서 맨 처음 만난 사람들이 여인들이었다는 점과 바울이 나중에 빌립보에 보낸 편지 가운데서 "나는 유오디아에게 권합니다. 그리고 순두게에게 권합니다. 주 안에서 한 마음을 품으시오. 그리고 나의 진실한 동역자여, 그대에게도 부탁합니다. 이 여인들을 도와주시오. 이 여인들은 클레멘드와 그 밖에 나의 동역자들로 더불어 복음을 위하여 나와 함께 싸운 여인들입니다. 그들의 이름은 생명책에 올라 있습니다."(빌 4:2~3)라고 말한 것으로 보아서, 빌립보 교회는 본래 여인들로 시작된, 그리고 여인들이 주도적인 역할을 하던 교회로 보인다. 루디아도 그런 여성 지도자 가운데 한 사람이었을 것으로 생각된다. 따라서 바울이 마게도냐로 건너와 빌립보에 도착한 후, 루디아를 만나 그녀와 더불어 그녀의 집안 식구들을 모두 개종시킨 일은 그의 유럽 선교의 초기에 거둔 큰 성과가 아닐 수 없다.

3) 빌립보 감옥에 투옥되는 바울과 실라(16:16~24)

바울이 빌립보에서 루디아와 그의 온 가족에게 세례를 주고 개종시킴으로써 놀라운 성과를 거두었지만, 빌립보에서 그런 기쁜 일만 있었던 것은 아니다. 이방 땅에서의 선교 사역에는 항상 어려운 시련도 따르게 마련이다. 빌립보에서 바울은 뜻밖에 감옥에 투옥되는 환란을 당하였다. 그것도 바울의 어떤 실수나 과오 때문이 아니라 선한 일을 한 것 때문에 당한 환란이기에 더욱 뜻밖이라고 말하지 않을 수 없다.

바울과 그의 일행은 "기도처"로 가는 도중에 길에서 점을 치는 귀신 들린 여종을 만났다. 이 여종이 점을 치는 일로 인해 그 주인이 큰돈을 벌고 있었다. 그런데 그 여자가 바울과 그 일행을 따라오면서 큰 소리로 "이 사람들은 지극히 높으신 하나님의 종들인데 너희에게 구원의 길을 선포하고 있다."(16:17)고 소리 질렀다. 신약성서에서도 자주 보듯이 귀신들은 인간이 볼 수 없는 것을 본다. 그래서 이 여종을 사로잡고 있는 귀신도 다른 사람들이 보지 못하는 사실, 곧 바울과 그 일행이 하나님의 종들이고 "구원의 길"을 선포하는 사람들임을 올바로 볼 수 있었고, 그래서 한 번만 아니라 여러 날을 두고 날마다 그렇게 큰 소리로 증거할 수 있었다(16:18). 이 여종이 여러 날을 두고 계속 이렇게 소리치기 때문에 바울이 "심히 괴로워하여"(개역개정판; 새번역에서는 "더 참을 수 없어서")[128] 그 귀신을 향해 "예수 그리스도의 이름으로 네게 명한다. 이 여자에게서 나가거라."고 말했고, 그 순간 귀신이 그 여자에게서 나갔다고 했다. 이것은 사도행전에서 사도들에 의해 행해진 첫 번째 귀신축출 이적(exorcism)이다. 예수가 귀신을 쫓아낼 때는 자신의 권위로

---

128) 사도행전 4:2에서도 같은 동사("diaponeo")가 사용되었는데, 거기서는 유대 종교 지도자들이 사도들이 예수의 부활을 가르치고 전하는 것을 "싫어하여"라고 번역되어 있다.

쫓아냈는데, 사도들이 귀신을 쫓아낼 때는 "예수 그리스도의 이름으로" 쫓아내는 것이 다르다. 그러나 "예수 그리스도의 이름"은 큰 능력의 상징이었다. 베드로가 성전 앞에 앉아 있던 앉은뱅이를 고칠 때에도 "예수 그리스도의 이름으로" 일으켰다(3:6; cf. 19:13~16).

이 여종이 귀신 들렸던 상태에서 고침을 받았기 때문에, 모두가 다 좋아할 것이라고 생각할 수도 있다. 그러나 실제로는 그렇지 않았다. 이 여종은 점치는 귀신에 사로잡혀 점을 쳐 주면서 주인에게 많은 돈을 벌어 주고 있었기 때문에, "이 여자의 주인들은 자기들의 이익을 얻을 희망이 끊어진 것을 알고 바울과 실라를 붙잡아 가지고 관원들이 있는 광장으로 끌고 갔다"(16:19). 그들이 여종으로부터 점치는 귀신을 쫓아낸 것 때문에, 즉 귀신 들린 여자를 고쳐 준 것 때문에, 바울과 실라를 고발할 수는 없었기에, 그들은 무리들과 함께 바울과 실라가 "유대 사람으로서 우리 도시에서 치안을 방해하고 있다고, 그리고 로마 사람으로서는 받아들일 수도 없고 실행할 수도 없는 잘못된 풍속을 전하고 있다."(16:20~21)는 죄목으로 일제히 고발했다. 치안관들은 바울과 실라에게 변명이나 해명할 기회도 주지 않은 채, "두 사람의 옷을 찢어 벗기고 그들을 채찍으로 여러 번 치게 한 후에 감방에 집어넣고 단단히 지키게" 하였다. 법적인 절차에 따른 투옥이 아니라, 일종의 폭동에 의한 투옥이었다. 더구나 감방의 간수는 두 사람을 "깊은 감방에 집어넣고 그들의 발을 착고로 단단히 채워두었다."(16:24)고 했다 하지만 "이것은 오히려 두 사람이 그곳으로부터 구원받는 것을 훨씬 더 놀랍게 만들어 줄 뿐"[129]이었다.

이 본문은 아주 흥미로운 점 두 가지를 보여 준다. 첫째는, 귀신이 복음의 진리를 증거해 주고 있는 점이다("이 사람들은 지극히 높으신 하나님의 종들인데, 너희에게 구원의 길을 선포하고 있다." 16:17). 복음서에서도 사람들이 예수를 하나님의 아들로 알아보지 못하는데, 도리어 귀신이 예수를 "지극히 높으신 하나님의 아들"로 알아보고 있다(cf. 막 5:7). 그러나 바울은 점치는 귀신을 꾸짖었고 또 쫓아냈다. 귀신이 하는 말이 중요한 것이 아니다. 그 진정한 정

129) Justo L. Gonzalez, *Acts: the Gospel of the Spirit*, p. 191.

체가 문제일 뿐이다. 예수도 일찍이 "주여, 주여 하는 자마다 천국에 다 들어가는 것이 아니라."고 말했다(마 7:21). 우리도 본문에 나오는 점치는 귀신처럼 우리를 가리켜 "너희에게 구원의 길을 선포하는 지극히 높으신 하나님의 종들"이라고 말하는 사람들의 증거를, 그리고 때로는 입과 말로는 옳은 소리를 하는 사람이 하는 말을 그대로 다 받아들여서는 안 된다. 꾸짖고 쫓아내야 할 귀신들의 음성일 수도 있기 때문이다.

둘째로, 바울이 귀신 들린 여인을 고쳐 주는 좋은 일을 했는데, 바로 그 좋은 일이 바울에게는 찬사와 감사 대신에 오히려 채찍질과 감옥에 투옥되는 결과를 가져다주었다. 스페인에는 "악에서도 선이 나온다."(There is no evil that does not bring about some good.)는 속담이 있다고 한다. 아마도 본문의 이야기는 그 반대의 진리를 말해 주는 것으로 보인다. 즉 "선에서도 악이 나온다"(There is no good that does not bring about an evil.). 이런 말이 좀 과장처럼 들릴 수도 있지만, 실제로 우리의 삶 속에서는 사실인 경우도 많이 있다. 아마도 우리나라 속담으로 바꾸어 말한다면, "좋은 일 하고도 욕먹는다."는 말이 그런 경우에 해당될 것이다. 이 세상이 악한 세상, 죄가 많은 세상이기에 우리가 죄를 반대할 때, 그것이 어떤 사람의 이익에 반대하는 경우가 생길 수도 있다. 바울이 귀신 들린 여종을 고쳐 주었을 때 그는 그 여종의 주인에게 경제적인 손해를 끼치게 되었다. 그래서 결국 채찍질을 당하고 투옥 당하게 된 것이다.

우리가 우리 신앙에 충실하고, 우리의 본분에 충성할수록 더욱더 우리의 주변 세상과 부닥치며 갈등에 처하게 되기 쉽다. 그러나 우리가 좋은 일, 옳은 일을 하고도 욕을 먹는 일이 생길 때, 우리는 그것 때문에 좌절하거나 낙심해서는 안 된다. 바울이 데살로니가 교회에 보낸 편지 가운데서 "형제들이여, 선한 일을 하다가 낙심하지 마시오."(살후 3:13)라고 권면하고 있는 것도 바로 이런 경험에서 나온 것으로 생각된다.

4) 빌립보 감옥 간수의 개종(16:25~34)

이 본문은 아마도 사도행전에서는 가장 잘 알려진 본문 가운데 하나일 것이다. 채찍질을 당하고 착고를 차고 깊은 감방에 갇히는 몸이 되었지만 바울과 실라는 한밤중에 기도하면서 하나님을 찬양하고 있었다. 그리고 감옥 안에 있던 다른 죄수들이 다 듣고 있었다고 말했는데(16:25), 그 말은 결국 그들이 잠시 후에 벌어질 바울과 실라의 이적적인 구원에 대한 목격자들이라는 사실을 미리 암시해 주고 있다. 바울과 실라가 구원을 받은 사건과 관련하여 "감옥의 터전이 흔들리는" "큰 지진"이 있었지만, 결코 그것이 단순한 자연현상이 아니라 하나의 이적이었다는 사실은 그때 모든 문이 열리고 착고가 모두 풀렸다는 사실(16:26)에서 확인된다. 간수는 죄수들이 다 도망친 것으로 믿고, 그래서 자신의 명예가 손상된 것을 알고 검을 빼어 자살하려고 했으나,[130] 오히려 바울이 그에게 아무도 도망친 사람이 없다고 말해 주면서 그를 말렸다.

그런 직후에 무서워 떨면서 바울과 실라 앞에 엎드린 간수로부터 그 유명한 질문이 나온다. "선생들이여, 내가 어떻게 하여야 구원을 얻겠습니까?"(16:30) 아마도 이 질문 자체에는 후대 기독교 설교자들이 이 질문에 부여했던 복음적이며 신학적인 차원의 의미가 포함되어 있지는 않았을 것이다. 간수는 지진에 몹시 놀랐고, 그것이 선교사들을 채찍으로 치고 착고에 채워 깊은 감방에 집어넣은 행동에 대한 하나님의 진노로 생각했고, 그래서 하나님이 자기를 위해 준비한 형벌로부터 해방 혹은 구원받기를 원했을 것으로 생각되기도 한다.[131] 그러나 현재의 문맥에서는 이 질문이 바로 앞에서 점치는 귀신 들린 여종이 외쳤던 "구원의 길"(16:17)을 반영해 주고 있는데다가, "구원"의 주제가 바울의 다른 편지들에서보다 빌립보서에서 좀 더 많이 나타나

---

130) 간수는 죄수들이 도망하면 그 책임을 자신이 져야 한다고 생각했을 것이고, "명예와 수치가 중요시되는 사회에서 그것은 자살의 충분한 동기가 될 수 있었을 것이다." Cf. James D. G. Dunn, *The Acts of the Apostles*, p. 222.

131) Justo L. Gonzalez, *Acts: the Gospel of the Spirit*, pp. 193~194.

는 점으로 보아서(빌 1:19, 28, 2:12, 3:20), 간수가 말한 "구원"이 빌립보서에 나오는 바울 교훈의 의미와 특징을 보여 주는 것으로 해석될 수도 있다.[132] 그래서 바울도 간수를 향해서 곧바로 "주 예수를 믿으시오. 그리하면 그대와 그대의 집이 구원을 얻을 것이요."(16:31)라고 말해 줄 수 있었던 것이다. 바울의 그 말과 "하나님의 말씀"(16:32)을 간수와 그의 집에 있는 모든 사람들이 듣고, 그날 밤 간수는 온 가족과 함께 세례를 받았고, 간수는 바울과 실라를 자기 집으로 인도하여 음식을 대접하고 "하나님을 믿게 된 것을 온 가족과 함께 기뻐했다"(16:34). 이것이 사도행전에서는 가이사랴의 백부장 고넬료와 빌립보의 자주장사 루디아에 이어 개종자가 그의 온 가족과 함께 세례를 받고 개종한 세 번째 큰 사건이다.

빌립보 간수의 이야기는 잘 알려진 이야기 가운데 하나이다. 이 본문을 가지고 설교할 때마다, "주 예수를 믿으라. 그리하면 너와 네 집이 구원을 받으리라."는 문구가 분명히 핵심적인 메시지가 되는 것이 보통이다. 그러나 이 본문에서 자주 간과되고 있지만 우리가 좀 더 주목해야 할 점이 있다. 가장 주목해야 할 점은 개종의 결과로 빌립보 간수에게 일어난 변화이다. 빌립보 간수의 경우, 만일 죄수들이 다 도망쳤다면 그의 지위와 명예로 보아 마땅히 책임을 지고 자기 목숨을 내놓아야 할 사람이었다. 그에게 명예와 신망이 없이는 목숨이 아무런 가치가 없다고 생각되었을 것이다. 그런데 이제 개종한 이후 그는 자신이 그토록 채찍질하고 착고를 채워 깊은 감방에 가두었던 그 죄수들을 감방으로부터 인도하여 자기 집으로 데려가 "상처를 씻겨 주고 온 가족과 함께 세례를 받고, 음식을 대접하며, 기뻐했다"(16:33~34). 분명히 이제는 오히려 바울과 실라를 돌보며 그를 대접하는 일을 위해 목숨을 걸 정도로 더 이상 과거의 경력과 명예가 중요하지 않게 되었다. "이전"과 "지금", 그리고 "옛 사람"과 "새 사람"의 차이가 너무나도 분명해지게 되었다(cf. 엡 4:22~24; 골 3:7~10). 바로 이런 것이 참된 개종의 의미와 특징일 것이다.

복음에는 우리의 생명이 하나님의 나라에서 아주 유용할 수 있다는 기쁜

---

132) James D. G. Dunn, *The Acts of the Apostles*, p. 223.

소식이 포함되어 있다. 또한 복음에는 우리 인생의 가치가, 사회가 그것을 어떻게 평가하느냐에 달려 있는 것이 아니라는 기쁜 소식이 포함되어 있다. 빌립보 간수에게는 이제 더 이상 자신의 인생의 가치가 죄수들을 얼마나 잘 지키는가에 의해 평가되거나 결정될 필요가 없게 되었다. 우리의 경우도 마찬가지일 것이다. 만일 우리가 진정 복음을 받아들였다면, 그리고 정말로 하나님을 진심으로 믿는다면, 주변 사회가 우리를 어떻게 평가하며 우리로부터 무엇을 기대하는가 하는 것은 문제가 되지 않는다. 오히려 그런 것과는 상관없이, 오직 하나님 앞에서 무엇이 가장 뜻있고 귀한 것인지를 먼저 생각하며 사는 일이 가장 필요하고도 중요할 것이다.

5) 로마의 시민권자 바울과 실라(16:35~40)

누가는 빌립보 간수의 개종 이야기에 뒤이어 바울과 실라가 로마의 시민권을 가진 사람이라는 점, 그래서 빌립보의 치안관들이 바울과 실라를 찾아와 그들을 채찍질하고 감옥에 가둔 일에 대해 공식 사과하고 석방하였다는 점을 전해 주고 있다. 치안관들은 지진이 있던 다음날 부하 관리들을 보내 바울과 실라를 석방하도록 지시했다. 우리는 본문을 통해 치안관들이 바울과 실라를 채찍질하고 감방에 투옥하도록 명령한 것은 일종의 폭동 가운데서 상황의 압력 때문에 그랬던 것이고, 실제로 그들에 대한 사법적인 절차를 진행하려는 의도는 없었던 것으로 보인다. 그래서 그들은 바울과 실라를 슬그머니 석방해 줌으로써 적당히 문제를 덮고 지나가려 한 것으로 생각된다. 그러나 바울과 실라는 그런 식으로 석방되는 것을 원치 않았다. 공식석상에서 채찍질하고 투옥한 후에 슬그머니 없었던 일처럼 적당히 처리하려는 것을 반대하고, 바울은 자기와 실라가 로마의 시민이라는 사실을 알렸다. 당시 로마법은 로마 시민을 결박하고 채찍질하는 것을 금지하고 있었다.[133] 사도

133) Cicero에 의하면, "누구든지 로마 시민을 결박하는 것은 불법이며, 누구든지 로마 시민을 채찍질하면 범죄가 된다"(In Verrem 2.5.66). Cf. Justo L. Gonzalez, *Acts: the Gospel of the Spirit*, p. 195.

행전 22:29에서 천부장이 로마 시민인 "바울을 쇠사슬로 결박한 일 때문에 두려워한" 것도 그 때문이다.

그렇다면 왜 바울은 앞에서(16:23) 채찍을 맞고 빌립보 간수에 의해 투옥될 때는 사도행전 22:25에서처럼 로마 시민으로서 자신의 권리를 주장하지 않고 있다가, 빌립보를 떠나기 전에 그 사실을 알린 것일까? 두 가지 설명이 가능한 것으로 알려지고 있다. 하나는 점치는 귀신을 쫓아낸 일 때문에 여종의 주인들로부터 고발되어 붙잡힐 때는 폭동과 같은 상황이라서 그들의 권리를 주장할 기회조차 없었을 뿐만 아니라[134] "아마도 여종의 주인들의 재산에 손해를 입혔다거나 또는 (로마 식민지에서) 다른 나라의 미신을 가르쳤다는 것 같은 고소는 심문 과정이 너무나 오래 걸리는 데다 결과도 불확실하기 때문"일 거라는 설명이다.[135] 다른 하나는 바울이 상처받은 자신의 자존심을 회복하기 위해서나 치안관의 체면에 손상을 주려는 의도에서가 아니라, 도리어 "복음의 존엄성"[136]을 위해서, 혹은 유사한 문제로 인해 또 다른 사람들로부터 괴로움을 당할지도 모를 연약한 공동체의 지위를 확립해 주기 위해서라도[137] 치안관들의 공식적인 "사과"(16:39)를 받아두려 했기 때문이라는 설명이다. 만약 바울과 실라가 치안관들의 제안대로 적당히 타협하고 슬그머니 빌립보를 떠났다면 그들은 혹 자신들이 당당하지 못한 사람이라는, 그래서 자신들이 전하는 복음도 당당하지 못한 것이라는 인상을 줄 수 있었을 것이다. 그러나 바울과 실라는 자신들의 로마 시민권을 주장함으로써 치안관들로부터 그들의 조치에 대해 공식 사과를 받을 수 있었고, 또한 루디아의 집을 찾아가 다시 형제들을 만나 격려와 위로의 말을 하고 당당하게 떠날 수 있었다.

오늘날 복음을 전파하는 사람들에게 필요한 것도 바울과 실라처럼 "복음의 품위"를 떨어뜨리지 않는 일, 그리고 사회의 법적인 문제들 앞에서도 당

---

134) Justo L. Gonzalez, *Acts: The Gospel of the Spirit*, p. 196. n. 20.

135) James D. G. Dunn, *The Acts of the Apostles*, p. 222.

136) "The dignity of the Gospel", Cf. Justo L. Gonzalez, *Acts: the Gospel of the Spirit*, p. 196.

137) James D. G. Dunn, *The Acts of the Apostles*, p. 223.

당한 모습을 보이는 일이 아니겠는가? 그래서 우리 믿는 사람들은 로마의 시민권보다도 더 귀하고 값진 "하늘의 시민권"을 가졌다는 사실을 보여 주어야 하지 않겠는가? 바울이 나중에 빌립보 교인들에게 편지를 쓰면서 "우리의 시민권이 하늘에 있다."(빌 3:20)고 강조한 것도, 바로 자신이 빌립보에서 로마 시민권자임을 주장한 사실을 기억했기 때문이 아닐까?

14 바울의 아레오바고 설교(17:16~34)

바울이 그의 전도 여행 중 헬라의 아덴을 방문하여 아레오바고에서 헬라 철학자들을 만나 복음을 증거한 이야기는 초대 기독교 역사, 특히 기독교 선교사에서 아주 중요한 의미를 갖는다. 이 점은 던(James D. G. Dunn)이 그의 사도행전 주석에서 이 본문의 제목으로 〈하나님의 복음이 헬라 철학을 만나다〉라고 붙인 데서도 잘 드러나고 있다.[138] 기독교 복음과 헬라 철학의 만남이라고 말할 수도 있고, 히브리 사상을 대표하는 랍비와 헬라 사상을 대표하는 철학자들의 만남이라고 말할 수도 있다. 다른 한편으로는 기독교의 유일신론(monotheism)과 헬라 문화의 다신론(polytheism)이 만나는 장면이라고 볼 수도 있다.

그런데 본문의 서두(17:16)에 보면, 바울이 아덴을 방문한 목적은 본래 복음 전파에 있었던 것이 아닌 것으로 보인다. 바울은 베뢰아에서 복음을 전할 때 유대인들이 거기까지 찾아와 무리를 선동하여 소란을 피웠기 때문에(17:13) 바울이 먼저 그곳을 피해 아덴으로 건너왔고, 거기서 일행인 실라와 디모데를 기다리고 있었던 것뿐이다. 선교의 목적이 아니라 피난의 목적으로 아덴에 온 것으로 보인다. 그러나 바울이 아덴에 오게 된 본래의 동기나 목적과는 상관없이, 결과적으로 바울은 헬라 철학의 중심지인 아덴에 들어가 그곳에서 헬라 철학자들 앞에서 복음을 전파할 수 있는 기회를 가졌다. 이 점이 중요하다. 그리고 이처럼 역사상 아주 중요한 일들이 흔히는 인간의

---

138) 〈The Gospel of God encounters Greek Philosophy.〉 Cf. *The Acts of the Apostles*, p. 230.

본래 계획과 생각을 넘어 하나님의 중요한 섭리와 계획에 따라 일어나는 경우가 많다는 것을 아는 것이 중요하다.

그런데 바울이 아덴에 들어가 처음 본 것이 "온 도시에 우상이 가득 차 있는" 모습이었다(17:16). 본문에 보면 바울이 그것을 보고 "격분했다"고 기록되어 있다. 히브리 문화권에서 유일신 사상에만 젖어 있던 바울로서는 헬라 문화권에 팽배해 있는 다신 숭배와 우상 숭배를 보고 놀라지 않을 수 없었고, 격분하지 않을 수 없었다. 유대인에게 우상 숭배보다 더 큰 죄가 없고, 우상 숭배만큼 그렇게 혐오스런 것은 없었기 때문이다. "그래서 바울은 회당에서 유대 사람들과 또한 이방 사람 예배자들과 변론하고 날마다 광장에서 거기 모인 사람들과 변론했다"(17:17). 분명히 변론의 주제는 다신론과 우상 숭배였을 것이다. 그리고 변론의 장소는 두 곳 곧 "회당"과 "광장"이었다. "회당"에서 바울의 변론 상대는 "유대 사람들과 경건한 사람들[139]"이었다. "광장" 곧 "아고라"에서 변론의 상대는 "거기 모인 사람들"이라고 했는데, 그 다음 절(17:18)에서 언급된 "몇몇 에피쿠로스와 스토아 철학자들이 분명히 거기에 포함되었을 것이다. 만일 바울이 "유대 사람들과 경건한 사람들"과 더불어 변론하던 주제가 "우상 숭배" 문제였다면 분명히 바울은 그들이 아덴의 다신론 혹은 우상 숭배에 대해 "충분히 유대적이지 못했다는 점"을 비판했을 것으로 보인다. 유대인이라면 다신론에 대항하여 유일신론을, 한 분이신 하나님을 충분히 증거해야 하기 때문이다. "광장" 혹은 "아고라"는 헬라 세계에서 다른 생각을 가진 사람들이 만나 서로 토론하고자 모이는 자연스러운 장소였다. 거기서도 바울의 변론 주제는 "다신론"과 "우상 숭배"였던 것으로 보인다. 이것은 이어서 소개된 아레오바고 설교에서 바울이 제일 먼저 들고 나온 주제가 "알지 못하는 신"에게까지 제단을 만들어 섬기는 그들의 다신 숭배, 즉 우상 숭배였던 점에서도 분명해 보인다.

17:21에 언급되어 있듯이, "아덴 사람들과 거기 살고 있는 외국인들은 무엇이든지 새로운 것을 말하고 듣는 일로만 세월을 보내고 있었기에", 바울이

139) 여기 "경건한 사람들"은 "하나님을 경외하는 사람들"(God-fearers)을 의미하는 것으로 보인다.

"다른 나라 신들을 선전하는 사람"(17:18)이라고 생각하여, 바울을 데리고 "아레오바고[140]"로 가서 "당신이 말하는 새 교훈이 무엇인지" 말해 달라고 했다(17:19). 그래서 드디어 바울은 아덴에서, 보다 구체적으로는 "아레오바고"에서 헬라 철학자들을 앞에 놓고 공식적으로 말할 수 있는 기회를 얻게 되었다. 17:19에서 "그들이 바울을 붙들어("epolabomenoi") 아레오바고로 데려갔다."란 말 때문에 때때로 바울이 아레오바고 법정에 끌려나와 변증한 것이라는 설명도 있지만, 본문 어디에서도 법적인 권위에 의한 고소나 판결 내용이 없다. 그뿐 아니라 그 모임 자체가 바울의 교훈에 대한 철학자들의 호기심 때문에 이루어진 모임이었고, 또 "당신이 말하는 새 교훈이 무엇인지 알 수 있겠느냐?"(17:19)고, "당신이 우리 귀에 신기한 것을 소개하고 있는데 대체 그것이 무엇인지 알고자 하노라."(7:20)고 요청한 것으로 보아서, 바울은 법정에 끌려나온 것이 아니라 일종의 공개적인 모임에 초청된 것으로 보는 것이 옳다. 그런데 바울에게는 이 기회가 복음을 전하는 아주 귀중한 계기가 된 셈이다.

바울의 설교는 늘 그러했듯이, 청중들을 칭찬하는 듯한 말로 시작되었다. "아덴 사람들이여, 내가 보기에 여러분은 모든 면에서 매우 종교적입니다"(17:22). 이 말은 일면 칭찬의 의미를 담고 있는 것처럼 보인다. 그들의 다신 숭배가 그들의 넘치는 종교성 때문이라는 말이기 때문이다. 그러나 다른 한편으로는 경멸적이며 비판의 뜻을 내포하고 있기도 하다. 그 점은 바울이 이어서 "내가 다니면서 여러분이 예배하는 대상들을 살펴보는 가운데 '알지 못하는 신에게' 라고 새겨져 있는 제단도 보았습니다."(17:23)라고 말하는 데서 분명히 드러난다. "매우 종교적"이란 말은 그들이 너무나도 많은 신을 섬기는 다신론자라는, 그래서 결국 우상 숭배자들이라는 경멸적이며 비판적인 의미를 갖기 때문이다.

그 당시 헬라 시대 사람들은 신들마다 지배하는 전문 분야가 다르다고 생

140) "아레오바고"는 법정 혹은 회의 장소로 사용된 것으로 알려지고 있다. 그래서 그 명칭도 영어로 "the court of the Aropagus" 혹은 "the council of the Areopagus"라고 쓰인다. 그러나 헬라어 원문 성경에서는 그냥 "아레오바고"라고만 했지 "법정"이나 "회의"란 말은 없다.

각하여 보다 많은 복, 여러 가지 복을 다 받아 누리기 위해서는 보다 많은 신, 여러 종류의 신을 다 섬기는 것이 좋다는 생각을 갖고 있었다. 예를 들어 농사나 풍성한 추수를 위해서는 바알에게, 사랑을 위해서는 아프로디테에게, 아름다움을 위해서는 비너스에게 제사를 드려야 되는 것으로 여겼다. 유대인들이 섬기는 하나님처럼 "질투하는 신들"이 아니기에, 신들이 서로 배타적인 관계에 있다고 생각하지 않았기 때문에, 결국은 만신전(萬神殿, pantheon)을 지어서 보다 많은 신, 아니 모든 신을 섬기게 되었고, 혹시 인간의 지식의 한계로, 인간이 알지 못해서 섬기지 못하고 지나쳐 버린 신이 있을 경우 그 신으로부터 받을지도 모를 노여움과 징벌을 피하기 위한 일종의 안전장치로서, 별도로 "알지 못하는 신에게"란 제단까지 만들어 그 신에게 제사를 드렸던 것이다. 그런데 바울이 만신전을 돌아보고 발견한 또 다른 사실은 그 당시 아덴 사람들이 섬기는 신들의 제단 가운데 바울이 전하는 이스라엘의 하나님, 우리의 아버지 하나님의 제단이 없었다는 점이다. 바울이 전하는 하나님은 그들이 아직까지 알지 못하여 아마도 "알지 못하는 신"에게라고 새겨져 있는 제단에서 제사를 받아왔을지 모른다. 그래서 바울은 "이제 여러분이 알지 못하면서도 예배하는 그것을 여러분에게 알게 하겠습니다."(17:23)란 말로써 그들에게 자기가 믿는 "하나님"을 전파하기 시작하였다. 그러나 처음부터 바울은 "여러분이 알지 못하고 있는 것을 알게 하겠다."고 말함으로써 스스로 지혜롭다고 생각하는 헬라 사람들의 "무지"(無知)를 꼬집기도 했다.

바울의 아레오바고 설교 자체가 아덴 사람들의 다신론과 우상 숭배에 격분해서(17:16) 시작한 설교이기 때문에 자연히 바울의 아레오바고 설교는 예수를 전하는 데 초점이 맞추어져 있기보다는 유대교의 유일신이신 하나님을 전파하는 데 집중되어 있다. 이런 점을 가리켜 던은 바울의 아레오바고 설교에서 "기독론이 신론에 종속되었다. 기독교 신앙의 기독론적 특징들이 하나님에 대한 적절한 신앙을 갖게 하기 위한 일차적인 작업에 종속되었다."[141]고 설명하고 있다. 바울은 아덴 사람들의 "알지 못하고" 있다는 사실을 전제

141) James D. G. Dunn, *The Acts of the Apostles*, p. 231.

로, 즉 그들의 "무지"를 전제로, 이사야 42:5를 기초로 해서 그들에게 하나님을 설명하는 일부터 시작하고 있다. 하나님은 "우주와 그 안에 있는 모든 것을 만드신 하나님"이며, "하늘과 땅의 주님(Lord)"이시며, 그래서 "손으로 만든 신전에 계시지 않는 분"(17:24)이라고 소개한다. 여기서 다시금 스데반 설교에서 강조된 "손으로 만든" 집에 계시지 않는 하나님이란 사상이 강조되고 있고(7:48), "성전"과 "신전"에 대한 강한 거부와 비판이 드러나고 있다. 누가에게는 그것 역시 "우상"이었다(7:41). 아직 아덴 사람들에게 "알려지지 않은" 이 하나님은 "인류의 모든 족속을 한 혈통으로 만드신" 분(17:26)인데, 거기에는 두 가지 목적이 있었던 것으로 설명되고 있다. 하나는 "온 땅 위에 살게 하신 것"이고, 다른 하나는 "하나님을 더듬어 찾기만 하면 만날 수 있게 하신 것"이다.

바울은 회당에서 유대인 디아스포라 혹은 "하나님을 경외하는 사람들"을 상대로 설교할 때는 흔히 구약성서를 인용하였지만, 이방 땅 아덴에서 그것도 헬라 철학자들을 대상으로 설교할 때는 그들이 알지 못하는 구약성서를 인용하기보다 오히려 그들이 잘 알고 있는 헬라 시인이나 철학자들의 말을 인용하고 있다. 하나는 그레테 출신의 시인인 에피메니데스(Epiminides of Crete)에게서 인용한 "우리가 그분 안에서 살고, 움직이며, 존재한다."(17:28)는 말이고, 다른 하나는 스토익 철학자들인 "크레안데스와 아라투스"(Cleanthes and Aratus)에게서 인용한 "우리도 그의 자손이다."(17:28)란 말이다.[142] 이것은 바울의 선교 정책 가운데 하나인 "유대 사람들에게는 유대 사람이 되어 주고, 헬라 사람들에게는 헬라 사람이 되어 준다."(고전 9:19~23)는 정신을 그대로 드러낸 것으로 생각된다.

사도행전 17:30에서 바울은 드디어 자신의 핵심 메시지를 드러내고 있다. 하나님이 지금까지는 무지의 시대를 그냥 내버려 두셨지만 이제는 누구든지 회개하여야 한다고 말한다. 그러면서 바울은 하나님께서 "정하신 사람"(the man whom he appointed)으로 하여금 천하를 심판할 날을 작정하시고, 이에

142) Justo L. Gonzalez, *Acts: the Gospel of the Spirit*, p. 202.

그 사람을 죽은 자 가운데서 다시 살리셨다고 증거한다. 예수란 이름을 드러내지 않은 채, 그냥 "하나님이 정하신 사람"이라고만 말함으로써 바울은 설교 전반에 나타나는 기본적인 유일신론적 기조를 그대로 유지하면서, 동시에 17:18에서 엿볼 수 있듯이, 바울이 "예수와 부활" 두 신을 전하는 것 같다는 오해도 시정하고 있다.[143] 동시에 바울은 유대인들을 상대로 할 때와 마찬가지로(cf. 2:24, 4:1~2, 23:6) 이방인들을 상대할 때에도(17:18, 31) 예수의 "부활"에 초점을 맞추고 있음을, 그래서 하나님이 예수를 죽은 자들 가운데서 다시 살리셨다는 주장이 기독교 복음의 핵심임을 확인시켜 주고 있다.[144]

그러나 바울이 예수의 부활을 전할 때, 에피큐로스와 스토아 철학자들을 포함한 아덴의 청중들은 더 이상 들으려고 하지 않았다. 어떤 사람은 바울의 설교에 대해서 비웃었고, 어떤 사람은 "우리가 훗날 이 일에 대하여 당신의 말을 다시 듣겠소."하고 말하면서(17:32), 사실상 바울로부터 등을 돌렸다. 아레오바고 모임은 그것으로 그렇게 끝나 버렸고, 바울은 그의 설교를 더 이상 계속할 수가 없었다.

바울의 아레오바고 설교가 이처럼 실패로 끝난 듯이 보이지만, 그래도 아덴에서 몇몇의 개종자는 있었던 것으로 전해지고 있다. 누가는 그 개종자들 중 두 사람의 이름을 구체적으로 밝히고 있는데, 그들 중 가장 유명한 사람은 아레오바고라고 불리는 법정의 일원인 디오누시오[145] 판사였고, 그 밖에 다마리[146]라는 부인과 함께 "다른 사람들"도 있었다고 했다(17:34). 그렇다면 과연 바울의 아덴 선교가 실패였다고 단정할 수 있을까?

---

143) James D. G. Dunn, *The Acts of the Apostles*, p. 231.

144) 누가의 신학이 바울의 "십자가의 신학"(theolgia crucis)과 달리 "부활의 신학"(theologia resurrectionis)이며, "영광의 신학"(theologia gloriae)이라는 점을 위해서는 김득중, 「누가의 신학」(컨콜디아사, 1991), pp. 250~264를 참조하라.

145) 기원후 5세기에 네오프라톤의 신비적 경향을 가진 한 경건한 기독교인이 이 디오누시오가 쓴 것으로 생각되는 일련의 책들을 쓴 것이 전해지고 있고, 중세기에는 아레오바고의 디오누시오 판사가 프랑스 선교사로 갔었고, 파리 외곽에 그의 이름으로 된 수도원을 창설한 바 있다고 전해진다. Cf. Justo L. Gonzales, *Acts: the Gospel of the Spirit*, p. 203. n. 31.

146) Chrysostom은 다마리가 디오누시오 판사의 부인이었다고 믿고 있다. 그러나 Codex Gezae 사본에는 실수 때문인지 아니면 반(反)여성적 편견 때문인지 이 여인의 이름이 생략되어 있다. 이 여인에 대해서는 여기서 이름이 언급된 것 이외에 더 알려진 것은 없다.

맺는 말

바울의 다른 설교들과 비교해 볼 때, 아레오바고 설교는 실패였다고 말할 수도 있다. 개종자가 많지 않았을 뿐만 아니라, 바울의 선교 결과로 아덴에 교회가 세워졌다는 기록을 신약성서 어디에서도 찾을 수가 없기 때문이다.

바울로서는 아덴에서의 아레오바고 설교를 그처럼 실패로 끝나지 않게 할 수도 있었을 것이다. 설교 서두에서 바울은 그가 당시 헬라 사람들의 수사학적 원칙에 대해 좀 알고 있는 듯한 인상을 주기도 했다. 그래서 "여러분은 모든 면에서 매우 종교적입니다."라고 청중들의 호감과 관심을 끌면서 설교를 시작했다. 나중에는 청중들이 이미 잘 알고 존경하는 헬라 시인들과 철학자들의 말을 인용하는 방법을 쓰기도 했다. 그런데도 그의 아레오바고 설교는 성공적이지 못했던 것으로 보인다.

바울이 실패하지 않기 위해서 필요했던 일은 무엇이었을까? 아마도 그것은 그가 17:30~31의 말을 하지 말아야 했을 것이다. 즉 그들의 비웃음을 사게 된 말, 그래서 그들이 끝내 바울로부터 등을 돌리게 만든 말은 회개하라는 말과 "하나님이 죽은 자들 가운데서 다시 살리신 사람", 곧 예수와 부활에 대한 언급을 하지 않는 것이었다. 그때까지만 해도 바울의 설교는 모든 면에서 순조롭게 잘 진행된 것으로 보인다. 그러나 예수의 "부활"에 대한 복음과 "심판"을 말하면서 "회개"를 전할 때 문제가 생겼다. 거기에서 실패의 징조가 나타났다. 그래서 청중들이 비웃으며 다 돌아가 버렸다. 그러나 그처럼 복음을 전할 때 모든 것을, 특히 선교의 결과를 성공의 잣대만으로 평가할 수 있을까? 아마도 바울은 자기가 17:30~31에서 말하고자 한 내용이 청중들에게 호의적으로 받아들여지지 않을 것을 잘 알고 있었을 것이다. 그럼에도 불구하고 그는 그것을 말했다. 그리고 전파했다. 왜냐하면 그렇게 하지 않는다면, 그의 설교는 아무리 성공했다고 하더라도 거짓이고, 진정한 의미에서 실패일 수밖에 없을 것이기 때문이다.

이것은 오늘의 전도자나 선교사에게 아주 중요한 교훈이 된다. 참된 복음의 선포는 그 결과에 의해서만 평가될 것이 아니라, 그 선포의 진실성과 신실성에 의해서 평가되어야 한다. 즉 복음 전파의 결과, 혹은 선교 활동의 결과로 얼마나 많은 개종자를 얻었고 얼마나 많은 교회를 세웠느냐 하는 것이 중요한 것이 아니라, 복음을 얼마나 진실되고 신실하게 전파했느냐 하는 것이 중요하다는 말이다. 구약성서에서도 거짓 선지자들은 환영을 받았지만, 참 선지자들은 고난과 배척을 받았다. 선지자는 듣기 좋은 말을 전하는 사람이 아니라 듣기 싫은, 귀에 거슬리는 말이라도 그것이 하나님의 말이라면, 청중들의 반응에 관계없이 진실되게 말하며 선포하는 사람이다. 설교자 혹은 전도자들로 마찬가지가 아니겠는가?

바울은 복음을, 진리를 선포했다. 설교 서두에서 볼 수 있듯이 그도 청중들의 호의적인 반응을 얻으려고 노력했다. 그러나 바울은 자기가 전해야 할 메시지를 희생시켜 가면서까지 청중들의 호의적인 반응을 얻고자 하지는 않았다. 때때로 그의 선교 활동이나 설교는 아덴의 경우처럼 실패에 이르기도 했다. 어떤 때는 환영 대신 극심한 박해를 받기도 했다. 그러나 결과에 관계없이, 성공 여부에 관계없이, 자기가 전해야 할 말을 전하고자 한 바울 사도의 확고한 태도가 없었다면, 아마도 그가 얻은 개종자나 그가 세운 교회들은 곧바로 뒤따랐던 박해를 결코 이겨내지 못했을 것이다. 하나님의 말씀을 전하는 자들이라면, 아무 말도 전하지 말 것을 요구하는 유대 종교지도자들의 명령에도 불구하고, 베드로와 요한이 마땅히 "하나님의 말씀을 듣는 것보다 당신들의 말을 듣는 것이 하나님 보시기에 옳은 일인가 판단해 보시오."(4:19)라고 당당히 말했던 것과 또한 바울이 "내가 지금 사람들을 기쁘게 하려는 것입니까? 하나님을 기쁘시게 하려는 것입니까? 또는 사람들의 환심을 사려고 하는 것입니까? 내가 아직도 사람들의 환심을 사려고 한다면 그리스도의 종이 아닐 것입니다."(갈 1:10)라고 말했던 것을 늘 기억할 필요가 있을 것이다.

15 바울의 고린도 선교 사역(18:1~17)

바울이 들른 고린도는 "헬라의 광채요 장식"이라고 불리던 옛 고린도는 아니었다. 옛 고린도는 기원전 146년 로마의 지배에 반대하는 데 중요한 역할을 하였기 때문에 로마인들에 의해 완전히 파괴되었다. 그러다가 기원전 44년에 줄리어스 시저의 명령에 의해 다시 재건되었다. 이 새 고린도가 발전하면서 고린도는 동서를 잇는 교통의 요지이며 헬라에서 가장 중요한 항구 도시가 되었다. 이후 로마의 아가야 주의 수도로 지정돼 행정적으로나 상업적으로 중심지가 되었다. 그러나 나중에 고린도는 방탕의 도시로 더 유명하게 되었다. "고린도인처럼 행동한다."는 말이 아주 천박하고 부도덕한 생활을 한다는 뜻으로 사용될 정도였다. 바울이 고린도에 있을 때, "나는 약하고 두려워 몹시 떨었다."(고전 2:3)고 말한 적이 있는데, 이 말이 부분적으로는 자신이 전에 앓았던 병 때문으로 보이기도 하지만, 사도 바울이 처음 고린도를 방문했을 때 고린도라는 도시의 상황에 정신적으로 완전히 압도당한 증거로 해석되기도 한다.

그런데 이 도시에 바울이 들어가 "일 년 육 개월 동안 살면서 하나님의 말씀을 가르쳐서"(18:11) 고린도의 회당장인 그리스보와 그의 온 집안 식구는 물론이고, 많은 고린도 사람들이 바울의 말을 듣고 믿어 세례를 받았다(18:8). 도덕적 시궁창이라는 고린도에 복음의 씨가 뿌려져서 마침내 고린도에 교회가 생겨나게 되었다. 이런 사실을 놓고, 벵겔이란 성서학자는 일찍이 "고린도에 하나님의 교회! 이것은 기쁘고도 놀라운 역설이다."라고 말한 바 있다.

고린도에 들어간 바울의 사역을 전해 주는 사도행전 18:1~17은 고린도 교회의 초창기 역사에 대해 비교적 많은 정보를 제공하고 있다. 첫째로, 누가는 이 기록을 통해 처음으로 바울이 선교 활동을 하면서 재정적인 문제를 어떻게 해결했는지 비교적 상세히 전해 주고 있다(18:2~3). 바울은 아굴라와 브리스길라[147]와 마찬가지로 "장막지기" 곧 천막을 만드는 직업을 갖고 있었다. 그래서 비교적 자유롭게 안식일에 회당에서 설교할 수 있었던 것으로 보인다. 둘째로, 바울이 비시디아 안디옥 유대인 회당에서 유대인들에게 설교할 때, 유대인들로부터 반대를 받아 "하나님의 말씀이 먼저 당신들에게 전해졌어야 했습니다. 그러나 지금 당신들은 그것을 배척하며 영원한 생명을 얻기에 합당하지 못한 사람으로 자인하기 때문에 우리는 이제 이방 사람들을 향해 갑니다."(13:46)라는 말을 남기고 이방인을 향해 떠났는데, 여기 고린도에서도 바울이 먼저 유대인들을 상대로 예수가 그리스도이심을 전파했으나 그들이 반대를 하여 또다시 "바울은 옷에서 먼지를 떨면서 그들에게 그들의 피가 그대들의 머리에 돌아갈 것이요, 나는 깨끗하오. 이제 나는 이방 사람들에게로 가겠소."(18:6)라는 말을 남기고 그들을 떠나 말씀 전파의 장소를 유대인 회당에서 하나님을 공경하는 이방인 유스도의 집으로 옮겼다. 그래서 바울은 그때부터 "먼저는 유대인에게로, 그리고 그들이 반대하고 배척할 때 이방인에게로 향한다."는 일종의 선교 정책을 택한 것으로 전해지고 있다. 셋째로, 회당 중심의 사역에서 새로이 가정교회 중심의 사역으로 옮겨가는 과정에 대해서도 전보다 훨씬 분명하게 설명하고 있다(18:7~8). 넷째로, 도시 고린도가 바울의 선교 활동이 오랫동안 계속된 중심지로 확실히 부각되고 있다(18:9~11). 다섯째로, 로마를 대표하는 당국자가 바울을 고발한 유대인들의 고소를 받아들이지 않고 바울에 대해 호의적인 판결을 내리고 있다(18:12~17).

고린도에서 바울의 선교 사역이 성공적으로 시작된 데에는 하나님의 섭리적인 사건들과 더불어 하나님의 직접적인 환상이 중요한 역할을 하였다.

---

147) 롬 6:3과 딤후 4:19에서는 "브리스가"(Prisca)로 표기되어 있는데, Priscilla는 Prisca란 이름의 또 다른 형태이다.

첫째로, 하나님의 섭리적인 사건들과 관련해 주목할 점은 바울의 고린도 사역에 대해 전하는 본문이 흥미롭게도 두 명의 로마의 고위 당국자들과 관련된 사건들에 의해 샌드위치되어 있다는 사실이다. 그중 하나는 글라우디오 황제가 기원후 49년에 유대 사람들을 향해 로마에서 떠나라고 칙령을 내렸기 때문에,[148] 바울의 선교 초기 그에게 가장 큰 도움이 되었던 선교 파트너 아굴라와 브리스길라를 만날 수 있었다는 것이다(18:2~3). 다른 하나는 아가야 총독으로 있던 갈리오가 기원후 51년경에 고린도에서 복음을 전파하던 바울의 선교 활동에 반대하여 바울을 고소한 유대인들의 고소를 묵살하고 그들을 법정에서 몰아냄으로써 결과적으로 바울의 선교 활동에 도움을 준 사실이다(18:14~16). 둘째로, 그러나 이보다 더 중요한 것은 주께서 환상 가운데 나타나 유대인들의 극심한 반대로 인해 두려움과 낙심에 처해 있던 바울을 향해 "무서워하지 말라. 침묵을 지키지 말고 말을 계속하라. 내가 너와 함께 있으니 아무도 너를 대적하여 해하지 못할 것이다."(18:9~10)라고 힘을 실어 줌으로써 바울이 고린도에서 "일 년 육 개월"을 머물며 선교 사역을 감당할 수 있었다는 사실이다. 이처럼 바울과 누가에게는 하나님이 배후에서 친히 바울의 선교 사역을 이끌고 있었다는 사실이 아주 중요한 의미를 갖는다.

또한 이 본문을 읽는 오늘의 독자들에게는 당사자의 본래 의도와는 상관없이, 결과적으로 바울의 선교 사역에 도움을 주었던 글라우디오 황제(18:2)와 갈리오 총독(18:12)의 이름과 더불어, 아굴라와 브리스길라(18:2), 실라와 디모데(18:5), 디도 유스도(18:7) 및 회당장 그리스보(18:8)와 회당장 소스데네(18:17)[149]까지 바울의 고린도 선교 사역과 관련된 중요 인물들의 이름을 모

---

148) 글라우디오 황제의 이 칙령은 로마의 역사가인 Sueonoius의 다음과 같은 기록을 통해서도 잘 알려지고 있다. 즉 글라우디오는 "유대인들이 Chrestus의 선동에 대한 폭동에 계속적으로 관련되고 있기 때문에 그들을 로마로부터 축출했다"(Claudius, 25:4). 역사가들은 여기에 언급된 Chrestus가 Christ를 가리키고, 로마의 여러 유대인 회당들에서 그리스도를 전파하는 사람들로 인해 자주 폭동이 일어났기 때문에 결국 관련자들을 로마로부터 축출하게 된 것으로 보고 있다. 그렇다고 글라우디오 황제가 당시 로마에 4만 명 이상이나 되는 유대인 공동체 전체를 축출한 것은 아니라고 보고 있다. James D. G. Dunn, *The Acts of the Apostles*, p. 241.enE.

149) 회당장이던 이 "소스데네"는 나중에 바울이 고린도에 보낸 편지의 공동 저자로 알려진 인물이기도 하다(고전 1:1).

두 만날 수 있다는 점에서도 본문은 아주 중요한 의미를 갖는다. 아굴라와 그의 아내 브리스길라는 바울과 똑같은 직업인 "천막지기"였고 비교적 여유가 있어 자유롭게 여러 곳을 여행한 것으로 보인다. 그들이 여기서는 고린도에 있었던 것으로 전해지지만, 에베소(18:26)와 로마(롬 16:3)에도 갔었던 것으로 알려지고 있다. 그들의 집이 비교적 컸기 때문에 지역 교회로도 이용된 것으로 보인다. 그래서 바울은 고린도전서 마지막 장에서 "아시아의 교회들이 너희에게 문안하고 아굴라와 브리스가와 그 집에 있는 교회가 주 안에서 너희에게 간절히 문안한다."(고전 16:19)고 말하고 있다.

다른 한편으로 "실라와 디모데"[150]가 마게도냐로부터 바울의 곁으로 오게 됨으로써 바울은 더욱 말씀 전하는 일에만 힘쓸 수 있었는데(18:5), 그것은 바울이 고린도후서 11:9에서 "마게도냐에서 온 형제들이 나의 부족한 것을 보충하였음이라."고 말한 것으로 미루어 아마도 그 두 사람이 마게도냐 교회들로부터 선교 지원금을 가지고 왔기 때문으로 보인다.[151] 그러나 이것 이외에도 실라와 디모데가 고린도 교회에서 말씀을 전하는 등 상당히 중요한 역할을 했다는 사실은 바울의 다른 여러 편지들을 통해서도 잘 알 수가 있다. 실라[152]는 사도행전 15:22에 의하면 믿는 "형제들 가운데서 지도 인물들" 가운데 한 사람이었고, 바울이 바나바와 갈라설 때 바나바는 마가를 데리고 떠나고, 바울은 실라를 택함으로써 실라가 바울의 새로운 선교 동역자로 등장한 바 있다(15:39~40, cf. 17:10). 그리고 바울이 데살로니가에 보낸 두 편지(전서와 후서)에서 실라(라틴어 이름 실루아노)는 바울 및 디모데와 더불어 공동 발신자(혹은 저자)로 명시되어 있다(살전 1:1; 살후 1:1). 디모데의 경우는 바울의 믿음의 아들일 뿐만 아니라 "바울과 같이 주의 일을 힘쓰는 자"(고전 16:10)였고, 특히 고린도 교회에서 바울을 대신해서, 바울이 "각처 각 교회에

150) 사도행전 17:14~15에서도 "실라와 디모데"가 함께 언급되고 있다.

151) 빌 4:15에서도 바울이 마게도냐 교회들로부터 재정적인 지원을 받았다는 언급이 나온다.

152) 실라는 베레아에 들어간 이후로(17:14) 다시 언급되지 않을 뿐만 아니라, 신약성서 다른 부분에서도 나타나지 않는다. 그러나 실라는 "실루아노"란 라틴어 이름으로 다시 등장하고 있다(살전 1:1; 살후 1장; 벧전 5:12).

서 가르치는 것을 생각나게 해주는"(고전 4:17) 역할을 하였다. 이런 점으로 보아 당시 고린도 교회에는 초대교회에서 중요한 선교 사역을 담당하던 자들이 다 모여 있던 초기 선교 사역의 중심지 가운데 하나였다고 볼 수 있다.

바울이 회당에서 유대인들을 상대로 복음을 전할 때 그들의 반대와 배척을 받자 바울은 곧바로 장소를 회당 이웃에 있던 이방인 디도 유스도의 집으로 옮겼고, 그곳이 고린도에서의 새로운 활동 중심지가 되었다. 바울의 고린도 선교 사역에서 얻은 한 가지 중요한 수확은 "회당장인 그리스보"를 "그의 온 집안 식구들과 함께 주를 믿는 신자"가 되게 했다는 점이다. 그와 같은 저명한 인물을 얻게 됨으로써 고린도에서 바울의 선교 활동은 더욱 힘을 얻었고, 그래서 "많은 고린도 사람들도 바울의 말을 듣고 믿어 세례를 받는"(18:8) 성과를 거두었다. 회당장 그리스보와 그의 온 집안 식구들이 함께 주를 믿게 된 이 성과는 가이사랴에서 고넬료와 그의 온 가족(10:48), 빌립보에서 루디아와 그의 온 가족(16:15), 그리고 빌립보 간수와 그의 온 가족(16:33)에 이어 사도행전에서 개종자가 그의 온 집안 식구들과 함께 개종한 네 번째 경우였다. 바울은 나중에 고린도 교회에 보낸 편지에서 자기가 고린도에 있을 때 세례를 준 인물로 "그리스보"를 확실하게 기억하고 있었다(고전 1:14).[153]

누가는 바울의 고린도 사역 마지막 부분에서 바울이 유대 사람들에 의해 "이 사람이 법을 어겨가면서 사람들에게 하나님을 공경하라고 선동하고 있다."(18:13)는 죄목으로 고소당한 일을 소개하고 있다. 이 사건에 대해 그 당시 아가야 총독 갈리오가 "유대 사람들이여, 사건이 무슨 범법이나 악한 범죄라면 그대들의 송사를 들어주어야 하겠으나, 문제가 언어와 명칭과 그대들의 율법에 관한 것이라면 그대들이 알아서 처리할 것이요."(18:14~15)라고 말하면서 바울의 고소 사건을 한 마디로 뿌리쳐 기각시켰는데 이것은 정치적으로나 신학적으로 아주 중요한 의미를 갖는다. 첫째로, 갈리오 총독의 말은 정치적으로나 법적인 각도에서 볼 때 새로이 시작된 기독교 공동체가 아

153) 그러나 누가는 바울이 고린도에서 "스데바나와 그 가족들에게도 세례를 준 일"(고전 1:16)과 "가이오"에게도 세례를 준 일에 대해서는 알지 못하고 있었던 것 같다.

무런 범법적인 요소가 없다는 점을 로마 당국자 자신이 분명히 밝힘으로써 로마 세계에 복음을 전하는 데 크게 도움이 되었다. 바울이 당한 고소 사건을 갈리오 총독이 기각한 이 사건은 추후에 유사한 문제와 관련하여 중요한 선례가 된다는 점에서도 복음을 전하는 선교사들에게 중요한 의미를 갖는다. 둘째로, 종교적이며 신학적인 관점에서도 새로이 시작된 기독교 신앙이 유대교 신앙의 일부로 간주되었다는 점("그대들의 율법에 관한 것") 때문에, 기독교의 복음 전파가 회당에서 유대인을 대상으로 계속되는 일이나 또는 로마 세계에서 로마 당국이 유대교에 부여한 합법 종교로서의 혜택을 초대 기독교 공동체가 그대로 똑같이 누리는 계기와 근거가 된다는 점에서도 중요한 의미를 갖는다. 누가의 이런 기록은 누가가 누가복음에서, 예수가 "국가를 전복시키고 가이사에게 세금 바치는 것을 반대하고 자칭 그리스도 왕이라고 한다."(눅 23:2)는 정치적 죄목으로 고소당했음에도 불구하고 로마의 총독 빌라도가 거듭 예수의 무죄를 선언하면서(눅 23:4, 14, 22) 예수를 석방하려 했다고(눅 23:16, 20, 22) 기록한 것과 같은 의도로 생각된다. 기독교 복음을 로마 세계에 널리 전파하는 데 로마 당국과는 정치적으로나 법적으로 아무런 문제가 없음을 분명히 밝힘으로써 기독교 복음을 위한 선교의 길을 활짝 열어 놓으려는 의도에서 나온 기록으로 해석된다.

본문에서 배워야 할 교훈

누가가 기록한 두 번째 책인 〈사도행전〉(the Acts of the Apostles)이 〈사도들의 활동에 대한 기록〉이기보다는 오히려 〈성령의 활동에 대한 기록〉이란 말을 자주 듣는다. 실제로 사도행전에 기록된 모든 내용이 사도들이 한 일에 대한 것이라기보다는 오히려 성령이 하신 일에 대한 기록이라고 보는 것이 더 옳다. 물론 성령이 교회 안에서, 믿는 사람들 가운데서, 베드로나 바울 등 중요한 사역자들을 통해서 활동하시는 것으로 기록되어 있는 것은 사실이다. 그러나 성령은 교회 안에서만,

믿는 사람들 가운데서만, 그리고 주요 사역자들을 통해서만 활동하시는 것이 아니다. 만일 그렇게만 생각한다면 그것은 성령의 활동 무대를 너무 좁게 생각하는 것이며, 성령의 무한한 활동 범위를 우리 스스로 축소시키는 잘못을 범하는 것이다. 성령은 믿지 않는 사람들이 사는 세상에서도, 그리고 믿지 않는 세상의 통치자들을 통해서도 얼마든지, 어느 때든지 자유롭게 역사하신다.

바울의 고린도 선교 사역을 전하는 본문(18:1~17)을 통해서 우리는 두 가지 실례를 볼 수 있었다. 하나는 글라우디오 황제의 칙령으로 인해 유대인들이(또는 일부 유대인들이) 로마로부터 추방되자 바울이 고린도에 도착하여 그곳에서 아굴라와 브리스길라를 만날 수 있었다. 아굴라와 브리스길라 부부가 첫째로는 고린도에서, 둘째로는 에베소에서 선교 사역을 할 수 있었던 것은 모두 이교도인 글라우디오 황제의 칙령 덕분이었다. 다른 하나는 갈리오가 유대인들로부터 고소당한 바울을 심문하며 그의 고소 사건을 기각한 일이다. 갈리오 총독이 바울을 보호하려는 의도를 갖고 있었던 것은 분명히 아닐 것이다. 아마도 그가 실제 가지고 있던 생각은 바울은 물론이고 바울을 고소한 유대인들 모두에 대한 경멸과 혐오감이었을 것이다. 그러나 당시 이 세상 지배자가 유대인들 및 바울에 대해 갖고 있던 그런 경멸과 혐오감이 오히려 바울과 다른 믿는 사람들에게는 그들의 선교 활동을 계속해 나갈 수 있는 여지를 마련해 주었다. 글라우디오 황제나 갈리오 총독이 본래 가지고 있던 의도와는 달리, 바울의 선교 활동은 결국 그런 세상 지배자들의 판단과 결정에 의해서 오히려 도움을 받게 되었다. 이것이야말로 우리 믿는 사람들에게는 성령의 신비한 역사의 결과로 생각될 수밖에 없는 일이다!

이것이 오늘날 우리에게 주는 교훈은 어떤 것일까? 때때로 우리는 하나님의 성령이 교회 안에서만 활동하신다고 생각한다. 그러나 그런 생각이 실제로는 성령의 능력과 활동을 제한하는 것이라는 사실은 잘 깨닫지 못한다. 바울이 고린도에 도착하기도 전에, 하나님의 성령은 이미 아굴라와 브리스길라를 그곳에 보냄으로써 그의 길을 예비하고 있었다. 하나님은 교회의 역사 속에서 그리고 믿는 사람들의 생활 속에서만 활동하시는 것이 아니라, 세상 역사 속에서도 그리고 믿지 않는 세상 사람들의 생활 속에서도 활동하신다. 여기서 우리는 이스라엘의 역사에서도 하나님의 백성이 믿음을 버릴 때 하나님은 오히려 그들의 원수들인 아모리 족속이나 블레셋 족속, 혹은 바로 왕이나 고레스 왕을 통해서 자신의 뜻을 이루어 나가셨음을 기억할 필요가 있다. 또 성경을 보면, 하나님은 이스라엘 백성들만을 애굽에서 해방시키신 분이 아니라, 이방 사람들도 때에 따라 해방시키신 분이다. 그래서 아모스 9:7에 보면 하나님께서 "하나님의 말씀이니라. 이스라엘 자손들아, 너희는 내게 구스 족속 같지 아니하냐? 내가 이스라엘을 애굽 땅에서, 블레셋 사람을 갑돌에서, 아람 사람을 기르에서 올라오게 하지 아니하였느냐?" 고 말씀하고 계신 것이다. 하나님은 거룩한 땅 성지 팔레스타인에만 계신 분이 아니다. 하나님은 아니 계신 곳이 없으신 분, 곧 이 세상 어디에나 계시며 활동하시는 분이다. 그것을 믿지 못한다는 것은 하나님의 능력을 부인하는 일이다.

구약성서 예언자들의 메시지도 부분적으로는 하나님이 당시의 역사적 사건들 가운데 나타나 역사하신다는 것이었다. 그래서 누가도 그의 복음서에서 예수의 탄생을 그 당시의 정치적인 상황과 연관시켜서, 즉 헤롯 왕, 가이사 아구스도 황제 그리고 수리아의 구레뇨 총독과 연관시켜 언급하고 있다. 사도행전에서도 특히 바울의 고린도 선교 사역과 관련해서 누가는 글라우디오 황제의 칙령과 가이오 총독의 법적인 결정을 언급하고 있다. 마찬가지로 오늘날 우리들의 선교 활동도 분명히 우리가 선교하는 나라의 사건들뿐 아니라 그 나라 사람들의 생활 속에 나타나는 하나님의 행동과 연관될 수밖에 없고, 또 그렇게 연관되어 있음에 틀림없을 것이다. 만약 우리들 앞에 박해자들이나 반대자들이 나타난다고 하더라도 그런 사실 자체가 하나님의 뜻이나 하나님의 섭리와 결코 무관한 일이 아닐 것이다. 우리가 "지금 여기서" 담당하고 있는 모든 사역 중 간혹 불의한 일, 억울한 일, 또는 뜻밖의 사고가 생기더라도 그것이 우리가 전하는 기독교 메시지나 성령의 활동과 밀접히 연관되어 있다는 사실을 기억할 필요가 있다.

우리 시대의 역사적 사건들 속에서, 특히 우리가 나서고 있는 선교 사역 속에서 하나님의 활동과 그분의 뜻을 제대로 헤아리는 일은 언제나 쉬운 일이 아닐 것이다. 고린도에서 아굴라와 브리스길라와 함께 머물면서 그들로부터 그들이 로마에서 복음을 전파할 때 얼마나 많은 어려움에 직면해야 했는지를 들으면서 많은 것을 배워야 했던 바울을 기억해 보자. 이제 바울이 고린도에서 복음을 전하면서 복음을 전파하는 일 때문에 얼마나 많은 어려움을 당해야 하는지 몸소 경험하게 되었다. 따라서 그가 자기 입으로 고린도에서 "두려워 몹시 떨었다."(고전 2:3)고 말한 것은 결코 놀라운 일이 아니다. 그래서 바울에게는 그에게 더 큰 확신을 주었던 하나님의 환상, 곧 "무서워하지 말라. 침묵을 지키지 말고, 말을 계속하라. 내가 너와 함께 있으니 아무도 너를 대적하여 해하지 못할 것이라."(18:9~10)는 격려의 말씀이 필요했을 것이다. 우리도 열심히 복음을 전하면서 뜻밖에 박해나 반대와 같은 어렵고 힘든 일을 당할 때, 간혹 불의한 일이나 잘못된 일을 목격할 때가 있을 것이다. 그래서 좌절하거나 낙심할 때가 있을 것이다. 그런 경우에 우리에게 필요한 것도 바로 바울이 보았던 환상, 바울이 들었던 격려의 말씀, 곧 "무서워하지 말라. 침묵을 지키지 말고 말을 계속하라. 내가 너와 함께 있으니 아무도 너를 대적하여 해하지 못할 것이라"는 말씀이 아니겠는가?

또 하나 복음을 전파하는 사역자들이 겪어야 할, 그러면서도 극복해야 할 문제가 있다. 그것은 지배자 혹은 권력을 쥐고 있는 사람들의 무관심과 경멸이다. 갈리오 총독은 바울의 선교 활동이나 그의 고소 사건에 대해 아무런 관심이 없었다. 물론 갈리오 총독의 그런 무관심과 유대인이나 유대인 출신 선교사인 바울에 대한 경멸과 멸시가 그 자신도 알지 못하는 가운데 결과적으로 바울의 선교 활동에 도움을 주는 빌미가 되었지만, 그렇게 하나님은 갈리오 총독의 무관심과 경멸을 통해서도 역사하시는 분이다. 오늘날 우리들에게도 마찬가지이다. 하나님의 사역 중 선교 사역이 가장 중요하고도 긴급한 사역임에도 불구하고 많은 사람들로부터, 특히 믿는 사람들과 더구나 교회 지도자나 권력을 잡고 있는 사람들로부터도 때때로 무관심과 경멸의 대상이 될 수 있다. 그래서 좌절하고 낙남할 수 있으며, 바울처럼 "두렵고 몹시 떨릴 수도 있다." 그러나 그런 때일지라도, 그리고 그런 때일수록 더욱 고린도에서 바울에게 그러했듯이, 그런 것까지도 성령의 활동을 위한 기회가 된다는 사실을 기억하고 힘을 낼 수 있어야 할 것이다.

16 아볼로와 에베소의 열두 "제자들" (18:24~19:7)

누가는 바울의 에베소 선교 사역을 소개하기에 앞서 알렉산드리아 태생의 지도자 아볼로에 관한 이야기(18:24~28)와 바울이 에베소에서 만난 열두 "제자들"의 이야기(19:1~7)를 소개하고 있다. 이 두 이야기는 별개의 것이면서도 현재의 문맥 안에서 밀접히 연결되어 있다. 누가가 이 두 이야기를 현재의 문맥에서 함께 소개하고 있는 배경에는 아주 중요한 신학적 의도 혹은 교육적인 목적이 있는 것으로 보인다. 그 의도와 목적이 무엇인지 알아보기 전에 우리는 먼저 두 이야기 간에 여러 가지 공통점 혹은 유사점이 있다는 사실에 주목하고자 한다. 첫째로, 두 이야기는 모두 "에베소"라는 지명에 의해 서로 연결되어 있다. 첫 번째 이야기가 아볼로[154]가 에베소에 왔을 때(18:24)의 이야기라면, 두 번째 이야기는 바울이 에베소에 왔을 때(19:1)의 이야기이다. 두 이야기 모두 "에베소"에서 일어난 이야기라는 점에서, 두 이야기는 현재의 문맥에서 바울의 에베소 선교 사역을 위한 서론 역할을 하고 있다. 둘째로, 아볼로는 "요한의 세례밖에는 알지 못하였고"(18:25), 열두 제자들은 "요한의 세례만 받았다"(19:3). 즉 "요한의 세례"가 두 이야기를 연결시키는 공통점이다. 그런데 두 경우 모두 "요한의 세례"만 알고 있었고, 받았다는 언급 때문에 무언가 부족한 점이 있는 것으로 나타난다. 그래서 전자의 경우 브리스길라와 아굴라가 아볼로를 "따로 데려다가 하나님의 도를 더 자

154) Apollos는 "Apollonus"의 축소형으로 알려지고 있다. 실제로 D사본에서는 아볼로의 이름이 Appolnion로 표기되어 있다. S사본에서는 Appelles라고 표기되어 있는데, 아마도 롬 16:10의 영향으로 생각된다.

세히 설명해 주는"(18:26) 일이 필요했고, 후자의 경우 바울은 열두 제자들에게 세례 요한 "뒤에 오시는 분, 곧 예수를 믿으라고 말해 주고"(19:4), 그들에게 "주 예수의 이름으로 세례를 주는"(19:5) 일이 필요했다. 셋째로, 아볼로는 "브리스길라와 아굴라"에 의해서 그리고 열두 제자들은 "바울"에 의해서 그들의 신앙과 관련하여 각각 부족한 점을 추가적으로 도움 받은 후에, 아볼로는 에베소 형제들의 후원 아래 그들의 추천서를 가지고 아가야로 건너가 그곳의 믿는 형제들에게 도움을 주게 되었고(18:27), 열두 제자들은 성령을 받아 방언도 하고 예언도 함으로써(19:7) 온전한 기독교인의 모습을 보여 주게 되었다.

그러나 두 이야기의 공통점이나 유사점보다는 오히려 아볼로와 열두 제자들 간의 분명한 차이점에 대해, 특히 아볼로와 열두 제자들에게 각각 부족했던 점이 무엇인지 그리고 그 차이가 무엇인지에 대해 알아보는 일이 더 중요하다. 열두 제자들에게 부족했던 점은 본문에서도 어느 정도 분명하게 드러나기 때문에 그들에 대해서는 별로 의문의 여지가 없다. 그들이 "믿는 자들"이요 "제자들"[155]이라고는 하지만 누구를 "믿는 자들"인지, 누구의 "제자들"인지는 그렇게 분명해 보이지 않는다. 간혹 이들이 "요한의 세례"만을 알고 "요한의 세례"만을 받은 사람들이란 점에서, 혹시 세례 요한의 "제자들"이거나 세례 요한을 "믿는 사람들"이라고 생각할 수 있다. 실제로 누가는 그의 복음서에서 "사람들이 그리스도를 고대하고 있었고 또 요한이 그분일지도 모른다고 모두 속으로 생각하고 있었다."(눅 3:15)는 사실에 대해서, 그리고 "요한의 제자들"(눅 5:33, 7:18, 11:1 등등)의 존재에 대해서 이미 여러 번 언급하기도 했다. 따라서 초대교회 안에 예수의 제자들과 더불어 요한의 제자들이 존재하고 있었다는 사실을 부인할 수는 없다. 그러나 사도행전 19장에

155) James D. G. Dunn은 사도행전에서 "제자들"을 가리키는 헬라어 "mathethai"가 보통 "기독교인들"과 같은 의미이기도 한데, 19:1에서는 그 단어가 정관사가 붙지 않은 채 사용된 유일한 경우이며, 정관사가 붙은 경우는 일반적으로 기독교 공동체 전체를 의미하는데(6:7, 9:19, 38, 21:16 등등), 정관사가 붙지 않은 "mathetai"는 "한마디로 그들이 제자들이지만, 아직 the disciples에 속하지 않은 사람들, 즉 아직 기독교인이 아닌 사람들"이라고 말한다. Cf. *Baptism in the Holy Spirit*, pp. 84~85.

나오는 "제자들"이 세례 요한의 제자들은 아니라고 하더라도, 혹시 그들이 자칭 "예수의 제자들"이라고 말했다고 하더라도, 누가나 바울의 입장에서 볼 때 그들은 기독교인 제자라고 하기에는 너무나도 부족한 "제자들"이 아닐 수 없었다. 그들은 요한의 세례만 받은 사람들이기 때문이다. 예수의 이름으로 세례를 받지 못한 사람들이고, 성령이 있다는 사실에 대해서 듣지도 알지도 못하는 사람들이기 때문이다(19:2). 그래서 바울은 이들에게 계속 요한의 "뒤에 오시는 분, 곧 예수를 믿으라."고 설교했고(19:4), 그들에게 "주 예수의 이름으로 세례를 주는 일"(19:5)이 필요했다. 바울에게서 예수를 믿으라는 전도를 받고 세례를 받은 것으로 보아 그들은 비로소 바울을 통해서 기독교인으로 입교하는 절차를 제대로 밟은 것으로 생각된다. 따라서 그들이 맨 처음 바울을 만났을 때는 적어도 그들이 아직은 온전한 기독교인이 아니었다고 볼 수 있다.

그렇다면 아볼로에게 부족했던 점은 무엇인가? 이것은 금방 그렇게 분명해 보이지는 않는다. 누가는 아볼로에 대해서 "성경에 능한 사람"(18:24)이었고 "이미 주의 도를 배워 알고 있었을 뿐만 아니라 열심히 예수에 대한 사실을 말하며 정확하게 가르치고 있었고"(18:25), 또 "성경을 가지고 예수가 그리스도임을 증명하여 힘차고 떳떳하게 유대 사람들을 논박했다."(18:28)고 전한다. 뿐만 아니라 바울 자신도 고린도전서에서 아볼로란 인물과 관련하여 고린도 교회 안에 특별히 그를 지지하는 "아볼로 파"가 있었고(고전 1:12), 또 바울이 "자기는 심은 사람이라면 아볼로는 물을 준 사람"이라고(고전 3:6), 그래서 복음의 씨를 "심은 사람과 물주는 사람은 같은 일꾼이요 동역자"(고전 3:8)라고 말한 것으로 보아, 아볼로는 분명히 고린도 교회에서 상당히 존경을 받는 지도자 가운데 한 사람이었을 것이다. 그런데 누가는 이런 아볼로와 관련해서 "그러나 그는 요한의 세례밖에는 알지 못했습니다."(18:25)라고 말함으로써, 아볼로에게 무언가 부족한 점이 있는 듯한 언급을 남기고 있다. 아볼로의 부족한 점을 지적하는 듯이 보이는 이 언급이 아볼로가 "이미 주의 도를 배워 알고 있었으며 열심히 예수에 관한 사실을 말하며 정확하게 가르치고 있었다."는 말 직후에 나오기 때문에, 누가의 진의가 무엇인지, 정말 아볼로에게 부족한 것이 무엇인지 더욱 궁금해질 수밖에 없다.

어떤 학자들은 이 의문을 풀기 위해서 다음과 같이 설명하기도 한다. 즉 누가가 사용한 자료에서 아볼로가 너무 높이 찬양되고 있는데, 누가 자신은 바울의 추종자이며 찬양자이기 때문에 자연히 바울의 라이벌인 아볼로의 사역에 대해 폄하하려고 했고, 그래서 그에게 신학적으로 부족한 점이 있는 것처럼 언급하고 있다는 설명이다.[156] 본문을 전체적으로 읽어 보면, 비록 아볼로가 예수의 생애에 대해 잘 그리고 정확히 알고 있기는 했지만, 그는 분명히 예수의 회개하라는 설교("요한의 세례") 이상을 넘어서지는 못했다는 인상을 주는 것이 사실이다. "그가 회당에서" 말했다는 것은 단지 예수의 생애와 교훈이었고 아마도 베드로가 오순절에 설교했던 "마지막 날"이 시작되어 성령이 주어진 사실 등에 대한 것은 아닌 것으로 보인다. 19:1~7에서 "성령"이 "요한의 세례"와 대조되고 있는 사실에서도 그런 생각이 가능하다.

따라서 아볼로와 열두 제자들 간의 가장 중요한 차이점은, 아볼로의 경우 비록 그가 열두 제자들과 마찬가지로 "요한의 세례밖에는 알지 못하기는 했지만"(18:25) 분명히 성령을 받았고(18:25), 열두 제자들은 성령을 아직 받지도 못했을 뿐 아니라 성령의 존재에 대해서도 전혀 들은 바도, 아는 바도 없었다는 사실이다. 그래서 그들은 바울에게 "우리는 성령이 계시다는 말조차 듣지 못했습니다."(19:2)라고 고백할 수밖에 없었다. 물론 열두 제자들과 달리 아볼로가 이미 성령을 받았다는 사실에 대해서는 논란의 여지가 있다. 왜냐하면 본문에 그가 성령을 받았다는 분명한 언급이 없기 때문이다. 다만 누가는 이 본문에서 아볼로와 관련하여 영어로 "be aglow in the Spirit"(18:25)이란 문구를 사용하고 있을 뿐이다. 이 문구의 헬라어 원문은 "조온 토 퓨뉴마티(zewn tw pneumati)"인데, 우리 한국어 성경에서는 여기에 사용된 "프뉴마"(pneuma)를 인간적인 영을 가리키는 것으로 해석하여 〈새번역〉에서는 "열심히", 〈개역개정〉에서는 "열심으로"라고 번역하였다. 그러나 던(James D. G.

---

156) Justo L. Gonzalez, *Acts: the Gospel of the Spirit*, p. 218. Cf. E. Haechen, *The Acts of the Apostles: A Commentary*(Philadelphia: Westminster, 1975), pp. 554~555.

Dunn)은 누가가 여기서 말하는 "프뉴마"가 "인간적인 영"(human spirit)을 가리키는 것이 아니라 "거룩한 성령"(Holy Spirit)을 뜻한다면서, 이 구절이 아볼로가 성령을 받은 기독교인임을 분명히 말해 주는 것이라고 주장한다.[157] 로마서 12:11에서도 똑같은 헬라어 문구가 사용되었는데, 우리말 〈새번역〉 성경에서는 이를 "성령에 뜨거워져서"라고 번역하였다. 따라서 사도행전 18:25에서 아볼로와 관련하여 사용된 "be aglow in the Spirit"이란 헬라어 문구는 인간적인 영을 가리키는 것으로, 그래서 "열심히"란 뜻으로 이해하기보다는 오히려 하나님의 영, 곧 성령을 가리키는 것으로 생각하여 "성령에 뜨거워져서"로 이해하는 것이 옳다. 현재의 문맥에서 아볼로와 열두 제자 간의 차이가 성령을 받은 사람과 성령을 받지 못한 사람의 차이를 나타내는 것이 누가의 의도로 보이기 때문에 더욱 그렇게 해석하는 것이 옳다고 생각된다. 아볼로는 이미 성령을 받았지만 그에게 좀 부족했던 것은 "하나님의 도에 대한 더 자세한 설명"(18:26)이었을 뿐이지 다시 "주 예수의 이름으로 세례를 받아" 성령을 받는 일이 아니었다. 그래서 브리스길라와 아굴라가 아볼로를 따로 데려다가 "하나님의 도에 대한 더 자세한 설명"을 해 준 것뿐이다. 그러나 열두 제자들에게 부족했던 것은 성령이었다. 그들은 성령에 대해 들은 바도 없고, 아는 바도 없었기에 바울이 그들에게 "주 예수의 이름으로 세례를 주어" 성령을 받게 해 준 것이다. 따라서 아볼로와 열두 제자들 간의 차이는, 이미 믿고 기독교인이 되었지만 기독교인으로서는 좀 부족했던 사람(아볼로)과, 기독교인이라고 보기에는 여러 가지로(성령과 세례 등) 아직 부족한 기독교인 이전의 사람(열두 제자) 간의 차이라고 보아야 할 것이다.

그런데 에베소의 열두 제자들이 바울을 만나 그로부터 세례를 받고 성령

---

157) Cf. *Baptism in the Holy Spirit*, p. 88.

158) "방언을 말한다"(speaking in tongues)는 표현(19:6)은 사도행전 2:4와 사도행전 10:46에서 성령 강림을 설명하면서 사용했던 것과 똑같은 문구이다. 따라서 누가는 이 문구를 여기에서 사용함으로써, 한편으로는 예루살렘 오순절을 암시하면서 동시에 다른 한편으로는 독자들로 하여금 에베소 사건과 예루살렘 사건 간의 유사성을 볼 수 있게 만든 것으로 생각된다. Cf. Richard P. Thompson, *Keeping the Church in Its Place: The Church as Narrative Character in Acts*(New York: T & T Clark International, 2006), p. 212, n.263.

을 받아 "방언도 하고"[158] 예언도 하게 되었다는 언급은 결국 그들이 예루살렘 오순절에서 성령을 받아 방언도 하고 예언도 하던 믿는 형제들과 똑같은 경험을 한, 온전한 기독교인이 되었다는 의미이다. 동시에 누가는 이런 표현으로, 사도행전 2장의 예루살렘 오순절 사건과 10장의 가이사랴 고넬료 집에서의 오순절 사건을 상기시키면서 예루살렘 오순절과 사마리아 오순절 및 가이사랴 오순절에 이어 에베소 제자들에게도 오순절 사건이 일어났음을 말해 주는 것으로도 해석할 수 있다. 이렇게 생각한다면, 사도행전에서 예루살렘 오순절의 성령 강림과 가이사랴 오순절의 성령 강림은 베드로에 의해서, 사마리아 오순절의 성령 강림은 빌립에 의해서, 여기 에베소 오순절에서의 성령 강림은 바울에 의해서 일어난 것으로 볼 수 있다. 그리고 이들 모두는 성령 강림을 체험함으로써 온전한 기독교인이 된 것으로 소개되고 있다.

누가가 현재의 문맥에서 아볼로 이야기에 바로 이어 "열두 제자들"의 이야기를 나란히 소개한 이유는 무엇일까? 그것은 그가 중요한 한 가지를 분명히 밝히기 위한 의도 때문으로 보인다. 그것은 곧 "처음에는 초대 기독교 안에서 성령이 결정적인 요인이었다."(In the beginning the Spirit was the decisive factor in early Christianity)는 사실을 분명히 밝히기 위한 목적 때문이다. 바로 이 한 가지 점에서 두 이야기는, 즉 아볼로와 열두 제자들은 분명히 서로 갈라서고 있다. 이 한 가지 이슈가 그들이 좀 더 충분한 교육이 필요한 기독교인들(Christians)인지, 아니면 새로운 탐구자들로만 다루어져야 하는 비기독교인들(non-Christians)인지를 결정해 주고 있다. 이 두 이야기는 초대 기독교가 발전하는 가운데 성령을 받았는지의 여부가 모든 것을 결정하던 그런 단계를 보여 주고 있다.[159] 한마디로 제임스 던에 의하면 아볼로는 성령을 받았기 때문에 이미 "기독교인"이다(Christians). 다만 부족한 것이 있어서 브리스길라와 아굴라가 그를 따로 데려다가 "하나님의 도"를 더 자세히 설명해 주었을 뿐이다. 그러나 에베소의 "열두 제자들"은 아직 기독교인이 아니다(non-Christians). 그들은 요한의 세례만 받았지, 아직 성령에 대해서 알지도

---

159) James D. G. Dunn, *Baptism in the Holy Spirit*, p. 89.

못하고 성령을 받지도 못했으므로 그들에게는 무엇보다도 먼저 "주 예수의 이름으로 세례를 받는 일"이 필요했던 것이다(19:5).

한편으로 브리스길라와 아굴라가 한 일과 다른 한편으로 바울이 한 일의 차이도 아주 분명하다. 브리스길라와 아굴라는 "이미 주의 도를 배워 알고 있었으며 열심히 예수에 관한 사실을 말하며 정확하게 가르치던"(18:25) 아볼로, 즉 기독교인이었지만 무엇인가 좀 부족했던 아볼로에게 "하나님의 도"를 더 자세히 설명해 주어서 보다 온전한 기독교인이 되도록 인도했다면, 바울은 무엇인가 좀 부족했던 "열두 제자들" 곧 "요한의 세례"만 알고 아직 성령에 대해 듣지도 알지도 못하던, 그래서 아직 온전한 믿음에 이르지 못한 기독교 신앙 이전의 "제자들"을 "예수의 이름으로 세례를 주어" "성령을 받게 해 주어서" 온전한 기독교인들로 개종시킨 셈이다. 그래서 그들이 세례를 받은 후 바울이 그들에게 안수했을 때, 성령이 그들에게 임하여(19:6) 그들 역시 방언도 하고 예언도 하게 되었다. 이렇게 바울은 에베소에 도착하여 아직 완전한 기독교인이 되지 못한, 기독교 신앙 이전의 "열두 제자들"을 만나 그들에게 부족했던 두 가지 요소를 더 보충해 주었다. 하나는 세례 요한의 설교는 자기 뒤에 오시는 분, 곧 예수를 믿으라고 말해 주는 것(19:4)임을 알려주는 것이었고, 다른 하나는 성령이 계시다는 점을 알려주는 것(19:2)이었다. 그래서 그들은 "주 예수의 이름으로 세례를 받았고", 바울의 안수를 통해 "성령을 받았다." 이렇게 해서 에베소에서 요한의 세례만 알고 있던, 아직 예수의 이름으로 받는 세례도 모르고 성령의 세례도 모르던 "열두 제자들"을 예수의 제자로, 기독교인으로 개종시켰다. 따라서 이 본문에서 나타나는 "누가의 요점은 제자가 되는 데에서 정말로 중요한 것이 무엇인지를 명확히 밝히는 것, 즉 '제자'란 명칭만을 갖는 것으로는 충분하지 못하다는 것을 강조하는 것이다."[160] "기독교인의 정체성과 관련해서 결정적이며 중요한 요소는 성령의 은사와 그것을 받는 것이다."[161]

---

160) James D. G. Dunn, *The Acts of the Apostles*, p. 255.
161) James D. G. Dunn, *The Acts of the Apostles*, p. 254.

또한 누가가 바울의 에베소 선교 사역과 관련하여 아볼로와 열두 제자들의 이야기를 소개한 이유는 무엇일까? 이 질문은 누가가 여기서 이 이야기를 다룰 수밖에 없었던 당시의 역사적 배경이 무엇인가와도 연관된다. 바레트(C. K. Barrett)는 그의 사도행전 주석에서 누가가 아볼로와 열두 제자들의 이야기를 소개하는 배경에 대해 다음과 같이 설명한다.[162] 그에 의하면, 아볼로의 이야기와 열두 제자들의 이야기는 두 주제, 곧 '요한의 세례'와 '성령'이란 두 주제에 의해 서로 연결-연합되어 있고, 이 두 주제가 결국 기독교 신앙의 적절성과 부적절성을 가름하고 있다. 여러 가지 증거에 의하면 세례 요한이 죽은 이후에도 그의 제자들 그룹이 여기저기 남아 있었고, 그들이 초대 기독교 운동을 만나서 상호 대화하는 가운데 일부 세례 요한의 제자들이 기독교인이 되고자 원하였는데, 바로 그런 경우에, 그것이 교회에는 새로운 문제로 대두될 수밖에 없었다. 세례 요한의 제자들이 교회에 입교하고자 할 경우, 교회는 그들에게 어떤 조치를 취해야 할까? 이 문제에 대해서는 다른 대답들이 주어질 수도 있었을 것이다. 그런데 두 가지 기본적인 대답이 우리의 본문에 제시되어 있다. 그 대답 중 하나는, 세례 요한의 제자들 중 기독교 공동체의 일원이 되고자 하는 사람에게 필요한 것, 그래서 그들에게 요구되는 것은 기독교인들이 그리스도에 대해 믿고 있는 내용을 보다 충분히 교육시킨 후에 받아들여야 한다는 입장이다. 다른 하나는, 그런 사람들은 결국 세례를 받지 않은 불신자와 똑같은 사람들로 생각되기 때문에 일반적으로 인정된 유일한 문을 통해서만 교회로 받아들일 수밖에 없는데, 그것은 그들에게 예수의 이름으로 세례를 주고 안수를 하여 성령을 받게 하는 길이라는 입장이다. 본문에 의한다면, 전자의 대답에 해당되는 경우가 아볼로의 경우이고, 후자의 대답에 해당되는 경우가 열두 제자들이라고 할 수 있다. 그러나 아볼로의 경우는 이미 앞에서 밝힌 바와 같이 요한의 제자가 아니라, 예수의 제자였다. 다만 "하나님의 도"에 대해 좀 더 교육이 필요했을 뿐이다.

초대교회 시절에 교회 주변에는 세례 요한을 그리스도로 믿고 따르는 요

---

162) C. K. Barrett, *The Acts of the Apostles: a Shorter Commentary*(New York: T & T Clark, 2002), pp. 284.

한의 제자들이 많았다(cf. 눅 3:15 등등). 초대교회의 초기 선교의 대상에는 유대인은 물론 그중에서도 세례 요한을 그리스도로 믿고 따르는 세례 요한의 제자들이 포함되어 있었다. 그러했기 때문에 초대교회는 요한의 제자들을 향해서 세례 요한이 그리스도가 아니고, 예수가 그리스도라고 전하면서 그들을 교회 안으로 끌어들이려고(또는 개종시키려고) 노력했다. 바울이 비시디아 안디옥에서 회당에 들어가 그리스도를 전파할 때에도, 설교 도중에 세례 요한 자신이 "나는 그리스도가 아니요, 내 뒤에 오시는 이가 계신데 나는 그의 들메끈을 풀 만한 사람도 못 되오."(13:25)라고 한 말을 인용하고 있는데, 이것은 청중들 가운데에는 분명 세례 요한의 제자들도 있었기 때문으로 보인다. 따라서 예수의 선구자로서 "주의 길을 예비하러 왔다."고 말한 세례 요한, 그리고 예수를 가리켜 "나는 이분이 하나님의 아들이심을 증거하고 있는 것이다."(요 1:34)라고 설교했던 그 세례 요한을 믿고 따르던 제자들이 교회에 입교하고자 할 때, 그들을 어떻게 받아들여야 하는지에 대한 문제는 초대교회가 선교 현장에서 직면해야 하는 문제 가운데 하나였을 것이다. 이런 상황에서 누가는 요한의 세례만을 받은 아볼로와 열두 제자들의 이야기를 통해서 그런 사람들을 교회로 받아들이는 문제에 대한 일종의 선례를 제시하려고 한 것으로 생각된다.

그런데 다른 한편으로 제임스 던은 누가가 아볼로와 열두 제자들의 이야기를 다루게 된 당시의 역사적 배경에 대해 좀 달리 설명한다.[163] 그에 의하면, 아볼로나 열두 제자들은 새로이 시작된 초대 기독교 운동의 언저리에 머물러 있던 사람들이다. 그 당시는 아직 정경이 확정되기도 훨씬 전이기 때문에 어떤 것이 올바른 신앙인지를 가늠하는 절대적인 기준이 없었다. 정통이니 이단이니 하는 개념조차 없던 때였다. 예수를 믿는다고 하면서도 믿는다는 것이 무엇을 뜻하는지, 제자가 되는 데 필요한 요건은 무엇인지, 명확한 규정이나 분명한 한계선에 대한 아무런 인식도 없이 스스로 "믿는 사람들" 혹은 "제자들"이라고 자칭하는 사람들이 많았다. 에베소의 "열두 제자들"처

---

163) James D. G. Dunn, *The Acts of the Apostles*, pp. 248~251.

럼 아주 초보적이며 예비적인 단계에 있는 사람들도 있었지만, 아볼로의 경우처럼 지도자들 가운데서도 그런 사람이 더러 있었을 것으로 생각된다. 좀 더 올바른 신앙의 단계에 들어선 사람의 입장에서 볼 때, 이들처럼 아직 올바른 신앙의 단계에 도달하지 못한 사람들이 많았다. 예수의 교훈과 말씀에 대한 정확하고도 올바른 기록들이 아직 잘 알려지지도 않은 때라서 오히려 불완전한 기록들과 왜곡된 설교들이 유포되고 있던 때이기도 하다. 이 시기에 외경으로 밀려난 많은 기독교 문서들이 기록되어 나왔다. 이런 상태에서 예루살렘 모교회로부터 지역적으로 멀리 떨어져 있는 이방 지역에서는 권위 있는 사도들이나 믿을 만한 지도자와 직접 만날 수 있는 기회도 별로 없었고, 또 예수의 말씀에 대한 믿을 만한 기록을 쉽게 접할 수도 없었는데, 이런 때에 예수를 믿게 된 많은 사람들의 경우, 예수에 관한 정확한 정보와 관련해서나 신앙적인 면에서 여러 가지로 부족한 점, 미비한 점들이 많이 있었을 수 있다. 본문에 소개된 아볼로와 열두 제자들처럼, 요한의 세례만을 받고도 예수의 제자가 되는 것으로, 그리고 예수에 관한 약간의 정보를 듣고 받아들인 것만으로도 새로운 기독교 공동체의 일원인 "제자들"이 된 것으로 생각하는 사람들이 많았다. 이런 상황에서 과연 그런 사람들까지 온전한 "제자들"로, 그리고 완전히 "믿는 자들"로 간주해야 할 것인가 하는 질문이 제기되는 것은 당연할 것이다.

이러한 시기에 누가로서는 기독교 신앙의 명확한 성격 규명과 더불어 그 경계선에 대해 분명한 규정을 제시하는 일이 필요했을 것이다. 나중에 신앙의 올바른 기준을 위해서 정경과 외경의 경계선에 대해 분명한 입장을 결정하는 일이 필요했던 것과 마찬가지이다. 이렇게 온전한 기독교인과 세례나 교육 등 무언가 좀 더 필요한 사람들을 분명히 구분해야 할 상황에서 누가가 이 본문을 통해서 밝혀 주려고 한 "요점은 제자가 되는 데에서 정말 중요한 것이 무엇인지를 명확히 밝히는 것, 즉 '제자'란 명칭만을 갖는 것으로는 충분하지 못하다는 것을 강조하는 것이다."[164] 누가로서는 그의 시대에 "기독

164) James D. G. Dunn, *The Acts of the Apostles*, p. 255.

교인의 정체성과 관련해서 결정적이며 중요한 요소는 성령의 은사와 그것을 받는 것"[165]이라는 점을 분명히 밝혀 주려고 했다.

누가의 이런 기록은 오늘날 모교회로부터 멀리 떨어진 외딴 지역에 나가 선교하는 선교사들에게도 귀중한 교훈이 된다. 피선교지 백성들에게 복음을 전하고 그들을 교회의 일원으로 받아들일 때, 최소한 어떤 조치가 필요한지에 대한 최소한의 지침이 되기 때문이다. 새로운 개종 대상자들이 막연히 예수에 대해서, 혹은 기독교 복음에 대해서 듣고 알고 있다고 하여 그것이 기독교인이 되는 조건이 될 수는 없다. 요한의 세례처럼 기독교 신앙의 예비적인 단계를 거친 듯이 보이는 사람들이라 하더라도 교회에 입교하는 조건으로 "주 예수의 이름으로 세례를 받는 일" 그래서 "성령의 세례를 받는 일"은 필요하고도 중요하다는 점을 잘 인식하고 분명히 가르쳐야 한다. 그리고 모교회로부터 멀리 떨어진 외딴 선교지에서 일하는 선교사들도 혹시 예루살렘으로부터 멀리 떨어진 알렉산드리아에서 태어났기 때문에 혹은 멀리 에베소에서 활동하기 때문에, 때때로 혹은 수시로 "하나님의 도에 대해 더 자세히 설명"을 듣고 배울 필요가 있다는 점을 기억할 수 있어야 한다. 우리의 선교 현장에서도 끊임없이 "브리스길라와 아굴라"와 같은 사람의 도움이 필요하고 또한 "바울"과 같은 사람의 도움이 필요하다는 점을 항상 기억해야 할 것이다.

165) James D. G. Dunn, *The Acts of the Apostles*, p. 254.

17 바울의 에베소 선교 사역
(19:1~41)

바울의 에베소 선교 사역과 관련하여 누가가 전해 주는 이야기는 다음의 세 가지이다.

1) 바울이 만난 에베소의 열두 제자들(19:1~7)
2) 바울의 전파 사역과 이적 사역(19:8~20)
3) 에베소 은장이 데메드리오에게 고소당한 바울(19:21~41)

1) 바울이 만난 에베소의 열두 제자들(19:1~7)

〈아볼로와 에베소의 열두 "제자들"(18:24~19:7)〉 참조

2) 바울의 전파 사역과 이적 사역(19:8~20)

바울은 에베소에 도착하여 요한의 세례만을 알고 있을 뿐 성령에 대해서는 듣지도 알지도 못한 "열두 제자들"을 만나 그들에게 새로이 예수의 이름으로 세례를 베풀고 안수하여 성령을 받게 함으로써 새로운 개종자들을 얻은 후에, 언제나 그랬듯이 회당을 찾아 들어가 하나님 나라에 대해 강론하며 권면하였다. 그러나 회당에서 설교를 시작하고 회당에서 반대를 받아 떠나는 일의 반복이 여기서는 약간 다르게 나타나고 있다. 바울이 에베소에서 회당에 들어가 유대 사람들과 변론하지만 오히려 그들이 바울에게 좀 더 머물

러 달라고 요청했다는 사실(18:19~20)에서 이미 감지되듯이 회당 측으로부터의 긍정적인 반응이 드러나고 있었다. 그래서 바울이 "석 달 동안"이나 계속 회당에서 말씀을 전할 수 있었다. 그러나 "하나님을 경외하는 사람들"(God-fearers)에 대한 언급은 전혀 나타나지 않고 있다. 그리고 "석 달"이 지난 후에 일부 "어떤 사람들"의 반대가 있었지만 고린도에서와 마찬가지로 여기서도 그 반대가 그렇게 극심하지는 않았던 것으로 보인다. 하지만 "어떤 사람들은 마음이 완고하여 믿으려 하지 않고 온 회중 앞에서 이 도를 비난하므로"(19:9), 바울은 다시 그들을 떠나 신도들을 끌고 나가 새로운 선교 거점으로서 "두란노"[166] 학원을 택했다. 바울이 새로운 선교 활동의 기점으로 이 학원(혹은 강의실)을 빌려 사용할 수 있었던 것은 19:31에서 엿볼 수 있듯이 에베소에서 바울에게 호감을 갖고 있던 "아시아도의 몇몇 고관들"의 도움 때문으로 생각된다. 바울은 두란노 학원에서 "이태 동안"(19:10),[167] "매일"(19:9), "오전 11시부터 오후 4시까지"[168] 강의를 계속했다. 이 오랜 기간 동안 아시아에 사는 유대 사람이나 헬라 사람들이 "주의 말씀"을 들었다(19:10). 이것은 또한 바울의 선교 대상이 보다 직접적으로 에베소의 넓은 시민 층에게로 그리고 그 사회의 보다 한가하고도 지성적인 층에게로 옮겨졌음을 의미한다.[169] 이렇게 에베소는 바울에게 새로운 선교 거점이 되었다. 사도행전 20:31에 의하면, 바울은 다른 어느 곳보다도 오랫동안 에베소에서 3년을 머무른 것으로 보이며, 이곳에서 고린도에 보내는 편지를 썼고, 최소한 한 번은 고린도를 방문했다(고후 2:1). 그리고 에베소 감옥에서(고후 11:23) 빌립보서, 골로새서, 빌레몬서를 기록한 것으로 알려지고 있다.

---

166) "두란노"란 인물이나 그의 강의실 혹은 학당에 대해서는 더 이상 알려진 게 없다. 아마도 그는 같은 장소에서 강의한 교사이거나 그의 명성 때문에 이름이 알려진 것일 수 있다. 아니면 강의실로 사용되던 그 건물의 건물주였을지도 모른다. Cf. Justo L. Gonzalez, *Acts: the Gospe; of the Spirit*, p. 221.

167) 이 기간은 아마도 기원후 52년 가을부터 55년 봄까지일 것으로 보인다. Cf. C. K. Barrett, *The Acts of the Apostles: a Shorter Commentary*, p.292.

168) The Western Text에는 "제5시부터 제10시까지"란 문구가 첨가되어 있다.

169) James D. G. Dunn, *Acts*, p. 258.

누가는 바울이 에베소에서 두란노 학원을 중심으로 말씀을 강론하며 기독교 복음을 성공적으로 전파한 이야기에 이어서, 바울이 행한 이적들과 관련된 흥미 있는 이야기 하나를 전해 주고 있다. 어떤 유대인 마술쟁이들에 대한 이야기이다. "하나님이 바울을 통하여 놀라운 기적들을 행하신"(19:11) 것과 "바울의 몸에 닿았던 수건이나 앞치마를 가져다가 앓는 사람에게 대기만 해도 병이 물러가고 귀신들이 나갔다."(19:12)는 것을 알고 유대인 떠돌이 마술사들이 바울을 흉내 내려고(imitate) 했다.[170] 그들도 귀신 들린 사람을 향해 "주 예수의 이름"을 부르면서 "바울이 전하는 예수를 빌려 네게 명한다."하고 그 귀신들을 시험해 본 것이다(19:13). 유대인 대제사장 스게와의 일곱 아들들도 이 방법을 썼다고 했다(19:14). 그런데 귀신이 그들에게 "우리가 예수도 알고 바울도 알지만 너희들은 대체 누구냐?"고 물으면서 오히려 그들에게 사납게 덤벼들어 그들을 엎눌러 이겼고, 그들은 상처를 입고 벗은 몸으로 그 집에서 도망을 쳤다. 이 일이 에베소에 사는 모든 유대 사람과 이방 사람에게 알려졌고, 모든 사람들이 "주 예수의 이름을 높이 찬양했다"(19:17). 또 마술을 행하던 많은 사람들이 그들의 책을 모아 가지고 와서 사람들 앞에서 불살라 버렸다. 그 결과로 "주의 말씀이 능력 있게 퍼져 나가고 점점 강해졌다"(19:20). "주 예수의 이름"을 전하는 기독교 복음이 절충주의 혹은 혼합주의와 마술이 팽배하던 에베소에서 승리를 거두었음을 전하는 이야기이다.

누가가 전해 주는 이 이야기는 그 자체로 단순해 보인다. 그러나 본문 전체를 좀 더 살펴보면, 몇 가지 문제가 있음을 쉽게 발견할 수 있다. 첫째로, 13절과 14절의 관계가 분명하지 않다. 13절에서는 "떠돌이 유대인 마술쟁이들"에 대해 언급하고 있는데, 14절에서는 "유대 사람의 한 대제사장 스게와의 일곱 아들들"에 대한 언급이 나온다. 이 두 부류가 서로 다른 그룹인지, 아니면 14절에 언급된 부류가 13절에서 언급된 사람들 중 어느 특정한 경우인지가 명확하지 않다. 둘째는, 유대인들 가운데서 대제사장직을 맡았던 사

170) C. K. Barrett는 "Paul's success as healer and exorcist prompted imitation"이라고 말한다. Cf. *Acts: A Shorter Commentary*, p. 292.

람들 가운데 "스게와"란 이름을 가진 사람이 없다는 점이다.[171] 첫 번째 문제에 대해서는 일반적으로 14절이 13절에 언급된 내용의 한 특정한 실례라는 방향에서 설명되고 있다. 이 경우라면, 당시 에베소에 예수의 이름으로 귀신을 쫓아내려는 유대인 마술쟁이들이 많았는데, 그중에 유대인 대제사장 스게와의 일곱 아들들도 있었고, 본문의 이야기는 주로 그들을 다루는 것이라고 생각된다. 두 번째 문제와 관련해서는 스게와에게 부여된 "대제사장"이란 명칭이 제사장직을 맡고 있던 사람들 중 최고의 지위에 있는 'High priest' 를 가리키는 것이 아니라, 제사장들 중 중요한 위치에 있던 'chief priest' 를 가리키는 것으로 해석될 수 있다.

이런 문제만 아니라면 이야기의 일반적인 내용은 분명한 편이다. 귀신을 쫓아내려는 어떤 마술쟁이들이 "바울이 전하는 예수를 빌려 네게 명령한다."는 주문을 가지고 귀신을 쫓아내려고 했다. 그런데 이 주문 자체가 좀 이상하기는 하다. 왜냐하면 직접 "예수의 이름으로"라고 말하지 않고 "바울이 전하는 예수에 의해서"라고 말함으로써 자기가 귀신을 쫓아낼 때 사용하려는 이름의 주인인 예수와는 오히려 거리를 두고 있기 때문이다. 그래서 귀신의 응답도 좀 비아냥거리는 투로 되어 있다. "우리가 예수도 알고 바울도 알지만 너희들은 대체 누구냐?"(19:15) 여하간 주문 자체에 문제가 있었기 때문인지, 아니면 주문을 사용한 사람 자체가 예수와 바울과는 아무런 상관이 없는 사람들이었기 때문인지 귀신축출에는 완전히 실패하였다. 그래서 귀신들린 사람이 도리어 주문을 외운 사람들에게 "사납게 덤벼들어 그들을 엎눌러 이기니 그들은 상처를 입고 벗은 몸으로 그 집에서 도망했다"(19:16). 이 이야기가 주는 교훈은 분명하다. 영적인 능력이 잘못된 사람의 손에 사용될 경우 또는 부적절하게 사용될 경우에는 자기파멸을 가져올 수 있다는 점이다. 오직 예수의 제자가 되어 가까이 따르는 사람 그리고 성령에 인도되는 사람만이 그의 이름으로 영적인 능력의 행동을 할 수 있는 것이다.[172]

---

171) C. K. Barrett는 "스게와가 황제 숭배에서 대제사장이 된 유대인 배교자였다." 고 말한다. Cf. *Acts*, p. 293.

172) James D. G. Dunn, *The Acts of the Apostles*, p. 260.

에베소에서 이처럼 "주 예수의 이름"으로 능력의 승리를 함으로써 그 결과 "에베소에 사는 모든 유대 사람과 이방 사람들이 주 예수의 이름을 높이 찬양했다"(19:17). 그리고 마술을 행하던 많은 사람들이 그들의 책을 모아 가지고 와서 사람들 앞에서 불살라 버렸고(19:19), "주의 말씀이 능력 있게 퍼져 나가고 점점 강해졌다."고 했다. 에베소에서 거짓 마술에 대하여 복음이 승리를 거둔 이야기인 셈이다. 제임스 던이 말한 대로 기독교 복음이 에베소에서 거둔 "혼합주의와 마술에 대한 승리"이다.[173]

3) 아데미 여신 숭배자들과의 충돌(19:21~41)[174]

우리는 여기서 기독교 복음과 아데미 여신 숭배의 충돌을 보게 된다. 에베소에는 거대한 아데미 신전이 있었다. 최초의 아데미 신전은 기원전 356년 알렉산더 대왕이 태어난 그날에 화재로 소멸되었는데, 그 직후에 에베소 사람들이 그들의 유명한 신전으로 재건하였다. 기초의 길이가 150미터에 넓이가 50미터나 되는 거대한 신전으로 기원후 262년에 고트 족에 의해 다시 멸망할 때까지 고대 세계의 위대한 경이 가운데 하나로 여겨졌다. 이곳에서 숭배된 여신은 헬라 사람들이 섬기던 고대의 아데미가 아니라 오히려 인근 지방에서 "위대한 어머니"(the Great Mother)로 널리 알려진 풍요의 여신이었다. 이 신전은 에베소의 자랑이었을 뿐 아니라 이곳으로 여행하는 수많은 순례자들로부터 얻는 수입의 원천이기도 했다.

누가가 본문에서 전하는 이야기는 비교적 단순하다. 에베소에 사는 데메드리오라는 은장이가 은으로 아데미 신상을 만들어 팔아 적지 않은 돈벌이를 하고 있었다. 그런데 바울이 에베소에 와서 "주의 도"(the Way of the Lord)를 선포하면서 "손으로 만든 것"을 우상이라고 말하자 데메드리오는 이 때문에 생겨날 경제적 손실을 염려하여 직공들과 동업자들을 모아놓고 "아데미

173) James D. G. Dunn, *The Acts of the Apostles*, p. 258.
174) James D. G. Dunn은 이 본문의 제목으로 "국가 종교와의 최초 만남"(the first encounter with state religion)이란 제목을 붙였다. Cf. *The Acts of the Apostles*, p. 261.

여신의 신당이 무시당하고, 또 온 아시아와 세계가 숭배하는 이 여신의 위엄이 땅에 떨어질 위험도 있다."(19:27)며 선동하였다. 그 말을 들은 사람들은 격분하여 "위대하다, 에베소 사람의 아데미여!"라고 소리를 질렀고, 결국 에베소에 큰 혼란과 소동이 일었다. 무리들은 바울의 동행인 마게도냐 사람 "가이오와 아리스다고"[175]를 붙잡아 공개적인 회의 장소로 적합한 극장으로 데리고 갔다.

여기서 우리가 먼저 주목해야 할 점은 데메드리오라는 은장이가 아데미 신당을 만들어 "돈벌이"("ergasia")를 한다고 했을 때(19:24) 쓰인 "돈벌이"를 뜻하는 헬라어 단어("ergasia")가, 빌립보에서 귀신 들린 여종이 점을 쳐서 주인들에게 큰 이익을 주었다고 했을 때 쓰인 "이익"("ergasia")이라는 단어와 똑같다는 사실이다(16:16). 누가는 이 단어를 가지고 바울이 빌립보에서 당한 사건과 다시 에베소에서 당한 사건을 연결시키면서, 독자들에게 두 사건의 동질성을 보여 주고자 한 것으로 보인다. 빌립보에서도 귀신 들린 여자의 주인들이 "자기들의 이익을 얻을 희망이 끊어진 것을 알고"(16:19) 바울과 실라를 붙잡아 관원들이 있는 광장으로 끌고 갔는데, 여기 에베소에서도 데메드리오라는 은장이가 그의 동업자들과 함께 "우리의 직업이 신용을 잃을 위험이 있다."(19:27)는 말로 경제적 손실의 가능성을 염려하여 바울의 동행인 마게도냐 사람 가이오와 아리스다고를 붙들어 극장으로 갔다.

바울은 일어난 일을 보고는 곧바로 극장으로 가고자 했다. 그러나 제자들 특히 "아시아 관리 중에 바울의 친구가 된 어떤 이들"(19:30~31)[176]이 그것을 말렸다. 그런데 정작 극장에서 일어난 일은 "혼란" 그 자체였다. 누가는 그

---

175) 아리스다고는 사도행전에서 여기에 처음 언급되는데, 20:4와 27:4에서 다시 나타나고 있다(골 4:10과 몬 24에서도 언급되고 있다.). 가이오의 경우는 좀 복잡하다. 그가 다시 20:4에서 아리스다고와 함께 언급되고 있는데, 거기에 보면 그는 더베 출신이다. 여기서는 그가 마게도냐 사람이라고 했기 때문에 사도행전 20:4의 가이오가 같은 인물인지 아니면 마게도냐 사람과 더베 사람으로 언급될 다른 이유가 있는지 의문이 남는다. 바울은 고린도에 있는 가이오에 대해 언급하기도 했고(롬 16:23; 고전 1:14), 요한삼서가 가이오에게 보내진 편지로 언급되고 있다(요삼 1절). 당시 가이오란 이름이 아주 흔한 이름이기에 성경에 나온 가이오들 간의 관계를 밝히는 일이 거의 불가능하다.

상황에 대해 "이 사람은 이렇게 말하고 저 사람은 저렇게 말하며 거기 모인 무리가 혼란에 빠져 대부분은 무엇 때문에 그들이 모여들었는지조차 알지 못했다."(19:32)고 기록하고 있다. 그 와중에 어떤 유대인들이 알렉산더를 앞으로 밀어내어 발언하게 했다. 아마도 이 유대인들은 자신들도 아데미 여신을 반대하고 있었기 때문에 바울에 대한 반발이 자신들에게로 이어질 것을 두려워했거나 또는 에베소 사람들의 이런 혼란과 소동을 오히려 바울과 그의 친구들을 밀어내는 데 이용하고자 했을 것이다. 여하간 에베소 사람들은 알렉산더가 아데미 여신을 믿지 않는 유대인이라는 사실을 알기 때문에 발언의 기회를 주지 않은 채, 두 시간 동안이나 계속 "위대하다, 에베소 사람의 아데미여!"를 외치며 극장을 난장판으로 만들어 버렸다. 이렇게 되자 마지막으로 에베소 시의 서기장177)이 나섰다.

서기장은 무엇보다도 무리들을 진정시키기 위해 그들을 향해 아데미 여신의 위대함을 주장하기 위해 그렇게 소란을 피우며 소리 칠 필요가 없다는 말로 입을 열었다. "우리의 도시 에베소가 위대한 아데미 여신과 제우스 신에게서 내려온 신상을 모신 신당 수호자임을 모르는 사람이 어디 있습니까? 이것은 부인할 수 없는 사실이니 여러분은 진정하고 공연히 경솔한 행동을 취해서는 안 됩니다"(19:35~36). 서기장이 "아데미 신상이 제우스 신으로부터", 즉 하늘로부터 내려왔다고 말한 것은 데메드리오가 19:26에서 바울의 설교 가운데서 아데미 신상을 두고 "손으로 만든 것은 신이 아니라"고 말한 것에 대한 응답처럼 보인다. 서기장은 아데미가 하늘로부터 내려왔기에 그런 비판을 받을 필요가 없다고, 그래서 소란을 피울 필요도 없다고 말한다.

---

176) 여기에 언급된 "아시아 관리들"은 아시아 주의 종교 지도자들인데, 민간 관리라기보다 종교적인 관리들이지만, 정치적인 비중도 갖고 있었던 것으로 알려지고 있다. Cf. Justo L. Gonzalez, *Acts: the Gospel of the Spirit*, p. 230. 이들의 주요 임무 가운데 하나가 황제 숭배를 촉진시키는 것이라는 점에서 이들이 바울의 친구가 되었다는 것이 좀 이상하게 들리지만, 이런 사실 자체는 바울이 전파하는 새로운 종교가 황제 숭배가 로마 당국에 위협으로 보이지는 않았음을 보여주고 있다. Cf. James D. G. Dunn, *The Acts of the Apostles*, p. 263.

177) "서기장"이란 명칭 자체는 이 사람의 권위를 나타내는 것이 아니다. 서기장의 책임은 시의회의 결정 사항을 이행하는 것이기에 그는 에베소 시의 주요 행정가들 가운데 하나일 뿐이다.

여기까지는 서기장이 무리들의 편에 서서 그들이 옳다고 말한 것처럼 들린다. 그들의 말처럼 아데미 여신이 위대하기 때문에 소리 지르며 소란을 피우면서까지 아데미 여신을 옹호할 필요가 없다는 것이다. 그런데 이제부터 서기장의 어조가 바뀌고 있다. 이제 그는 아데미 여신에 대하여 아무런 죄도 범하지 않은 가이오와 아리스다고를 붙잡아 온 것은 법에 어긋나는 일이라고 강조한다. 만일 가이오와 아리스다고가 불법을 행하였다면, "재판소도 열려 있고 지방 총독들도 있으니 피차에 고소도 하고 반박도 할 수 있다."(19:38)고 말한다. 마지막으로는 무리들을 향해서 오히려 "우리가 오늘의 사건 때문에 소요죄로 문책을 받을 위험성이 있다."(19:40)면서 무리를 해산시켰다.

바울이 에베소에서 겪은 이 사건은 상당히 중요한 의미가 있다. 그래서 누가가 이 이야기를 여기에 소개한 것으로 보인다. 비록 아데미 여신이 이젠 잊혔고, 에베소에 그 유명한 아데미 신전의 잔해가 아직 남아 있기는 하지만, 에베소에서의 소동과 같은 일이 오늘날에도 얼마든지 일어날 수 있기 때문이다. 이 이야기에서 가장 주목할 점은 누가가 종교적 관심과 경제적 관심을 함께 연결시키고 있다는 사실이다. 데메드리오는 처음에 그의 동업자들을 향해서 바울의 설교가 그들의 돈벌이에 어떤 영향을 미칠지에 대해 말하였다. 이 말을 시작하면서 그는 다른 모든 것을 아데미 여신에 대한 충성심이란 포장 밑에 감추어 버렸다. 은장이 직공들과 동업자들도 처음에는 바울의 설교로 인한 경제적 손실의 가능성 때문에 격분하였는데, 끝에 가서는 "위대하다, 에베소 사람의 아데미여!"라고 소리 지르는 일에 빠져 버렸다. 바로 여기에서 우리는 항상 비슷한 상황에서 여전히 볼 수 있는 두 가지 사실을 주목하게 된다. 첫째는, 결국에 가서는 은장이들도 자신들의 외침이 순수한 종교적 열정의 결과라는 사실에 스스로 설득 당하게 된다는 사실이다. 둘째는, 그렇게 되면 곧바로 수많은 무리들이 전부 소란의 본래 이유가 무엇인지에 대해서는 알지 못한 채, 또 자기들의 외침이 데메드리오와 그의 동업자들의 경제적 이익에 도움을 주는 일이라는 사실에 대해서도 전혀 알지도 못한 채, 똑같은 소리를 외치게 된다는 것이다.

경제적이며 정치적인 관심이 종교라는 이름의 포장 아래 감추어진 채, 자신들 앞에서뿐 아니라 세상 사람들의 눈앞에서 정당한 듯이 나타나는 일은 비록 바울 시대의 에베소에서만 일어난 일이 아니라, 우리 주변에서 그리고 기독교 안에서 계속 일어나고 있는 일이라는 점을 부인하기 어렵다. 곤잘레즈(Gonzalez)는 자신이 경험한 실제 이야기를 통해 이런 사실을 전해 주고 있다. 언젠가 그에게 길고 이상한 편지 하나가 전해졌다고 한다. 그 편지에서는 죽은 사람의 시체를 화장하는 것을 강력히 반대하면서, 오히려 시체를 방부 처리해 방수된 지하 묘지에 잘 보존함으로써 기독교인들로 하여금 "마지막 날의 부활을 기대하게 하는 것"이 신앙적으로 옳다는 주장을 내세우기 위해서 온갖 거짓된 신학적 논증을 제시하였다고 한다. 이상한 편지라고 생각했지만 편지의 마지막 부분에서 편지를 쓴 사람이 평생 장의사 일을 해온 전문가라는 말을 읽고는 편지의 의미를 이해할 수 있었다고 한다. 만약 그가 1세기 에베소에서 살던 은장이였다면, 아마 이 사람도 신앙적 열심을 가지고 아주 진지하게 "위대하도다, 에베소 사람의 아데미여!"를 큰 소리로 외쳤을 것이다.

경제적이며 정치적인 관심을 종교적으로 포장하는 일은 에베소의 은장이에게서만 볼 수 있는 일이 아니다. 오늘날 교회 안에서도 흔히 볼 수 있고 또 자주 우리 자신의 마음속에서도 볼 수 있는 일이다. 누가가 이 에베소 사건을 기록하여 모든 시대 기독교인들에게 읽히고자 한 이유도 아마 이 때문이었을 것이다.

18 유두고를 살린 이적
(20:7~12)

이 이야기는 바울이 바쁘게 전도 여행을 하던 중 빌립보를 지나 드로아란 곳에 이르렀을 때의 이야기이다. 바울은 드로아에 도착해서 일주일을 머물고 떠나기 전날 저녁에 그곳 성도들과 함께 마지막 예배를 드렸다. 초대교회 시절의 예배가 대체로 그러했듯이, 예배는 크게 두 부분으로 나뉘어 있었다. 하나는 말씀을 듣는 일이었고, 다른 하나는 떡을 떼는 일, 곧 성만찬과 같은 공동 식사였다. 역사적인 증거에 의하면 이미 2세기경에 기독교인들은 주님의 부활을 기념하기 위해서 토요일 밤, 그러니까 유대인들의 안식일 밤에 모여서 말씀을 들으면서 밤을 지새고, 일요일 아침 일찍, 그러니까 주일 아침 새벽에 세례를 받고 떡을 뗌으로써 모든 순서를 마쳤다. 이것이 보통은 부활절 주일에 하는 일이었는데, 모든 주일이 다 주님의 부활을 기념하는 날이기에, 주일마다 부활절 주일에 맞먹게 작은 부활절 형식의 예배를 드렸던 것이다.

여하간 드로아에 있는 제자들이 바울이 떠나기 전날 밤, 그러니까 20:7에서 언급한 대로 "안식일 밤에" 떡을 떼려고 모였고, 바울의 설교가 시작되었다. 그런데 바울의 설교가 의외로 길었던 모양이다. 밤은 깊어갔고, 설교는 길어졌고, "다락방에는 등불이 많이 켜져 있었다."고 했다. 설교가 너무 길어진데다가 사람이 많이 모여 있는 곳에 여러 등불을 켜 놓은 탓에 산소 부족 현상까지 생겨 3층 창문 곁에 앉아 있던 유두고가 졸음을 이겨내지 못하고 그만 아래로 떨어졌다. 사람들이 내려가 일으켜 보니 유두고는 이미 죽어 있었다. 그런데 바울이 쫓아 내려가 유두고를 일으켜 세우고는 그가 살아 있다고 소리쳤다. 그러고는 곧바로 다시 3층으로 올라가서 떡을 떼는 일을 계속 했고 이어서 말씀을 계속 나누었다고 했다. 이런 일이 있은 후에 다음날, 바울은 곧바로 드로아를 떠났고, 누가는 마지막 절인 20:12에서 "사람들이 살아난 청년을 데리고 와서 한없는 위로를 받았다."고 기록했다.

우리는 누가가 전해 주는 이 이야기를 읽을 때마다 몇 가지 사실에 놀라지 않을 수 없다. 그리고 중요한 사실도 배우게 된다. 첫 번째로 누가가 전해 주는 이 이야기를 읽으면서 우리가 놀랍게 생각하는 것은, 누가가 사도행전을 기록한 중요한 목적 가운데 하나가 분명히 사도 바울을 다른 어떤 사도들보다도, 즉 예수의 열두 사도나, 사도들 가운데 수제자요 으뜸 제자인 베드로보다도 더 위대한 사도로, 즉 "사도 중의 사도"로 소개하기 위한 것으로 잘 알려져 있음에도 불구하고, 누가는 놀랍게도 바울을 높이 추켜세우기는커녕 오히려 바울의 개인적인 약점을 드러내는, 그래서 마치 바울의 잘못을 짚으며 비판하는 듯한 모습을 보여준다는 것이다.

유두고 청년은 3층 창문 곁에 앉아 있다가 바울의 설교가 너무 오래 계속되는 바람에 졸음을 이기지 못하고 3층에서 떨어져 죽었다. 비록 누가가 사도행전을 기록하면서, 바울을 위대한 이방인 선교사로, 또는 다른 어떤 사도들보다도 위대한 "사도 중의 사도"로 높이고 있는 것이 사실이지만, 누가는 바울의 인간적인 약점도 그대로 보여주고 있는 것이다. 바울의 인간적인 약점이란 그가 선교사와 전도사로서 하나님의 말씀을 전하는 중요한 사역을 열심히 하고 있지만, 본문 이야기에서 드러나고 있듯이, 바울의 설교는 오히려 다른 사람을 쉽게 잠들게 하는 힘이 없는 설교라는 사실이다. 유두고를 잠들게 만들고, 결국은 죽게 만든 것이 바울의 긴 설교 때문이었다는 의미이기도 하다. 20:9에 의하면 바울의 설교가 오래 계속되었다고 했는데, 아마도 설교할 내용이 많아서라기보다는 같은 것을 자꾸만 반복하는 듯한 지루한 설교였기 때문일 수도 있다. 바울의 설교는 졸거나 잠에 빠지는 사람들을 깨우는 그런 박력 있는 설교는 아니었던 것으로 보인다. 실제로 바울은 그렇게 말을 잘하는 달변가는 아니었다. 바울 자신이 기록한 고린도후서 10:10에 보더라도, 바울을 비판하는 적대자들이 자주 지적한 바울의 약점 가운데 하나는 그의 "편지들은 무게가 있고 힘이 있으나, 그가 몸으로 대할 때는 약하고 그 말도 시원치 않다."는 것이었다. 이런 점으로 보아 바울은 분명히 말재주가 없는, 달변이 아닌 사람으로 보인다. 결국 이것이 오늘 본문에서는 유두고 청년이 한밤중의 지루하고도 긴 설교 때문에 끝내 졸음에 빠져 죽는 원인 가운데 하나로도 생각된다.

그런데 누가는 이런 바울의 인간적인 약점을 감추지 않고, 그대로 드러내고 있다. 아니 바울을 너무 신격화하는 것이 아니라 오히려 그의 연약한 모습 그대로를 소개하고 있는 것이다. 누가는 바울이 루스드라에서 앉은뱅이를 고쳐 준 이야기를 전하면서도, 그때 루스드라 사람들이 바울의 놀라운 이적의 능력을 보고 그를 "사람의 모양으로 내려온 신"이라고 생각하여 바울에게 제사를 드리려고 할 때 바울이 "우리도 여러분과 같은 인간입니다."(14:15)라고 말한 사실을 전해 준 바 있다. 누가는 아무리 위대한 주의 일꾼이라 하더라도 일방적으로 찬양하며 높이지 않는다. 이 점은 오늘날 일부 교회에서 어느 목사나 지도자를 일방적으로 신격화시키려고, 그리고 그의 약점은 어떻게 해서든지 눈 감아 버리거나 덮어 버리려고 노력하는 사람들에게 좋은 교훈이 될 수 있다.

그러나 이 본문에서 가장 놀라운 사실은 무엇보다도 바울이 3층에서 떨어져 죽은 유두고란 청년을 쫓아 내려가 다시 살려낸 사실이다. 유두고가 3층에서 떨어졌을 때, 사람들이 내려가 그를 "일으켜 보니 죽었는지라."(20:9)고 했다. 그런데 바울이 쫓아 내려가서 이미 죽은 유두고의 "몸 위에 엎드려 그 몸을 안고 말하되 떠들지 말라 생명이 그에게 있다."(20:10)고 말했다. 여기서 바울이 죽은 유두고의 "몸 위에 엎으려 그 몸을 안았다."고 한 말이 아주 의미심장하다. 왜냐하면 이 자세는 이미 구약에서부터 예언자들이 죽은 사람을 살릴 때 취하는 일반적인 자세로 보이기 때문이다. 열왕기상 17장에 보면 엘리야 선지자가 사르밧 과부의 집에 머물 때, 과부의 아들이 병들어 위중하다가 결국 숨이 끊어졌다. 이때 엘리야가 죽은 아들을 데리고 다락에 올라가서 자기 침상에 누이고, "그 아이 위에 몸을 세 번 펴서 엎드리고 여호와께 부르짖어 이르되 내 하나님 여호와여 원하건대 이 아이의 혼으로 그의 몸에 돌아오게 하옵소서 하니 여호와께서 엘리야의 소리를 들으시므로 그 아이의 혼이 몸으로 돌아오고 살아난지라."(왕상 17:21~22)고 했다. 엘리야만 그랬던 것이 아니다. 열왕기하 4장에 보면, 이번엔 엘리사 선지자가 수넴 여인의 죽은 아들을 살릴 때에도 죽은 아이의 몸 위에 올라 엎드렸다고 했다. "엘리사가 집에 들어가 보니 아이가 죽었는데, 자기의 침상에 눕혔는지라. 들어가서는 문을 닫으니 두 사람뿐이라. 엘리사가 여호와께 기도하고 아이 위에 올라 엎드려 자기 입을 그의 입에, 자기 눈을 그의 눈에, 자기 손을 그의 손에 대고 그의 몸에 엎드리니, 아이의 살이 차차 따뜻하더라. 엘리사가 내려서 집 안에서 한 번 이리저리 다니고 다시 아이 위에 올라 엎드리니 아이가 일곱 번 재채기 하고 눈을 뜨는지라"(왕하 4:32~37). 이런 이야기에서도 분명히 드러나듯이 성경에서는, 아니 유대인들의 전통에서 주의 종들이 죽은 사람의 몸 위에 엎드리는 행위는 그를 다시 살려내기 위한 행위이며 자세였다.

누가는 마치 복음서에서 예수가 죽은 나사로를 살리셨듯이, 예수가 나인성 과부의 죽은 아들을 살리셨듯이, 그리고 사도행전에서 베드로가 욥바에서 죽은 여제자 다비다를 살렸듯이, 지금 바울도 드로아에서 3층에서 떨어져 죽은 유두고 청년을 다시 살려냈음을 전하고 있다. 누가가 사도행전을 기록한 중요한 목적 가운데 하나가 사도 바울을 위대한 "사도 중의 사도"로 소개하기 위한 것이라는 사실을 염두에 둘 때, 이 이야기는 바울이 예수처럼, 또 열두 사도 가운데 수제자인 베드로처럼 죽었던 청년 유두고를 다시 살리는 능력을 가진 하나님의 사도라는 사실을 강조하기 위한 것이라고 생각할 수 있다. 사도 바울이 3층에서 떨어져 죽은 유두고란 청년의 몸 "위에 엎드려 그 몸을 안아서" 다시 살려냈다고 하는 사실은 여하간 놀라운 일이 아닐 수 없다. 하나님께서 그의 종들에게 그런 능력을 주셨기 때문이다. 마태복음 10:1에 보더라도 "예수께서는 열두 제자를 선택하신 후에 그들에게 더러운 귀신을 제어하는 권세를 주셔서 더러운 귀신을 쫓아내고 모든 병들고 허약한 사람들을 고쳐 주게" 하셨다. 사도행전 19:11~12에서 누가가 "하나님이 바울을 통하여 놀라운 기적들을 행하셨다. 그리하여 심지어 바울의 몸에 닿았던 수건이나 앞치마를 가져다가 앓는 사람에게 대기만 해도 병이 물러가고 귀신들이 나갔다."고 말한 것도 바울에게 그런 능력이 있음을 증거하기 위한 것이었다.

그런데 본문에서 우리는 죽은 유두고가 다시 살아난 것에 못지않게 또 다른 놀라운 사실에 주목하게 된다. 우리가 본문에서 눈여겨보아야 할 점은 유두고가 다시 살아난 이후에 이 일에 대해 교회와 바울이 보인 반응을 누가가 어떻게 전해 주고 있는가 하는 점이다. 다른 이적 이야기들을 전해 줄 경우 누가는 흔히 그것을 목격한 사람들의 반응을 놀라움과 경외, 혹은 기쁨과 찬양으로 소개하고 있다. 예를 든다면, 누가복음 4:31~37에서 예수가 회당에서 귀신 들린 사람을 고쳐 주었을 때, "사람들이 모두 놀라 서로 말했습니다. 이 분의 말씀이 대체 무슨 말씀입니까? 권위와 힘을 가지고 귀신들에게 명령하니 그것들이 쫓겨나갑니다."(눅 4:36)라고 말했다. 누가복음 5:17~26에서 예수가 중풍병자를 고쳐 주었을 때, "사람들은 모두 놀라 하나님을 찬양하면서도 두려움에 싸여 우리는 오늘 신기한 일을 보았다고 말했습니다."(눅 5:26)라고 전해 준다. 사도행전에서도 마찬가지이다. 베드로가 성전 미문 앞에 앉아 있던 앉은뱅이를 고쳐 주었을 때 "사람들은 모두 그가 걸어 다니는 것과 하나님을 찬양하는 것을 보자 그가 미문 앞에 앉아 구걸하던 바로 그 사람인 것을 알고 그에게 일어난 일로 이상함과 놀라움에 가득 차 있었습니다."(3:9~10)라고 기록했다. 그러나 죽은 유두고가 다시 살아난 이야기를 전해 주는 누가의 기술 과정을 살펴보면, 유두고의 부활은 그 자체가 놀라움과 경외의 대상이 아니라 마치 보다 더 중요한 어떤 것 가운데 삽입된 부수적인 이야기처럼 소개되고 있다.

누가가 이 이야기를 기록한 본문을 좀 더 주의 깊게 살펴보면, 유두고의 이야기가 두 단계로 나뉘어 기록된 것을 알 수 있다. 첫째는 유두고가 3층에서 떨어져 죽었을 때, 바울은 그의 설교를 즉시 중단하고 곧바로 유두고에게 내려가서 그를 다시 살려냈다. 유두고가 3층에서 떨어지는 사고가 발생했을 때는 마침 바울이 한참 설교를 하던 때이다. 즉 예배가, 교회의 가장 중요한 행사가 진행되고 있는 때였다. 그러나 바울은 드로아에서 그곳 신도들과 함께 갖는 마지막 날 마지막 예배라는 그 중요성에도 불구하고, 아래로 쫓아 내려갔다. 그때 어느 누구도, 어떤 일도 예배를 방해하거나 중단시켜서는 안 된다고 말하지 않았다. 또 바울은 이미 시작된 설교를 그냥 계속해 나가지도 않았다. 바울은 사고가 났을 때, 하던 일, 곧 설교를 즉각 중단하고 유두고에게로 내려갔다. 유두고에게 일어난 문제에 즉각 대응했다는 말이다. 교회의 중요한 행사였지만, 필요한 사람의 긴급한 필요에 대응하기 위해서는 예배라고 할지라도 즉각 중단될 수밖에 없다. 물론 그럴 수밖에 없었을 것이라고 생각할 수 있다. 그러나 바울의 이런 행동, 그리고 그 행동에 대한 누가의 기록이 오늘날 우리에게 주는 교훈은 아주 크다고 생각된다.

우리는 누가가 기록한 이런 이야기로부터 배워야 할 중요한 교훈을 놓치지 말아야 한다. 우리는 교회에서 가장 중요한 것은 예배와 설교, 혹은 성만찬과 친교라고 생각한다. 물론 그렇기도 하다. 그러나 그런 생각에만 젖어 있어 세상의 더 시급한 요구와 필요가 생겼을 때, 교회의 본래적인 중요한 활동을 중단할 수 없다고 말하면서 세상의 시급한 요구에 대해서는 눈을 감아 버리거나 방관해 버리기 쉽다. 그러나 유두고의 이야기에서 우리가 분명히 배울 것은, 바울의 하나님은 교회의 하나님일 뿐만 아니라 죽음의 세력에 대응하는 생명의 하나님이라는 사실이다. 우리는 지금 죽음의 세력이 강하게 역사하는 시대와 세상에 살고 있다. 굶주림과 각종 질병, 인종적이며 종교적인 갈등과 분쟁, 그리고 그것으로 인한 전쟁과 살상 등은 우리가 살고 있는 세상에 죽음의 세력이 얼마나 강하게 역사하고 있는지를 잘 보여 준다. 그런 상황에서 교회가 일상적인 일정과 교회의 본래 활동을 중단하고 생명의 하나님을 섬기며 봉사하는 일은 그 나름 시급하고 필요한 일이 아닐 수 없다. 하던 설교를 중단하고 죽은 유두고를 향해 내려가 그를 살려낸 바울처럼 말이다. 교회나 믿는 사람들에게서 죽은 생명을 살리는 일보다 더 중요하고 시급한 일은 이 세상에 없다. 하나님께 예배드리는 일이 아무리 중요하다고 하더라도 말이다.

그러나 좀 더 놀라운 점은 이야기의 두 번째 부분에서 찾을 수 있다. 바울과 신도들은 유두고가 다시 살아난 것을 확인하고는 곧바로 다시 돌아와 그들이 드리던 예배를 계속했다. 물론 유두고를 다시 살려낸 이적은 많은 사람들에게 "한없는 위로"를 주었다(20:12). 그렇다고 교회에서 그런 놀라운 일이 일어났다고 교회 스스로 자랑하거나 큰 소리 칠 일이 아니다. 더군다나 그것 때문에 예배를 그만두고 거리에 나가 하나님께서 이루신 놀라운 이적을 큰 소리로 외칠 일도 아니다. 왜 그런가? 물론 그 이적이 중요하지 않기 때문이 아니다. 도리어 그것보다 더 중요하고 더 위대한 일이 있기 때문이고, 그것에 더 관심을 가져야 하기 때문이다. 그것은 다른 것이 아니라 떡을 떼며 말씀을 듣는 예배 자체도 사람의 생명을 살리는 일이기 때문이다. 죽은 사람 하나를 살리는 일도 중요하지만, 죽어가는 더 많은 생명을 살리는 일은 더욱더 중요하기 때문이다. 유두고의 부활 이적의 의미를 외면하는 것이 아니다. 도리어 교회가 하나님의 말씀을 선포하면서 죽어가는 생명을 구원해 내는 일은 유두고를 다시 살려낸 그 이적보다 오히려 더 강력하고, 더 놀라운 이적이 될 것이기 때문이다.

사도행전은 놀라운 이적들을 행하시는 하나님을 우리에게 전해 주고 있다. 그러나 우리가 잊지 말아야 할 것은 하나님의 놀라운 이적 가운데 가장 놀라운 이적은 본문에서 보았던 것과 같이 죽은 유두고가 다시 살아난 것이 아니다. 하나님의 놀라운 능력은 도리어 예배를 통해서 그리고 하나님의 생명의 말씀을 통해서 한 사람 한 사람을 새 사람으로 다시 일으키신 일, 그래서 다시금 새 생명을 얻어 죽음의 세력으로부터 벗어나 살아 계신 하나님을 섬기는 새로운 삶을 살아가게 하신 일에서 나타나고 있다. 이것보다 더 위대한 이적이 또 어디에 있겠는가!

19 밀레도에서 행한 바울의 고별 설교(20:17~38)

바울은 드로아에서 마지막 예배와 고별 설교를 마치고 서둘러 예루살렘을 향해 떠났다. 바울은 될 수만 있으면 오순절에 예루살렘에 있으려고 몹시 서둘렀기 때문에 가는 도중에 아시아에서 시간을 허비하지 않으려고 에베소에는 들르지 않기로 작정했다. 에베소에 들르면 혹시 그곳 친구들이 자기를 억지로 오래 잡아둘까 염려한 것으로 보인다. 그래서 그는 에베소에 편지를 보내 자기가 밀레도에 머물러 있는 동안, 교회 장로들로 하여금 밀레도로 와서 자기를 만나 달라고 부탁했다. 그리고 에베소 장로들이 밀레도에 왔을 때, 바울이 그들에게 이 설교를 한 것으로 알려지고 있다.

이 설교는 이른바 "we-sections" 사이에 나타난다. 이 설교의 앞부분인 20:13~16에서는 "우리"란 말이 문장의 주어로 사용되고 있고, 이 설교의 뒷부분인 21:1이하에서 다시 문장의 주어가 "우리"로 바뀌는데, 이 설교에서는 "나는…" 또는 "내가…"라는 1인칭단수가 주어로 사용되고 있다. 그래서 학자들은 바울이 이 설교를 할 때 바울의 여행에 동행한 누가가 합석하여 함께 있었을 것으로 짐작하고 있다. 누가가 이 설교를 듣고 나중에 요약하여 기록한 것으로 보이지만, 바울의 사상적 특징이 잘 드러나 있다. 이 설교는 크게 네 부분으로 구분된다.

1) 지난 일에 대한 설명(20:18~21)
2) 현재 상황에 대한 설명(20:22~24)
3) 앞으로 있을 일에 대한 설명(20:25~31)
4) 결론(20:32~38)

1) 지난 일에 대한 설명(20:18~21)

바울의 이전 활동에 대한 설명을 위해 다섯 구절이 할애되었다. 아마도 이런 설명은 바울이 에베소 장로들에게 설교할 수 있는 권위를 내세우기 위한 것으로 생각된다. 18절에서 바울이 "내가 아시아에 발을 들여놓은 첫날부터 여러분과 함께 그 모든 시간을 어떻게 지내왔는지를 여러분은 잘 알고 있습니다."라고 말한 것으로 보아 에베소 장로들은 누구보다도 바울의 아시아 선교 활동에 대해 잘 알고 있었던 것으로 보인다. 그의 선교 활동 가운데 많은 눈물이 있었음을 그리고 유대인들로부터 많은 시험이 있었음을 털어놓는다. 그런 속에서도 바울이 추구한 것은 "여러분의 행복을 위해서"라고 고백한다. 그 일을 위해서 대중적으로나 사적으로, 유대인에게나 헬라인에게나 하나님께 회개하고 예수를 믿어야 한다고 열심히 증거했다. 자신의 지난 일에 대한 설명 속에 복음을 선교하는 사람들이 당할 운명과 과제가 잘 요약되어 있다. 곧 많은 눈물, 여러 가지 시험이 있다는 사실, 그런 가운데서도 유대인이나 헬라인을 가리지 않고 그들의 행복을 위해서 예수를 믿고 회개하라는 복음을 열심히 전하는 것, 그것이 선교하는 사람들의 운명이며 과제이다.

2) 현재 상황에 대한 설명(20:22~24)

"이제"라는 말을 사용함으로써 바울은 자신의 설교 방향을 현재 순간으로 돌리고 있다. 그는 지금 "성령에 사로잡혀" 예루살렘으로 가는 길이다.[178)]

---

178) "성령에 사로잡혀"란 말의 의미에 대해 여러 가지 해석이 있다. 첫째, 그 문구는 바울이 예루살렘으로 올라가고 싶은 내적인 충동을 느끼고 있음을 의미할 수 있다. 그 경우, "spirit"이란 단어는 바울의 인간적인 "spirit"을 가리킬 것이다(헬라어에서는 소문자와 대문자의 구별이 없어 성령을 가리킬 수도 있고, 인간의 영을 가리킬 수도 있다). 둘째, 그 문구는 바울 자신이 이미 자기가 예루살렘에서 포로가 될 것임을 알고 있음을 의미할 수 있다. 이 경우, 그 문구는 예루살렘에서 일어날 일에 대한 발표, 곧 자기는 이미 "성령 안에서(in the spirit)" 자신의 미래가 될 것을 지금 살고 있음을 가리킬 것이다. 마지막으로, 이 문구의 "spirit"이 여기서는 "성령"을 가리킬 것이다. 이 경우, 그 문구는 성령이 자기를 예루살렘으로 올라가도록 강권하고 있다는 의미인데, 이 해석이 가장 맞는다고 생각된다.

이는 예루살렘으로 올라가는 것이 성령의 강권에 의한 것임을 뜻한다. 바울은 다음 구절에서 자기가 예루살렘에 올라갔을 때 자기에게 어떤 일이 벌어질지 성령이 미리 경고해 주셨다고 말한다. 그런데 그 일은 그가 "어느 도시에 들어가든지" 반복적으로 일어나는 투옥과 환난과 같은 일이라고 지적한다. 여하간 그런 성령의 경고에도 불구하고 바울은 그의 예루살렘 여행을 계속하기로 단호히 결심한다. 바로 이것이 누가가 그의 복음서에서 예수가 고난을 예견하면서도 "예루살렘으로 가시려고 마음을 정하셨다."(눅 9:51)는 것과 평행을 이루고 있다. 성령에 사로잡혀, 성령의 지시에 따라 고난이 기다리고 있는 예루살렘을 향해 나아가는 자신의 심정을 바울은 다음과 같이 설명한다. "내가 내 갈 길을 끝까지 달리고 주 예수로부터 받은 하나님의 은혜의 복음을 증거하는 임무를 다하기만 한다면, 나는 목숨이 조금도 아깝지 않습니다." "내 목숨을 다 바쳐 하나님의 복음을 증거하는 일을 위해 내 갈 길을 끝까지 가련다." 이 말과 자세는 오늘날은 물론 모든 시대에 주님의 부르심을 받아 복음 선교에 헌신하는 사람들의 마음 자세를 위한 훌륭한 모범이 된다.

3) 앞으로 있을 일에 대한 설명(20:25~31)

이 부분의 설교도 앞부분과 마찬가지로 "이제"라는 말로 시작된다. 바울은 더 이상 그들을 다시 보지 못하게 될 것이라는 슬픈 소식을 전한다. 결과적으로 바울은 더 이상 그들의 영적인 복지를 계속 책임질 수 없다는 말이다. 이제 그 일은 바울이 부른 이 장로들에게 맡겨진 셈이다.

복음을 전하는 선교사들이 언젠가는 꼭 당하게 되는 슬픔이 있는데 그것은 자신이 세워 놓은 교회 및 교인들과 헤어지는 것이다. 그들을 두 번 다시 볼 수 없게 되는 때가 온다는 사실이다. 이런 일은 하나님의 뜻 때문에 그럴 수도 있고, 인간적인 형편 때문에 그럴 수도 있다. 선교사 자신이 언제까지나 선교지 교회와 교인들을 책임질 수는 없는 일이다. 그리고 선교사의 중요한 과제 가운데 하나는 분명히 언젠가는 자신의 과업을 현지 교회나 교인들에게 위임하여 그들 스스로 그 일을 계속 하는 일이다.

그래서 바울도 "당신들은 자신들을 위하여 또는 모든 양떼를 위하여 늘 조심해야 합니다."라고 말한다(20:28). 장로들이 특별히 조심해야 하는 이유는 "사나운 이리들이 당신들 가운데 들어와서 양떼를 가만두지 않을 것"(20:29)이기 때문이다. 교회에는 언제나 안과 밖으로부터 위험과 도전이 나타난다. 바울은 이제 교회를 위협하는 상황이 다가올 것에 대해, 즉 양떼를 멸망시키는 자들, 혹은 이리처럼 양들을 훔쳐가는 자들에 대해 언급하고 있다. 29절에서 언급된 "사나운 이리"들은 외부로부터 오는 사람들이고, 반면에 30절에서 언급된 거짓 교사들은 내부로부터 오는 사람들이다. 따라서 바울은 여기서 초대교회 시절에 기독교를 가장 괴롭힌 두 개의 이단적인 사람들을 지적하는 것으로 보이는데, 하나는 바울이 자주 지적한 바 있는 유대화하려는 사람들이고, 다른 하나는 그가 다른 서신들에서 언급한 바 있는 영지주의자들이다.

4) 결론(20:32~38)

바울은 마지막으로 그들을 하나님에게 특히 그 은혜의 말씀에 부탁하면서 떠난다. 그 말씀이 "여러분을 능히 든든히 세우사 거룩하게 하심을 입은 모든 자 가운데 기업이 있게 하실 것"이기 때문이다. 이 말의 의미는 비록 바울이 그들을 떠나더라도, 그들은 사도가 이미 닦아 놓은 기초 위에서 계속 세움을 받는, 그리고 그들에게 나타날 거짓 교사들을 배격할 수 있는 능력을 갖게 되리라는 뜻이다.

고별 설교의 결론 부분에서 바울은 "나는 나 자신을 위하여 은이나 금이나 옷을 바란 일이 없습니다. 당신들이 아는 대로 나는 이 손으로 나와 내 일행에게 필요한 것을 위하여 일했습니다. 이렇게 힘써 일하여 약한 사람들을 도와주는 것이 우리의 의무라는 것과 '주는 것이 받는 것보다 더 복이 있다.'고 주 예수께서 친히 하신 말씀을 우리가 명심해야 한다고 내가 당신들에게 일러주었습니다."(20:33~35)라고 말하는데, 이 말은 언뜻 보기에는 바울의 고별 설교에 잘 들어맞지 않는 것처럼 보인다. 갑자기 전도 활동의 대가로 무슨 금품을 바란 적이 없다고, 자기는 자비량으로 일했다고 말하면서 "주는 것이 받는 것보다 더 복이 있다."는 예수의 말씀을 소개하고 있기 때문이다.

그러나 바울에게는 이것이 근본적으로 중요한 관심거리 가운데 하나였다. 바울에게 전도자의 돈 문제나 교회의 경제적 생활은 결코 주변적인 문제도 아니고 이차적인 문제도 아니었다. 오히려 그와는 반대로 그것은 교회 생활의 본질적인 부분이었다. 그래서 바울은 이제 자기로부터 더 이상 아무런 지시를 받을 수 없게 된 장로들에게 "나는 나 자신을 위하여 은이나 금이나 옷을 바란 일이 없습니다."라고 경제적 문제에 대한 자신의 입장을 분명히 밝히고 있는 것이다. 여기서 "은과 금" 이외에 별도로 옷이 더 언급된 이유는 그 당시엔 기계로 옷을 만들던 시대가 아니었고 모든 것이 다 손으로 직접 만들어 입던 시절이라 자연히 옷값이 아주 비쌌고, 따라서 옷을 많이 갖고 있다는 것은 일종의 부의 상징으로 여겨졌기 때문이다. 바울은 다른 사람들로부터 "돈을 바라지" 않고, 대신에 직접 "자신과 자신의 일행을 위하여 몸소 자기의 손으로" 일하여 돈을 벌었다. 이런 모든 일의 결과로 그는 "힘써 일하여 약한 사람들을 도와줄 수 있었다." 설교의 마지막 부분에서 바울은 복음서 어느 곳에도 나오지 않는 예수의 말씀을 인용하면서 설교를 끝내고 있는데, 그 말씀은 곧 "주는 것이 받는 것보다 더 복이 있다."(20:35)는 말씀이다. 누가는 바울이 고별 설교를 끝내는 마지막 구절에서 밀레도에서 에베소 장로들에게 준 이 마지막 설교가 얼마나 감동적이었는지를 전해 주고 있다. 바울의 설교를 들은 모든 사람들이 다 같이 무릎을 꿇고 기도했고, 큰 소리를 내어 울면서 바울의 목을 끌어안고 입을 맞추었을 뿐 아니라 바울이 배 타는 데까지 따라와 배웅했다고 전하는 말에서 우리는 그 점을 잘 알 수 있다.

이토록 감동적으로 전해진 바울의 고별 설교는 실제로 흔히 "후대 목사들을 위한 모델 설교"(a model for successive generations of ministers)[179]로도 불린다. 이렇게 불리는 데에는 그만한 이유가 있다. 왜냐하면 이 설교를 통해서

179) Justo L. Gonzalez, *Acts: the Gospel of the Spirit*, p. 239.

우리는 비록 짧게 요약된 형태이나 바울의 선교 사업에 대해서 그리고 그의 후계자들의 선교 사업에 대해서 들을 수 있기 때문이다. 우리는 특히 다음과 같은 두 가지 설교, 두 가지 교훈을 들을 수 있다.

첫 번째는 교회 장로들, 곧 교회 안에 있는 장로나 목사나 감독의 역할은 교회 안에 올바른 교훈이 있다는 사실을 분명히 밝히고, 아울러 올바른 교훈을 든든히 지켜야 한다는 사실이다. 바울의 바로 다음 세대가 일찍이 복음의 진리를 위협하는 그릇된 교리에 직면한 것과 마찬가지로, 오늘날 우리 교회에서도 비슷한 교리의 위협을 받고 있기 때문에 이 점은 아주 중요하다. 초대교회에서 교회를 위협하던 그릇된 교리는 본질적으로 두 종류였다. 하나는 유대화하려는 기독교(Judaizing Christianity)이고, 다른 하나는 영지주의(Gnosticism)였다. 오늘날 교회 안에서 우리를 위협하는 그릇된 교리도 이 두 개와 아주 비슷하다.

먼저 유대화하려는 기독교는 비록 예수가 세상을 구원하기 위해 오셨다고 할지라도 실제로 우리의 구원은 믿는 사람들이 율법을 잘 지키는 데 달려 있다고 가르친다. 이런 가르침은 복음의 메시지에 무엇인가 조금 더 첨가하는 것에 지나지 않아 보여 별로 위험하게 느끼지 않는다. 그래서 그렇게 심각해 보이지도 않는다. 그러나 바울은 이 문제를 아주 달리 보고 있다. 왜냐하면 바울로서는 이런 가르침이 사실상 복음의 핵심 진리에 대한 위협이라고 확신하고 있기 때문이다. 만약 우리가 구원을 받기 위해서 예수를 믿는 것 이외에 좀 더 율법에 순종하며 율법을 잘 지켜야 한다면, 그리스도의 죽음은 필요하지도 않고 하나님의 은혜도 쓸데없는 일이 되고 말 것이다.

오늘날 비슷한 일이 우리 교회를 위협하고 있다는 사실에 대해서 우리는 정신을 바짝 차려야 한다. 우리는 주변에서 "그래, 그리스도의 은혜가 충분하지. 그러나 우리는 좀 더 어쩌고저쩌고" 말하면서 은혜와 믿음 이외에 다른 어떤 것이 더 필요한 것처럼 단서를 붙이는 소리를 자주 듣는다. 그러면서 참된 기독교인이 되기 위해서 우리가 해야 할 일로 이런저런 것들이 더 있다고 말하는 사람들이 있다. 어떤 사람들은 구약의 안식일 법, 정결법 등을 거론하고, 다른 사람들은 복장 문제, 술과 담배 문제, 그리고 사회적인 행동에 대해서도 말한다. 이런 모든 가르침이 아무리 보수적인 혹은 진보적인 교리라고 하더라도, 만약 그런 것들이 하나님의 은혜에 덧붙여 무엇인가 추가로 더 요구되는 것이라면, 그런 주장들은 바울이 그토록 반대하며 투쟁하던 유대화하려는 교리와 아주 비슷한 가르침이라는 사실을 명심해야 한다. 하나님의 은혜는 분명히 우리가 어떤 식으로 행동해야 한다고 별도로 우리에게 무엇을 강요하지 않는다. 그런 행동은 결코 은혜를 받기 위한 전제 조건도 아니다. 우리는 마땅히 해야 할 행동을 하기 때문에 은혜를 받는 것이 아니라, 도리어 그와는 반대로 하나님의 은혜를 받았기 때문에 우리가 마땅히 해야 할 행동을 하는 것뿐이다.

교회를 위협하고 복음을 왜곡하는 또 다른 가르침은 영지주의자들의 가르침이다. 그들은 다른 기독교인들보다 자기들이 훨씬 더 "영적"이라고 주장한다. 영지주의자들은 기독교의 유일신론과는 달리 이원론에 입각하여 영과 정신은 선하고, 물질과 육체는 악하다고 가르친다. 그래서 물질세계를 악한 것으로 정죄하거나, 비록 정죄하지는 않는다고 하더라도 최소한 경멸해야 할 대상으로 가르친다. 중요한 것은 오직 "영적인 것"뿐이란다. 따라서 정말로 영적인 기독교인이라면 육신에 관심을 가져서는 안 된다고 가르친다. 자기의 육신은 물론 다른 사람의 육신의 경우도 마찬가지이다. 육체적인 요구와 필요에도 관심을 가져서는 안 되고, 오직 영적인 요구와 영적인 생활에만 전념해야 한다는 것이다. 결국 물질적인 이 세상은 우리의 관심사도 아니고, 다만 순전히 영적인 내세만이 우리의 관심사일 뿐이란다. 그런데 초대 기독교인들은 이런 교리에 맞서서 단호히 싸웠다. 이런 그릇된 가르침이 기독교인들의 생활 전체를 왜곡시킬 뿐 아니라 창조의 교리, 예수의 성육신 교리, 몸의 부활을 믿는 교리에도 위배되기 때문이다. 하나님은 이 세상을 사랑했고, 예수는 우리를 구원하기 위해 "육신을 입고" 이 세상에 오신 분이다.

그런데 이런 잘못된 교리들이 교회의 역사에서 반복적으로 나타나고 있다. 이 세상의 사회정치적인, 그리고 경제적인 상황이 어려워질수록 많은 기독교인들이 이런 가르침에 쉽게 빠져든다. 만약 중요한 것이 영혼만의 구원이라면, 그리고 하나님이 육신과 물질에 아무런 관심이 없다면, 우리 주변에서 많은 사람들이 굶주리거나 혹은 육체적인 고문과 학살로 신음할 때 우리는 아무런 관심을 가지지 않아도 좋을 것이다. 사회적이며 경제적인 갈등이 날로 증대되어 많은 사람들이 고통을 당할 때, 교회는 그런 세상 문제에는 눈을 감아 버린 채 영적인 피난소 역할만 잘하면 될 것이다. 그런데 문제는 때때로 이런 경향이 모든 대가를 치러 가면서도 현재의 정치적인 평화와 질서만 유지하기 바라는, 그래서 최소한의 현상유지만을 바라는 세상 지배자들이 제공하는 경제적인 자원에 의해 지원되고 있다는 점이다.

두 번째는, 바울이 이 고별 설교 마지막 부분에서 오늘날 우리에게 경제적인 문제와 관련해 아주 중요한 교훈을 주고 있다는 점이다. 세 가지 점이 중요하다. 첫째는 바울이 은이나 금이나 옷을 바란 일이 없다는 점이고, 둘째는 장로들에게 자기가 보여 준 모범을 따르라는 점이고, 셋째는 이 모든 것의 목적으로 필요하고 가난한 자를 도우라는 것이다.

여기서 중요한 점은 교회의 경제적인 생활이 절대로 부수적이거나 이차적인 문제가 아니라는 점이다. 이 문제는 다만 교회의 예산과 관련된 문제만은 아니다. 더욱이 교회가 재정을 실용적으로 잘 사용해야 한다는 문제와 관련된 것도 아니다. 무엇보다 교회의 전체 생활과 마찬가지로 교회의 예산과 재정도 당연히 복음을 그리고 복음의 가치를 반영하는 것이 되어야 한다. 그러나 불행히도 오늘날 교회가 자주 그렇지 못한 것으로 보인다. 많은 교회들에서 교회의 예산이 거의 다 목회자의 봉급이나 교회의 건물 유지와 내부 치장만을 위해 사용되고 있다. 그런 경우 바울처럼 최소한 자신의 생활을 위해 별도의 돈벌이를 하면서 자유로운 시간에 교회를 봉사하는 그런 목회자가 필요할지도 모른다. 또 오늘날 우리들 가운데에는 라디오나 텔레비전 덕분에 거대한 경제적 제국을 건설한 채, 가난하고 순진한 교인들이 열심히 헌금하여 지원하는 돈으로 엄청난 풍요를 누리는 전도자들도 있다. 바울이 본문에서 말하는 것은 그런 모습과는 아주 다른 것이다. 필요하고 가난한 사람들을 돕는 일이 교회의 경제적 생활의 본질적인 부분이 되어야만 한다는 것이다. 헌금을 모금할 때 우리는 자주 바울이 인용한 예수의 말씀을 자주 언급한다. "주는 것이 받는 것보다 더 복이 있다."(20:35)고 말이다. 그러나 막상 우리가 교회의 예산과 기금을 집행할 때에는 흔히 그 말씀을 잊어버리고 만다. 개인은 물론 교회를 위해서도 주는 것이 받는 것보다 복이 있다는 점을 명심할 필요가 있다. 교회의 신실성은 각 신도들의 신실성과 마찬가지로 얼마나 많이 받느냐에 따라 평가될 것이 아니라 얼마나 많이 주느냐에 따라 평가되어야 할 것이다.

20 바울의 예루살렘 여행 (21:1~22:24)

사도행전 21장은 바울의 예루살렘 여행에 관한 기록이다. 바울은 이미 앞에서 여러 번 예루살렘으로 가겠다는 결의를 표명한 바 있다(19:21, 20:3, 16). 사도행전 후반부에서 나타나는 바울의 예루살렘 여행에 대한 단호한 결심은 누가복음에서 예수가 예루살렘으로 가겠다는 결의를 여러 번 표명한 것(눅 9:51, 13:33, 18:31)과 평행을 이루고 있다. 그리고 사도행전의 마지막 부분은 누가복음의 마지막 부분인 수난설화를 더욱 강하게 반영하고 있다. 실제로 사도행전 21~28장은 "사도행전의 수난설화" 혹은 "바울의 수난설화"라고 불린다.[180] 그래서 누가복음에서 예수가 예루살렘 여행을 앞두고 수난 예고가 거듭되었던 것처럼, 사도행전에서도 바울의 예루살렘 여행과 관련하여 나름 수난 예고가 나타나고 있다. "예루살렘에서 유대인들이 이같이…결박하여 이방인의 손에 넘겨주리라"(21:11; cf. 28:17).[181] "예루살렘", "유대인들", "결박하여", "이방인의 손", "넘겨준다"는 단어는 모두 예수의 수난설화에서 반복되는 중요 단어들이다. 그리고 누가복음 수난설화의 마지막 부분에서 예수의 무죄가 로마 총독 빌라도의 입을 통해 거듭 강조되었듯이(눅 23:4, 14, 22), 바울이 당했던 사도행전의 수난설화에서도 바울의 무죄가 거듭 로마 당국자들의 입을 통해 반복되고 있다(23:29~30, 25:18, 25, 26:31).

이런 기록들을 통해서 우리는 누가가 왜 사도행전에서 바울이 예루살렘

180) James D. G. Dunn, *The Acts of the Apostles*, p. 277.

181) "그를 이방인의 손에 넘겨주리라."는 "이것이 사도행전 나머지 부분의 주제이다." Cf. Justo L. Gonzalez, *Acts: the Gospel of the Spirit*, p. 244.

과 로마에서 보낸 날들에 그렇게도 많은 지면을 할애하고 있는지 그 이유를 알게 된다. 사도행전에서 가장 중요한 인물인 바울이 그의 선교 사역에서만 아니라 복음을 위해 고난을 받는 데서까지 얼마나 예수를 닮았는지, 얼마나 예수를 따랐는지를 보여 주고 있기 때문이다. 이런 점에서도 우리는 복음서가 "확대된 서론이 붙어 있는 수난설화"라면, 사도행전 역시 "확대된 서론이 붙어 있는 수난설화"라고 말할 수 있다.

1) 예루살렘으로 떠나는 바울(21:1~16)

바울은 여러 곳을 지나 두로에 도착하여 그곳 신도들과 함께 "이레"를 머물렀다(21:4). 그런데 그곳 형제들이 "성령의 지시를 받아"(21:4) 바울에게 예루살렘으로 올라가지 말라고 간곡히 말했다. 그러나 바울은 그들과 작별하고 다시 가이사랴에 이르러 전도자 빌립의 집에서 "여러 날"을 머무른 후에(21:8~10) 드디어 "행장을 거두어 예루살렘으로 떠났다"(21:15). 바울이 전도자 빌립의 집에 머물러 있는 동안에도 아가보라는 예언자가 유대에서 내려와 "바울의 허리띠를 가져다가 자기 발과 손을 묶고 말하기를 이 허리띠의 주인을 유대 사람들이 예루살렘에서 이와 같이 묶어 이방 사람들의 손에 넘겨줄 것이라."(21:11)고 성령의 말을 인용하며 예언하였고, 이 말을 들은 그곳 형제들이 "바울에게 예루살렘으로 올라가지 말라고 간곡히 권했다"(21:12). 이처럼 두로에서, 또 가이사랴에서 두 번이나 성령을 통해서 예루살렘에 올라가지 말라는 부탁이 있었음에도 불구하고 바울은 "어찌하여 그대들이 울며 나를 상심하게 하시오? 나는 주 예수의 이름을 위하여 예루살렘에서 결박을 당하는 것뿐 아니라 죽는 것까지도 각오하고 있소."(21:13)라고 말하면서 예루살렘으로 올라가기를 고집하자 형제들은 "주님의 뜻이 이루어지이다."라고 말하고는 더 이상 아무 말도 하지 않았다.

이 본문 이야기에서 놀라운 특징 중 하나는 바울을 향한 하나님의 뜻이 진정 무엇인가에 대해 혼란을 일으키고 있다는 사실이다. 누가는 본문에서 바울이 예루살렘으로 올라가지 말아야 한다는 예언이 분명히 성령의 지시라고 밝히고 있다(21:4, 11~12). 그럼에도 불구하고 누가는 조금도 주저함 없이 바울이 고집스럽게도 성령의 명령을 단도직입적으로 무시하고 있음을(21:13~14) 그대로 소개하고 있다. 여기서 우리는 다음과 같은 질문을 제기하지 않을 수 없다. 즉 누가는 한편으로 바울이 예루살렘에 가기로 결심한 것(19:21)이나 또는 바울이 "이제 나는 성령에게 사로잡혀 예루살렘으로 가는 길입니다."(20:22)라고 말한 것과, 다른 한편으로 바울이 예루살렘에 올라가는 것을 성령이 말리는 것(21:4, 11~12) 사이의 갈등이나 모순을 전혀 모르고 있었을까? 이처럼 누가가 그의 기록을 통해서 바울이 성령의 지시에도 불구하고, 아니 성령의 지시를 아예 무시하고 있는 이런 모순에 대해서 어떤 학자들은 "누가는 자신이 말려 들어간 이 어려운 문제를 보지 못했다."고 간단히 결론을 내린다.[182]

그러나 제임스 던(James D.G. Dunn)은 이 문제에 대해서 다음과 같이 대답한다.[183] "최소한 우리가 말할 수 있는 것은 누가의 설명이 아주 현실주의적인 성격을 띠고 있다는 점이다. 즉 당시 기독교인 형제들의 생각은 바울이 어떻게 하는 것이 옳은 일인가에 대해 전적으로 갈라져 있었다. 언제나 그렇듯이 믿는 신자들이라고 할지라도 하나님의 뜻을 올바로 분별하는 일은 그렇게 쉬운 일이 아니다. 하나님의 뜻에 대한 이해가 사람에 따라 다를 수 있고, 그래서 흔히 갈라질 수 있다. 결국 각자가 자기 행동에 대한 책임을 져야 한다." 기독교인들이 중요한 문제와 관련하여 각각 성령의 지시를 받았다고 말하지만 그 지시의 내용이 상반되는 경우가 실제로 많은 것이 사실 아닌가? 아마도 던은 그런 경우를 생각한 것 같다.

다른 한편으로 곤잘레즈(Justo L. Gonzalez)는 다음과 같이 설명한다.[184] 아마도 누가는 성령이 우리가 상상하고 생각하는 것과는 다르게 행동한다고 말해 주는 것 같다. 일반적으로 성령은 모든 의심을 사라지게 하여 우리로 하여금 우리가 해야 할 일을 정확히 알게 해 주는 방식으로 행동한다고 생각

---

182) Cf. Haechen, *Acts*, p. 602.
183) James D. G. Dunn, *The Acts of the Apostles*, p. 281.
184) Justo L. Gonzalez, *Acts: The Gospel of the Spirit*, p. 245.

들을 한다. 그러나 아마도 누가는 한편으로는 성령의 지시를 진지하게 받아들이는 것이 중요함을 강조하면서도, 다른 한편으로 우리 스스로 어려운 결단을 회피하면서 모든 결단을 성령의 지시에만 의존해서는 안 된다는 것을 가르치려고 한 것으로 보인다. 사도행전에서 성령은 바울에게 그가 해야 할 일이 무엇인지 정확히 말해 주지 않고, 다만 일련의 예언에 의해 모든 사람들이 분명히 동의할 수 있도록 확인해 줄 뿐이다. 성령은 바울에게 예루살렘으로 올라가라고 강권한다. 그러나 다른 사람들을 이용하여 그곳에 올라갔을 때 치러야 하는 무거운 대가에 대해 경고한다. 마지막 결정은 여전히 바울의 몫이다. 성령은 성경에 의해서, 예수의 교훈에 의해서 그리고 우리의 변화된 새로운 생명에 의해서 우리가 이미 취해야 할 행동이 어떤 것인지 알 수 있도록 충분한 지시를 주셨다. 따라서 성령으로부터 분명하면서도 구체적인 지시가 주어질 때까지 가만히 주저앉아 있는 것은 우리가 할 일에 대해 이미 알고 있는 것을 하지 않으려는 변명에 지나지 않는다. 곤잘레즈는 인간의 생각과 기대에 따라 행동하지 않는 성령의 자유와 주권을 강조하면서도, 성령의 지시는 이미 여러 가지 방법으로 우리 마음속에 주어졌다고 보는 것이다.

2) 예루살렘 형제들과의 재회(21:17~26)

21장에서 바울이 예루살렘에 올라간 이야기는 15장에서 바울이 예루살렘에 올라간 이야기와 여러 가지 점에서 비슷하여 실제로 그때의 이야기를 다시 상기시켜 주고 있다. 우선 15장과 21장에서 모두 바울과 야고보가 주요 인물로 등장하고 있다. 더구나 야고보는 사도행전에서 오직 이 두 곳에서만 등장한다. 두 사람 이외에도 “장로들”(15:4, 6, 21:18), “형제들”(15:1, 21:17)이 등장하며, 바울 일행이 예루살렘에 보고한 이야기도 15장에서는 “이방 사람들이 믿게 된 이야기”(15:3)이고, 21장에서는 “하나님께서 이방 사람들 가운데 행하신 일”(21:19)이다. 15장에서는 이 소식을 듣고 예루살렘 교우들이 “크게 기뻐했고”(15:3), 21장에서는 예루살렘 형제들이 “이 말을 듣고 하나님께 영광을 돌렸다”(21:20). 대화의 주제도 “이방 사람”(15:5, 21:21), “모세”

(15:1, 21:21), "율법"(15:5, 21:20), "할례"(15:5, 21:21) 등에서 보듯이 15장과 21장이 아주 비슷하다. 더구나 15장의 "사도회의"에서 결정된 사항 중 "믿는 이방 사람들에게는 우상의 제물과 피와 목매어 죽인 것과 음란을 삼가야 한다고 결의한 것"이 21장에서도 그대로 반복되어 나온다(15:20, 21:25). 초대교회에서 믿는 유대인들과 믿는 이방인들 사이에 제기된 문제가 그만큼 중요했고, 그만큼 쉽게 해결되기 어려운 문제였기에 다시 반복되어 나타나는 것으로 생각된다.

이렇게 언뜻 보기에는 15장의 이야기와 21장의 이야기가 아주 비슷해 보이지만, 좀 더 깊이 살펴보면 두 이야기 간에 확연한 차이가 느러나는 것을 발견할 수 있다. 첫 번째 중요한 차이점은 15장에서 바울이 예루살렘에 올라갔을 때, 처음에는 이방인의 구원 문제와 관련하여 예루살렘 유대 기독교들과의 상이한 입장 차이 때문에 "적지 않은 언쟁과 변론"(15:2)이 있었으나 나중에는 회의를 통해서 원만한 합의에 이르렀고, 그 합의된 결의문을 편지로 전달했을 때 안디옥 교인들이 "기쁘게 받아들였다"(15:31). "해피엔딩"의 모습이다. 그러나 21장에서 바울이 예루살렘에 올라갔을 때에는 비록 처음에 예루살렘 형제들이 "기쁜 마음으로 맞아 주었지만"(21:17), 나중에는 이전에 합의한 결의 사항에도 불구하고 바울에게 "당신은 우리가 말하는 대로 하면 좋겠습니다."(21:23)라고 하면서 "네 사람을 데리고 가서 나실인 서약과 함께 성결 예식을 행하고…그들의 머리를 깎도록"(21:23~24), 그렇게 해서 바울이 율법을 잘 지키며 율법대로 살고 있다는 것을 다 알게 하라고 일방적으로 강요하였고, 끝내 바울이 유대 사람들에 의해 체포되는 지경에까지 이른다. 15장과는 달리 "기쁜 마음으로 맞아 주는 것"(21:17)으로 시작되었지만 폭력과 체포로 끝나고 있다. 결코 "해피엔딩"이 아니다. 두 번째 더 중요한 차이점은 15장에서는 "이방인들에게" 모세의 율법을 지키도록 해야 한다는 것이 주요 주제였는데, 21장에서는 이방인의 사도인 "바울에게" 모세의 율법을 지키도록 강요하고 있다. 이런 점은 예루살렘에 살고 있던 유대인 기독교들의 신앙이 얼마나 모세의 율법을 고수하는 데 얽매여 있었는지를, 그리고 그들의 그런 신앙이 이방 기독교인들의 신앙과 얼마나 다른지를 잘 보여주며, 동시에 예루살렘 유대인 기독교인들이 그리스도가 오심으로 율법이 끝장났다고 말하면서(롬 10:4) 율법으로부터의 자유를 선포하는 이방인의 사도 바울을 얼마나 미워했는지 잘 알게 된다.

우리는 여기서 잠깐, 왜 바울이 그토록 예루살렘을 방문하고자 했는지 그 이유를 상기해 볼 필요가 있다. 바울이 그토록 예루살렘에 가려고 한 것은 이방인 기독교인들과 유대인 기독교인들 간의 화해와 일치의 상징으로 디아스포라 교회들이 예루살렘의 가난한 형제들을 위해 모금한 헌금을 전달해 주고 싶어서였다. 그런데 누가는 바울이 예루살렘을 다시 방문한 것과 관련하여 모금한 돈에 대해서는 전달했는지, 전달하지 못했는지 아무런 언급이 없다. 기록된 내용으로 미루어, 바울이 모금한 돈을 예루살렘의 보수적인 기독교인들이 이방인들의 헌금이라는 이유로 받아들이지 않았거나 혹은 거절한 것이 아닌가 하는 의문이 생길 뿐이다. 실상 바울 자신도 로마서 15:31에서 그런 상황을 염려했던 것으로 보인다. 그러나 만일 그것이 사실이라면, 이것은 예루살렘 교회 자체에서 바울에 대한 적개심이 얼마나 강했는지를 보여 주는 것이 아닐 수 없으며, 또한 깊은 견해 차이와 그로 인한 원한이 초대 기독교 안에 얼마나 강하게 배여 있었는지를 상기시켜 주는 것이다. 그래서 바레트(C. K. Barrett)는 이렇게 말한다. "모금 전달을 계기로 교회의 일치를 확보하려고 한 바울의 희망은 실패했다. 이런 이유 로 누가는 그의 이야기에서 모금에 대한 언급을 생략했을 것이다."[185]

바로 이런 점 때문에 톰슨(Richard P. Thompson)은 예루살렘 교회를 다시 찾은 바울에 대한 누가의 설명을 가리켜 한마디로 "추한 장면"(an ugly scene)[186]이라고 말한다. 사도행전 21장에 묘사된 예루살렘 '교회'는 예루살렘 '사람들' 보다 조금도 나을 것이 없었다. 본문 자체가 예루살렘 유대인들이나 예루살렘 교인들의 성격에 대해 분명하게 설명하고 있지는 않지만, 여

185) C. K. Barrett, *Acts: A Shorter Commentary*, p. 328.

186) Richard P. Thompson, *Keeping the Church in Its Place: The Church As Narrative Character in Acts*(New York: T & T Clark International, 2006), p. 233.

하간 상당히 부정적으로 묘사하고 있는 것만은 사실이다. 사도행전 서두에 나오는 예루살렘 교회와 사도행전 15장에 나오는 예루살렘 교회의 결정은 "믿는 자들과 그들 가운데서 역사하시는 하나님의 행동 간의 일치감"을 보여주는 데 반해서, 21장에서는 "누가가 명시적으로나 암시적으로나 합의 정신에 대해서는 아무런 언급도 하지 않은 채, 다만 암시적으로 역경의 상황만을 묘사하고 있을 뿐"[187]이다.

예루살렘 교우들이 전에는 형제애와 친구애와 같은 공동체적인 일치감으로 하나가 되었는데(cf. 2:42~47, 4:32~37), 21장에 와서 예루살렘 교우들이 그들의 유대인 형제인 바울에 대해 드러내는 관심은 완전히 이전의 것이 아니다. 따라서 바울의 이번 예루살렘 방문과 관련해서 예루살렘에서 일어난 모든 일은 유대인들의 격렬한 반대와 유대 기독교인 형제들의 차가운 침묵을 보여 주는 것뿐이다. 결국 예루살렘 형제들은 사도행전에 등장하는 다른 유대인들과 마찬가지로 더 이상 하나님께 속한 백성들의 모습이 아니다. 바울의 예루살렘 여행이 예수의 예루살렘 여행처럼 수난의 길이 될 수밖에 없는 이유를 잘 보여주는 대목이 아닐 수 없다. 실제로 예루살렘에서 바울은, 누가복음의 예수가 예루살렘에서 겪었던 것과 똑같은 고난을 당하였다.

3) 예루살렘 성전에서 체포된 바울(21:27~36)

바울은 예루살렘 형제들(아마도 야고보와 장로들을 포함하여)이 요구한 대로 "네 사람을 데리고 함께 성결 예식을 행한 후 성전으로 들어갔다"(21:26). 성전 안에서 바울을 본 "아시아에서 온 유대 사람들"[188]은 온 무리를 선동하여 바울이 "어디를 가나 우리 백성과 율법과 성전을 공박하면서 자기의 교리를 전파하는 사람"(21:28)이라고, 또한 바울이 이방인 곧 "헬라 사람들을 성전으

187) Richard P. Thompson, *Keeping the Church in Its Place*, p. 233.

188) 이 사람들은 바울의 선교 사역이 집중되었던 곳에서 올라온 이들로서 바울에 대한 적개심이 다른 어느 누구보다도 더 강했던 사람들이다.

로 데리고 들어와 이 거룩한 곳을 더럽힌" 사람이라고 소리를 질렀다(21:28). 바울은 결국 다음의 세 가지에 대해서, 곧 하나님의 선택받은 백성인 유대인들에 대해서, 모세의 율법에 대해서 그리고 거룩한 하나님의 성전에 대해서 공격하고 모독했다는 죄목으로 고소를 당한 셈이다.

금방 온 도시가 소란해지고 사람들이 몰려들어 바울을 붙잡아 끌고 성전 밖으로 나갔다. 이런 소동에 대한 소식이 천 명의 로마 수비대를 지휘하는 천부장에게 전해졌다. 이 천부장의 이름은 나중에 23:26에서 글라우디오 루시아로 밝혀지고 있다. 로마 주둔군의 지휘자로서 주둔지의 소요나 소동을 진압할 책임을 맡고 있는 천부장으로서는 직책상 그리고 직무상 즉각 대응할 수밖에 없었다. 천부장은 부하들에게 바울을 두 쇠사슬로 결박하고[189] 그가 어떤 사람이며 무슨 일을 했는지 조사하라고 지시했다. 그런데 "무리 가운데 사람들이 저마다 다른 말을 하기 때문에 소란해서 확실한 것을 알 수 없었다"(21:34). 이것은 마치 바울이 에베소에서 데메드리오 은장이로 인해 야기한 소동에 말려들었을 때, 무리들 가운데서 "이 사람은 이렇게 말하고 저 사람은 저렇게 말하여 거기 모인 무리가 혼란에 빠졌다"(19:32)는 말을 상기시켜 준다. 많은 사람들이 바울을 "없애 버리라"(21:36)고 소리 지르며 "폭행하려고" 하기 때문에 도리어 바울은 군인들에게 들리어 가게 되었다.

4) 바울과 천부장 루시아의 대화(21:37~39)

바울과 천부장이 만나 대화하는 이 본문에서 우리는 아주 흥미로운 사실을 보게 된다. 누가는 성전에서 체포된 바울의 정체에 대해 "사람들이 저마다 다른 말을 하기 때문에 소란했다."(21:34)며 혼란이 생겼다고 전해준 바 있는데, 똑같은 일이 천부장에게도 일어났다. 천부장도 바울의 정체에 대해 혼란이 생겨서 "당신이 얼마 전에 반란을 일으키고 나서 폭도 사천 명을 이끌고 광야로 나갔던 그 애굽 사람이 아니요?"(21:38)라고 물었다. 천부장은 바

189) 사도행전 12:6에 보면 베드로가 감옥에 갇힐 때에도 "두 쇠사슬로 결박" 되었다.

울을, 최근 광야에서 반란 운동을 이끌던 애굽 사람 "폭도"[190]로 오해한 것이다. "천부장의 혼란은 무리들의 혼란(21:34)을 반영하고 있다."[191] 천부장이 바울과 혼동했던 이 애굽인에 대해서는 요세푸스(Josephus)가 다음과 같은 기록을 남긴 바 있다. "이때에 애굽에서 올라온 어떤 사람이 예루살렘에 와서 자기는 예언자라고 말하면서 많은 백성들에게 자기와 함께 도시가 마주 보이는 감람산으로 가자고 선동했다. …그러나 벨릭스 총독이 이것을 알고 그의 군인들에게 무장하도록 명령하고 수많은 기병과 보병을 데리고 애굽인과 그 추종자들을 공격했다. 그는 그들 중 400명을 죽였고 200명을 체포했다. 애굽인은 전투 도중 도망하여 흔적도 없이 사라졌다."[192]

천부장 루시아는 예루살렘 성내의 소동을 보고는 바울을 도망갔던 그 애굽인으로 쉽게 혼동한 것으로 보인다. 그래서 바울에게 "당신이 그 애굽인이 아니요?"라고 물었던 것이고, 바울은 천부장의 이 질문에 대해 자신의 정체를 분명히 밝힌다. "나는 다소 태생인 유대 사람으로 유명한 도시 길리기아의 시민입니다"(21:39; cf 22:3). 나중에 가서 바울이 자기가 로마의 시민이란 사실을 알리지만(22:25~29) 처음에는 그것을 밝히지 않았다. 여하간 바울은 자신의 정체를 밝힌 후에 천부장으로부터 허락을 받아 예루살렘 백성들을 향해 말할 수 있는 기회를 얻었다.

5) 예루살렘 백성들을 향한 바울의 연설(21:40~22:24)

바울은 천부장 루시아로부터 허락을 받고 백성들에게 "히브리 말로"(아마도 실제로는 아람어로) 연설하였다. 그의 연설은 대부분 자서전적인 것이었다. 여기서 우리는 바울이 본래는 길리기아 다소에서 출생했지만, 그가 예루살렘에서 자랐다는 사실과 이미 사도행전 5:34~39에서 본 대로 "가말리엘의 문

---

190) 개역에선 "자객"이라고 번역된 이 단어의 헬라어는 "sicarii"로서 로마 치하에서 반란 운동을 주도하던 열심당 극좌파를 가리킨다. 그 단어는 살상용 "단검"을 뜻하는 "sica"에서 유래되었다.
191) James D. G. Dunn, *The Acts of the Apostles*, p. 289.
192) Ant. 20.8.6. Cf. Josephus, War 2.13.6.

하에서" 조상의 율법에 대해 엄격한 교육을 받았다는 사실을 알게 된다. 그는 예루살렘 백성 누구보다도 율법에 열심이어서 "예수의 도"를 따르는 사람을 박해하며 죽이는 일에도 앞장섰던 사람임을 고백한다. 그러고는 사도행전에서 두 번째로 자신의 개종 이야기를 반복한다(22:6~16).[193]

사도행전 22:17~21에서 우리는 다른 곳에서는 듣지 못한 새로운 이야기를 듣게 된다. 즉 바울이 예루살렘 성전에서 기도하는 가운데 황홀경 속에서 예수를 뵈었고, 그로부터 "예루살렘 사람들이 예수에 대한 증거를 받아들이지 않을 것이기 때문에 예루살렘을 떠나라."는 말씀과 "가라, 내가 너를 멀리 이방 사람들에게로 보낸다."는 말씀을 들었다는 새로운 내용이다. 이 말은 한편으로는 "유대인들이 복음을 배척하기 때문에 이방인에게로 간다."(13:46, 18:6)는 바울의 선교 정책을 다시금 상기시켜 주며, 다른 한편으로는 바울이 예수로부터 직접 이방인 선교사로 부르심을 받았다는 사실을 재확인해 주고 있다(cf. 22:15).

바울의 이런 설명을 듣고 예루살렘 백성들이 격분하여 "옷을 내던져 공중에 먼지를 날리면서", "이런 사람은 이 땅에서 없애 버리자. 살려두면 안 된다."고 소리 질렀다(22:22). 바울이 이들을 격분시킨 이유는 두 가지 때문이었다. 첫째는, 바울이 "예루살렘 사람들이 예수에 대한 증거를 받아들이지 않을 것이니 예루살렘을 빨리 떠나라."는 계시의 말씀을 예루살렘 성전 안에서 들었다고 말하였기 때문이다. 우리는 여기서 이사야 선지자가 성전 안에서 여호와 하나님으로부터 "내가 누구를 보내며 누가 우리를 위하여 갈꼬?"라는 말씀을 듣고 "내가 여기 있나이다. 나를 보내소서."라고 말한 것을 기억할 필요가 있다. 하나님의 백성이 듣기는 들어도 깨닫지 못하고, 보기는 보아도 알지 못하기 때문에 하나님이 이사야 선지자에게 "여호와께서 사람들을 멀리 옮기실 것"(사 6:12)이라고 말씀하신 것을 기억한다면, 바울은 여기서 마치 자기가 성전에서 황홀경 가운데 만난 예수를 이사야가 성전에서 환상 가운데 만난 하나님과 동일시하고, 자기를 이사야 선지자와 동일시하는 것으로

193) 첫 번째 개종 이야기는 9:1~19에서, 세 번째 마지막 개종 이야기는 26:12~18에 나온다.

이해될 수도 있다. 예루살렘 사람들로서는 격분할 말이 아닐 수 없다. 둘째는, 바울이 다시금 이방인들에 대한 자신의 선교를 언급했기 때문인데, 그것도 이 이방인 선교가 바로 성전 안에서 주어진 계시의 결과라고 말하였기 때문이다. 그래서 격분한 무리들은 바울을 "이 땅에서 없애 버리자. 살려두면 안 된다."고 소리 지르게 된 것이다. 이런 소동을 진정시키지 위한 천부장의 대응은 군인들에게 명하여 바울을 병영 안으로 데리고 들어가 채찍질하여 무리들이 소리 지른 이유를 알아내는 것이었다.

21 산헤드린과 벨릭스 총독 앞에 선 바울(22:30~24:27)

누가복음에서 예수는 산헤드린 공의회 앞과 빌라도 총독 앞에서 심문을 받았다. 사도행전에서 바울도 산헤드린 앞과 또 벨릭스 총독 그리고 베스도 총독 앞에서 심문을 받았다. 이런 평행은 누가의 의도적인 편집의 결과로 생각된다. 누가는 사도행전의 사도들이 모든 점에서 "예수를 본받아" "예수의 발자취"를 잘 따라갔다는 사실을 보여 주려고 한 것으로 생각된다.

1) 산헤드린 앞에 선 바울(22:30~23:11)

천부장 루시아는 유대 사람들이 무슨 이유로 바울을 고소하는지 진상을 알아보기 위해서 "대제사장들과 온 의회를 소집하도록 명령하고"(22:30) 바울을 산헤드린 앞에 세웠다. 바울이 유대인의 산헤드린 의회 앞에 선 이 이야기는 마치 예수가 유대인의 산헤드린 의회 앞에 섰던 이야기를 상기시켜 준다. 그런데 바울이 유대인의 공의회 앞에 선 본문 이야기는 몇 가지 문제점을 보여주고 있다. 첫째는, 천부장 루시오가 "대제사장들과 온 의회를 소집하도록 명령을 내렸다"고 했는데, 산헤드린 의회의 소집을 천부장이 "명령"할 수 있는가 하는 문제가 제기된다.[194] 만일 "유대인이 아닌 사람(a non-Jew)이 산헤드린의 공식적인 회의에 참석할 수 없다"[195]면 어떻게 이교도인

---

194) 그래서 C. K. Barrett은 " '명령했다' 는 말은 아마도 누가가 사용해선 안 될 단어이다."라고 말한다. 누가가 그 단어를 잘못 사용했다는 의미일 것이다. C. K. Barrett, *Acts: A Shorter Commentary*, p. 349.

195) C. K. Barrett, *Acts: A Shorter Commentary*, p. 349.

글라우디오 루시오 총독이 유대인의 공의회에 참석할 수 있었을까 하는 문제이다. 또한 바울도 로마의 시민권을 가진 사람인데, 로마 시민이 어떻게 유대인 산헤드린 공의회의 심문 대상이 될 수 있을까 하는 문제도 제기된다. 둘째는, 어떻게 바울이 대제사장 아나니아를 모를 수가 있을까 하는 문제이다. 공의회 석상에서 바울이 대제사장을 향해 "회칠한 벽이여, 하나님께서 그대를 치실 것이요"(23:3)라고 말했을 때, 곁에 서 있던 사람들이 바울에게 "그대가 하나님의 대제사장을 욕하오?"라고 물었는데 그때 바울은 "형제들이여, 나는 그가 대제사장인 줄 몰랐소."(23:5)라고 대답했기 때문이다. 어떻게 바울이 산헤드린 공회를 주재하는 사림이 대제사장인 줄을 모를 수 있었을까? 셋째로, 유대인의 공의회에서는 아람어가 사용되었을 터인데 어떻게 천부장이 공의회의 진행사항과 의도를 알 수 있었을까 하는 의문이 제기되었다. 이런 이유들 때문에 이 본문 이야기의 역사성이 의문시되기도 했다.[196]

이런 문제들은 이 공의회가 산헤드린의 공식적인 회의가 아니라, 천부장이 사건의 진상을 알아보기 위하여 산헤드린의 자문을 구하고자 공의회 회원들을 자신의 집이나 로마의 다른 집회장으로 모이게 한 것이라고 생각하면 해결될 수 있다. 그래서 곤잘레즈는 사도행전 22:30에서 산헤드린 공의회를 공식 소집한 것이 아니라 공의회원들의 모임을 요청한 것이라고 해석하고 있다.[197] 이 경우, 공식적인 산헤드린 회의가 아니었기에, 그래서 대제사장 아나니아가 공식적인 제사장복을 입고 있었던 것도 아니기에 바울이 그가 대제사장인 줄 알아보지 못했을 가능성도 있다.[198] 그리고 그 모임이 공식적인 산헤드린 공의회가 아니기에 아람어만 아니라 통역자를 내세워 헬라

---

196) Cf. Haechen, *Acts*, pp. 639~643.

197) Justo L. Gonzalez, *Acts: the Gospel of the Spirit*, p. 255.

198) James D. G. Dunn은 바울이 대제사장을 알아보지 못한 이유에 대해 다음의 가능성을 제시하고 있다. 첫째는 공식 회의석상에서 서두 발언을 하는 사람의 입을 치라고 명령하는 사람이 대제사장일 것이라고 생각하기 어려웠을 가능성이고, 다른 하나는 바울 자신의 시력이 아주 나빴기 때문일 가능성이다. Cf. *The Acts of the Apostles*, p. 304. C. K. Barrett도 거의 같은 생각을 하고 있다. Cf. *Acts: A Shorter Commentary*, p. 351.

어도 사용했기에 천부장이 회의의 진행을 따라갈 수 있었을 것으로 생각된다.

여기에 등장하는 대제사장 아나니아는 사도행전에서 이곳과 24:1에서만 등장한다. 그는 기원후 48~58년에 대제사장으로 있었고, 헤롯 아그립바 2세로부터 직분을 받았다. 23:2에서도 드러나고 있듯이 그의 잔인성과 독단성이 너무나 심했기 때문에, 나중에 유대인 반란이 터졌던 기원후 66년에 그는 백성들에 의해 살해되었다.[199]

사도행전 23:6에 보면 바울은 그의 고소자들을 분리시키는 전술을 쓰고 있다. 바울은 자신의 유대적 정체성을 옹호하고 유지하기 위해서, 유대교 내의 한 파벌 쪽에 서서 다른 쪽 파벌을 반대하는 전술, 곧 바리새파 와 사두개파를 분리시키기 위해서 자신이 바리새인이라는 점을 부각시켜 바리새파의 지지를 얻으면서 사두개파, 곧 대제사장 그룹을 반대하는 전술을 택하고 있다.[200] 바울은 이미 5:33~39에서도 바리새파의 지지를 얻어 위기를 모면한 적이 있다. 바울은 자신을 바리새인이라고 밝히면서, 자기가 "우리의 희망인 죽은 자들의 부활에 관한 문제"로 고소당했다고 주장한다. 바울의 말이 끝나자 "바리새파 사람들과 사두개파 사람들 사이에 다툼이 생겨 회중이 갈라졌고"(23:7), "큰 소란이 일어났다"(23:10). "사두개파 사람들은 부활도 천사도 영도 없다고 하는데, 바리새파 사람들은 그것이 다 있다고 믿기 때문이다"(23:8). 실제로 "바리새파 사람 편에서 율법학자 몇 사람이 일어나 바울을 편들어 우리는 이 사람에게서 조금도 잘못을 찾을 수 없다."(23:9)고 말하기까지 했다.

결과적으로 "큰 싸움"(23:10)까지 생겨나자, 천부장은 바울의 안전이 염려되어 군인들에게 바울을 병영으로 데려가라고 명령했다(23:10). 이것은 바울이 예루살렘에서 체포될 때 "많은 사람이 바울을 없애 버리라고 외치면서 따라오고 있었기 때문에"(21:36), 바울의 안전을 염려하여 천부장이 군인들에게 명하여 바울을 병영으로 데려간 것을 상기시켜 준다(21:35).

---

199) Josephus, Ant. 20.5~6; War 2.17.9.
200) James D. G. Dunn, *The Acts of the Apostles*, p. 300.

2) 바울을 죽이려는 유대인과 바울을 보호하려는 로마인(23:12~22)

우리가 본문에서 주목해야 할 점 가운데 하나는 바울이 예루살렘 사람들로부터 위협을 당할 때마다 천부장의 명령에 따라 로마 군인들의 보호를 받고 있는 것으로 묘사되고 있다는 사실이다. 그래서 제임스 던은 사도행전 23:1~35의 제목을 〈유대인의 적개심과 로마인의 보호 사이에 있는 바울〉로 붙이면서, "유대인의 적개심과 로마인의 보호 간의 대조"를 강조하고 있다.[201] 이 주제 역시 누가복음에서는 유대인들이 예수를 가리켜 "그를 십자가에 못 바으시오. 그를 십자가에 못 빅으시오."(눅 23:21)라고 소리 지르지만, 로마의 총독은 "분명히 이 사람은 사형을 받을 만한 일을 하나도 행한 것이 없소. 그러므로 나는 이 사람을 매질하여 놓아주겠소."(눅 23:15~16; cf. 23:22)라고 말한 데서 드러난다. 로마 군인들이 바울을 안전하게 병영으로 데리고 들어간 날 밤에 예수가 바울에게 나타나 "용기를 내라. 네가 예루살렘에서 나를 위하여 증거한 것 같이 로마에서도 증거해야 한다"(23:11)고 바울을 격려했다. 그러나 바울은 에베소에 있을 때, 이미 사도행전 19:21에서 예루살렘으로 가기로 결심했을 때, "내가 거기 갔다가 꼭 로마도 가 보아야겠다"고 말한 것으로 보아, 로마에 가려는 바울의 결심 자체가 예수의 계획에 의한 것으로 보인다.

바울에 대한 예루살렘 백성들의 적개심은 유대 사람들 중 "바울을 죽이기 전에는 먹지도 마시지도 않겠다고 맹세한 사람 사십 명"(23:12)이 바울을 죽이려고 음모를 꾸미는 데까지 발전하고 있다. 본문 에서 "바울을 죽이기 전에는 아무것도 입에 대지 않겠다고 맹세한 사실"이 세 번이나 반복되고 있는 점(23:12, 14, 21)은 바울에 대한 그들의 적개심과 살해 의지를 강하게 반영한다. 더욱이 이 음모가 "대제사장과 장로들"[202]과 연관되어 있다는 사실에 주

---

201) James D. G. Dunn, *The Acts of the Apostles*, p. 300.

202) 여기에 서기관들이 언급되지 않았는데, 그 이유는 서기관들 중에는 바리새인들이 많았기 때문에 음모를 꾸민 사람들이 서기관들 전체를 믿을 수 없어 그들을 음모에서 제외시킨 것으로 보인다.

목할 필요가 있다. 그들의 계획은 비교적 간단했다. 제사장들과 장로들이 천부장에게 진상 조사를 위해 바울을 다시 산헤드린 회의에 출석시켜 달라고 요청하고 천부장이 그들의 요청을 받아들여 바울을 산헤드린 회의로 내보낼 때, 바울을 죽이기로 맹세한 사람들이 예루살렘의 좁은 골목길에 매복하여 있다가 바울을 처단하겠다는 음모이다. 그런데 다행히 바울의 생질이 이 음모를 사전에 알게 되었다. 신약성서에서 바울의 친척에 관한 언급이 오직 두 번 나오는데, 이번이 그중 하나이다.[203] 이 생질이 병영을 방문하여 바울에게 유대인들의 음모와 계획을 알려주었다. 바울은 한 백부장에게 생질을 가리키며 이 청년이 천부장에게 드릴 말씀이 있으니 천부장에게 데리고 가기를 청했고, 생질이 천부장에게 유대인들의 모든 음모를 전해 주자 천부장은 아무에게 누설하지 말라고 명령한 후 유대인들의 계획을 좌절시키는 조치를 취하였다.

3) 벨릭스 총독에게 보내진 바울(23:23~33)

천부장 루시아는 백부장 두 사람을 불러 바울을 가이사랴에 있는 벨릭스 총독에게 호송하기 위한 준비를 철저히 하도록 명령했다. 폭동이 무서웠거나 또는 도중에 바울을 암살하려는 음모가 걱정이 돼서 루시아는 두 가지 조처를 취했다. 첫째는 안전한 호송을 위해서 곧바로 "오늘밤 아홉 시에 출발하라"고 명령한 것이다. 루시아는 밤을 이용해 호송할 경우 아침 무렵이면 음모를 꾸몄던 사람들과 충분히 멀어지게 되어 안전하게 호송을 마칠 수 있다고 생각하였다. 둘째는 안전한 호송을 위해서 충분한 병력을 대비시킨 것이다. 총 470명의 병력, 곧 "보병 이백 명과 기병 칠십 명과 창병 이백 명을 준비"시켰다(23:23). 루시아의 목적은 바울을 안전하게 벨릭스 총독에게 보내는 것이었다. 일반적으로 모든 공무원이 그러하듯이, 루시아도 문젯거리를 속히 다른 사람에게 넘기고 싶었을 것이다.

---

203) 또 다른 경우는 롬 16:7이다.

그런데 천부장 루시아는 바울을 벨릭스 총독에게 보내면서 바울에 관한 공문 형식의 보고서를 함께 보냈다(23:26~30). 그 보고서의 내용 중 중요한 점은 "바울이 로마 시민인데, 유대인들에 붙잡혀 죽을 뻔했기에 그를 구해내서 의회를 통해 알아보니 그가 유대인의 율법 문제로 고소를 당했을 뿐 사형이나 갇힐 만한 아무런 죄가 없다."고 한 것이다. 누가는 이런 기록을 통해 독자들에게 로마 당국자 가운데 한 사람인 천부장 글라우디오 루시아가 바울에 대해서 "아무런 죄가 없음"을 확인했다고, 즉 바울이 전하는 복음이, 그리고 복음을 전하는 바울이 로마 법에 저촉되지 않았다는 사실을 분명히 밝히고 있다. 기독교 복음이 로마 세계에 널리 전파되어도 아무런 문제가 없음을 로마 세계를 향해, 그리고 기독교 선교사들을 향해 강조하고 있는 셈이다.

4) 벨릭스 총독 앞에 선 바울(24:1~27)

제1권 누가복음의 끝부분(22~24장)이 "예수의 수난설화"이듯이, 제2권 사도행전의 끝부분(21~18장) 역시 "바울의 수난설화"이다. 누가복음에서 예수가 예루살렘에 가려고 결심했듯이(눅 9:51, 53, 13:33, 18:31), 사도행전에서 바울도 예루살렘에 올라가려는 결심을 여러 번 밝힌 바 있다(행 19:21, 20:16). 예수가 수난 예고를 여러 번 했듯이(눅 9:44, 18:31~33), 바울도 수난을 예고한 바 있다(행 21:11, cf. 28:17). 예수가 산헤드린 앞에서 심문을 받고(눅 22:66~71), 헤롯 아그립바 앞과(눅 23:6~12) 로마 총독 빌라도 앞에서(눅 23:1~5, 13~25) 심문을 받았듯이, 바울도 산헤드린 앞에서(행 22:30~23:10), 헤롯 아그립바 앞에서(행 25:13~26:32), 그리고 벨릭스 총독과 베스도 총독 앞에서(행 24:1~27, 25:1~12) 심문을 받았다. 유대인들이 심문 과정에서 예수를 향해 "이 사람을 없이하소서."(눅 23:18)라고 외쳤는데, 사도행전에서도 유대인들이 바울을 향해 "그를 없이하소서"(행 21:36)라고 외쳤다. 심문 과정에서 예수가 빌라도에 의해서 무죄가 세 번 선언되고 있는데(눅 23:4, 14, 22), 바울도 루시아(행 23:9), 베스도(행 25:25), 아그립바 왕(행 26:31)에 의해 무죄가 세 번 선언되고 있다. 전체적으로 볼 때 사도행전에 나오는 바울의 수난설화는 누가복음에 나오는 예수의 수난설화의 유형을 그대로 따르고 있다. 그래서 던은 누가복음과 마찬가지로 사도행전도 마치 "긴 서론을 가진 수난설화"(a passion narrative with a lengthy introduction)의 성격을 갖고 있다고 말한다.[204] 이것이 사실이라면, 이 기록은 누가가 기독교의 시작과 정의를 위해 바울의 사역이 얼마나 중요한지를 강조하는 증거로 볼 수 있다. 제1권 누가복음의 마지막 클라이맥스가 예수의 변호와 옹호였듯이 바울의 변호와 옹호가 제2권 사도행전의 마지막 클라이맥스이다.

총독 벨릭스에게 바울을 고소한 사람은 "대제사장 아나니아와 몇 사람의 장로"와 그들이 대동한 더둘로라는 이름의 변호사이다. 벨릭스 총독 앞에서의 소송을 전하는 사도행전 24장은 두 개의 변론, 즉 더둘로의 변론(24:2~4)과 바울의 변론(24:10b)을 중심으로 맴돌고 있다. 바울을 고소한 내용은 여러 가지이다. "바울은 염병 같은 자"이고, "온 천하에 있는 모든 유대 사람들을 소란하게 하는 자"이며, "나사렛 당의 괴수"로서 "성전을 더럽히려고 하는 자"라는 것이다. 이런 고소 내용 중 총독의 관심을 끈 것은 "소란"을 일으키며 "성전"을 더럽힌다는 점이다. 총독의 주요 임무와 책임이 주둔지의 치안 안정과 성전의 안전한 보호이기 때문이다.

벨릭스 총독은 곧바로 바울에게 변론의 기회를 주었다. 24:11~13에서 바울은 소란을 일으키며 성전을 더럽힌다는 고소를 한마디로 부인한다. "성전에서나 회당에서나 또는 거리에서 내가 누구와 변론을 하거나 군중을 선동하는 것을 고소인들은 보지 못했고", 그래서 아무 증거도 없다고 한다. 그러나 24:14에서 그의 변론의 성격이 달라지고 있다. 바울은 단지 고소 내용에 대해 변호하는 것이 아니라 오히려 자기가 믿는 신앙과 자신이 왜 예루살렘에 왔는지에 대해 적극적으로 설명하기 시작한다. 바울은 스스로 유대인들이 "이단이라고 하는 그 도(道)"의 신봉자임을 고백한다. 그리고 자신은 그 도를 따르면서 "우리 조상의 하나님을 섬기고 율법과 예언서에 기록되어 있는 모든 것을 믿는다."고 말한다. 이런 변론과 함께 바울은 "의로운 사람이나

---

204) James D. G. Dunn, *The Acts of the Apostles*, p. 277.

불의한 사람이나 다 같이 부활한다."는 것을 증거한다(24:15). 자신이 재판을 받는 이유도 "죽은 자의 부활에 대한 문제 때문"(24:21)이라고 주장한다. 그러나 구체적으로 예수의 부활에 대해서는 언급하지 않는다. 이것은 사도행전 전반에서 강조되고 있는 부활에 대한 누가의 관심이 바울의 입을 통해서 다시 나타나는 것으로 생각된다.

이어서 바울은 예루살렘에 방문한 이유를 설명한다. 여기서 누가는 마지막으로 바울의 서신들에서 중요하게 언급된 바 있는, 그러나 사도행전에서는 일반적으로 침묵하고 있는 예루살렘 성도들을 위한 모금에 관하여 언급한다. "나는 여러 해 만에 내 민족에게 전달할 구제금과 하나님께 바칠 제물을 가지고 고국으로 돌아왔습니다"(24:17). 그러면서 "아시아에서 온 몇몇 유대 사람들"이 자신이 성전 안에서 성결 예식을 행하고 제물을 드리며 예배하는 것을 보았을 뿐 군중이 모인 일도, 군중을 선동한 일도 없다고 설명한다. 누가는 바울이 말하는 그 도(道)에 대해 벨릭스 총독이 잘 알고 있기 때문에 바울의 사건을 천부장 루시아에게 맡겨 처리하게 했다고 전한다. 누가의 이 설명만으로는 벨릭스 총독이 기독교에 대해 호의적이었는지 아닌지 전혀 알 수가 없다. 다만 분명한 것은 벨릭스가 이 문제에 직접 관여하고 싶어 하지 않았고, 그래서 천부장 루시아로부터 좀 더 들어본 후에 결정하겠다고 최종 결정을 미루었다는 사실이다. 이후 바울은 "이 년"(24:27)을 더 죄수의 몸으로 남아 있을 수밖에 없었다. 그러나 총독은 바울에게 "자유를 주고 친구들이 돌보아 주는 것을 막지 말라."(24:23)고 지시함으로써 바울에게 약간의 호의와 배려를 베풀었다. 벨릭스는 바울과 계속 개인적으로 만나 "예수를 믿는 믿음의 도리"를 들으면서 바울이 "정의와 절제와 장차 올 심판"에 대해 말하자 두려운 생각이 들어 더 이상 바울을 만나지 않았고, 대신 "뇌물을 바라고 바울을 자주 불러내어 이야기를 나누었다"(24:26). 2년 뒤에 보르기오 베스도가 벨릭스의 후임으로 부임하여 바울의 문제를 다루었다.

누가는 바울이 산헤드린과 총독 앞에서 오랫동안 심문을 당하는 지루한 과정에서 권력을 잡은 사람들이 보여 주는 우유부단함과 부패함에 대한 서글픈 이야기를 전해 주고 있다. 대제사장 아나니아가 보여 주는 난폭성(23:2)

과 술수(23:12~15, 24:1)는 그의 백성들부터 실망시켜, 나중에 로마에 대한 반항 운동이 일어났을 때, 백성들이 우선적으로 아나니아 대제사장을 죽인 사실에서도 잘 드러난다. 그는 백성들의 지지를 받지도 못하면서 자신의 권력과 권위에만 집착하였다. 벨릭스 총독은 처음에 또 다른 로마 총독인 빌라도처럼 골치 아픈 문제에 대해 손을 씻으려고 했다. 그러다가 나중에는 결정을 내리는 대신에 천부장 루시아로부터 더 들어봐야 한다는 말로 사건을 연기시켜 버렸다. 후에는 자기 아내인 드루실라와 함께 바울을 찾아와 "예수를 믿는 믿음의 도리"에 대해 듣기도 했지만 결국 바울로부터 뇌물을 바라고 자주 만났다. 그러는 가운데 "이 년"을 허송한 채 바울에 대해 아무런 결정도 하지 않고 자리를 떠나 버렸다.

이런 모든 일들이 바울로서는 상당한 인내를 요구하는 일이었다. 쇠사슬에 매여 심문 결과를 기다리며 감옥에서 2년을 지낸다는 것은 아주 긴 시간이고 고된 기간이 아닐 수 없었다. 더구나 심판자가 결정을 내릴 용기가 없기 때문에, 혹은 오히려 심판자가 뇌물을 바라기 때문에 자기가 지금 감옥에 있다는 것을 잘 아는 사람에게는 그 2년이 더 더욱 길수밖에 없었을 것이다. 바울로서는 언젠가 로마에 있는 교인들에게 편지를 쓰면서 "우리는 환난 가운데서도 기뻐합니다. 그것은 환난은 인내를 낳고 인내는 품격을 낳고 품격은 희망을 낳는다는 것을 잘 알고 있기 때문입니다. 그리고 이 희망은 우리를 실망하게 하지 않습니다."(롬 5:3~5)라고 가르쳤던 것을 몸소 실천하는 기회를 가진 셈이다.

사도행전에서 읽게 되는 이런 이야기는 오늘날 우리에게도 중요한 교훈이 된다. 우리는 한편으로 현재 당하는 불의와 고통을 하나님이 언제 끝내 주실지 조바심을 느끼면서도, 다른 한편으로는 끝이 보이지 않는 고통을 계속 인내해야 하는 그런 시대에 살고 있기 때문이다. 현실과 타협할 문제도 아니고 현실을 그대로 받아들여야 할 문제도 아니다. 우리의 노력이 아무런 결과도 가져오지 못하기 때문에 좌절하게 되는 문제도 아니다. 바울은 가장 강력한 제국의 권력 밑에서 그리고 정치적으로는 강력하지만 도덕적으로는 부패하여 아주 약할 수밖에 없었던 그런 지배자의 변덕 때문에 감옥에 갇혀 있었다. 그냥 참으며 인내심만 발휘하는 것으로는 충분치 않았다. 그러나 여러 해가 지나고, 여러 세기가 지난 후에, 로마 제국도 로마 황제들도 모두 사라지고, 그들의 이름이 역사의 한 페이지에 먼 메아리처럼 희미하게 남았을 뿐이지만, 로마 제국의 감옥에서 풀이 죽어 있던 한 불쌍한 죄수의 기억과 그의 증언은 오늘날 세계 방방곡곡에 살아남아서 그의 메시지가 더욱 강력하게 선포되고 있지 않은가? 우리는 지금 혹시 대제사장 아나니아나 로마 총독 벨릭스와 같이 전혀 존경할 수 없는 그런 권력 밑에서 살아가며 고통을 당하고 있을지 모른다. 그러나 그런 상황에서도 우리는 사도행전의 진정한 주인공인 성령의 무한한 능력과 계속적인 현존 덕분에 결코 희망을 잃지 않을 것이다. 우리는 바울처럼 "환난이 인내를 낳고, 인내는 품격을 낳고, 품격은 희망을 낳는다는 것을 알고 있기 때문이다"(롬 5:3~4).

22 베스도 총독과 아그립바 왕 앞에 선 바울(25:1~26:32)

1) 베스도 총독의 손으로 넘어간 바울(25:1~12)

벨릭스 총독의 후임으로 보르기오 베스도가 부임했다. 베스도는 부임하고 나서 사흘 뒤에 곧바로 가이사랴에서 예루살렘으로 올라갔다. 그는 유대인들이 반란을 일으킬 징조가 점점 강해지자 가능한 속히 자기 관할 지역에서 가장 문제가 되는 것이 무엇인지 파악하고자 했을 것이다. 누가는 무엇보다도 베스도가 바울의 문제를 어떻게 다룰지에 관심하였기 때문에 베스도가 예루살렘에 올라가 있는 동안 그가 다룰 현안이 바울의 고소 사건이었다는 인상을 주고 있다. "대제사장들과 유대 사람의 지도자"들은 베스도에게 바울을 고소하면서 그를 예루살렘으로 보내 주기를 청원했다. 길에서 폭도들을 매복시켰다가 바울을 죽이려는 음모를 꾸몄기 때문이다(25:3). 그러나 베스도는 가이사랴에 주둔하고 있는 총독으로서 그들에게 말하길 바울에게 무슨 잘못이 있거든 당연히 가이사랴로 와서 그를 고소하라고 하였다.

베스도는 열흘 가량 예루살렘에 머문 후 다시 가이사랴로 가서 그 다음날 재판석에 앉아 바울을 데려오라고 명했다. 바울이 재판정에 나타나자 "예루살렘에서 내려온 유대 사람들"은 "여러 가지 중한 죄목으로 바울을 고소했으나 증거를 대지 못했고"(25:7), 바울도 "내가 유대 사람이나 성전이나 가이사에 대하여 아무 죄도 지은 일이 없다."(25:8)고 말했다. 그때 베스도는 "유대 사람들의 환심을 사려고"[205] 바울에게 예루살렘에 올라가서 재판을 받고 싶지 않느냐고 물었고, 바울은 자기가 가이사의 법정에 서 있기 때문에 여기 가

이사랴에서 재판을 받겠다고 말하면서, 공식적으로 "나는 가이사에게 상소합니다."(23:11)라고 대답했다. 바울은 예루살렘에서 유대 사람들의 손에 다루어지는 것이 아마 두려웠는지 로마 시민으로서의 권리를 행사하였다. "바울의 대답은 사도행전에서 가장 드라마틱한 순간들 가운데 하나이다."[206] 그는 가이사에게 상소하면서 동시에 "어느 누구도 나를 그들에게 내어줄 수 없습니다."라고 말함으로써 총독이 제안한 대로 할 수 있는 권한이 총독에게 없음을 분명히 밝히고 있다. 그러자 베스도는 다른 배석 판사들과 협의한 후에, "그대가 가이사에게 상소했으니 가이사에게로 갈 것이요."(23:12)라고 말했다. 그 순간부터 바울의 고소 사건은 더 이상 베스도의 손에 머물 수 없게 되었다. 드디어 바울은 가이사가 있는 로마로 가게 되었다!

2) 아그립바 왕 앞에 선 바울(25:13~26:32)

제임스 던은 사도행전 25장을 가리켜 "사도행전에서 가장 이상한 장(章)"(the strangest chapter in the book)[207]이라고 말했다. 아마도 그 이유는 바울이 21장에서 성전에서 붙잡힌 이후 그의 고소 사건이 거의 세 장에 걸쳐 이미 다루어졌는데도 아무런 결론이 없이 계속 이어지고 있는데다가, 더구나 바울이 가이사에게 상소한 직후에 바울이 다시 고소 사건과 관련하여 아무런 결정권도 없는 아그립바 왕 앞에 다시 나서는 이야기가 길게 소개되는 등 이 모두가 이해하기 쉽지 않기 때문이다.

그러나 누가가 여기서 바울이 아그립바 왕 앞에 나서는 이야기를 소개한 데에는 나름 특별한 의도가 있어 보인다. 분명히 누가는 누가복음에서 예수의 십자가 처형이 복음서의 클라이맥스를 제공하는 것과 같은 방식으로 사

205) 사도행전 24:27에서도 벨릭스 총독은 "유대 사람들의 환심을 사려고" 법적으로 제한된 "2년"을 넘게 바울을 감금한 바 있다. 이 문구의 반복은 로마의 총독들이 정의를 실천하는 일보다 유대 지도자들의 환심을 사려는 데 더 많은 관심을 갖고 있었음을 잘 보여준다.

206) Justo L. Gonzalez, *Acts: the Gospel of the Spirit*, p. 265.

207) James D. G. Dunn, *The Acts of the Apostles*, p. 317.

도행전 25~26장이 사도행전에서 클라이맥스를 이루는 듯한 인상을 주고 있다. 누가복음에서 예수가 산헤드린과 빌라도 총독에게 심문을 받은 것 이외에 헤롯에게 넘겨진 것과 같이(눅 23:6~12) 사도행전에서 바울이 산헤드린과 로마 총독 앞에 심문을 받은 것 이외에 헤롯 아그립바에게 심문을 받은 것으로 기록함으로써 예수의 심문과 바울의 심문 간에 평행을 이루고자 했을 것이다. 더구나 아그립바 왕이 심문 과정에서 개종에 가까이 접근한 것과 같은 모습(26:28)은 십자가 위에서 회개한 강도의 모습(눅 23:40~43에서만)과 평행을 이루고 있고, 베스도 총독과 아그립바 왕이 함께 바울의 무죄를 인정한 것(26:31~32)은 빌라도 총독과 헤롯 왕이 예수에 관해 무죄를 인정한 것(눅 23:14~15)과 평행을 이루고 있다.[208] 이렇게 이해할 경우, 사도행전의 다음 장인 27장은 복음서에서 예수가 매장된 것과, 28장은 부활 이야기와 평행을 이루고 있는 것으로 이해할 수도 있다.[209] 특히 28장은 실제로 누가복음 24장과 흥미 있는 평행을 이루고 있다. 즉 28장의 서두 이야기(28:1~10)는 바울이란 인물을 분명히 옹호하고 입증하는 내용인데, 그것은 누가복음 24장에서 부활을 통해 예수를 옹호하고 입증하는 것과 평행을 이루고 있다.[210]

바울이 가이사에게 상소하여 베스도가 어쩔 수 없이 바울을 가이사에게 보내기로 결정했을 즈음에, 마침 아그립바 왕[211]이 버니게[212]와 함께 가이사랴에 왔다가 베스도에게 인사하려고 찾아왔고, 그때 베스도 총독이 그들에게 바울의 사건을 설명해 주었다(25:14~21). 아그립바 왕이 바울의 고소 사건

---

208) 네 복음서 중에서 예수가 빌라도 총독 앞에서 심문을 받는 이야기와 별도로 "헤롯 왕" 앞에서 심문을 받는 이야기를 소개하고 있는 복음서는 오직 누가복음뿐이다. 그런데 "누가가 바울에 대한 사법적 절차에 관한 이야기에 아그립바 왕에 관한 일화를 삽입하여 소개하는 것은 예수의 이야기(눅 23:6~12)와 평행을 이루게 하기 위한 것이라는 주장이 있었다." Cf. C. K. Barrett, *Acts: A Shorter Commentary*, p. 379.

209) James D. G. Dunn, *The Acts of the Apostles*, p. 323.

210) James D. G. Dunn, *The Acts of the Apostles*, p. 278.

211) 이 (헤롯) 아그립바는 사도행전 12:1과 12:20~23에 나오는 헤롯 아그립바의 아들이다. 그는 그의 삼촌인 Herod of Chalcis의 뒤를 이어 왕위에 올랐다.

212) 베니게(Bernice)는 아그립바의 누이이다. 그녀는 Herod of Chalcis와 결혼했는데, 남편 Herod이 죽은 후에 오빠와 결혼하여 상당한 스캔들을 일으켰다. 그녀의 이름은 좀 더 정확히 Berenice로 표기되기도 한다.

에 많은 관심을 보이자 베스도 총독은 그의 호기심을 충족시켜 주기로 약속했다(25:22). 따라서 바울이 아그립바 왕 앞에 서게 된 것은 결코 공식적인 심문을 위한 것이 아니었다. 바울이 가이사에게 상소했기 때문에 더 이상의 심문이 필요한 것도 아니었다. 바울이 아그립바 왕 앞에 서게 된 것은 오직 베스도 총독이 자기를 방문한 손님들인 아그립바 왕과 버니게를 즐겁게 해 주려고 주선한 모임에 지나지 않았다.

그 다음날 아그립바 왕과 바울의 만남이 성사되었고 누가는 사도행전 25:23~26:32에서 그 만남에 대해 비교적 상세히 전해 주고 있다. 이 모임에는 "천부장과 그 도시의 요인들"(25:23)도 참석하였다. 베스도 총독은 이 자리로 바울을 불러낸 이유를 설명하면서, 바울이 가이사 황제에게 상소하여 그를 보내기로 작정했지만, 자기로서는 황제에게 써 보낼 확실한 자료를 아직 얻지 못했기 때문에, 아그립바 왕 앞에서 그를 심문하는 가운데 황제에게 써 보낼 자료를 얻고자 이 모임을 주선하였다고 말한다(25:26~27). 사실상 베스도는 최근에 총독으로 이곳에 도착했고, 그래서 유대인이나 그들의 종교에 대해 아직 충분히 알지 못한 상태였기에 마침 자기를 방문한 아그립바 왕에게 잠시 바울을 심문할 기회를 주어, 현안 문제에 대한 좀 더 올바른 이해를 얻고자 한 것으로 보인다. 그럼에도 불구하고 베스도 총독은 예루살렘에서나 가이사랴에서나 모든 유대 사람들이 바울을 더는 살려두어서는 안 된다고 소리치며 소송을 걸어왔지만, 그는 바울이 사형당할 만한 아무런 일도 하지 않았다고 판단했는데(25:25), 이것은 아마도 누가가 로마 당국자들의 입을 통해 바울의 무죄를 강조하려는 의도에서 나온 것으로 생각된다.

아그립바 왕이 바울에게 말할 기회를 주자 바울이 대답하는 형식으로 사도행전에서 가장 긴 연설 가운데 하나(26:2~23)를 시작한다. 바울의 연설은 자서전적인 설명과 신학적인 논증이 결합된 형태였다. 신학적 논증은 "하나님께서 죽은 자들을 다시 살리신다."(25:8)는 부활 희망에 대한 바리새파 교리와 예수의 부활 사건을 결합시키고 있다. 물론 바리새파는 마지막 때의 부활을 믿는 데 비해서 기독교인들은 부활이 이미 예수의 부활과 더불어 시작되었다고 주장하는 점에서 차이가 있지만, 바울은 그런 차이에 대해서는 언급하지 않는다. 자서전적인 설명은 대체로 그의 개종 이야기이고(26:12~18) 이것은 앞에서 이미 두 번이나 소개되었다. 마지막으로 바울은 자신의 개종 이야기를 더 말한 후 신학적인 설명으로 다시 돌아간다. 그는 여행하면서 유대인이나 이방인 모두에게 회개하고 하나님께로 돌아오라고 전했지만, "예언자들과 모세가 장차 그렇게 되리라고 한 것 이외에는 말한 것이 없는데 그것은 곧 그리스도가 고난을 당해야 하고 그가 죽은 자들 가운데서 제일 먼저 살아나서 이스라엘 백성과 이방 사람들에게 빛을 선포하리라는 것이었다."(26:22~23)고 증언한다.

이처럼 바울이 설교를 계속하자 베스도 총독이 "바울아, 네가 미쳤다. 네 많은 학문이 너를 미치게 했구나."(26:24)라면서 말을 막았다. 바울은 "베스도 각하, 저는 미치지 않았습니다. 맑은 정신으로 참 말을 했습니다."(26:25)라고 응답하고는 곧바로 유대인인 아그립바 왕을 향해 "예언자들을 믿으십니까? 믿으시는 줄 압니다."라고 말한다. 이때 아그립바 왕의 대답의 뉘앙스를 정확히 번역하기가 쉽지 않다. "그대가 짧은 말로 나를 설복하여 그리스도인이 되게 하려고 하는가?"라고 대답했지만(새번역), 영어의 〈표준새번역판〉(NRSV)에서 "네가 그렇게 속히 나를 설복하여 기독교인이 되게 하는가?"라고 번역한 것이 원문에 더 가깝게 보인다. 아그립바가 자기가 거의 기독교인이 되었다고 말한 것은 아니지만, 바울은 기독교에 호의를 갖고 행동하도록 그를 설득했다는 의미이다. 아그립바 왕의 그 질문에 대한 대답으로 바울이 26:29에서 한 말은 고전적으로 아주 유명해진, 그래서 기독교 문학이나 설교에서 많이 인용되고 있기도 하다. "말이 짧거나 길거나 간에…오늘 제 말을 듣고 있는 모든 사람이 이렇게 결박을 당한 것 외에는 다 저와 같이 되기를 하나님께 빕니다." 바울이 아그립바 왕에게 그리고 그곳에 참석한 모든 사람들에게 한 이 말은 자기가 그들의 지위와 권력을 조금도 부러워하지 않는다는 사실과 자기를 결박하고 있는 쇠사슬 외에는 자기가 실제로 그들보다 훨씬 낫다는 사실을 의미한다. 이 말은 복음을 전하는 선교사들이 말할 수 있는, 그리고 말해야 하는 간증이기도 할 것이다. 이 말을 한 직후 아그립바 왕과 총독과 버니게와 함께 있던 모든 사람들이 다 일어나 퇴장하면서, 바울을 가리켜 "이 사람은 사형을 당하거나 간힐 만한 일을 한 것이 하나도 없소"(26:31)라고 서로 말한다. 또한 아그립바 왕은 베스도 총독에게 "이 사람이 가이사에게 상소하지 않았다면 석방되었을 것이요"라고 말했다고, 누가는 전해 주고 있다. 누가는 다시금 유대의 정치적 지도자인 헤롯 아그립바와 로마의 총독인 베스도를 내세워 바울의 정치적 무죄를 강조하고 있고, 또한 이것은 누가복음에서 헤롯과 빌라도 총독이 예수의 무죄를 공식 선언하는 것과 평행을 이루고 있다.

벨릭스 총독이 2년 이상 바울의 고소 사건에 대해 아무런 결정을 내리지 않고 그냥 뒤로 미루었던 것에 비한다면, 베스도 총독의 조치는 좀 다른 모습을 보여준다. 베스도는 부임 즉시 바울의 고소 사건을 다루었다. 그러나 그는 아직 예루살렘의 현지 사정과 바울의 고소 사건에 대해 잘 모르는 상황에서 다룬 것으로 보인다. 가이사랴에서의 심문이 끝날 즈음에 비록 고소인들이 그들의 고소 내용에 대해 아무런 증거도 내세우지 못했음에도 불구하고, 베스도 총독이 한 일은 바울을 석방하는 대신에, 예루살렘에서 새로운 심문 절차를 받도록 제안한 일이었다. 그렇게 되면 고소인들은 유리한 분위기에서 더 많은 증인들을 내세울 것을 잘 알면서도 말이다. 베스도의 그런 생각과 제안은 분명히 정치적인 책략으로 보인다. 베스도 총독도 전임 총독인 벨릭스와 마찬가지로, 만일 자기가 유대 지도자들이 그토록 미워하는 죄수를 석방하면, 자신의 정치 경력에 위협이 될 것이라고 생각했다. 바로 그런 때에 바울은 가이사에게 상소했다. 이것은 바울이 그 당시 가이사로 재임 중이던 네로 황제에게 호의적인 기대를 걸었다는 의미는 물론 아닐 것이다. 바울이 가이사에게 상소한 것은 그가 베스도 총독이 옹호하고 있다고 생각하는 법적 원칙과 사실상 그의 행동이 보여 주는 정치적 이해 간의 모순을 바울이 잘 알고 있었다는 의미일 뿐이다.

그런 경우, 상소 그 자체가 흔히는 증언하는 일이 될 수 있다. 황제에게 직접 상소함으로써 바울은 비록 간접적인 방법이기는 하지만 로마 제국의 부끄러운 부패상을 지적하고, 바로 그렇기 때문에 더욱 자신이 전파하는 메시지가 필요하다는 사실을 부각시키고 있는 것이다. 바울이 베스도와 아그립바 앞에 섰던 이 이상한 장면에서 결국 마지막 승자는 바울이었다. 그가 비록 죄수의 몸이지만 베스도 총독과 아그립바 왕 앞에서 끝까지 당당했고, 끝내 가이사 황제에게 상소함으로써 오히려 그들의 우유부단함과 정치적 저의를 드러냈기 때문만이 아니다. 바울이 끝내 자기를 심문한 사람들을 설득하지는 못했다고 하더라도, 바울은 그들을 나름 확실히 고발할 수 있었기 때문이다. 쇠사슬에 결박되어 있는 죄수의 몸으로서 왕과 로마 총독에 대해 끝내 승리자가 되게 만든 이 이상한 힘은 도대체 어떤 힘인가? 이상할 것이 전혀 없다. 이 힘은 바로 사도행전의 서두에서 약속된 성령, 곧 사도행전 배후에서 모든 사역자들 가운데서, 그들을 통해 역사하는 성령의 능력이기 때문이다.

23 로마로 떠나는 바울
(27:1~44)

21장에서 바울이 체포된 이후 바울의 심문과 관련하여 별다른 진전은 없으면서도 지루한 법적인 논란과 심문 과정만 계속된 것에 비한다면, 27장에 와서는 아주 뚜렷한 변화를 볼 수 있다. 법적인 논란이나 심문에 대한 이야기는 더 이상 찾아볼 수 없고, 이제는 가이사에 상소한 바울을 로마로 호송하는 도중에 바다 위에서 일어나는 여러 가지 사건들이 긴박하게 이어지고 있다. 앞의 두 장에서 볼 수 있었던 바울의 심문 결과에 대한 극적인 긴장감은 다소 사라진 반면, 아주 다른 형태의 긴장이 드러나고 있는데, 그것은 곧 로마로 가는 바울이 바다 위에서 맞게 되는 여러 가지 자연의 위험과 재난에 대한 이야기이다. 바울은 고린도후서 11장에서 자신이 선교 사역을 하면서 겪었던 고난에 대해 이야기하면서, "파선을 당한 것이 세 번이요 그리고 스물 네 시간 동안을 아득한 바다 위에 헤매었습니다"(고후 11:25)라고 말한 것이 바로 사도행전 27장에서 항해 도중에 겪었던 경험을 가리키는 것으로 보인다.

사도행전 27장에서 사용되고 있는 단어들도 대부분 "맞바람(27:4)", "겨울"(27:12), "폭풍(27:14)", "큰 풍랑"(27:20), "한밤중"(27:27), "암초"(27:29) 등 좀 어둡고 부정적인 의미의 단어들이 많다. 더구나 복음서의 수난설화에서 예수가 잡히시기 전날 밤에 "떡을 들고, 감사를 드리고, 떼어서" 제자들과 함께 식사한 것처럼(눅 22:19), 여기서도 바울이 "떡을 들어, 감사를 드리고, 떼어서" 배에 탄 사람들과 함께 식사를 한 이야기도 나온다(27:35). 이 이야기와 더불어 바울이 항해 도중에 배에서 많은 고난을 당한 일, 특히 파선을 당해 죽음의 위협 앞에 직면했던 일은 복음서 수난설화에서 예수가 많은 고난을 당하고 끝내 매장된 일을 상기시켜 주기도 한다. 그래서 제임스 던은 사도행전 27장의 "역할은 복음서에서 성 금요일에 이어 일요일인 부활절의 마지막 해결에 이르는 토요일의 역할과도 같다"고 말한다.[213]

사도행전 27장에 들어서면서 달라진 변화 가운데 다른 하나는 바울이 이야기의 중심에, 아니 무대의 중심에 서 있다는 점이다. 바울에게 명령하며 심문하던 베스도 총독이나 아그립바 왕은 물론이고, 대제사장을 비롯한 유대 종교 지도자들도 27장의 무대에서는 더는 찾아볼 수가 없다. 비록 27장에서 "우리"가 문장의 주어로 나타나고 있지만,[214] 실제로 가이사랴에서 출발하여 로마로 향하는 항해 과정에서 27장의 실제적 주인공은 바울의 호송을 책임진 로마의 백부장 율리오도 아니고(그는 1절과 3절에서 이름만 언급되었을 뿐 28장 끝까지 다시 언급되지도 않고, 항해 도중의 모든 사건에서 아무런 주도적 역할을 하고 있지도 않다.),[215] 바울이 타고 있는 배의 선장도 아니다. 항해 도중에 항해의 진행 여부와 관련해서(27:10), 또는 동행하는 사람들의 안전 문제와 관련해서(27:21~22) "여러분"이란 호칭을 써 가며 계속 사건을 주도해 나간 사람은 백부장 율리오나 선주나 선장이 아니라 바로 바울이었다. 누가는 이렇게 "로마로 가는 길"에서 바울을 죄수로서 수동적으로 끌려가는 사람이 아니라, 계속 모든 일을 주도하는 사람으로 부각시키고 있다. 마치 복음서의 수난설화에서 예수가 패배자가 아니라 실제로 승리자였던 것처럼, 사도행전의 수난설화에서도 바울은 단지 죄수와 패배자의 모습으로가 아니라, 당당한 승리자의 모습으로 우리 앞에 드러나고 있는 것이다.

---

213) "The chapter's function is like that of the Saturday following Good Friday and leading into the resolution of Easter Sunday in the Gospel." Cf. James D. G. Dunn, *The Acts of the Apostles*, p. 334.

214) 27장의 거의 모든 문장의 주어가 "우리"로 되어 있다, 1절, 2절, 3절, 4절, 5절, 6절, 7절, 8절, 15절, 16절, 18절, 20절, (26절)27절, 29절 그리고 37절. Cf. C. K. Barrett, *Acts: A Shorter Commentary*, p. 397.

215) 예외적으로 27:11과 27:43에서 "백부장"이란 말이 나오고, 27:31에서 바울이 "백부장과 군인들에게" 말하는 장면에서 "백부장"이 언급되고 있을 뿐이다.

1) 로마로 항해를 출발하는 바울(27:1~12)

바울과 함께 몇 명의 죄수들을 로마로 호송할 책임을 맡은 사람은 "아구스도 황제의 친위대"에 속한 백부장 율리오였다. 최소한 아그립바 2세 시대에 가이사랴에 아구스도 황제의 친위대가 있었던 것으로 알려지고 있다. 처음 아드라뭇데노 호로 로마를 향해 출항할 때 그 배에는 에베소 소동 이후에 바울과 동행한 것으로 보이는 아리스다고(cf. 19:29; 20:4)와 이 여행의 참가자이며 목격자이기도 한 누가가 함께 타고 있으면서 "우리"라는 주어를 써 가면서 여행 과정을 전해 주고 있다.

바울이 탄 배는 시돈을 거쳐 길리기아와 밤빌리아 앞바다를 건너 무라란 곳에 이르렀다. 일행은 거기서 이달리야로 가는 알렉산드리아 배로 옮겨 탔다. 아드라뭇데노 호는 아시아 연안의 여러 곳을 순회하는 배이기 때문에 이달리야로 가기 위해서는 알렉산드리아에서 이달리야로 향하는 더 큰 배로 옮겨 타야 했을 것으로 보인다. 누가는 나중에 이 배에 탄 사람들의 숫자가 모두 276명이라고 전해 주고 있다(27:37).[216] 알렉산드리아 호로 옮겨 탄 이후의 뱃길은 느리고 어려운 항해였다. 계속 맞바람이 불었기 때문이다. 그래서 일행은 살모네 앞을 지나 그레데 섬 그늘을 따라 항해하다가 간신히 아름다운 항구(fair havens, "Kalous limenas")란 곳에 이르렀다. 그러나 이 항구는 바람에 노출되어 있기 때문에 "겨울을 지나기에 불편해서"(27:12), 뵈닉스로 항해를 계속하기로 했다.

그러나 여러 날이 지나 금식 기간[217]이 지난 시기였기에 겨울이 오기 전에 이달리야에 도착하기가 어려운 데다가, "항해를 계속하기가 위험하게 되었기"(27:9) 때문에, 항해하기 좋은 때가 올 때까지 일단 안전한 곳에서 잠시

---

216) 승선한 사람들의 숫자에 대해서는 사본들 간에 많은 차이가 있다. 가령 codex Alexandrinus에서 275명, Ephare에서는 270명, Coptic 사본들 가운데서는 176명 혹은 876명 등등이다. Cf. Bruce M Metzger, *A Textual Commentary on the Greek New Testament*(United Bible Societies, 1971), p. 500.

217) 여기에 언급된 "금식 기간"이 10월에 있는 속죄일을 가리키는 것이다.

머물기로 결정했다. 그러나 이런 결정이 내려지기까지 여러 사람들 간에 의견 차이와 대립이 있었던 것으로 보인다. 한편으로 항해의 전문가라고 말할 수 있는 "선장과 선주"는 그냥 항해를 계속해야 한다고 주장했고, 다른 한편으로 바울은 그들에게 "이번 항해가 하물과 배만 아니라 우리 생명에도 타격과 많은 손해를 끼칠"(27:10) 위험이 있기에 "아름다운 항구"에 그냥 머무는 것이 좋다고 주장했다. 그러나 "백부장은 바울의 말보다는 선장과 선주의 말을 더 믿었다."(27:11)고 했다.

여기서 누가는 왜 천막지기에 지나지 않는 바울이 항해의 전문가들인 선장과 선주의 생각에 맞서서 다른 주장을 했는지,[218] 혹시 바울이 하나님의 계시나 성령의 지시를 받은 것은 아닌지에 대해서는 아무런 언급도 하지 않는다. 그러나 결과적으로는 바울의 말이 맞은 것으로 판명되었다. 실제로 그들이 탄 배는 폭풍으로 시달리다가 결국 "짐을 바다에 내어 던지고…배의 도구까지도 다 바다에 던져버리는"(27:18~19) 일을 겪었고, "우리가 살아나리라는 희망은 마침내 다 사라지고 마는"(27:20) 그런 상황까지 경험하였기 때문이다.

이런 이야기를 읽으면서 우리는 무언가 좋은 교훈을 배울 수 있다고 생각한다. 항해의 전문가도 아닌 바울이 항해의 전문가들을 향해서 계속 항해하지 말라고 주장한 것은 무모한 일처럼 보인다. 그러나 본문 이야기의 결말은 결국 바울이 옳았다는 점을 우리에게 보여 주고 있다. 오늘날 교회가 세상에서 논의되는 많은 복잡한 문제들에 대해 예언자적인 발언을 하게 될 때, 때때로 외부로부터 침묵을 강요당하는 수가 있다. 그 문제에 관한 한 교회나 교회의 지도자들은 문제 해결에 도움을 줄 수 있는 전문가가 아니라는 이유에서다. 예를 들어 환경오염 문제와 관련하여 어떤 교회 지도자가 자연을 파괴하는 위험에 대해 경고할 때, 세상의 전문가라는 사람들 중에는 교회는 경제학이나 생태학에 대해 말할 수 있는 전문가가 아니라고 비판하면서 교회 지

218) Haechen(Acts, pp. 702~703)은 바울의 바다 여행 목록과 함께 그의 바다 여행이 6,000km에 달한다고 말하면서, 바울이 바다 여행에 관한 한 많은 경험이 있다는 점을 지적한다.

도자들의 경고를 무시하고 오히려 침묵시키려는 사람들도 있다. 또는 교회가 사회의 경제적 불의에 대해 예언자적인 목소리를 높일 때, 그런 경제적 불의로부터 이득을 취하는 사람들이 오히려 예언자들은 경제학자가 아니라면서 교회 예언자들의 입을 막으려고 시도한다.

이런 문제와 관련하여 아주 중요한 점은 소위 전문가라는 사람들이 불의와 악을 정당화하기 위해서 자주 자신들의 권위와 실력을 과시하며 이용하는 세상에서는 오히려 기독교인과 교회가 그들의 예언자적 목소리를 높여야 한다는 점이다. 이 경우 기독교인과 교회의 권위는 경제나 정치나 생태학 등과 관련된 전문성에 근거한 것이 아니라, 기독교 메시지의 핵심 요소라고 말할 수 있는 하나님 나라에 대한, 그리고 하나님께서 약속하신 미래에 대한 분명한 비전을 가지고 있다는 점에 근거해 있다. 물론 교회와 교회 지도자들이 특정 분야의 전문가가 아닐 수 있다. 그러나 만일 그들이 하나님 나라에 대한 분명한 비전을 갖고 있다면, 그리고 하나님의 뜻에 대한 명확한 확신을 갖고 있다면, 그것이 도리어 그들의 권위로 분명히 드러날 수 있을 것이다.

2) 풍랑과 파선(27:13~44)

바울이 탄 배가 남풍을 만나 그레데 해안을 따라 순항을 하다가 "유라굴로"[219]라는 태풍에 휩쓸리어 흘러갔다. 태풍에 시달리다가 배를 구하고 살아남기 위해서 "짐을 바다에 내어던지고 배의 도구까지도 다 바다에 던져 버리기도 했다"(27:19). 그런 가운데서도 여러 날을 해도 별도 보이지 않고 거센 바람만 심하게 불어 살아나리라는 희망이 다 사라지게 될 정도였다(27:20). 이런 극한상황에서 사람들은 오랫동안 제대로 식사도 할 수 없었기에 더욱 죽음의 공포에 노출될 수밖에 없었다. 바로 이런 때에 바울이 그들 가운데서서 그들을 위로하고 격려하였다. "여러분, 내 말을 듣고 그레데에서 떠나

---

219) 태풍에 붙여진 이름인 "Euraquilo"는 헬라어와 라틴어의 합성어이다. 헬라어 "Euros"는 남동풍을, 그리고 라틴어 "Aquila"는 북풍을 의미한다. Cf. C. K. Barrett, *Acts: A Short Commentary*, p. 403.

지 않았던들 이런 재난과 손해를 당하지는 않았을 것입니다"(27:21). 항해의 비전문가였던 바울의 생각과 제안이 옳았다는 것을 다시 상기시키는 말이다. 그러면서도 바울은 그들을 격려했다. "이제 나는 여러분에게 권합니다. 용기를 내시오. 이 배만 잃을 뿐 여러분 가운데 한 사람도 목숨을 잃지 않을 것입니다"(27:22). 그리고 이렇게 확신할 수 있는 근거는 자기가 믿는 하나님의 신탁 때문임을 밝힌다. "내가 섬기는 나의 하나님의 천사가 지난밤 내 곁에 서서 바울아, 무서워하지 말라. 너는 반드시 가이사 앞에 설 것이다. 보라. 하나님께서는 너와 함께 타고 가는 많은 사람을 다 네게 맡겨 주셨다"(27:24). 이렇게 위로하면서 바울은 "여러분, 용기를 내시오. 나는 하나님을 믿으며 또 내게 말씀하신 그대로 되리라고 믿습니다."(27:25)라고 말한다. 많은 사람들이 죽음의 위험 앞에서 절망할 때, 바로 그때가 하나님의 사람이 필요한 때이고, 그때가 바로 하나님의 사람이 그들 앞에 나아가 희망의 메시지를 던져 주어야 할 때이다.

그런데 항해는 계속 순탄치가 못했다. 태풍의 시련 속에서 "아드리아 바다[220]에서 떠밀려 간 지 열 나흘째 되던 날 밤"에는 암초에 걸리지 않을까 하는 또 다른 두려움에 부닥쳤다. 사공들은 배를 버리고 달아날 궁리까지 하고 있었다. 그래서 "바울이 백부장과 군인들에게 만일 이 사람들이 배에 그대로 남아 있지 않으면, 당신들이 무사하지 못할 것이라."(27:31)고 말해 주었고, 군인들은 거루의 밧줄을 끊어 버려 사공들이 도망가지 못하게 하였다. 이런 위기상황에서 또다시 바울이 나서서 모든 사람들을 위로하며 격려하였다. 바울은 우선 그들이 기운을 차릴 수 있도록 음식을 먹으라고 권하면서, "이것이 너희의 구원을 위하는 것이요 너희 중 머리카락 하나도 잃은 자가 없으리라."(개역개정판, 27:34)고 말해 주었다. 그러고는 "모든 사람 앞에서 떡을 들어 하나님께 감사를 드리고 떼어서 먹기 시작했고, 그들도 모두 용기를 내어 음식을 먹었다"(27:35~36). 물론 여기서 바울의 행동이 예수의 성례전적인 행동을 상기시켜 주고 있기는 하지만(cf. 눅 9:16, 24:30), 바울이 파선 위기에

---

220) 아드리아 바다는 이탈리아, 몰타, 그레타 그리고 그리스에 둘러싸인 바다이다.

직면한 배 위에서 성례전을 행하였다고는 볼 수 없다. 바울이 보여 준 행동은 떡을 들고 감사하고 떼어 나누는 정상적인 유대인 식사의 행동으로 이해해야 한다. 더구나 이 경우에는 상징적인 의미에서 떡 조각을 나누는 것이 필요했던 것이 아니라, 모든 사람들에게 오랫동안 지속된 위기의 마지막 단계에서 기운을 차리도록 충분한 빵(음식)을 먹이는 일이 필요했기 때문이다.[221] 이 점은 "그들이 음식을 배부르게 먹었다."(27:38)고 말한 점에서 분명히 드러나고 있다.

다른 한편으로 누가가 바울이 생명의 위협을 당하고 있는 위기상황에서 떡을 떼어 감사하고 나눈 행동을 특히 "성례전"을 연상시키는 방법으로 기술한 데에는 특별한 의도가 있는 것으로 보인다. 표현된 "언어에 관한 한, 현재의 본문이 사도행전에 나오는 다른 어느 것보다도 더 '성례전적' 이기"[222] 때문이다. 사도행전을 읽는 독자들에게 성만찬 때에 나누는 떡은 "하나님의 떡"이요, "세상에 생명을 주는 것"(cf. 요 6:33)이고, 그래서 "이 떡을 먹는 사람은 죽지 않을 뿐만 아니라 영원히 살 것"(요 6:50~51)이기 때문이다. 초대 기독교인들이 박해의 상황에서, 즉 생명의 위협을 당하는 가운데서도 끊임없이 성만찬을 나눈 것도 바로 생명, 곧 영원한 생명에 대한 희망 때문이 아니었던가? 로마로 가는 항해의 마지막 순간에 태풍과 파선의 위기 속에서 죽음의 두려움에 사로잡혀 있는 사람들에게 바울이 "너희의 구원을 위하여…너희의 머리카락 하나도 잃은 자가 없게"(27:34) 하기 위하여, 음식을 권하며 성례전의 떡을 나누었다는 것은 얼마나 적절한 행동이었을까? 아니 얼마나 필요한 메시지였을까? 바울이 보여 준 행동과 말은 배를 타고 있던 모든 사람들에게 큰 위로가 되었을 것임에 틀림없다. 바울은 말로써만 아니라 행동으로 두려움에 빠져 있던 사람들에게 희망의 메시지, 생명의 메시지를 전하고자 했을 것으로 보인다.

날이 밝자 그들은 어느 곳인지는 알 수 없는 육지를 보았고, 그래서 해변

---

221) Cf. James D. G. Dunn, *The Acts of the Apostles*, p. 341.
222) Cf. C. K. Barrett, *Acts: A Short Commentary*, p. 408.

에 배를 대려고 시도했다. 그런데 뜻밖에도 배가 "두 물살이 합치는 곳에 끼어들어…모래톱에 걸리고…고물은 심한 물결 때문에 깨지게 되었다"(27:41). 이렇게 되자 군인들은 죄수들이 혹시 헤엄쳐 도망칠까 염려되어 백부장에서 죄수들을 다 죽이는 편이 좋겠다고 건의한다. 죄수들이 도망치는 경우 그 책임은 마땅히 군인들이 져야 하므로(cf. 12:19, 16:27), 군인들로서는 죄수들이 도망치는 것보다는 오히려 죽여 버리는 것이 더 낫다고 생각하였을 것이다. 따라서 군인들의 제안 자체는 이해할 만한 것이었다. 그러나 백부장은 항해 과정에서 바울에 대한 신뢰가 더욱 커졌기 때문에 "바울을 구하려고"(27:43) 군인들의 제안을 받아들이지 않았다. 여기서 우리는 다시금 로마 당국자가 계속 기독교 복음 전도자들에게 얼마나 호의를 베풀고 배려하고 있는가를 보여 주려는 누가의 의도를 읽게 된다. 백부장은 군인들의 제안을 뿌리치고 헤엄칠 수 있는 사람은 먼저 뛰어내려 뭍으로 올라가고 나머지 사람들은 모두 널조각이나 배의 조각이라도 의지하고 나가라고 명령함으로써 결국 "모두 다 뭍으로 무사히 나오게 되었다"(27:44).

사도행전 27장에 기록된 내용, 곧 "로마로 가는 길"에 바다에서 일어난 여러 가지 극적인 사건들에도 불구하고 우리가 눈여겨보아야 할 사실이 하나 있다. 그것은 바울과 함께 항해한 사람들이 결국 바울이 있음으로 인해서 무사히 바다에서 구원받을 수 있었다는 사실이다. 물론 호송 책임자인 백부장과 선장 및 선주들이 있었지만, 하나님은 배에 올라탄 사람들의 생명을 바울에게 맡겼다고 했다(27:24). 결국 하나님의 명령에 온전히 순종한 바울의 신실성 덕분에 모든 사람들이 여러 가지 바다의 위험으로부터 끝내 구원을 받게 되었던 것이다. 그런데 흥미롭게도 성경에는 바울의 경우와 반대되는 이야기도 나온다. 예를 들면, 요나의 이야기이다. 요나가 탔던 배는 하나님이 명령하신 것과는 반대 방향으로 나아갔다. 요나의 불순종 때문에 결국 그 배는 위험에 처하였고, 요나와 함께 항해하던 사람들은 모두 바다의 희생 제물이 되고 말았다. 이 두 이야기를 서로 대조하여 비교해 볼 필요가 있다. 왜냐하면 신실한 교회는 언제나 세상의 희망이 되는 것이 사실이지만, 불순종하는 교회는 오히려 세상이란 바다의 희생 제물이 되는 경우가 많기 때문이다.

바울의 신실성 덕분에, 그리고 하나님께서 그에게 맡겨 주신 선교 사역 덕분에, 바울과 함께 항해한 사람들은 태풍으로 인한 침몰의 위기, 그리고 모래톱으로 인한 파선의 위기로부터 구원을 받을 수 있었다. 더구나 바울이 그들에게 그들의 생명이 구원받을 것이라는, 머리카락 하나도 잃지 않게 되리라는 약속의 말을 해 주면서(27:24, 34) 그들에게 음식을 먹도록 권했을 때, 그리고 그들과 함께 "떡을 떼어 감사하고 나누어" 먹었을 때, 그는 항해 중에 절망에 빠져 있던 군인들과 승객들에게 희망을 주었고, 지금 두려워하는 것과는 다른 미래가 있다는 확신을 주었다. 오늘날 교회가, 그리고 복음을 전하는 사역자들이 해야 할 일도 바로 이런 일이 아니겠는가? 세상에 희망을 전해 주며 보다 나은 미래를 보여 주는 일 말이다.

24 로마로 들어간 바울
(28:1~31)

사도행전 28장은 사도행전의 결론이면서 동시에 바울의 수난설화가 끝나는 마지막 장이다.[223] 바울의 수난설화에서 그동안 강조해 온 주요 요점은 바울의 소명과 사명(9:15~16, 22:15, 17~21, 26:16~18)이 이제 드디어 완결되고 있다는 점이다. 그는 그리스도의 이름을 “이방 사람들과 임금들과 이스라엘 자손들 앞에” 전해왔다(9:15). 그 때문에 바울은 이스라엘 자손들 앞에서(22:1~21, 23:1~10), 이방인 총독들 앞에서(24:1~25:12), 그리고 유대인의 왕인 아그립바 왕 앞에서(25:13~26:32) 반복적으로 심문을 당했다. 그는 그 과정에서 태풍과 파선(27장) 등 많은 고난을 당했다(9:16, 21:30~35, 22:22~25, 24:27). 이제 유대인과 이방인을 위한 위대한 선교사인 바울의 이야기는 마지막으로 바울이 로마에 들어가는 이야기로 완결될 일만 남았다. 사도행전을 “로마로 가는 길”[224]이라고 부르는 것이 맞는다면, 사도행전은 마땅히 바울이 로마에 입성하는 것으로 끝나야 하기 때문이다. 왜 그런가? 두 가지 이유에서다. 첫째는, 바울이 로마로 오게 된 이유가 자신의 고소 사건을 가이사 황제에게 상소했기 때문이다. 따라서 로마에 와서 자신의 무죄를 입증 받아야만 했다. 둘째는, 바울의 로마 도착이 기독교 복음 확장의 마지막 클라이맥스가 되기 때문이다. 사도행전 1:8의 말씀이 바울의 로마 입성으로 완성되기 때문이다.

---

223) “ch. 28 as the conclusion to the Acts ‘passion narrative’ and to the whole volume.” Cf. James D. G. Dunn, *The Acts of the Apostles*, p. 343.

224) R. H. Streeter는 그의 책 *Four Gospels*(London, 1956). p. 532에서 사도행전을 “the Road to Rome”이라고 부르는 것이 좋겠다고 제안한 바 있다.

사도행전 28장은 다음과 같이 세 부분으로 나뉜다.

1) 멜리데 섬에서 있었던 일(28:1~10)

2) 로마에 도착한 바울(28:11~16)

3) 로마에서의 선교 활동(28:17~31)

1) 멜리데 섬에서 있었던 일(28:1~10)

바울과 그 일행이 파선 당했다가 상륙한 섬은 멜리데 섬, 곧 오늘날의 몰타(Malta)이다. 바울 일행을 맞아 준 멜리데 섬 주민들을 가리켜 헬라어 원문에서는 "barbaroi", 즉 "야만인들"이라고 말했는데, 마치 유대인들이 이방인들을 모두 "개"처럼 생각했듯이, 그 당시 헬라인들은 헬라 말을 사용하지 않는 다른 민족들을 "야만인들"로 멸시했다. 실제로 몰타 사람들은 오늘날까지 페니키아어와 비슷한 셈족 언어를 사용하고 있다. 우리말 〈개역 성경〉과 〈새번역 성경〉에서는 "barbaroi"를 "토인들"이라고 번역했는데, 그것보다는 오히려 〈개역개정〉의 "원주민"이란 번역이 더 좋을 것 같다. 2절에서 누가가 원주민들을 가리켜 "야만인"이라고 말하면서 또 그들이 "특별한 친절을 베풀어 주었다"고 말한 것 사이에는 아이러니가 있다.

파선되어 물에서 올라온 사람들에게 가장 필요한 것은 젖은 몸을 말리며 몸을 덥히는 일이었을 것이다. 더구나 "때마침 비가 내리고 날이 추웠기 때문에"(28:2) 원주민들은 불을 피워 놓고 바울 일행을 맞아 주었다. 모두가 불을 쪼이러 불 곁으로 몰려들었고, 바울이 불을 더 지피기 위해서 마른 나뭇가지를 한 아름 가져다가 불에 넣었을 때, 사건이 벌어졌다. 뜨거운 불기운 때

225) 멜리데 섬의 독사 이야기와 관련해서 본문 이야기의 역사성이나 신빙성에 대해 문제가 제기되기도 했다. 멜리데 섬에는 독사가 없기 때문이다. 몰타 사람들의 전통적인 설명에 의하면 바울의 이적의 결과로 인해서 몰타의 모든 뱀들이 독을 잃어버리게 되었다고 하고, 비판적인 해석가들은 이 이야기 전체를 하나의 전설로만 받아들이고 있다. Cf. Justo L. Gonzalez, *Acts: the Gospel of the Spirit*, p. 275.

문에 나뭇가지 속에 숨어 있던 독사가 나와서 바울의 손을 물고 매달린 것이다.[225] 원주민들은 독사가 바울의 손을 물고 있는 것을 보고는 "이 사람은 살인자이다. 바다에서 나오기는 했지만 정의의 신이 그를 살려두지 않을 것이다."(28:4)라고 소리 질렀다. "정의의 신"이 헬라어 원문에서는 "디케(dike)", 곧 "정의"(justice)라는 단어이지만, 이 단어는 흔히 헬라 문헌에서 "정의의 여신"으로 인격화되고 있고, 제우스 신의 배우자로 명명되기도 한다. 따라서 멜리데 섬 원주민들이 바울이 비록 바다로부터 구원을 받기는 했지만 독사에게 물린 것을 보고는 그가 죄인이기 때문에 정의의 여신이 그를 죽게 만드는 것이라고 생각한 것은 이해할 만하다. 그러나 바울이 독사를 손에서 떼어 내어 불속에 던져 넣고, 오랜 시간이 지났는데도 살이 붓거나 갑자기 쓰러져 죽는 일이 일어나지 않자 원주민들의 생각이 달라졌다. 그들은 바울이 독사에 물리고서도 아무 일이 없는 것을 보고는 바울을 가리켜 "그는 신이다"(28:6)라고 말하게 되었다.

원주민들이 처음에는 바울을 가리켜 죄인이라고 판정했다. 그러나 잠시 후에 다시 신(神)이라고 판정했다. 그들의 판정이 이렇게 뒤바뀐 것이 아주 순진해 보이지만, "그러나 바울을 죄인으로 판정했던 이전의 판정은 바울이 그의 백성들로부터 부당하게 죄인으로 고소당한 것을 드러내듯이, 바울을 신으로 판정한 나중의 판정은 바울과 그의 선교에 대한 보다 진실된 설명을 드러내고 있다."[226] 누가가 그들의 판정을 문자적으로 받아들이도록 의도한 것은 아니다. 누가는 앞에서부터 여러 번에 걸쳐 사람을 하나님과 혼동하고, 사람을 하나님처럼 여기는 잘못에 대해 분명히 비판해 왔다(cf. 8:10, 10:25~26, 12:22~23, 14:11~18, 17:22~31, 19:26). 그런데 누가가 여기서는 멜리데 섬 원주민들이 바울을 가리켜 "그는 신이라"고 말한 것에 대해 아무런 설명이나 교정을 하고 있지 않은 점에 주목할 필요가 있다. 왜 그런가? 이것은 누가가 그들의 판정이 바울에 대한 이전 어느 누구의 판정보다도 더 바람직한, 그래서 결론적인 판정으로 생각하고 있음을 가리킨다. 독사가 바울을 무는 이 사건

226) James D.G . Dunn, *The Acts of the Apostles*, p. 347.

에서 정의의 여신의 손길을 보았던 사람들은 정의의 여신이 바울을 무죄한 사람으로, 그리고 하나님의 특별한 사명을 가진 사람으로 인정했다고 결론 내린 것으로 보인다.

그 즈음에 "보블리오"란 이름을 가진 그 섬의 지도자가 바울 일행을 자기 땅으로 영접하여 사흘 동안 친절하게 대접해 주었는데, 마침 그때 보블리오의 아버지가 열병과 이질에 걸려 누워 있는 것을 알고, 바울이 가서 "기도하고 그에게 안수하여 낫게 해 주었다"(28:8). 바울은 병을 고칠 때 예수의 이름을 사용하지도 않았는데, 아마도 멜리데 섬 사람들이 "그는 신이다"라고 외친 직후에 보블리오의 아버지를 고쳐 줌으로써 주변 사람들에게 바울의 신적인 지위를 다시 한 번 보여 준 것으로 생각된다. 더구나 보블리오의 아버지를 고쳐 주었다는 소문이 나서 "그 섬에 있는 다른 병자들"도 많이 찾아와 모두 고침을 받았다. 결국 이 이야기는 나름 승리에 대한 암시로 끝나고 있다. 바울이 많은 사람들의 병을 고쳐 주었고, 그래서 그곳 주민들이 바울 일행을 후히 대접해 주었을 뿐 아니라, 떠날 때 "필요한 물건들"까지 배에 실어 주었다. 비록 멜리데 섬 사람들이 믿음을 갖게 되었다는 언급은 없지만, "후대 전승은 바울이 그곳에 교회를 세웠고, 보블리오가 첫 번째 감독이었음을 인정하고 있다."[227]

2) 로마에 도착한 바울(28:11~16)

로마를 향한 바울 여행의 마지막 단계와 로마에 도착한 이후 첫 번째 단계에서 볼 수 있는 가장 뚜렷한 특징은 "형제"란 단어의 상호작용이 크게 부각되고 있는 점이다. 두 부류의 "형제들"이 언급되고 있는데, 한편으로는 로마로 들어가는 길에서 만나 영접해 준 기독교 형제들이고(28:14~15), 다른 한편으로는 로마에서 만난 유대인 형제들이다(28:17, 21). 물론 형제란 단어가 여기서만 부각되어 사용된 것은 아니다(cf. 1:15). 하지만 이곳에서 아주 두드러

---

227) Justo L. Gonzalez, *Acts: the Gospel of the Spirit*, p. 276.

지게 드러나고 있다. 아마도 누가는 이것의 의미를 바울이 탔던 배의 기호, 즉 "디오스구로"에서 보았을 수도 있다. 바울 일행이 타고 로마로 들어간 배인 알렉산드리아 호의 기호가 "디오스구로"라고 했는데, "디오스구로"는 제우스(Zeus)와 레다(Leda)의 쌍둥이 아들로 항해사들의 수호신인 카스톨(Castor)과 폴룩스(Pollux)를 가리킨다. 아마도 바울이 곧 로마로 들어가 만나게 될 기독교인 형제들과 유대인 형제들이 한 하나님의 쌍둥이 형제, 곧 바울의 쌍둥이 형제라는 것을 암시하는 것으로 보인다.[228]

바울 일행은 멜리데 섬에서 석 달을 지낸 후 알렉산드리아 배를 타고 수라구사로 가서 사흘을 지내고, 다시 레기온에서 하루를 보낸 뒤에 이틀 만에 보디올에 이르렀다. 그곳에서 바울과 그의 일행은 "형제들"을 만나 그들의 초청으로 이레 동안을 함께 지냈다(28:14). 사도행전 28:14는 두 가지 점에서 우리의 주목을 끈다. 첫째는, 유대로부터 그렇게 멀리 떨어져 있는 보디올에 이미 교회가 있었고, "형제들"이 있었다는 사실 때문이다. 어떻게 기독교 복음이 그곳까지 전해졌는지에 대한 언급은 전혀 없다. 그러나 누가가 전해 주는 바울과 바나바의 선교 활동 이외에 그 당시 다른 사람들이 여러 가지 방법으로 여러 곳에 복음을 전파하였을 것으로 생각할 수 있다. 둘째로, 이 구절에 보면, 바울이 그곳 형제들의 초청을 받고 보디올에 이레 동안 머물기로 결정할 정도로 자유스러운 상태였던 것으로 보이기 때문이다. 어쩌면 백부장 율리오가 약 반 년 동안 바울과 함께 여행하면서 바울을 보다 잘 알게 된 뒤에 그를 존경하게 되었고, 그래서 비록 자기에게 맡겨진 죄수이지만 어느 정도 그를 사랑하게 되어 그에게 상당한 자유를 허락했을 것으로 생각되기도 한다. 또 보디올에서 "이레 동안" 머무르는 시간이 있었기에 보디올에 있는 형제들이 로마에 있는 형제들에게 바울의 소식을 전해 줄 수 있었고(28:15 참조), 그래서 바울이 로마에 들어갈 때 로마의 형제들이 그를 영접하러 마중 나올 수 있었을 것이다.

사도행전 28:14에 의하면 바울과 그의 일행은 보디올에서 이레 동안을 머

228) James D. G. Dunn, *The Acts of the Apostles*, p. 349.

문 후 드디어 로마로 들어갔다. 그리고 로마에 있는 형제들은 미리 이 소식을 듣고 "아피온 광장"과 "트레스 막사"까지 바울 일행을 맞으러 나왔다. 아피온 광장은 로마에서 약 65킬로미터 떨어진 곳이고, 트레스 막사는 로마에서 약 16킬로미터 떨어진 곳이기 때문에, 로마의 형제들 중 아마도 건장하고 젊은 사람들이나 혹은 말을 타고 온 사람들은 아피온 광장까지 나왔을 것이고, 나머지는 그 다음날 트레스 막사에서 바울과 그 일행을 맞이했을 것이다. 누가는 바울이 그들을 보고 하나님께 감사를 드리며 크게 용기를 얻었다고 전해 준다. 그러나 이 "형제들"이 누구인지에 대해서는 구체적으로 아무런 설명이 없다. 로마 교회는 바울이 설립한 교회도 아니고, 바울이 로마를 방문한 것도 이번이 처음이다. 누가에게 정말로 중요했던 것은 바울이 그의 일행과 더불어 마침내 로마에 도착했다는 사실일 것이다. 그래서 누가는 28:14에서 "마침내 우리는 로마로 들어갔습니다."라고 말했고, 또다시 28:16에서 "우리가 로마에 들어갔을 (때)"라고 바울의 로마 입성을 거듭 강조하고 있다. 사도행전을 "로마로 가는 길"(the Road to Rome)이라고 말할 경우, 바울이 마침내 사도행전의 마지막 종착점인 로마에 도착한 사실은 누가에게 너무나도 의미 있는 일이 아닐 수 없었을 것이다.

3) 로마에서의 선교 활동(28:17~31)

바울이 로마에 들어간 후 그는 유대 사람들을 만났다. 그것도 두 번에 걸쳐서 말이다. 첫 번째 모임은 바울이 "그 지방 유대 사람 지도자들을 초청하여" 이루어졌고(28:17~22), 두 번째 모임은 "더 많은 수효의" 유대 사람들이 바울의 숙소를 찾아와 이루어졌다(28:23~29). 바울이 로마에 도착한 이후 그곳 기독교인들과의 만남에 대한 기록은 없다. 아피온 광장과 트레스 막사까지 나와서 영접했던 기독교인 형제들에 대한 언급도 더 이상 나오지 않는다. 아마도 바울은 기독교인 형제들과의 만남은 필요치 않다고 생각했을지도 모른다. 선교적인 목적에서나 또는 자신의 고소 사건과 관련해서 유대인들과의 만남이 더 중요하고, 더 필요하다고 생각했을 것이다. 누가에게는 "이스라엘의 희망"과 관련한 기독교인의 자기 이해가 복음의 핵심으로 남아 있기 때문이다(28:20). 비록 나사렛 예수의 종파에 대한 반대의 목소리가 여기저기서 유대인들로부터 나오고 있었지만, 바울이 대표하는 이 신앙 운동이 유대교 회당과 정반대가 되거나, 그래서 적대적인 것이 아니라는 점을 누가는 분명히 밝히고 있는 것이다.

로마에 있는 유대인 지도자들과의 첫 번째 만남에서 바울은 자신이 로마에까지 오게 된 고소 사건과 관련해 자신의 입장을 밝힌다. 바울의 설명은 다음에 집중되고 있다. 첫째는, 자신이 유대인들로부터 비난을 받고 고소를 당했지만, 자신은 그들의 비난과 고소에 대해 아무런 죄가 없음을 먼저 강조한다. "나는 우리 겨레에 대해서나 조상들이 전해 준 풍속에 대해서 하나도 거스른 일이 없다"(28:17). 이 점은 앞에서도 여러 번 강조된 바 있다(cf. 21:21, 28, 24:12~13, 25:8). 둘째는, 유대인들의 이 같은 적대감과 고소에도 불구하고 로마 당국이 자신의 무죄를 확신하고 있었음을 강조한다. "로마 사람들이 나를 심문했으나 죽일 아무런 이유가 없기 때문에 나를 놓아 주려고 했습니다"(28:18). 이 점도 앞에서 여러 번 강조된 바 있다(21~26장). 셋째로, 바울은 자신이 자기 백성들에 대해 어떠한 반감도 가지고 있지 않음을 강조한다. "나는 결코 내 민족을 걸어 고소하려는 것이 아닙니다"(28:19). 이 점도 앞에서 거듭 밝힌 바 있다(22:3, 23:6, 24:14, 26:4~5). 넷째로, 바울은 자신에 대한 이슈가 완전히 "집안 식구들 간의 문제"라고, 즉 "이스라엘의 희망"에 관한 문제라고 강조한다. "내가 이 쇠사슬에 매인 것은 이스라엘의 희망 때문입니다"(28:20). 이것도 여러 번 앞에서 반복된 바 있다(23:6, 24:15, 26:6~7). 다른 말로 한다면, 바울이나 누가의 관점에서 볼 때, 바울과 그의 일행이 로마에 들어온 것은 아주 다른 적대적인 백성들이나 종교의 대표자들이 아니라 똑같은 백성과 종교의 대표자들 곧 "형제들"의 방문에 지나지 않을 뿐이다. 그래서 서두에서 바울은 "그 지방 유대 사람 지도자들"을 향해서 "형제들이여"(28:17)라고 불렀던 것이다.

바울의 이런 설명을 다 듣고 난 로마의 유대인 지도자들은 그의 설명을 그대로 받아들였다. 더구나 그들은 바울에게 "우리는 아직 유대로부터 당신에 관한 편지를 받은 일도 없고 형제들 중에서 아무도 여기 와서 당신에 대하여 나쁘게 보고하거나 말한 일이 없습니다."(28:21)라고 말했다. 누가가 바울의 선교 활동에 대해 전해 줄 때마다 거의 빠뜨리지 않고 기록했던 유대인들과 그들 지도자들의 적대감을 고려할 때, 로마의 유대인 지도자들이 바울에 대해서 별다른 적개심을 드러내지 않은 점과 또한 다른 곳에서 유대인들이 바울에 대해 그토록 적대감을 보였던 일들에 관한 소식이 이곳 유대인 지도자들에게 전혀 전해지지 않았다고 하는 점은 좀 놀랍다. 로마에 있는 유대인 지도자들의 말을 어떻게 이해하여야 할까? 아마도 누가로서는 바울에 대한 유대인들의 적개심이 다른 지역 유대인들의 경우에서 보았던 것 같이, 그렇게 전반적으로 일치된 전체적인 반대는 아니었음을 보여주려 한 것으로 이해할 수 있다. 예루살렘의 유대인들이 모든 지역 모든 유대인들의 대표가 될 수는 없다는 의미이기도 할 것이다. 더구나 로마에 있는 유대인들에 관한 한, 바울이 말한 "이스라엘의 희망"(28:20)에 대한 이슈는 나름 아무런 편견 없이 검토해 볼 만한 문제이기도 했을 것이다. 다른 한편으로 그들이 비록 바울이 대표하고 있는 "이 종파에 대해 좋다고 말하는 이가 하나도 없다."(28:22)고 말하기는 했지만, 누가는 분명히 로마의 유대인들은 이 문제가 바울 자신에 대한 비난이나 고소와는 다른 문제라는 사실을 알고 있는 것처럼 보여주려고 했을 것이다. 그래서 그들은 이 문제에 관해서 바울의 생각에 대해 더 자세히 들어보려고 했던 것이다. 다른 말로 한다면, 비록 평판이 좋지는 않았지만 그들은 바울이 대표하고 있고, 전파하고 있는 종교적인 운동을 유대교의 한 종파로 보았고, 그래서 그렇게 적대적이지 않았던 것이다.

로마에 있는 유대인들은 예루살렘의 유대인들과는 달리 바울이 전하는 이 새로운 도(道)에 대해 많은 관심을 보이고 있었다. 그래서 "그들은 날짜를 정하고 더욱 많은 수효의 사람들이 바울의 숙소로 찾아왔다"(28:23). 그리하여 로마에서 바울은 더 많은 유대인들과 두 번째 모임을 가질 수 있었다. 생각하기에 따라서는 누가가 바울이 로마에 들어가 유대인들과의 두 번에 걸친 만남을 하나의 모임으로 연결시켜 기록할 수도 있었다. 그러나 누가는 두 모임을 분리해서 소개하고 있다. 누가로서는 일단 1차 모임을 통해서 예루살렘 유대인들이 바울을 고소한 사건에 대한 오해를 해명해 줌으로써 바울의 메시지에 대해 로마 유대인들의 마음을 열어 놓는 일이 필요했고, 2차 모임을 통해서는 바울을 기독교 복음을 전파하는 선교사로 부각시키는 일에 좀 더 집중해야 했을 것이다. 누가의 관심은 바울로 하여금 그가 전하는 복음이 이스라엘 및 이방인과 어떤 관계가 있는지를 분명히 밝히는 일이었다. 즉 기독교는 율법과 예언서의 메시지에 의해서 그리고 이스라엘 백성들과의 관계에서 이해될 수 있으며, 또한 기독교가 전파하는 구원은 다른 열방을 위한 것이기도 하다는 점을 분명히 밝히는 일이다.

유대인들과의 두 번째 모임에서 바울이 이사야 6:9~10의 말씀을 인용하였다고 해서 바울과 이스라엘 백성 간의 관계가, 유대 백성과 복음과의 관계가 완전히 단절되었음을 의미하는 것은 아니다. 하나님이 이스라엘을 버리셨다고 바울이 최종적인 선언을 내리고 있는 것을 의미하는 것이 아니다.[229] 우리는 본문에서 다음과 같은 사실을 간과하지 말아야 한다. 첫째로, 누가는 로마의 유대인들이 바울에 대해 마음을 열어 놓고 있다는 사실을 분명히 소개한 바 있다(28:21~22). 둘째로, 누가는 유대인들이 바울의 메시지에 대해 의견이 일치하지 않았음을, 그래서 "어떤 이들은 받아들였으나 어떤 이들은 믿지 않았다."(28:24)고 지적한 바 있다. 셋째로, 28:26~27에서 인용된 이사야 6:9~10의 말씀 자체가 처음 이사야에게 주어졌을 때에도 유대 백성에 대한 하나님의 포기를 의미하는 것이 아니었다. 넷째로, 이방인에게로 돌아선다(28:28)는 주제 자체도 이미 13:46과 18:6에서 반복적으로 언급된 것에 지나지 않는다. 다섯째로, 바울이 로마에서 2년 동안 지낼 때 "그를 찾아온 모든 사람" 중에는 분명히 로마의 유대인들이 포함되어 있었다(19:10 참조). 누가는 분명히 유대인들을 배제하려는 노력을 보이지 않고 있다. 여섯째로, 유대인이던 바울은 계속 "이스라엘의 희망"(28:20)이 성취되는 것에 대해 증언하고

---

229) "사도행전 28:26~28에 나오는 이사야서의 인용은 이제 유대인들에 대한 선교가 더 이상 없을 것을 의미하는 것이 아니라, 유대인들이 믿지 않는 것이 설교자나 선교사의 잘못이나 책임에 있지 않고 유대인의 성서 자체가 그것을 예언했기 때문이라는 것을 의미할 뿐이다." Cf. C. K. Barrett, *Acts: A Shorter Commentary*, p. 428.

있고, 무엇보다도 예수 자신이 율법과 예언에 의해 입증되고 있는 것으로 증언하고 있다.

따라서 우리는 이 문제에 관해 다음과 같은 바레트(C. K. Barrett)의 해석을 받아들이는 것이 옳다고 본다. "누가에게는 유대인들(몇몇 개인을 제외하고)에 대한 선교가 이제 끝났다는 것을 의미하지 않는다. 이것은 사도행전을 너무나도 단순하게 분석하는 것이다. 여기에서 드러나는 누가의 주요 주제는 그의 작품 전체를 꿰뚫고 있는 주제인데, 곧 그 어떤 것도 복음의 전파를 막을 수 있는 것은 하나도 없다는 것이다. 가장 은혜를 입은 백성이 하나님의 구원 제의를 배척했다면 다른 백성이 그것을 받아들이게 될 것이다. 네가 듣기를 거절한다면 그들이 들을 것이다. 누가는 그 나름 승리에 대한 확신(triumphalism)을 갖고 있다. 그것은 곧 말씀의 승리(triumphalism)이다."[230] 이 점은 사도행전의 마지막 결론 구절이기도 한 28:30~31에서 누가가 "바울은 자기가 얻은 셋집에서 만 이 년 동안 지내며 자기를 찾아오는 모든 사람들을 맞아들이면서 아무런 방해도 받지 않고 아주 대담하게 하나님 나라를 전하고 주 예수 그리스도에 대한 사실을 가르쳤습니다."라고 전하는 데서도 분명히 드러나고 있다. 28:23~24에서는 바울의 대상이 전적으로 유대인들이었던데 비해서, 28:30에서는 유대인이나 이방인을 구별하지 않은 채, 모두를 포함한 "모든 사람"("pantas")이다. 이 점이 중요하다. "문맥상으로 보아 그것은 유대인과 이방인 모두에게 계속 복음이 선포되고 있음을 의미하는 것 이외에 아무것도 아니다."[231]

4) 맺는 말

누가 문서의 첫 번째 책인 누가복음은 유대인들 가운데서 시작하면서 로마를 언급하였는데(cf. 로마의 "아구스도 황제", 눅 2:1), 누가 문서의 두 번째 책

230) C. K. Barrett, *Acts: A Shorter Commentary*, p. 425.
231) James D. G. Dunn, *The Acts of the Apostles*, p. 356.

인 사도행전은 유대인들을 언급하면서 로마에서 끝나고 있다. 그러나 사도행전은 실제로 끝나는 것이 아니라 그냥 멈추는 것뿐이다. 사도행전의 마지막 장 마지막 구절을 읽고 나면, 우리는 다음에 일어날 일을 알아보기 위해서 페이지를 넘겨 다음 페이지를 보고 싶은 마음이 생긴다. 사도행전이 끝 같지 않게 끝나기 때문이다. 그러나 사도행전에는 더 이상 다음 페이지가 없다. 사도행전이 왜 이렇게 끝나고 있는가? 여러 가지 대답이 가능할 것이다. 그러나 아마도 그 대답은 간단할 수 있다. 사도행전이 아직 완전히 끝나지 않았기 때문이고 그 이유는 성령의 활동이 아직 끝나지 않았기 때문이다. 만약 누가 문서의 두 번째 책이 정말로 "사도들의 행적"에 대한 기록이라면, 누가는 주께서 승천하신 이후 각 사도들이 했던 일들을 우리에게 말해 주었을 것이다. 그러나 그것이 누가의 목적은 아니었다. 사도행전의 진정한 주인공은 사도들이 아니라 성령이다. 우리가 하나님 나라의 마지막 완성을 기다리고 있는 한, 성령의 활동은 계속될 것이다.

우리가 사도행전에서 보았던 성령의 활동을 이제는 우리 가운데서 계속 보게 될 것이다. 우리는 여전히 성령의 시대에 살고 있지 않은가? 곤잘레즈(Justo L. Gonzalez)가 "우리는 사도행전의 제29장에서 살고 있다."[232]고 말했지만, 오히려 성령께서는 누가 문서의 제1권 예수의 활동과, 제2권 사도들의 활동에 이어, 제3권에서 "우리들의 활동," 우리들의 행전을 계속 써 나가길 원할 것이다! 예수께서 부활 승천하신 이후, 사도들이 예수의 뒤를 이어, "예수를 본받아" 그의 사역과 그의 삶을 계속 이어갔듯이, 이제는 성령의 도움으로 우리가 예수의 사역과 그의 삶을 "예수처럼" 잘 이어갔던 "사도들을 본받아" 그들의 사역과 삶을 계속 잘 이어가는 "성령 행전"의 제3권을 역사에 남길 수 있어야 할 것이다.

---

232) Justo L. Gonzalez, *Acts: The Gospel of the Spirit*, p. 280.

참고문헌

Barrett, C. K. *The Acts of the Apostles: a Shorter Commentary*. New York: T & T Clark, 2002.

Bruce, F. F. *Peter, Stephen, James and John: Studies in Non-Pauline Christianity*. Grand Rapids, Michigan: Wm Eerdmans, 1979.

Conzalez, Justo L. *Acts: The Gospel of the Spirit*. New York: Orbis Books, 2001.

________. *Baptism in the Holy Spirit*. London: SCM Press, 1979.

________. *Unity and Diversity in the New Testament: An Inquiry into the Character of Earliest Christianity*. London: SCM Press, 1990.

Haenchen, Ernest. *The Acts of the Apostles*. Philadelphia: The Westminster Press, 1971.

Hengel, Martin. *Between Jesus and Paul: Studies in the Earliest History of Christianity*. Philadelphia: Fortress Press, 1983.

Luedemann, Gerd. *Early Christianity According to the Traditions in Acts: A Commentary*. Minneapolis: Fortress Press, 1989.

Menzies, Robert P. *The Development of Early Christian Pneumatology with Special Reference to Luke-Acts*. JSNT 54. Sheffield Academic Press, 1991.

Neil, William. *The Acts of the Apostles*. New Century Bible Commentary. Grand Rapids, Michigan: Wm Eerdmans, 1981.

Ramsay, Michael. *The Holy Spirit: A Biblical Study*. London: SPCK, 1977.

Spencer, F. Scott. *The Portrait of Philip in Acts: A Study of Role and Relation*. Sheffield: JSOT Press, 1992.